本书编委会

主　　任　朱瑞忠
副 主 任　邓金松
成　　员　许柏海　王祖强　王紫升　何兴法　赖晓华
　　　　　顾国良　郭保东　朱全红　范卫东　吴新波
　　　　　任爱珍　吴国超　余群勇

本书编辑组

主　　编　邓金松
副 主 编　孙　瑛　姜卫东
编辑人员　杨沫江　占志铖　汪裕景　王建新
　　　　　张水利　周婷婷　张守刚　李　伟
　　　　　李登科　张　才　吕　偝　陈　燕
　　　　　吕永飞　廖依敏

为深入实施"八八战略"
创造和谐稳定的社会环境

"平安浙江"建设二十年全纪录

中共浙江省委党史和文献研究室　编著

图书在版编目（CIP）数据

为深入实施"八八战略"创造和谐稳定的社会环境："平安浙江"建设二十年全纪录 / 中共浙江省委党史和文献研究室编著. 北京：当代中国出版社，2025.1. -- ISBN 978-7-5154-1474-4

Ⅰ. D675.5-53

中国国家版本馆 CIP 数据核字第 2024Q0485E 号

出 版 人　蔡继辉
责任编辑　乔镜蓳
责任校对　贾云华　康　莹
印刷监制　刘艳平
封面设计　宋　涛　鲁　娟
出版发行　当代中国出版社
地　　址　北京市地安门西大街旌勇里 8 号
网　　址　http://www.ddzg.net
邮政编码　100009
编 辑 部　(010) 66572744
市 场 部　(010) 66572281　66572157
印　　刷　浙江国广彩印有限公司
开　　本　710 毫米×1000 毫米　1/16
印　　张　24.75 印张　1 插页　375 千字
版　　次　2025 年 1 月第 1 版
印　　次　2025 年 1 月第 1 次印刷
定　　价　98.00 元

版权所有，翻版必究；如有印装质量问题，请拨打 (010) 66572159 联系出版部调换。

"平安浙江"视域下"大平安"理念的理论意蕴与实践品格
（代序）

浙江省是全国最早提出并全面部署"大平安"建设战略的省份。习近平同志在浙江工作期间率先在省域层面擘画"平安浙江"建设，胜利开启了独具浙江特色的平安建设之路。20年来"平安浙江"建设的生动实践充分证明，"大平安"理念是极具开创性、前瞻性、洞察力的科学论断，蕴含着整体思维、跳出思维、战略思维、卓越思维等科学思维方法，已成为习近平新时代中国特色社会主义思想的重要理论与实践素材。

一、用整体思维审视时代大势，在把握事物发展规律中树立"大平安"理念

在日趋复杂多元的现代社会，探求事物发展规律必须站在全局高度，以整体思维进行立体式的综合分析和连续性的历史分析。"大平安"理念的提出与践行，是整体思维在平安建设领域的集中运用，具有重要的理论与实践意义。

（一）牢牢把握平安建设在全局工作中的重要地位

习近平同志善于从整体角度对事物发展作出深刻理解。特别是平安工作，他始终将其置于重要位置，予以高度关注。他指出，"人民群众企盼生活幸

福，幸福生活首先必须保证社会和谐稳定"①，将平安稳定作为人民幸福生活和社会繁荣发展的重要前提。在此基础上，习近平同志从整体上深刻阐明了平安建设在全局工作中的重要地位。他强调，"没有稳定的环境，什么事都干不成"②。

长期以来，社会上对平安建设的理解主要局限于社会治安综合治理领域。习近平同志多次指出，这是一种认识偏差，强调要把平安建设放在社会经济发展的全领域多层面去把握。他指出，"平安浙江"建设，"主要是解决怎样才能使经济、政治、文化和社会等各个方面和谐共生的问题"③。这说明习近平同志对平安建设的认识具有很强的大局意识和鲜明的整体观念。同时，他始终将平安建设放在"八八战略"全局中去谋划和落实。他指出，"建设'平安浙江'，既是'八八战略'的深化、细化、具体化，又是深入实施'八八战略'的重要保证"④，强调推进平安建设是实施"八八战略"的现实需要，平安建设好坏又依托于贯彻落实"八八战略"的成效，明确了平安建设的全局性特点。

（二）深刻阐释发展与安全的内在关系

安全是发展的前提，发展是安全的保障。发展与安全既相互联系，也相互促进。习近平同志以整体思维深刻揭示了发展与安全的内在关系。从两者相互联系角度，他指出，"没有和谐稳定的社会环境，改革不可能深化，发展更无从谈起"⑤。从两者相互促进角度，他从历史视角指出，"当很大一部分社会成员的基本生存条件还得不到保障的时候，社会不可能保持和谐稳定。而在我们的生存需求普遍得到满足以后，对安全的需求就变得日益强烈，社

---

① 习近平：《干在实处　走在前列——推进浙江新发展的思考与实践》，中共中央党校出版社2006年版，第235页。
② 习近平：《之江新语》，浙江人民出版社2007年版，第119页。
③ 《浙江日报》，2005年3月4日，第1、2版。
④ 习近平：《之江新语》，浙江人民出版社2007年版，第52页。
⑤ 习近平：《之江新语》，浙江人民出版社2007年版，第52页。

会也有条件为维护和谐稳定提供日益充裕的物质条件"①。他还以浙江改革开放20多年的实践作为例证，说明随着经济持续快速增长，社会各项事业全面发展，人民生活水平不断提高，安定团结的局面也不断得到巩固发展。因此，发展与安全是辩证统一于经济社会发展全过程的，谁也离不开谁。没有平安的浙江，就没有全面小康的浙江。

在深刻揭示发展与安全关系基础上，习近平同志指出，推进平安建设，需要"着眼于与经济、政治、文化、社会建设之间的有机统一和内在联系"②。2004年3月，他在全省建设"平安浙江"动员大会上指出，"建设'平安浙江'是一个综合的、系统的工程，涉及方方面面"③。2004年5月，在省委十一届六次全会上，他又着重强调，"'平安浙江'中的'平安'，不是狭义的'平安'，而是涵盖了经济、政治、文化和社会各方面宽领域、大范围、多层面的广义'平安'"④。这个广义"平安"理念，是习近平同志在省域层面统筹发展与安全过程中探索形成的重要理论成果。

（三）在宽领域、大范围、多层面推进平安建设的理论与实践意义

从宽领域来说，"大平安"理念体现综合治理的思想。平安建设涵盖的领域越广泛，就越需要形成协同推进的合力。习近平同志指出，要"综合考虑各方面对社会和谐稳定的影响，使之统筹兼顾，同步推进"⑤。从大范围来说，"大平安"理念具有广阔视野，体现推动社会全面进步的思想。人民群众期盼的平安，并不限于一个点或一件事的平安，而是大范围可感可及的平

---

① 习近平：《推进"平安浙江"建设，促进社会和谐稳定》，《人民论坛》杂志2004年第7期。
② 习近平：《干在实处　走在前列——推进浙江新发展的思考与实践》，中共中央党校出版社2006年版，第238页。
③ 习近平：《干在实处　走在前列——推进浙江新发展的思考与实践》，中共中央党校出版社2006年版，第239页。
④ 习近平：《干在实处　走在前列——推进浙江新发展的思考与实践》，中共中央党校出版社2006年版，第235页。
⑤ 习近平：《干在实处　走在前列——推进浙江新发展的思考与实践》，中共中央党校出版社2006年版，第238页。

安，说到底是整个社会的安定和谐，这是社会全面进步的目标和追求。从多层面来说，"大平安"理念指明了平安建设的路径方法。"大平安"是由各个层面的"小平安"累积而成的，只有把"小平安"建设好，才能实现整个社会的"大平安"。

宽领域、大范围、多层面的"大平安"理念，充分体现整体思维，具有深刻的哲学意蕴。它突出社会各领域各层面相互联系又相互影响的关系，强调从大范围推进社会全面进步的要求，是辩证法中普遍联系观点、发展观点在平安建设理论层面的集中体现。"大平安"理念强调把平安建设作为一个整体来推进，打造涵盖政治、经济、社会、文化等各领域的总体平安，这是系统观点在平安建设中的集中运用。"大平安"理念还蕴含着统筹观点。习近平同志指出，"富裕与安定是人民群众的根本利益，致富与治安是领导干部的政治责任"[①]，强调领导干部要"全面承担起'促一方发展、保一方稳定'的政治责任"[②]，一手抓发展、一手抓稳定，"真正实现在社会稳定中推进改革发展，通过改革发展促进社会稳定"[③]。

正确认识"大平安"理念的理论意义是推进平安建设的前提。习近平同志多次强调要警惕平安理念的泛化倾向。他指出，"广义的'平安'不是泛化的平安，不能理解为把经济、政治、文化建设都包含在'平安浙江'建设之内，大而化之地把它作为一个框"[④]。"大平安"理念统筹考虑经济、政治、文化和社会诸因素对社会和谐稳定的影响，要考量的是"影响"而不是诸因素本身，因此必须摒弃以为抓平安就可以放松改革与发展的错误观念。习近平同志多次强调，"我们要的是经济、政治、文化和社会各方面都和谐稳

---

① 习近平：《干在实处 走在前列——推进浙江新发展的思考与实践》，中共中央党校出版社2006年版，第235页。
② 习近平：《干在实处 走在前列——推进浙江新发展的思考与实践》，中共中央党校出版社2006年版，第274页。
③ 习近平：《干在实处 走在前列——推进浙江新发展的思考与实践》，中共中央党校出版社2006年版，第280页。
④ 习近平：《干在实处 走在前列——推进浙江新发展的思考与实践》，中共中央党校出版社2006年版，第238页。

定发展的'平安',而不是无所作为的'平庸'"①。从另一个角度来讲,"平安浙江"建设要对经济社会发展各领域实现全方位覆盖,但不是全面替代。

在宽领域、大范围、多层面推进平安建设,也具有丰富的实践意义。21世纪初,浙江各类社会矛盾和纠纷日趋增多,是"大平安"理念提出的历史背景。习近平同志敏锐地把握这些社会矛盾和纠纷表现出来的倾向性、苗头性问题,下决心建设"平安浙江"。在他的推动下,2004年5月,省委十一届六次全会作出建设"平安浙江"的重要决策。中央领导对此高度肯定,提出了"贵在落实、贵在坚持"的要求②。因此,蕴含"大平安"理念的"平安浙江"建设重要决策是时代所需、适得其时。

"平安浙江"建设取得显著成效。2003年,浙江受访群众安全感满意率为90.8%,低于全国91.19%的平均水平。2004年开展"平安浙江"建设后,当年人民群众安全感满意率就提高到92.33%,高出全国平均水平1.49个百分点。2005年,党中央作出建设社会主义和谐社会重大决策后,"平安浙江"成为构建社会主义和谐社会的重要载体。

二、用跳出思维分析平安问题,在放大格局中探索促进社会和谐安全的可行路径

习近平同志经常讲,要"跳出浙江发展浙江""跳出浙江做大浙江""跳出'三农'抓'三农'""跳出经济论经济","只有'跳出去',才能天高地阔",这充分展现了他的跳出思维。跳出思维是在高站位下对发展问题的深层次认识,是在大格局下对工作思路的开拓创新。"大平安"理念跳出原有平安建设框架,以更大视野谋划和推进平安建设,是跳出思维的集中展现。

(一)跳出"头痛医头、脚痛医脚"的平安建设怪圈

随着经济社会发展,事关平安的各类问题越来越复杂,涉及经济、社会、

---

① 习近平:《之江新语》,浙江人民出版社2007年版,第53页。
② 习近平:《推进"平安浙江"建设,促进社会和谐稳定》,《人民论坛》杂志2004年第7期。

政治、文化、生态以及党风政风等方方面面。因此,分析平安问题必须转变原有观念、改变原有方法。习近平同志指出,"与以往相比,新时期人民内部矛盾呈现出错综复杂的新情况,特别是群体性事件增多,各种因素交织在一起,处理起来十分复杂"。他多次强调要用宽广的视野去分析各类矛盾,要"始终坚持具体分析和区别对待各类不同性质的矛盾,敢于正视矛盾,勤于分析矛盾,善于化解矛盾"①"切忌头痛医头、脚痛医脚"②。

在谋划"平安浙江"建设时,习近平同志指出,"我们要用联系的观点抓稳定,正确认识影响社会稳定的新情况、新特点,善于全面分析相互交织在一起的各种政治、经济、文化的因素"③,要跳出问题看本质,从多维度、多层面分析平安问题,抓住深层次矛盾,找到关键性因素,全方位推进平安建设,最终促进社会和谐发展。这是源头治理、综合治理理念的重要创新。

(二) 积极探索跳出平安推进平安建设的路径

21世纪初,浙江越级访、重复访、集体访增多,信访热点问题比较突出。为破解信访难题,习近平同志要求跳出信访抓信访,倡导建立领导干部下访接待群众制度,并率先垂范,分别于2003年9月到浦江县、2004年9月到临安市、2005年8月到德清县、2006年8月到衢州市衢江区开展下访接访工作。他指出,"变群众上访为领导下访","是一种思想观念的转变,一种工作思路的创新,一种行之有效的机制"④。自从建立领导干部下访接待群众制度后,群众上访就呈逐年减少趋势。

基层平安是"大平安"的基石。推进基层平安建设,必须加强基层基础工作。习近平同志指出,"既给基层下达'过河'的任务,又切实指导帮助其解决'桥'和'船'的问题,并尽可能地在人力、物力、财力上向基层作

---

① 习近平:《妥善化解社会矛盾,全力维护社会稳定》,《求是》杂志2004年第3期。
② 习近平:《之江新语》,浙江人民出版社2007年版,第236页。
③ 习近平:《干在实处 走在前列——推进浙江新发展的思考与实践》,中共中央党校出版社2006年版,第46页。
④ 习近平:《之江新语》,浙江人民出版社2007年版,第54页。

适当倾斜,为基层开展工作创造必要的条件"[1]。只有基层基础夯实了,基层平安才有坚强保证。为加强基层基础工作,省委持续推动党委、政府"关口前移",使基层在推动平安建设上更有实力和底气。从2004年开始,省委还选派大量优秀干部到农村担任驻村工作指导员。据统计,从2004年至2006年,全省农村工作指导员累计调处矛盾纠纷31万起,帮助制定规章制度11万个,在有效化解基层风险矛盾、筑牢基层安定基石方面发挥了重要作用。

此外,在习近平同志推动下,省委着力加强民主法治建设,进一步构建矛盾纠纷化解机制,为平安建设筑牢制度基础。像武义县后陈村的村务监督委员会,实行事前、事中、事后全过程村务监督,使农村各种矛盾有了内部化解机制。还有温岭市的"民主恳谈"、嵊州市雅璜乡的"民情日记"、诸暨市店口村的"村务简报",也都得到了习近平同志的高度肯定并积极推广。习近平同志还推动省委加大精神文明建设力度,在农村巩固深化"双整治、双建设"成果,鼓励文化下乡,在城市开展创建文明城区活动,切实筑牢人民群众精神文明层面的平安堤坝。

(三) 在大格局中接续推进平安建设

沿着习近平同志以跳出思维推进平安建设的路子,历届省委结合新形势新情况,不断提升跳出思维助力平安建设的效用,创造了许多生动的实践案例。

安全生产始终是平安建设的重要内容。浙江是民营经济大省,民营企业的"低小散"特点给安全生产带来很大的不确定性。比如,"三合一"火灾事故未能根绝,由企业污染引发的群体性事件时有发生,企业债务暗含的资金链风险始终存在。历届省委坚持运用跳出思维,加大工业园区整治整合力度,深化"腾笼换鸟、凤凰涅槃",积极建设"特色小镇",全面推进"五水共治""三改一拆",在推动经济发展方式转型升级的同时,也为企业安全生产创造了良好的条件。

历届省委还充分利用浙江数字技术优势,赋能平安建设,使平安建设插

---

[1] 习近平:《之江新语》,浙江人民出版社2007年版,第110页。

上了数字化的翅膀。在抗击新冠疫情期间,大力推进"数字"战疫,推出"健康码""冷链食品溯源码"等数智化平安建设成果,高效率打赢疫情防控阻击战,赢得全国喝彩。在高水平推进省域治理现代化的大背景下,进一步加大平安建设的数字化转型力度,一体推进数字政府、数字经济、数字社会建设,建立健全"一中心四平台一网格"的基层社会治理体系,使数字赋能在推进"大平安"建设上发挥了重要作用。

三、用战略思维擘画"平安浙江"建设,在统筹发展与安全中践行正确的安全观

习近平同志指出,要"用战略思维去观察当今时代,洞悉当代中国,谋划当前浙江"①。战略思维是高瞻远瞩、统揽全局的思维方法,是善于把握事物发展总体趋势和方向的思维能力。有没有战略思维、具有什么样的战略思维,一定程度上决定着党和政府的重要决策部署能登多高、能走多远、将抵达何处。战略思维对"平安浙江"建设的指引作用,具有重要典范意义。

(一)"平安浙江"建设的战略意义

习近平同志始终以战略思维谋划浙江发展。2003年7月提出进一步发挥"八个方面优势"、推进"八个方面举措"后,他就开始酝酿平安建设。2004年1月,他在省委理论学习中心组学习会上提出了建设"平安浙江"的战略构想。随后,率先在省域层面开启"大平安"建设的探索与实践。

从战略高度来看,"平安浙江"建设是对科学发展观的创造性贯彻落实。习近平同志明确指出,建设"平安浙江",是"树立和落实科学发展观的需要","'平安浙江'体现了科学发展观的执政理念"②。他进一步指出,科学发展观的"根本要求是统筹兼顾"③,"如果社会发展与经济发展不协调,要

---

① 习近平:《之江新语》,浙江人民出版社2007年版,第20页。
② 习近平:《建设"平安浙江",构建和谐社会》,《理论动态》杂志第1667期。
③ 习近平:《之江新语》,浙江人民出版社2007年版,第45页。

实现统筹城乡、区域和人与自然的和谐发展是不可能的，坚持以人为本的本质和核心也会落空"①。只有以"大平安"理念推进"平安浙江"建设，才能实现城乡区域协调发展、人与自然和谐发展、经济社会可持续发展。因此，"平安浙江"建设是省委在落实科学发展观过程中形成的具有鲜明地方特色的实践载体。

从落实"八八战略"来看，建设"平安浙江"是"八八战略"在安全领域的具体化，理应是"八八战略"的有机组成部分。习近平同志指出，建设"平安浙江"，是"深入实施'八八战略'的题中之义"②。他还进一步指出，"无论改革还是发展，都需要和谐稳定的社会环境来保证"③。从这个意义上讲，"平安浙江"建设也为"八八战略"的顺利实施夯实了安全基础，提供了重要保障。

从发挥战略的长远作用来看，"平安浙江"建设增强了浙江人民的安全感幸福感。习近平同志指出，如果社会安全无法保证，"就不可能实现更高水平的全面小康，更谈不上现代化"④，推进"平安浙江"建设，"完全符合浙江人民群众的根本利益和愿望"⑤。历届省委沿着习近平同志指引的路子，接续深化"平安浙江"建设，为高水平全面建成小康社会、推进共同富裕示范区建设创造了有利条件。

（二）"平安浙江"建设战略蕴含的安全理念

在"大平安"理念指引下的"平安浙江"建设战略，反映了习近平同志在省域层面对平安建设规律的科学认识和深邃思考，蕴含着丰富的安全理念。

---

① 习近平：《建设"平安浙江"，促进社会和谐稳定——在省委十一届六次全体（扩大）会议上的报告（节选）》，《今日浙江》杂志2004年第9期。
② 习近平：《干在实处　走在前列——推进浙江新发展的思考与实践》，中共中央党校出版社2006年版，第236页。
③ 习近平：《干在实处　走在前列——推进浙江新发展的思考与实践》，中共中央党校出版社2006年版，第236页。
④ 习近平：《干在实处　走在前列——推进浙江新发展的思考与实践》，中共中央党校出版社2006年版，第236页。
⑤ 习近平：《建设"平安浙江"，构建和谐社会》，《理论动态》杂志第1667期。

"平安浙江"建设战略坚持"高线"与"底线"相结合,在把牢"底线"的基础上不断向"高线"迈进。"平安浙江"建设的总目标是实现经济更加发展、政治更加稳定、文化更加繁荣、社会更加和谐、人民生活更加安康。突出"更加"二字,反映的是平安建设的"高线"要求,体现出总目标的方向性,同时又不设上限、不设硬指标,具有开放性特点。这说明,平安建设的方向是明确的,要求是务实的。"平安浙江"建设还提出了具体目标,即确保社会政治稳定、确保治安状况良好、确保经济运行稳健、确保安全生产状况稳定好转、确保社会公共安全、确保人民安居乐业。突出"确保"二字,反映的是"平安浙江"建设的"底线"要求,体现出具体目标的兜底性。根据"底线"要求,省委进一步提出了平安建设的具体任务。

"平安浙江"建设战略坚持全面与重点相结合,既关注平安建设的普遍性,又注重平安问题的特殊性。在全面覆盖上,"平安浙江"建设涵盖了经济、政治、社会、文化、生态、人民生活和党的建设等各领域,坚持出发点与落脚点、领导力量与依靠力量、经济发展与社会安全相统一,使平安建设与经济社会发展实现全贯通全融合。"平安浙江"建设注重重点突破,聚焦影响当时经济社会发展的平安问题,明确提出了政治安全、治安安全、信访安全、经济安全、生产安全、公共安全等"六个安全",具有鲜明的时代特点。随着形势的发展,又提出了网络安全、金融安全、粮食安全、能源安全等安全重点。

"平安浙江"建设战略坚持正确的政绩观与稳定观相结合,使正确的政绩观与稳定观统一于推动地方发展的具体实践中。平安是改革发展中的平安,习近平同志多次强调,建设"平安浙江",必须从全党工作大局出发,"正确处理改革发展稳定的关系"①。首先,领导干部的政绩不能光看经济指标,平安建设成果也是政绩的一部分。他深刻指出,"推进经济发展是政绩,维护社会和谐稳定同样是政绩"②。其次,发展与平安是紧密相连的。没有平安的

---

① 习近平:《干在实处 走在前列——推进浙江新发展的思考与实践》,中共中央党校出版社2006年版,第273页。
② 习近平:《干在实处 走在前列——推进浙江新发展的思考与实践》,中共中央党校出版社2006年版,第235页。

发展不行,没有发展的平安也不行。习近平同志多次指出,"不能以为我们现在强调'平安',改革与发展就可以放松了;更不能以为在改革与发展的过程中出现了一些影响'平安'的问题,就因噎废食,不事改革,不抓发展"①。从这个意义上说,"平安浙江"建设战略为浙江党员干部树立正确的政绩观和稳定观提供了行动指南。

(三) 深化发展"平安浙江"建设战略

从 2004 年提出"平安浙江"建设战略到 2007 年"平安浙江"建设战略已取得实实在在的成效,并深得浙江人民的真心支持和拥护。沿着习近平同志擘画的平安建设蓝图,历届省委持续深化"平安浙江"建设战略。2008 年 4 月,省委作出《关于全面改善民生、促进社会和谐的决定》,以解决人民群众最关心、最直接、最现实的利益问题为突破口,有效化解社会矛盾。2009 年,省委在全省推行"网格化管理、组团式服务",以之作为推进基层平安机制建设的重要抓手。2011 年 6 月,省委作出《关于加强和创新社会管理的决定》,在推进平安建设的体制、机制、制度、方法上作出重要创新。同时,省委还部署开展重大平安问题的专项整治行动,如问题乳粉、"瘦肉精"、"地沟油"及问题酒类、辣椒粉等,使浙江社会发展各项指标位居全国前列,刑事发案、信访总量、各类生产安全事故始终保持"零增长"。

进入新时代以来,省委将贯彻落实总体国家安全观与深化"平安浙江"建设相结合,时刻关注人民群众反映强烈的、影响正常生产生活的安全问题,研究出台重要决策加以解决。从人民群众反映的"最恨最怨最烦"问题入手,部署开展安全生产、消防安全、道路交通安全、电动自行车安全、社会治安、食品药品安全、网络游戏赌博、民间借贷、新型网络犯罪、经济金融领域涉稳风险等专项整治行动,开展扫黑除恶专项斗争,坚持和发展新时代"枫桥经验",将平安建设纳入省域治理现代化轨道,构建"大平安"建设新格局,完善风险闭环管控"大平安"机制,建立健全省域"大平安"建设体系,努力实现从"一时一域"平安到"全时全域"平安转变,确保社会安定

---

① 习近平:《之江新语》,浙江人民出版社 2007 年版,第 53 页。

有序、群众安居乐业。2023年，浙江人民群众安全感满意率达98.88%。历届省委深化发展"平安浙江"建设战略的实践充分证明，"平安浙江"建设战略具有旺盛的生命力，是必须长期坚持并不断深化的发展战略。

四、用卓越思维扎实推进省域平安建设实践，在担当实干中充分展现历史主动精神

"平安浙江"建设重要决策，是主动回答"时代之问"的浙江探索，体现了习近平同志和历届省委的高度政治自觉和政治担当。在20年的"平安浙江"建设实践中，习近平同志和历届省委紧抓建设社会主义和谐社会的历史契机，牢牢把握塑造良好社会环境的主动权，打好确保经济社会安全发展的各个主动仗，为浙江发展赢得了先机和优势。与"八八战略"一样，"平安浙江"建设也充分展现了习近平同志和历届省委的历史主动精神。

（一）增强走在前列意识

习近平同志对浙江省情了解很深，清楚知道浙江在全国的战略定位和浙江发展所能起到的牵引作用。他在浙江工作期间一直强调干在实处、走在前列，要求把走在前列的要求贯穿到具体工作始终，落实到制定工作目标、检验工作成效中去。他指出，"'走在前列'既是对浙江过去的充分肯定，也是对浙江未来的明确要求"[1]，要求"切实承担起'促一方发展、保一方稳定'的政治责任"[2]，在改革发展中实现社会和谐稳定，在社会和谐稳定中推进改革发展。

为加快推动"平安浙江"建设，习近平同志多次要求突出重点、强化措施、整合力量。比如，在他的推动下，成立建设"平安浙江"领导小组，自己担任组长；建立定期分析社会稳定形势的制度，像分析经济形势一样，经

---

[1] 习近平：《干在实处 走在前列——推进浙江新发展的思考与实践》，中共中央党校出版社2006年版，第44页。

[2] 习近平：《干在实处 走在前列——推进浙江新发展的思考与实践》，中共中央党校出版社2006年版，第274页。

常分析社会稳定形势；建立平安建设和社会治安综合治理目标管理责任制，逐级签订责任书；每年召开建设"平安浙江"工作会议，总结工作，表彰先进，部署深化任务；加强平安建设的督导检查力度，组织开展全面或专项督促检查，同时出台平安市（县、区）、平安乡镇考核办法，推动"平安浙江"建设迈上制度化规范化轨道。在习近平同志的推动下，浙江平安建设走在了全国前列。据国家统计局抽样调查，2007年浙江受访群众安全感满意率达到了95.97%，比全国平均水平高出2.67个百分点。

走在前列是习近平同志对浙江的要求和期望，也是浙江人民发自肺腑的呼声，更是历届省委致力达成的奋斗目标。历届省委以"没有走在前列也是一种危险"的忧患意识持续推进平安建设，努力打造更安全更稳定的社会环境、更公正更安心的营商环境、更优质更暖心的服务环境，使浙江成为全国最具安全感的省份之一。"平安浙江"的建设历程，生动地展现出一幅习近平同志和历届省委发挥历史主动精神的精彩画卷。

（二）开创历史性变革实践

20年来，习近平同志和历届省委坚定贯彻党和国家重大决策部署，坚决扛起满足浙江人民美好生活期望的历史担当，保持一贯到底、勇立潮头的战略定力，推动"平安浙江"塑造变革性实践，谋求突破性发展，取得了一系列历史性成就。

在"平安浙江"建设重要决策提出之初，习近平同志就在平安建设实践上作出许多开创性探索。比如，针对信访突出问题，率先在省域层面建立领导干部下访接待群众制度；针对"非典"疫情对公共卫生安全敲响的警钟，倡导加强公共卫生建设，完善公共卫生体系；针对安全生产事故多发现象，强调要切实落实安全生产责任制；针对社会治安综合治理这个"老大难"问题，着力完善社会治安综合治理和目标管理责任制；针对群体性事件增多的实际，建立公共突发事件处置预案；针对台风多发造成人民生命财产损失问题，提出"一个目标""四个宁可"的防台理念；针对由生态环境遭到破坏而引发的安全事件，推进实施"811"环境污染整治行动，实行生态一票否决制；等等。

历届省委以卓越思维不断推动"平安浙江"建设创造变革性实践。扎实做好二十国集团领导人杭州峰会安保工作,确保万无一失;总结提炼平安建设经验,深化网格化管理模式,推广"三治融合"、"余村经验"、大综合一体化等基层创新实践;创新设立县级社会矛盾纠纷调处化解中心(信访超市)、完善大调解体系,推动企业和群众矛盾纠纷化解"最多跑一地";推出"平安浙江"指数(简称"平安指数"),涵盖全省各市、县(市、区),每月定期发布;加大平安建设的数智化力度,创新推出"平安风险监测预警防控""反电诈""金融风险防范与处置""大数据法律监督""移动微法院""公安大脑""浙江解纷码"等一批重大应用;坚持和发展新时代"枫桥经验",创新形成"群众唱主角、干部来引导、德法加智治、有事当地了"这一新的时代特征;坚决做好杭州亚运会期间的赛事保障工作,实现"零事故""零纰漏""零延误"。

(三)"平安浙江"成为"重要窗口"的标志性成果

20年来,随着"平安浙江"建设的深入实施,增强走在前列的意识、勇扛走在前列的使命担当、创造走在前列的实绩,已成为浙江人民的共识,深深烙进浙江发展历程中。历届省委始终牢记习近平总书记的谆谆教导,坚持总体国家安全观,坚定不移深入推进"平安浙江"建设,发扬历史主动精神,以时不我待、机不可失的紧迫感和忧患意识,推动浙江平安建设稳步走在全国前列。

党的十八大以后,党中央提出全面推进平安中国建设,浙江提出要率先建设平安中国示范区;2019年,党中央提出要加强国家治理体系和治理能力现代化建设,浙江明确要求打造省域现代治理先行示范区;2020年,习近平总书记在浙江考察时提出浙江要努力成为新时代全面展示中国特色社会主义制度优越性的重要窗口后,省委明确要求"努力建设展示推进国家治理体系和治理能力现代化、把制度优势更好转化为治理效能的重要窗口";2021年,实施数字化改革,通过数字赋能,使平安建设迈上新台阶;2022年,省第十五次党代会提出要高水平推进"平安浙江""法治浙江"建设;在党中央提出加强平安机制建设后,浙江明确要求打造全省域"大平安"建设体系;

2023年，浙江率先颁布《浙江省平安建设条例》；同年9月，为贯彻习近平总书记考察浙江重要指示精神，浙江提出要通过高水平"平安浙江"建设，在社会治理现代化上发挥示范引领作用。省委始终牢牢掌握平安建设的主动权，以历史主动精神不断开辟"平安浙江"建设的新境界。"平安浙江"已成为"重要窗口"的标志性成果。

五、现实启示

站在新的起点上，以科学思维方法审视"大平安"理念与"平安浙江"建设20年生动实践，为我们以"两个先行"打造"重要窗口"、谱写中国式现代化浙江新篇章提供了深刻启示。

（一）始终坚持在大视野、大场景中创造性贯彻落实党中央重大决策部署

党的十六大提出全面建设小康社会重大决策部署后，习近平同志运用整体思维，从大视野、大格局审视省域层面全面建设小康社会的深层次要求，结合浙江发展先期遇到的平安问题，推进"平安浙江"建设，夯实了浙江全面小康的平安底色。党的十八大以来，习近平总书记以整体思维谋划推进党和国家事业发展，强调领导干部要胸怀"两个大局"，办好发展和安全"两件大事"，始终将安全置于中国特色社会主义事业全局中来把握。

从浙江来说，深入推进"平安浙江"建设，就要从全面展示中国特色社会主义制度优越性和高质量发展这个高起点、高站位推进共同富裕示范区和中国式现代化建设，深刻分析推进共同富裕先行和中国式现代化省域先行对平安建设提出的时代要求，切实将平安建设成效转化为建设共同富裕示范区的重要标志和推进中国式现代化建设的重要保障。

（二）始终坚持在理论创新与实践探索相结合中谋划平安建设的有效路径

沿着习近平同志指引的平安建设路子，历届省委接续运用跳出思维、战

略思维扎实开展"平安浙江"建设,推动"大平安"理念从理论付诸实践,从实践上升为理论,再从理论付诸实践,促进社会治理理论迭代发展、平安建设实践愈加丰富、平安建设成果精彩迭现,使浙江成为平安建设的省域样板。

为更好统筹发展和安全、富民与安民,加强风险管控的机制和能力建设,省委提出一体推进"平安浙江""法治浙江"建设,这是深化"平安浙江"建设战略的重要创新。在新的历史条件下,浙江仍要坚持运用跳出思维、战略思维,跳出平安看平安,深化对平安建设战略意义的认识,加快推动平安建设战略与其他战略实现全方位衔接、全链条融合,在先行探索新时代平安建设的有效路径上,为平安中国建设作出应有的贡献。

(三)始终坚持在积极践行"敢为人先、勇立潮头"的精神品格中推动平安建设走在前列

"平安浙江"建设实践集中反映了勇立潮头的精神品格。习近平同志在浙江工作期间指出,"'走在前列'是发展的、具体的、实践的""这既是一个很高的要求,也是一项长期的任务"①,"要增强勇立潮头的胆略"②。历届省委秉持勇立潮头的精神要求,牢牢把住平安建设的主动权,打好平安建设的主动仗,塑造出浙江良好的发展环境。

只有让平安建设勇立潮头,共同富裕才能示范引领。必须坚持用卓越思维谋划浙江新发展,要牢记习近平总书记对浙江的殷殷嘱托,对标对表,拉高标杆,以对历史负责、勇于担当、主动作为的精神深入推进平安建设,创造更多的历史性成就和历史性变革。

(执笔人:邓金松)

---

① 习近平:《干在实处 走在前列——推进浙江新发展的思考与实践》,中共中央党校出版社2006年版,第44页。
② 习近平:《与时俱进的浙江精神》,《哲学研究》杂志2006年第4期。

目 录

1 | 中共浙江省委党史和文献研究室
坚持统筹发展与安全,建设更高水平更高品质的"平安浙江"

44 | 中共杭州市委党史研究室
高水平建设"平安杭州",努力打造中国最具幸福感城市

60 | 中共宁波市委党史研究室
建设"平安宁波",打造幸福甬城

76 | 中共温州市委党史研究室
建久安之势,成长治之业,高水平推进"平安温州"建设

91 | 中共湖州市委党史研究室
持之以恒推进"平安湖州"建设,打造市域社会治理现代化标杆城市

105 | 中共嘉兴市委党史研究室
建设"平安嘉兴",打造"幸福禾城"

119 | 中共绍兴市委党史研究室
强化"枫桥经验"发源地使命担当,打造"平安绍兴"最美"枫"景

| 133 | 中共金华市委党史研究室
全力推进"平安金华"建设，坚定护航经济社会高质量发展

| 150 | 中共衢州市委党史研究室
统筹发展与安全，接续推动"平安衢州"建设笃行致远

| 165 | 舟山市史志研究室
立足海岛实际，守护海域长安，努力打造全国最安全城市

| 179 | 中共台州市委党史研究室
建设"平安台州"，打造幸福之城

| 193 | 中共丽水市委党史研究室
坚毅笃行"丽水之干"，打造高水平高质量全域"平安丽水"

| 207 | 中共杭州市上城区委党史研究室
"333＋X"联动式治理的实践与启示

| 217 | 中共杭州市萧山区委党史研究室
"数字平安"体系的构建发展与启示

| 226 | 中共宁波市鄞州区委党史研究室
"365"社区治理工作法的实践历程

| 235 | 中共慈溪市委党史研究室
"和谐促进会"的发展历程与启示

| 244 | 中共温州市瓯海区委党史研究室
"瓯海的一天"闭环智治模式的创新发展

| 252 | 中共温州市洞头区委党史研究室
"海上枫桥"基层治理的实践与启示

| 260 | 中共湖州市委党史研究室　中共吴兴区委党史研究室
"织里经验"的形成发展与实践启示

| 269 | 中共安吉县委党史研究室
新时代乡村治理"余村经验"的实践与启示

| 277 | 海宁市史志研究室
"西山经验"的发展历程与启示

| 285 | 中共桐乡市委史志研究室
"三治融合"桐乡经验的发展历程与实践启示

| 293 | 诸暨市党史和地方志研究室
坚持和发展新时代"枫桥经验"的诸暨实践

| 303 | 中共浦江县委党史研究室
浦江深入践行干部下基层开展信访工作的实践与启示

| 312 | 中共衢州市柯城区委党史研究室
"村情百宝箱"制度的形成发展与经验启示

| 320 | 中共常山县委党史研究室
"民情沟通日"制度的发展历程及经验启示

| 330 | 舟山市普陀区史志研究室
"网格化管理、组团式服务"社会治理模式的探索与实践

| 339 | 中共临海市委党史研究室
守护未成年人平安健康成长的临海实践与启示

| 349 | 中共玉环市委党史研究室
流动人口居住管理的玉环探索与实践

| 357 | 中共龙泉市委党史研究室
"周五开门接访日"机制的实践与启示

| 364 | 云和县党史和地方志研究室
"街乡共治"社会治理模式的探索与实践

坚持统筹发展与安全，建设更高水平更高品质的"平安浙江"

◆ 中共浙江省委党史和文献研究室 ◆

平安是人民幸福安康的内在要求，是改革发展的基本前提。习近平同志在浙江工作期间作出"八八战略"重大决策，亲自部署推进"平安浙江"建设，率先在省域层面探索统筹发展与安全的路径和方法。20年来，历届浙江省委按照习近平同志擘画的蓝图，深刻把握平安建设在解决新矛盾新问题中螺旋上升、迭代跃升的内在规律，深入实施"平安浙江"建设战略，切实维护政治安全、经济安全、社会安全、文化安全、生态安全及公共安全，防范化解重点领域重大风险，建立健全省域"大平安"建设体系，推进基层治理体系和治理能力现代化，不断打开高质量发展和高水平平安良性互动新局面，走出了一条具有浙江特色的平安建设路子。

一、理念先行、大胆探索，率先推进"大平安"建设

发展必须要安全。习近平同志在浙江工作期间深刻思考并深入探索发展与安全的关系问题。2003年7月，习近平同志在省委十一届四次全会提出了进一步发挥"八个方面优势"、推进"八个方面举措"（后称"八八战略"）这一事关浙江长远发展的全面规划和顶层设计。谋定浙江发展战略后，他便统筹推进平安建设，部署实施"平安浙江"建设战略。

（一）创造性提出"大平安"理念

21世纪初，中国加入世界贸易组织后，经济发展迎来了黄金时期。但在

经济快速发展的同时,却又面临新的矛盾和挑战。浙江作为经济相对发达的东部省份和市场经济的先发地区,人均生产总值接近3000美元,处于经济增长方式的转变期、社会结构的转型期和社会矛盾的凸显期。因此,相较于全国其他地区,浙江能更早地感受到经济发展带来的一些普遍性矛盾和问题,比如社会治安问题、安全生产问题、公共安全问题等。特别是2003年和2004年初接连发生数起影响社会安全稳定的事件,引起了习近平同志的高度关注。如浙江遭遇严重干旱,森林火灾频发,严重影响经济发展和群众生产生活;又如,青田滩坑电站部分库区移民因对移民政策不满,聚众闹事,迫使电站停止施工;再如,海宁部分老年妇女搞迷信活动,引发"2·15"特大火灾事故,死伤多人;还有嵊州、新昌、永康等地个别演艺厅涉嫌色情表演,被中央电视台《焦点访谈》栏目曝光,影响恶劣。这些事件暴露出了浙江经济快速发展背后的安全隐忧,如果不及时解决,必然会重创发展环境,经济快速发展也将难以持续。

如何在推动经济发展的同时又能确保社会安定稳定,成为摆在省委面前的时代课题。习近平同志深入思索发展与安全的关系问题。他指出,"人民群众企盼生活幸福,幸福生活首先必须保证社会和谐稳定"①,"没有稳定的环境,什么事都干不成,改革与发展都会成为一句空话,已经取得的成果也会失掉"②。他明确提出,既要"求富",更要"求安",要着眼于消除政治、经济、文化、社会等各领域的不安定因素和安全隐患,建设一个全方位的、立体式的、满足人民群众新期待的"平安浙江"。"平安浙江"中的这个"平安"超出了原有的"平安"范围。他指出,"我们提出的'平安',不是仅指社会治安或安全生产的狭义的'平安',而是涵盖了经济、政治、文化和社会各方面宽领域、大范围、多层面的广义'平安'"③。

"大平安"理念蕴含着系统观点。"大平安"不是一个领域的"平安",而是涵盖政治、经济、社会、文化与生态等各领域的总体平安、系统平安。

---

① 习近平:《干在实处 走在前列——推进浙江新发展的思考与实践》,中共中央党校出版社2006年版,第235页。
② 习近平:《之江新语》,浙江人民出版社2007年版,第119页。
③ 习近平:《之江新语》,浙江人民出版社2007年版,第119页。

为此，习近平同志多次强调，"平安浙江"建设是个系统工程。"大平安"理念蕴含着联系观点。"大平安"由各个方面的"小平安"组成，"小平安"与"大平安"相互影响、相互联系。习近平同志指出，要"着眼于与经济、政治、文化、社会建设之间的有机统一和内在联系，综合考虑各方面对社会和谐稳定的影响"①，这深刻揭示了平安建设各领域交融互动的辩证关系。"大平安"理念蕴含着创新观点。推动"大平安"建设，必须摒弃原有的传统思维，开展思想与理念的革命。习近平同志多次要求各级领导干部顺应形势、转变观念。他指出，"富裕与安定是人民群众的根本利益，致富与治安是领导干部的政治责任"②，多次强调领导干部要树立抓稳定也是抓发展的意识，一手抓发展、一手抓稳定。

习近平同志站在全局的高度，以开阔视野深刻审视发展与安全的关系，擘画"平安浙江"建设宏伟蓝图，为浙江党员干部树立新的发展观和稳定观提供了重要指引，也为浙江在统筹发展与安全上走在全国前列打下了坚实基础。

（二）部署实施"平安浙江"建设

"大平安"理念的提出，廓清了浙江党员干部在平安建设上的思想迷雾。但怎么推动平安建设，仍需在路径与方法上作出艰辛探索。2004年4月22日，习近平同志主持召开建设"平安浙江"工作座谈会，强调要适应经济社会发展的新形势，按照"八八战略"的总体部署，加大"平安浙江"建设力度。4月28日，省委常委会召开会议，审议通过建设"平安浙江"的工作方案。5月10日、11日，省委召开十一届六次全会。习近平同志在会上全面阐释了"平安浙江"建设的总体思路。全会审议通过了《关于建设"平安浙江"促进社会和谐稳定的决定》，明确了"平安浙江"建设的主要原则、工作目标和任务举措。

---

① 习近平：《干在实处 走在前列——推进浙江新发展的思考与实践》，中共中央党校出版社2006年版，第238页。
② 习近平：《建设"平安浙江"，促进社会和谐稳定——在省委十一届六次全体（扩大）会议上的报告》，《今日浙江》杂志2004年第9期。

建设"平安浙江",是深入实施"八八战略"的重要内容和重要保证。习近平同志指出,"'八八战略',主要是解决怎样才能使经济、政治、文化、社会和生态等各个方面全面、协调、可持续发展的问题;'平安浙江',则主要是解决怎样才能使经济、政治、文化和社会等各个方面和谐共生的问题"①。深入实施"八八战略",离不开"平安浙江"建设提供的安全发展环境;推动"平安浙江"建设,又要以深入实施"八八战略"加快发展为基础。因此,制定"八八战略"与"平安浙江"建设战略,是习近平同志在省域层面统筹发展与安全最鲜明的体现。中央领导对"平安浙江"建设战略高度关注。2004年5月21日,胡锦涛总书记给予充分肯定,并提出了"贵在落实、贵在坚持"的要求。中央政法委书记罗干指出,"平安浙江"建设战略,"体现了中央的精神,在全国是个创举"②。

"平安浙江"建设战略的总体目标是经济更加发展、政治更加稳定、文化更加繁荣、社会更加和谐、人民生活更加安康等"五个更加",具体包括确保社会政治稳定、确保治安状况良好、确保经济运行稳健、确保安全生产状况稳定好转、确保社会公共安全、确保人民安居乐业等"六个确保",具有丰富的层次性与可操作性。习近平同志多次强调,"平安浙江"建设必须致力于推进政治安全、治安安全、信访安全、经济安全、生产安全、公共安全等"六个安全"③。为推动"平安浙江"建设落到实处,省委加强顶层设计,成立建设"平安浙江"领导小组,习近平同志任组长,同时构建了"党政统一领导、平安办统筹协调、部门协同联动"的推进机制。各级党委、政府把平安建设作为"一把手"工程来抓,切实承担起"促一方发展、保一方平安"的重大政治责任,统筹各类要素、各个领域、各方资源、各种手段,全面落实平安建设的任务要求。上级党委、政府与下级党委、政府之间,党委、政府和各部门各单位之间,每年签订平安建设和社会治安综合治理目标管理责任书。省委每年召开建设"平安浙江"工作会议,总结"平安浙江"

---

① 《浙江日报》,2005年3月4日,第1版。
② 《平安中国的浙江实践》,浙江出版联合集团、浙江人民出版社2017年版,第7页。
③ 习近平:《干在实处 走在前列——推进浙江新发展的思考与实践》,中共中央党校出版社2006年版,第239页。

建设情况，分析形势，表彰先进，部署深化工作任务。省委不断加强平安建设的督导检查力度，适时组织开展全面或专项督促检查。出台《平安市、县（市、区）考核办法》《全省平安乡镇（街道）考核评审办法》等考评办法，每年根据实际情况进行修改完善，推动"平安浙江"建设制度化、规范化。

建设"平安浙江"，得到了人民群众的衷心拥护和全力支持。据国家统计局抽样调查，2003年浙江受访群众安全感满意率为90.8%，低于91.19%的全国平均水平，而2004年"平安浙江"建设启动当年，受访群众安全感满意率即为92.33%，高于全国平均水平1.49个百分点，2007年则达到了95.97%，比全国平均水平高出2.67个百分点。"平安浙江"建设的成效，已初步得到了浙江人民的检验。

（三）统筹发展与安全的省域先行探索

发展必须建立在社会稳定的基础上，安全是发展的重要前提和保障。只有统筹发展与安全，经济社会发展才能持续高效。习近平同志指出，"抓经济促发展是政绩，抓稳定保平安同样也是政绩"[①]。根据省委建设"平安浙江"战略部署，各地各部门树立"大平安"理念、扎实推进平安建设，在确保政治安全、治安安全、信访安全、经济安全、生产安全、公共安全上作出积极探索，取得明显成效。

政治安全是抓稳定保平安的首要任务。在确保政治安全方面，省委着力抓好意识形态工作，大力开展社会主义荣辱观教育，全面加强以未成年人为重点的公民思想道德建设，增强社会主义意识形态的凝聚力和引领力。不断加强隐蔽战线斗争，有效防范和打击境内外敌对势力的渗透、间谍和破坏活动。深入开展与"法轮功"等邪教组织的斗争，侦破一批"法轮功"宣传煽动性案件。持续加强对互联网和邮路的监控和侦控工作，严密防范境内外敌对势力利用网络和邮路进行反动宣传。省委还坚持以法治为导向，致力于将

---

① 习近平：《干在实处　走在前列——推进浙江新发展的思考与实践》，中共中央党校出版社2006年版，第274页。

维护政治安全与推动经济发展纳入法治化轨道,全面部署"法治浙江"建设,努力打造民主健全、法制完备、公共权力运行规范、公民权利切实保障的法治社会。

经济安全是抓稳定保平安的重要内容。在确保经济安全方面,省委着力完善社会主义市场体系,持续优化生产要素配置,进一步规范市场经济秩序,有效打击各种严重危害市场经济秩序的犯罪活动,特别是强化金融监管,建设信用市场,显著提高金融企业的竞争力和抗风险能力,不断降低银行业的不良资产比例。省委高度重视耕地保护和粮食安全,积极探索经济高效、产品安全、资源节约、环境友好、技术密集、凸显人力资源优势的高效生态农业发展路子。水资源安全事关经济社会可持续发展。省委推动实施"811"环境污染整治行动,到2006年,全省八大水系、运河和主要湖库总体水质良好,Ⅰ—Ⅲ类水质占66.7%,19个省控饮用水源地水质和105个县级以上集中式饮用水源地水质达标率分别为63.2%和82.8%。

治安安全是抓稳定保平安的题中之义。在确保治安安全方面,省委坚持打防结合、综合治理,维护社会良好治安秩序。省政法部门特别是公安机关先后组织开展破案追逃、打黑除恶、治爆缉枪、命案侦破、打击抢劫抢夺与盗窃等一系列针对性、时效性强的专项整治行动,产生明显效果。2004年,全省刑事案件上升幅度比2003年回落了23.6个百分点,2005年,又比2004年回落了21.1个百分点,2006年,全省刑事案件立案起数开始下降,同比下降了2.4%。省委还多次要求严厉打击毒品、赌博等违法犯罪活动,多措并举、标本兼治,有力维护人民群众的生命和财产安全。

信访安全是抓稳定保平安的直接表现。在信访安全方面,省委正确处理人民内部矛盾,加强矛盾纠纷的排查调处、疏导化解,把问题解决在基层和萌芽状态。习近平同志高度重视信访工作,倡导建立领导干部下访接待群众制度,变群众上访为领导干部主动下访,并于2003年9月17日、2004年9月9日、2005年8月15日、2006年8月15日分别到浦江县、临安市、德清县和衢州市衢江区开展下访接待群众工作。在习近平同志推动下,省委明确要求各级党政"一把手"要亲自抓信访、带头下访,主动化解社会矛盾。从2003年9月至2004年9月,全省领导干部下访2万多人次,接待群众78400

余人次,解决实际问题23350多个。2004年1月,修订完善《浙江省信访条例》,2005年9月,又制订出台《浙江省信访事项终结办法》和《浙江省信访听证暂行办法》。省委持续推进信访工作的规范化、制度化,在确保信访安全上迈出坚实步伐。

生产安全是抓稳定保平安的重要着力点。在确保生产安全方面,省委切实加强对安全生产工作的领导,强化各项安全生产措施,避免重特大事故发生。2004年8月,省政府出台《关于切实加强安全生产工作的决定》,并就有关重点行业和领域的生产安全工作出台8个配套文件,定期开展对重点行业和领域的安全生产专项整治。各地也相继建立安全生产监管机构,组建安全生产执法队伍及企业安全生产管理队伍。2004年,全省实现安全生产各类事故总量、死亡人数和直接经济损失"零增长"的目标。2005年,全省安全生产事故次数、死亡人数和直接经济损失分别比上年下降17.5%、11.6%和28.6%,2006年又分别同比下降19.5%、6%和9.8%。

公共安全是抓稳定保平安的基础性工程。在确保公共安全方面,省委大力提高防范和处置自然灾害、突发公共卫生事件、暴力恐怖事件等方面的能力和水平,及时消除化解自然灾害和突发事件对社会正常秩序、公共安全的威胁和影响。2003年"非典"疫情期间,省委着力建立严密有序的群防群控、联防联控体系,构筑了一道牢固的"防疫大堤"。整个疫情期间,浙江仅有4例输入性"非典"确诊病例。浙江作为沿海省份,是台风多发地区。习近平同志明确提出了"不死人,少伤人"的防台目标和"四个宁可"① 的防台理念,多次妥善处理灾难性台风登陆带来的影响,最大限度减少人民群众的生命和财产损失,在维护公共安全方面创造了许多浙江好经验。

在平安建设的坚强护航下,省委紧紧抓住重大战略机遇期,深入实施"八八战略",推动经济发展方式转型升级,统筹区域城乡协调发展,加快建设文化大省,积极创建生态省,使浙江经济社会发展不断跃上新高度。2002年至2007年,浙江地区生产总值由8004亿元增加到18640亿元,年均增长

---

① "四个宁可",是指宁可十防九空、不能万一失防,宁可事前听骂声、不可事后听哭声,宁可信其有、不可信其无,宁可信其重、不可信其轻。

14.1%；人均生产总值由 16978 元增加到 37130 元，年均增长 12.7%；财政总收入由 1167 亿元增加到 3240 亿元，年均增长 14.9%。

（四）筑牢基层安定基石

基层是维护平安稳定的最前哨。基础不牢，地动山摇，没有基层的平安，就没有全省的平安。习近平同志指出，"基层既是产生利益冲突和矛盾的'源头'，也是协调利益和疏导社会矛盾的'茬口'"，工作要靠基层去做，矛盾要靠基层去化解，只要"把基层基础工作做扎实了，利益关系得到协调，思想情绪得以理顺，社会发展中的不稳定因素就能得到及时化解，各种矛盾冲突就能得到有效疏导"①。因此，筑牢基层这个平安基石，成为"平安浙江"建设的一个重要目标。

创新发展"枫桥经验"是推进基层平安的重要载体。20 世纪 60 年代，诸暨枫桥干部群众在社会主义教育运动中，创造了"发动和依靠群众，坚持矛盾不上交，就地解决，实现捕人少、治安好"的"枫桥经验"，得到毛泽东同志批示推广。几十年来，"枫桥经验"不断创新发展，做到"小事不出村、大事不出镇、矛盾不上交"，一直在维护社会和谐稳定方面发挥着重要作用。在部署实施"平安浙江"建设过程中，习近平同志多次强调，要"把创新发展'枫桥经验'作为总抓手，贯穿于建设'平安浙江'的始终"，同时指出，"'枫桥经验'虽然诞生在农村，但其强化基层基础、就地解决问题的基本精神具有普遍的指导意义，不仅适用于农村，而且适用于城市，不仅适用于社会治安工作，而且也完全适用于建设'平安浙江'的其他各项工作"②。在习近平同志和省委的推动下，以创新发展"枫桥经验"为载体，"平安浙江"建设不断走深走实。2005 年，在全面总结各地矛盾联调中心、治安联动中心、维护稳定中心等成功做法的基础上，省委推广建立乡镇（街道）综治工作中心、村（社）综治工作站。2006 年 5 月，省委总结民营企业

---

① 习近平：《加强基层基础工作，夯实社会和谐之基》，《求是》杂志 2006 年第 21 期。
② 习近平：《干在实处　走在前列——推进浙江新发展的思考与实践》，中共中央党校出版社 2006 年版，第 506 页。

开展治安综合治理的经验,全面部署推进"综治进民企"工作。义乌等地还在加强外来人口管理中创新发展"枫桥经验",取得积极成效。此外,在创新发展"枫桥经验"中,浙江还建立健全治安联防、矛盾联调、问题联治、事件联勤、平安联创的"五联"机制,完善社会管理、打击防控、群防群治和社会保障等"四张网",筑牢基层平安的防线机制。通过创新发展"枫桥经验",浙江在维护基层和谐稳定上走出了新境界。

加强基层基础工作是推进基层平安的重要方向。党委、政府工作离群众越近,发现问题越容易,解决问题就越快,人民群众也就越满意。习近平同志多次强调,"既给基层下达'过河'的任务,又切实指导帮助其解决'桥'和'船'的问题,并尽可能地在人力、物力、财力上向基层作适当倾斜,为基层开展工作创造必要的条件"[1]。只有基层基础夯实了,基层平安才有保证。为加强基层基础工作,省委持续推动党委、政府"关口前移",包括党建工作、卫生工作、综治工作等重心下移,以及警力下沉、文化下乡等,使基层在推动平安建设时更有实力和底气。从2003年起,省委在农村全面实施以"强核心、强素质、强管理、强实力"为主要内容的"先锋工程"建设,全面推进以村党组织为核心的村级组织建设,同时不断推动在新经济组织、社会团体、民办非企业单位、中介组织中建立党组织,推动形成"党员家庭教育点""无职党员设岗定责""支部建在楼道上""支部建在项目上"等许多有效做法。从2004年开始,省委选派大量优秀干部到农村担任驻村指导员,在指导推动乡村加快发展的同时,帮助健全村民会议、村民代表会议、村务公开等制度,引导村民积极化解矛盾和纠纷。据统计,2004年至2006年,全省农村工作指导员累计调处矛盾纠纷31万起,帮助制定规章制度11万个,在有效化解基层风险矛盾、筑牢基层安定基石方面发挥了重要作用。基层基础工作的持续加强,健全完善并巩固了基层平安这个第一道防线,为推进"平安浙江"建设作出了重要贡献。

民主政治建设是确保基层平安的重要屏障。民主政治在基层群众协调利益关系上发挥着重要作用,关系基层社会和谐与稳定。习近平同志深刻指出,

---

[1] 习近平:《之江新语》,浙江人民出版社2007年版,第110页。

"基层民主越健全,社会就越和谐"①。为推动基层民主政治建设,省委大力推进"民主法治村(社区)"创建工作,倡导让民主法治成为解决基层矛盾的重要手段。各地积极响应省委号召,在创新基层民主法治建设中形成了许多好经验、好做法。武义县后陈村设立村务监督委员会,实行事前、事中、事后全过程村务监督,使农村各种矛盾有了内部化解机制,创造了"后陈经验"。温岭市积极创新基层干部与群众民主对话、双向交流形式,在总结各地"民情夜谈""农村民主日"等议事活动基础上,推出"民主恳谈"这一基层民主决策新模式。此外,还有嵊州市雅璜乡的"民情日记"、诸暨市店口镇的"村务简报"等。基层民主法治建设的不断创新,极大地提升了基层的管理和服务能力、化解风险和矛盾能力,增强了人民群众的幸福感、归属感和认同感,使筑牢基层平安有了更为深厚和广阔的基础。

(五)探索推进平安建设的长效机制

现代社会日趋多元、复杂,各领域、各层次之间联系日益密切和便捷,这一方面大幅提高了社会生产力,另一方面也加速了社会矛盾和风险的发生与传递。在现代条件下推动"平安浙江"建设,必须聚焦于平安建设各项举措的制度化、系统化,形成一套比较完备、行之有效的制度体系。习近平同志指出,"制度建设更具有根本性、稳定性和长期性"②。在他的积极推动下,"平安浙江"建设在长效机制上作出了许多先行探索。

2003年经历"非典"疫情后,省委高度重视应急能力和水平建设,着力建立健全突发公共事件应急预案体系。省委多次提出,要制定和完善全方位、多层次的各类预警系统和应急预案,建立健全快速反应系统,加快推进公共突发事件应急处置的规范化、制度化、法制化建设。在总结抗击"非典"、控制禽流感、防御台风等重大自然灾害,处置事故灾难和社会安全事故等方面有效经验的基础上,相继出台了《浙江省突发公共卫生事件预防与应急办法》《关于加强应急机制建设,提高政府保障公共安全和处置突发公共事件

---

① 习近平:《之江新语》,浙江人民出版社2007年版,第226页。
② 习近平:《之江新语》,浙江人民出版社2007年版,第68页。

能力的意见》《浙江省突发公共事件总体应急预案》等重要文件。省委还积极推动建立由省总体应急预案、专项应急预案、部门应急预案和市县乡各级政府应急预案，以及基层组织应急预案、企事业单位应急预案、重大活动安全单项应急预案等构成的"纵向到底、横向到边"的应急预案体系。

在社会治安综合治理方面，省委推动建设社区群防网、街面巡逻网、重点部位监控网、卡点堵截网，让"四张网"交织在同一平面，形成全方位、全时空、多层次的防范控制体系。为及时有效防范和处置群体性事件，省委推动制定《关于积极预防和妥善处置群体性事件工作的实施意见》《浙江省预防处置群体性事件若干规定》等重要文件，确立预防和处置群体性事件的指导思想和工作原则，明确政策界限，落实责任分工，健全组织体系，完善工作机制。从2005年开始，建立防范和处置群体性事件的矛盾排查调处、预警预测、应急处置、责任追究等四项制度。为保证食品安全，省委推动出台《浙江省重点产品质量预警实施方案》和《浙江省流通领域食品质量预警实施方案》，加快建立健全以农产品质量安全标准、检验检测和认证体系为重点的农产品质量保障体系，并深入实施食品安全市场准入制度。在安全生产方面，省委推动建立完善安全责任体系，施行安全生产工作"一岗双责""一票否决"制度，坚持内部管理与外部监督并重，进一步明确政府、部门和企业三个层面的安全生产责任。在事故多发行业和领域的安全防范上，完善重大危险源的调查和申报制度，建立重大危险源数据库，对重大危险源实施分级动态管理制度。在打击和防范经济犯罪上，在全国率先建立行政执法与刑事执法相衔接的工作机制，组织开展打击经济领域犯罪的专项斗争，同时积极建立健全预警机制、综合防控机制和办案协作机制，有效预防和减少经济犯罪案件的发生。

民生至上，民安为要。2004年，省委出台《建立健全为民办实事长效机制的若干意见》，每年选择群众反映强烈的10个民生突出问题，列出项目、定出目标、明确责任、落实措施，加以切实解决，使人民群众看到变化、见到成效、得到实惠。省委还确立公共财政支出惠民生的政策导向，将新增财力的70%以上用于改善民生，使人民群众有了更多的获得感。民生稳，则平安显。通过以民生促民安，人民群众发自内心认同并支持"平安浙江"建设,"平安浙江"建设也成为一项民心工程、德政工程。

法治是确保平安建设长效机制有效落实的重要保障。习近平同志在部署"法治浙江"建设时明确指出,要把深化"平安浙江"建设作为建设"法治浙江"的重要着眼点,把法治贯彻到平安建设全过程①。他多次强调,要让人民群众相信法治,确立对法治的信仰,只有这样,才能推动政治、经济、文化事业、社会事务管理步入法治化轨道。在建设"法治浙江"过程中,各级政府进一步转变职能,推进依法行政,规范行政行为,落实行政执法责任制。"法治浙江"建设为平安建设构筑了良好的法治环境。

此外,习近平同志还推动各级党委建立定期分析社会稳定形势的制度,像分析经济形势那样定期分析社会稳定形势,及时研究解决平安建设中的重大问题;推动省领导带队到各地督导检查平安建设工作。2006年,浙江又在全国率先探索建立社会风险评估机制,防止因决策不当而引发社会矛盾和冲突。

在习近平同志推动下,省委在推进"平安浙江"建设中探索建立了许多富有创见且好用管用的长效机制,为把浙江打造成全国最具安全感的省份之一发挥了重要作用。有些长效机制经过不断创新发展与完善,由浙江推广到全国,成为国家层面的重要规章。

二、明确目标、稳步推进,持续加大"平安浙江"建设力度

沿着习近平同志指引的平安建设路子,省委一以贯之深化"平安浙江"建设,始终坚持系统观念、问题导向、突出重点,不断在平安建设的壮丽图景上增光添彩。"平安浙江"已成为浙江人民群众的共同期盼和矢志不渝的奋斗目标。

---

① 习近平:《干在实处 走在前列——推进浙江新发展的思考与实践》,中共中央党校出版社2006年版,第355页。

(一) 着力创新社会管理机制促进社会稳定

经济发展方式的转型升级,对加强社会管理提出了严峻挑战。如果社会管理不善,势必会引发大量社会矛盾,给平安建设带来重重压力。自"平安浙江"建设战略实施以来,省委始终把加强社会管理放在重要位置,为全面建设惠及全省人民的小康社会创造了相对良好的发展环境。

随着形势的发展,党中央将加强社会管理摆上重要议事日程。2007年10月,党的十七大提出要"完善社会管理,维护社会安定团结",全面部署加强社会管理工作。2011年3月出台的"十二五"规划纲要,对加强和创新社会管理提出明确要求。为贯彻落实党中央加强社会管理的部署,省委结合浙江社会管理问题早发先发的实际,以深化"平安浙江"建设为载体,积极推进社会管理机制创新。2011年6月,省委十二届九次全会审议通过《关于加强和创新社会管理的决定》,要求社会管理主体从重政府作用、轻多方参与向强化以人为本的政府主导型社会共同治理转变,社会管理方式从偏重管制、控制向更加重视服务、重视协商协调转变,社会管理环节从偏重事后处置向更加重视源头治理转变,社会管理手段从偏重行政手段向多种手段综合运用转变,社会管理制度从传统的比较粗放单一的制度体系向符合科学发展要求、促进社会和谐稳定的制度体系转变,构建协调型、疏导型、情感型、参与型、选择型社会管理模式,努力探索一条符合浙江实际的加强和创新社会管理工作的新路子。2011年7月,党中央、国务院印发《关于加强和创新社会管理的意见》,在国家层面进一步明确了加强和创新社会管理的指导思想、基本原则、目标任务和主要措施。

加强和创新社会管理,是对时代问题的精准回应,为深入实施"平安浙江"建设战略注入了新的时代内涵。在省委领导下,各地各部门积极推动社会管理方式、手段、机制创新,总结经验、提炼做法,形成了一批具有推广价值的社会管理模式。"网格化管理、组团式服务"就是其中的典型代表。2007年底,舟山市普陀区在桃花镇开展"网格化管理、组团式服务"试点工作。与此同时,省内一些地方也结合本地实际,探索建立了各具特色的"网格化"管理服务机制,在筑牢维护社会和谐稳定的第一道防线上取得明显成效。2011年8月，省委办公厅、省政府办公厅印发《关于深入推进"网格化管理、组团式服务"的意见》，全面部署推进"网格化管理、组团式服务"工作。在推广过程中，各地因地制宜、创新发展，形成许多好经验，如杭州市建立了"网格化管理、组团式服务、片组户联系"制度，宁波市构建了"区域化管理、组团式服务、志愿者奉献"工作机制，衢州市则形成了以"建立民情档案、定期沟通民情、为民办事全程服务"为主要内容的"三民工程"。"网格化管理、组团式服务"社会管理模式，被群众形象地称为"民情沟通之网""为民服务之网""平安建设之网"。在2012年全国两会期间，时任中央政治局常委、国家副主席习近平同志看望浙江代表团成员时指出，浙江推行的"网格化管理、组团式服务"模式，集中体现了服务群众的理念[1]。截至2013年底，"网格化管理、组团式服务"在全省全面落地，共形成管理服务网络11.7万个，组建服务团队19.8万支，落实专兼职管理人员34.6万人，推动管理服务触角延伸到各基层单位和每家每户。

加强和创新社会管理是一项全方位、系统性工程。省委加强顶层设计、统筹推进，全面推行社会稳定风险评估机制，建立社会应急联动救助平台、社会公共服务平台、社会组织服务平台、网络舆情研判导控服务平台等，进一步建立健全维护国家安全和社会稳定体系、社会矛盾源头预防体系、社会矛盾调处化解体系、公共安全保障体系和经济领域安全保障体系，最大限度激发社会创造活力，将平安建设不断推向前进。同时，省委持续推动完善服务管理机构和组织，将乡镇（街道）综治工作中心全部"转型升级"为社会服务管理中心，有效整合社会治安综合治理、司法行政、信访、警务、安全生产等平安建设诸领域，发挥集成效用。省委还大力推动领导干部下访接访，完善包案解决疑难信访制度，健全信访终结机制，依法规范信访秩序。构建和谐劳动关系，是加强和创新社会管理的重要内容。省委着力推动形成企业主体、工会运作、多方配合、职工参与的构建和谐劳动关系工作格局。浙江是全国流动人口重点流入省份，省委积极创新流动人员管理办法，2009年10月率先出台《浙江省流动人口居住登记条例》，建成统一的流动人口综合信

---

[1] 《平安中国的浙江实践》，浙江出版联合集团、浙江人民出版社2017年版，第99页。

息平台，完善从省、市、县、乡镇到社区、村居、规模企业的五级服务管理组织网络。为了让特殊人群有一个安定安心的环境，2010年3月，浙江出台全国第一个社区矫正工作地方性标准《社区矫正工作管理规范》。省委还着力推动社会组织健康有序发展，引导群众依法通过社会组织实行自我管理、自我教育、自我服务、自我监督。"枫桥经验"是化解基层社会矛盾、加强社会管理的典范经验。2013年10月，习近平总书记对创新发展"枫桥经验"作出重要批示，要求发扬优良作风，适应时代要求，创新群众工作方法，把"枫桥经验"坚持好、发展好，把党的群众路线坚持好、贯彻好[①]。省委坚决贯彻习近平总书记重要批示精神，下发《关于坚持和发展"枫桥经验"、促进社会和谐稳定工作的意见》，在创新发展"枫桥经验"上持续发力，不断彰显"枫桥经验"的生机和活力。截至2013年底，社会应急联动、社会公共服务、社会组织服务、网络舆情研判导控等4个平台实现市级全覆盖，县级建成率分别达94.4%、96.7%、96.7%和93.3%。省委在加强社会管理的关键环节和重点领域进行的一系列探索与实践，使社会管理更加科学、社会服务更加到位，也使"平安浙江"建设更加贴近群众、深入人心。

（二）聚焦改善民生促进社会和谐

民生问题无小事。如果人民群众切身利益得不到有效维护，必然引发各种矛盾，影响社会安定稳定。因此，民生问题解决得好，社会发展就健康有序；民生问题解决得不好，社会发展就容易产生不稳定因素。省委始终高度重视民生问题，把全力改善民生作为深化平安建设工作的重要落脚点。

2007年6月，省委从全面建设惠及全省人民小康社会的总目标的高度，提出"创业富民、创新强省"发展战略。2008年4月，省委十二届三次全会作出《关于全面改善民生、促进社会和谐的决定》，提出要以实现好、维护好、发展好最广大人民利益为出发点和落脚点，以解决人民群众最关心、最直接、最现实的利益问题为突破口，确保学有所教、劳有所得、病有所医、老有所养、住有所居。2008年，浙江率先实施基本公共服务均等化行动计

---

① 《光明日报》，2013年10月12日，第1版。

划,大力发展教育、文化、卫生等社会事业,在给社会发展系上"安全绳"的同时,也为平安建设补齐了民生短板。

收入是民生之源,富裕是平安稳定之基。省委高度关注低收入人群增收问题,在接续推进"百亿帮扶致富""山海协作""欠发达乡镇奔小康"等工程基础上,2008年实施"低收入群众增收行动计划",以2007年家庭人均纯收入低于2500元的农户(约有111万户)和家庭人均可支配收入低于当时城镇最低生活保障标准两倍的城镇家庭为主要对象,以低收入农户集中村和城镇社区为主要平台,通过推进区域协作和结对帮扶,发展特色产业,促进劳动就业,完善社会救助,加快低收入家庭增收致富步伐。到2011年,浙江低收入农户人均纯收入达到5298元,增幅明显高于全省平均水平,全省基本消除人均纯收入2500元以下人口。扩大就业是提升收入的重要方式。省委坚持扩大就业和促进创业并举,着力做好高校毕业生、农民工、就业困难对象和"零就业家庭"人员的就业援助工作,最大限度创造就业机会,调动全民创业积极性。在省委推动下,浙江就业形势持续稳定,年均新增城镇就业人口数、应届大学生就业率、城镇登记失业率均保持在合理区间,城镇"零就业家庭"基本实现"基数归零、动态归零"。

社会保障是平安稳定之要。省委依法积极构建以最低生活保障为基础,以养老救助、医疗救助、教育救助、住房救助等专项救助为辅助,以其他救助、救济和社会性帮扶为补充的新型救助体系,全面实施以大病统筹为主的农村新型合作医疗制度、城镇居民基本医疗保障制度、农村"五保"和城镇"三无"对象集中供养制度,重点解决特殊群体的社会保障问题,先后出台企业职工基本养老保障省级统筹实施方案等政策性文件。在省委推动下,浙江社会保障体系进一步完善,已迈入"全民社保"时代。截至2013年底,全省乡镇、街道、城镇社区、行政村中,人力资源和社会保障服务平台建成率分别为98.9%、95.65%、97.48%和92.93%,形成了比较完善的服务网络。

教育是影响平安稳定的重要因素。省委把确保教育机会公平作为首要任务,合理配置公共教育资源,保证困难群众受教育机会,推动义务教育高水平均衡发展。全面实施"农村中小学食宿改造工程""农村中小学远程教育

坚持统筹发展与安全，建设更高水平更高品质的"平安浙江"

工程""农村中小学书香校园工程"等，提升农村特别是偏远地区农村的教学条件。构建家庭经济困难学生资助体系，在全面实现城乡义务教育阶段学生免交学杂费、教科书费的同时，2009年开始全面免除城乡人均年收入4000元以下家庭子女就读中等职业学校的学费，在高校也建立立体式资助体系。针对全省外来务工人员较多的情况，建立健全外来务工人员子女受教育权利保障机制，至2011年底，共有120万余名外来务工人员子女在浙江接受义务教育，入学率超过97%。浙江区域之间、城乡之间、学校之间教育质量差距明显缩小，人民群众因教育差异引发的社会矛盾明显降低。

医疗卫生也是影响平安稳定的重要因素。省委围绕构建"民本卫生、和谐卫生"目标，实施"卫生三强行动"①，推进农民健康、公共卫生建设、城乡社区健康促进、科教兴卫、卫生强院、中医药攀登等"六项工程"，同时实施"双下沉、两提升"工程，让"医学人才下沉、城市医院下沉"，促进县域医疗卫生机构"服务能力提升、群众满意度提升"，还积极推进基本公共医疗卫生服务均等化，进一步提高城乡居民享有卫生服务的公平性和可及性。截至2013年底，全省共有社区卫生服务中心（乡镇卫生院）1863家、服务站5655家、村卫生室1.39万家，每千居民拥有社区责任医生0.79人，初步形成了"20分钟医疗卫生服务圈"。浙江在健全完善城乡卫生服务体系，构筑人民群众身体健康"防护堤"的同时，也为平安建设筑起了"防护墙"。

此外，省委还针对城乡公共设施发展不平衡问题，实施"千亿基础网络""千亿惠民安康""千亿产业提升"等工程，稳步推进城乡公共设施一体化建设，使城市基础设施向农村延伸、公共服务向农村覆盖、现代文明向农村辐射，形成了以中心镇为依托、中心村为节点，城乡衔接、功能完备、布局合理的公共交通、供水供电、广电通信、文化设施、卫生体育等农村基础设施网络和公共服务体系，让农民生活得更加安定安心。

---

① "卫生三强行动"，是指强龙头、强基础、强保障。

（三）有效防治公共突发事件促进公共安全

随着经济社会的发展，公共安全范畴不断扩大，引发平安问题的要素持续增多，防案件、防事故、保安全的压力急骤增大。省委始终坚持平安建设的宗旨和目标，不断提高保障公共安全的能力和水平，完善公共安全管理和应急管理机制，有效防治各类公共突发事件，有力地维护了社会生产生活秩序和广大人民群众的生命财产安全。

对影响社会稳定的敏感突出问题，省委坚持超前谋划、精心部署、妥善处理。2008年，围绕"平安奥运"这一中心任务，重点打击境内外敌对势力、敌对分子和恐怖势力的捣乱破坏活动，加强对重点物品、要害部位、重要场所、重点领域和重大活动的安全防范工作，保证北京奥运会期间省域层面整体安全稳定。2009年，面对国际金融危机的严重冲击，坚持"标本兼治、保稳促调"，着力完善经济领域社会稳定预警机制，开展"服务企业、服务基层"专项行动，及时解决出现的矛盾和问题，最大限度减少金融危机对社会稳定的冲击和影响。2010年，全面启动上海世博会"环沪护城河"安保工程建设，及时有效解决了一批社会治安突出问题。此外，还有效应对拉萨"3·14"打砸抢烧事件、乌鲁木齐"7·5"打砸抢烧严重暴力犯罪事件对浙江带来的影响，持续保持省域层面各民族之间的安定团结。

民以食为天，食以安为先。省委一直以来都把食品安全作为"平安浙江"建设的重要内容。2008年，由于省外其他地区陆续爆出奶制品污染事件、"地沟油"事件、"瘦肉精"事件等，浙江部分群众也开始担忧身边食品安全问题。为此，省委积极部署开展问题乳粉、违法添加非食用物质和滥用食品添加剂、"瘦肉精"、"地沟油"、邻苯二甲酸酯类物质以及有问题的酒类、糕点及米面制品、辣椒粉等专项整治工作，并推动各级成立食品安全委员会，实现食品药品监管机构全覆盖。省委还积极推进食品安全"三网"[①]

[①] 食品安全"三网"，是指农村现代流通网、监管责任网和群众监督网。

和农村药品安全"两网一规范"①建设,使全省乡镇连锁超市和行政村放心店覆盖面达到100%。在抓好食品安全的同时,省委狠抓安全生产,对事故高发地区和部门视情况采取督查、红黄牌警告、上级领导约谈等措施,切实落实安全生产责任。2011年,省安全生产委员会办公室制定下发了《浙江省推进企业安全生产标准建设实施方案》。2012年8月,温州市瓯海区郭溪街道铝锁加工厂发生"8·5"粉尘燃爆事故,造成重大人员伤亡。为吸取这一教训,浙江在全省范围内开展安全生产大检查大整治活动,深入开展"打非治违"专项行动。据不完全统计,全省共检查企业408812家次,查处非法违法行为80余万起,关闭非法违法单位3335家,推动安全生产形势发生明显好转。

随着计算机技术和网络技术的深入发展,网络已经进入政治、经济、社会生活的各个领域,网络社会、网上舆论以空前的速度、广度和深度影响着人们的生产和生活方式。浙江是互联网发展和应用极为普及的地区,2009年信息基础设施指数为0.686,达到同期发达国家水平。加强网络舆论综合防控,严厉打击网上危害社会政治稳定和治安稳定的破坏活动,是"平安浙江"建设的应有之义。省委对此高度重视,成立互联网管理工作领导小组,组建省互联网宣传管理办公室,建立健全网上协同监管、网上舆情收集研判、重大突发事件网上应急处置、网上舆论引导协作等一系列协同工作机制,推动建立党委统一领导、政府严格管理、企业依法运营、行业加强自律、全社会共同监督的互联网综合管理格局,为虚拟社会构筑了"安全网"。同时,成功应对一系列网络舆情事件,如2010年天台县"2·18"儿童失踪事件、2011年3月"抢盐事件"及同年6月富春江水污染事件,有力保障网络虚拟社会健康有序发展。

省委坚持不懈抓细抓实"平安浙江"建设,众志成城、久久为功,使浙江社会发展水平各项指标位居全国前列,刑事发案、信访总量、各类生产安全事故始终保持"零增长"。平安和谐的发展环境,助力浙江经济社会实现

---

① 农村药品安全"两网一规范",是指农村药品监管网络、农村药品供应网络和农村医疗机构药品质量规范化管理。

持续健康发展，地区生产总值保持高位增长，城镇居民人均可支配收入和农村居民人均纯收入始终位居各省区首位，城乡居民收入差距逐步缩小，人民群众生活水平、幸福指数稳步上升。"平安浙江"已成为浙江最醒目的名片、最亮丽的风景。

三、与时俱进、守正创新，推动"平安浙江"建设结出累累硕果

党的十八大以来，以习近平同志为核心的党中央着眼于国内主要矛盾和国际形势的新变化，提出总体国家安全观这一重大命题，作出建设平安中国重大决策，为浙江从更深层次、更广领域、更高水平上统筹推进"平安浙江"建设提供了科学指引。省委积极践行总体国家安全观，始终坚守"大平安"理念，以建设平安中国示范区为目标，扎实推进"平安浙江"建设栉风沐雨、花开满园，为顺利推进"两个高水平"建设提供有力保障。

（一）积极践行总体国家安全观

国家安全是国家生存和发展最基本最重要的前提。中国特色社会主义进入新时代后，我国面临前所未有的外部压力，传统安全威胁和非传统安全威胁相互交织，"黑天鹅""灰犀牛"事件时有发生，国家安全形势极为严峻。党的十八届三中全会对加强国家安全作出顶层设计，提出组建国家安全委员会，完善国家安全体制和国家安全战略。2014年4月，习近平总书记在国家安全委员会第一次会议提出总体国家安全观，强调要构建集政治安全、国土安全、军事安全、经济安全、文化安全、社会安全、科技安全、信息安全、生态安全、资源安全、核安全等于一体的国家安全体系。

总体国家安全观是习近平新时代中国特色社会主义思想的重要组成部分，是习近平总书记准确把握国家安全形势新变化新特点新趋势作出的重大理论判断与重大战略决策，具有无比深远的历史意义。总体国家安全观与习近平总书记在浙江工作期间提出的"大平安"理念内涵同源、外延同质，是一脉相承的。总体国家安全观关键在"总体"，涵盖政治、军事、国土、经济、

金融、文化、社会、科技、网络、粮食、生态、资源、核、海外利益、太空、深海、极地、生物、人工智能、数据等诸多领域。贯彻总体国家安全观,必须统筹发展与安全、开放与安全、传统安全与非传统安全、自身安全与共同安全,坚决维护国家主权、安全、发展利益。从这个意义上讲,多年来"平安浙江"建设在统筹发展与安全上的省域先行探索,为总体国家安全观的提出提供了重要的理论与实践素材。

省委坚持把学习贯彻总体国家安全观作为重要政治任务,推动党员干部深刻学习领会蕴含其中的思想内涵、核心要义和根本要求,坚决把思想和行动统一到党中央的决策部署上来。省委明确要求,在践行总体国家安全观中要着力加强广大党员干部维护国家安全能力建设,重点提升化解政治安全风险的能力、化解经济金融领域涉稳风险的能力、化解社会矛盾风险的能力、化解社会治安突出风险的能力、化解公共安全领域重大风险的能力和化解网络安全风险的能力,在更高水平上深入推进"平安浙江"建设。

省委将积极践行总体国家安全观贯彻于平安建设各方面全过程,为新时代浙江开创新篇章构建平安稳定的"铜墙铁壁"。政治安全是最高的国家安全。省委始终把维护国家政治安全特别是政权安全、制度安全放在第一位,紧盯重大活动和敏感节点,全面加强反渗透、反颠覆、反恐怖、反分裂斗争,精准防范打击境外敌对势力的渗透和破坏活动。特别是把二十国集团领导人杭州峰会、中华人民共和国成立70周年安保工作作为重中之重,守好"主战场",打好"攻坚战",圆满完成各项安保任务。经济安全是国家安全的重要基础。省委推动有序化解部分民营企业流动性风险、"两链"① 风险、部分上市公司股权质押风险,稳步化解政府隐性债务风险,使金融风险始终处于总体可控范围内。生态安全是经济社会持续健康发展的重要保障。省委牢固树立绿水青山就是金山银山重要理念,高标准建设"美丽浙江",深入实施蓝天、碧水、净土、清废行动。2018年9月,"千村示范、万村整治"工程荣获联合国"地球卫士奖"。公共安全是国家安全的重要领域。省委始终坚持人民利益至上,深入开展重大决策社会风险评估,完善社会矛盾纠纷多元预

---

① "两链",是指资金链、担保链。

防调处化解综合机制，织密公共安全防护网。省委还持续加强社会治安防控体系建设，依法严惩群众反映强烈的黄赌毒、食药环、盗抢骗和电信网络诈骗等违法犯罪活动。从2003年至2018年，浙江刑事案件总量下降21%，命案总量下降77%，并实现"命案全破"目标。网络安全是国家安全的关键领域。省委持续加大对新型网络犯罪的惩治力度，重点整治电信诈骗、网络传销、非法集资等群众深恶痛绝的突出问题，加强信息安全等级保护，建立全省反虚假信息欺诈防护体系。2019年，浙江基本扫除传统"套路贷"，基本打掉注册地在浙江的"套路贷"放贷公司，新增"套路贷"案件呈断崖式下降。在坚定不移贯彻总体国家安全观过程中，"平安浙江"建设取得丰硕成果，以具有鲜明浙江特色的省域经济安全、社会安定、人民安宁，为全国大局作出了重要贡献。

（二）一体推进富民惠民安民

随着我国社会主要矛盾的改变，人民对平安的需求已经从传统意义上的生命财产安全上升到安业、安居、安康、安心等各方面，内涵外延不断拓展，标准要求更新更高。省委始终坚持人民立场，把人民群众对平安建设的期盼作为努力方向，明确"平安浙江"建设的每一个过程、每一个环节，都要以人民群众需要不需要、满意不满意作为评价标准，真正让人民群众在平安建设中提升获得感、增强幸福感。

富裕富足是关系人民群众生活和谐幸福的核心问题。省委推动完善就业服务体系建设，基本形成以人力资源市场配置为基础、以积极的就业政策为导向、以覆盖城乡的公共就业服务体系为依托的促进就业体制机制和创业带动就业的工作格局，实现每年新增就业100万人左右。为推动均衡发展，省委先后实施"低收入农户收入倍增计划"和"低收入农户高水平全面小康计划"，多措并举帮助低收入农户实现增收。2016年，全省低收入农户人均可支配收入首次突破万元大关。同时，完善强农惠农富农政策，在全国率先全面完成农村集体资产确权工作，多渠道增加农民收入；稳步提高城市最低工资标准，普遍建立企业工资集体协商机制，健全职工工资正常增长机制和支付保障机制，持续增加居民收入。在省委的推动下，浙江城乡居民收入差距进一步缩小,为打造平安和谐社会环境奠定坚实基础。

省委持续加大惠民政策力度,加强民生保障体系建设,解决好人民群众最关心的社会保障、教育、医疗卫生等问题。2015年1月,出台《浙江省社会养老服务促进条例》,2016年,又探索医养结合模式,推进医疗机构与养老服务无缝连接,全面建立大病保险制度,坚决守牢基本民生保障底线。省委统筹推进教育事业发展,深化普通高中课程改革,出台《浙江省中等职业教育课程改革方案》,推进高校"三位一体"综合评价招生改革,着力解决一批教育热点难点问题,在扩大普及、提高质量、促进公平等方面成效显著。省委还积极推动深化医疗卫生体制改革,加快推进县域医共体建设,发展智慧医疗健康服务,健全基层医疗卫生服务体系和分级诊疗体系,加强医疗质量安全体系和公共卫生体系建设,为人民群众提供全生命周期健康服务。为使民生实事项目真正符合人民群众的需要,2017年7月,浙江全面推广民生实事项目人大代表票决制,确保民生实事"由民做主"。

省委始终将化解人民群众内部矛盾作为平安建设的重要内容,不断满足人民群众对美好生活的向往。在全省范围内大力推进县级社会矛盾纠纷调处化解中心(信访超市)建设,推动企业和群众矛盾纠纷化解"最多跑一地"。持续织密平安防护网络,深入推进扫黑除恶专项斗争,"深挖根治"涉黑涉恶案件背后的"保护伞"。治安安全、生产安全、食品药品安全、生态环境安全、网络安全直接关系人民群众生产生活,围绕人民群众"最恨最怨最烦"问题,浙江一手抓严格执法,坚持项目化推进、清单式管理,加强社会领域突出问题专项整治,部署开展消防安全整治、网络安全整治、道路交通综合治理、保健品市场整顿、危化品管理等专项工作,开展整治食品安全问题联合行动;一手抓法规制度建设,特别是以实名制为突破口,健全落实重点行业监管基础制度,并修订《浙江省社会治安综合治理条例》《浙江省安全生产条例》等一批法规制度,不断推进社会治理重点领域监管制度化、法治化,实现对公共安全领域问题隐患的源头治理、动态监管、全程可控。2016年12月,印发《浙江省平安建设和社会治安综合治理领导责任制实施办法》,进一步压实各党政机关"保一方平安"的责任。2018年10月,推出"平安浙江"指数(简称"平安指数"),涵盖全省各市、县(市、区),每月定期发布。"平安指数"成为人民群众获知所在地或关注地平安状况的"晴雨表"和社会风险的"预警器"。

为进一步夯实安民基础,省委十四届二次全会提出要一体推进富民惠民安民。2018年5月,省政府印发《浙江省富民惠民安民行动计划》,对富民惠民安民作出具体部署。平安建设为人民群众带来了实惠,深得人民群众的拥护。广大城乡社区群众、社会组织和志愿者积极投入平安建设中,成为维护社会和谐稳定的中坚力量。截至2018年底,全省共有调解委员会4.15万余个,调解员15.5万余名,其中交通事故、医患矛盾、征地拆迁、环境保护、物业管理等领域专业调解委员会有1300余个。2019年,浙江人民群众对社会治安、食品药品和生态环境的安全感分别为98.54%、96.06%和96.69%。人民群众成为"平安浙江"建设最重要的实践参与者、成效评价者和成果享有者,"人人有责、人人尽责、人人享有"的平安建设"大合唱"已在浙江全面奏响。

(三) 总结提炼基层平安建设经验

建设"平安浙江",关键在基层。省委始终把推进基层平安作为深入推进平安建设的重要着力点,充分尊重人民群众的创造精神,鼓励各地在基层平安建设中大胆创新,形成了一批可复制可推广的好经验、好做法,走出了一条具有浙江特色的平安建设新路子。

在强化党建引领平安建设方面,宁波市江北区孔浦街道针对辖区内专业市场数量多、矛盾纠纷易发的基层治理难点,探索形成"党群零距离、矛盾零积累、执法零缺位、管理零盲区、服务零跑腿、信息零界限"的专业市场治理"六零"工作法。泰顺县针对浙闽省际边界治安难问题,联动福建省福安、柘荣、寿宁等县(市),构建跨省域联防联控联治工作体系。安吉县余村形成了以"支部带村、发展强村、民主管村、依法治村、道德润村、生态养村、平安护村、清廉正村"为主要特点的乡村善治经验。嵊州市不断丰富"民情日记"的时代内涵,致力于"零距离"走访、"规范化"落实、"全景图"拓展,打造密切党群干群关系的"嵊州样本"。义乌市设立全国首家涉外纠纷人民调解委员会,创新"以外调外"工作法。衢州市迭代升级"三民工程",走深走实新时代党的群众路线。丽水市莲都区把议事协商贯穿于村级事务调查研究和决策实施全过程,探索形成"村级事务阳光票决制"。

在提升就地化解矛盾能力推进平安建设方面,杭州市在乡镇(街道)重塑以综合指挥中心为"小脑",以执法力量、综治力量、矛调力量、网格力量为"手脚"的基层治理工作体系。宁波市奉化区创新探索"360"劳动争议联防联调联治模式,调解、仲裁、起诉闭环链接,助力劳动关系矛盾纠纷化于未发、止于未诉。诸暨市以社会治理中心"一站式"平台建设为依托,全面建成线上线下一体的"信息收集—分类处置—评价销号"矛盾纠纷闭环管理机制,有效破解"多头访""联动难"等问题。浦江县深入践行"干部下基层开展信访工作",细化深化下访接访模式,压紧压实信访源头治理,依法依规优化信访秩序,扎实推进信访生态优化提升行动。兰溪市坚持"全量化掌控监测、全流程闭环管理、全周期动态治理",迭代升级矛盾纠纷兜底化解办法,率先开展"终点站"机制建设试点工作,形成"三级联动、分层过滤、递进负责"的大兜底体系。舟山市针对涉海涉渔矫正对象"谋生难、监管难、帮扶难"问题,积极探索构建监管、监督、帮扶"三位一体"工作格局,形成靶向矫治的"舟山解决方案"。

在鼓励群众自治创新推进平安建设方面,慈溪市打造"慈溪群治分"基层智治应用,以"积分+信用分"为核心激励机制,总结提炼出"统引评学合"五字工作法,为引导人民群众参与基层治理提供"慈溪解法"。宁海县聚焦乡村治理难点问题和小微权力腐败易发环节,创新推行"村级权力清单36条"。温州市鹿城区在"平安乐巡"群防群治基础上形成了"自助式受领任务、精准化指挥调度、一站式信息流转、积分制激励动员"的新格局。湖州市吴兴区织里镇实现政府治理、社会调节、居民自治的良性互动,推动织里镇从环境差、秩序乱的"大工厂"华丽转身为包容创新的产业新城。嘉兴市秀洲区将上级部署要求、群众治理需求、部门职责任务进行归并,形成基层治理的"九个立方"①,打造精细化、模块化、规范化治理体系,创设"立

---

① "九个立方",是指"红立方""智立方""法立方""和立方""安立方""便立方""社立方""邻立方""微立方"。

方众治"基层治理机制。桐乡市在全国率先探索自治、法治、德治"三治融合"的基层实践,以村规民约(社区公约)、百姓参事会、乡贤议事会和百事服务团、法律服务团、道德评判团(简称"一约两会三团")为载体,构建"大事一起干、好坏大家判、事事有人管"的基层社会治理新格局。

在培育引导社会组织推进平安建设方面,杭州市钱塘区新湾街道成立"湾嫂议事厅",发挥"妇女能顶半边天"的作用,汇聚基层治理的"她力量"。湖州市南浔区探索由老党员、老干部、老教师、老职工、老队长、老农民组成"六老"队伍,义务担任政策法规宣讲员、治安巡逻员、文明卫生监督员、纠纷调解员、民主管理监督员、关心下一代辅导员等"六大员",形成社会治理的"六老六大员"机制。德清县打造"德清嫂"品牌,创新"望闻问切"四步四诊工作法。海宁市聚焦城市社区治理共性难题,在硖石街道西山社区试点探索"以社会组织带动群众参与基层治理"的实践路径,绘就"有呼必应、一呼百应、未呼先应"的双向互动善治图景。温岭市持续深化"民主恳谈",构建"请你来恳谈·难题共同破·平安大家创"的多元主体共治格局。缙云县充分挖掘"草根优势",发挥群众力量打造多个"正道讲和团",参与化解社会矛盾纠纷。

此外,宁波"小娘舅握握团"、舟山"东海渔嫂"和"海上枫桥经验"、常山"民情沟通日"、青田"警侨驿站"等,也都是基层平安建设中形成的好经验。这些基层平安建设经验既科学有效又接地气,充满"泥土味"、突显群众性,因此得到人民群众的广泛认可和支持。基层平安建设经验将"平安浙江"建设装点得更加多姿多彩、更加鲜活有力,是推进基层社会治理体系建设的宝贵财富。

(四)建立健全基层社会治理体系

加强基层社会治理是基层平安建设的重要方向。党的十八大以来,省委在深入推进平安建设的过程中,坚决贯彻习近平总书记关于加强社会治理的重要论述精神和党中央重大决策部署,推动社会治理重心下移,持续推进基层治理体系建设。为破解基层治理中面临的条块分割等普遍难题,浙江着力推进乡镇(街道)便民服务、综合执法、综合信息等平台建设,同时深化网格化管理，运用"互联网+社会治理"，逐步形成"141"基层治理体系。第一个"1"指县级社会治理综合指挥中心，"4"指乡镇综治工作、市场管理、综合执法、便民服务等四个平台，第二个"1"指全科网格。建立健全"141"基层治理体系，已成为浙江推进基层治理现代化的重要抓手，既符合中央关于基层社会治理"条块结合、以块为主"和"重心下移、属地管理"等目标，又推动整合政府职能、理顺条块关系、促进基层治理数字化转型，有效提升了基层政府治理效能和便民服务能力。

县级社会治理综合指挥中心是基层治理的中枢。加强基层社会治理，必须建立县乡联动、功能集成、反应灵敏、扁平高效的综合指挥系统，把分散的力量和信息进行整合，将社会治理中大量常规性事务，通过分类梳理、逐级分流、按责转办，形成常态化事务处置机制。根据统一部署，浙江在县级设立了社会治理综合指挥中心，主要受理乡镇（街道）综合指挥室上报和职能部门流转的社会治理信息和网格事项，统筹、协调、指挥、监督各职能部门、执法主体和乡镇（街道）协同开展社会服务管理或联合执法工作，打造纵向贯通、横向联动的基层治理综合指挥体系和行政执法协调指挥机制。

乡镇综治工作、市场管理、综合执法、便民服务四个平台是基层治理体系的主体。乡镇（街道）上连着县，下连着村（社区），承上启下，是基层社会冲突、社会问题与社会矛盾的交汇点。由于长期以来乡镇（街道）行政力量配备不够合理，致使乡镇（街道）"单薄"的管理职权与繁重的治理任务形成鲜明反差，社会治理能力存在明显短板。省委准确把握基层社会治理面临的新问题，突出县乡统筹理念，积极推进"四个平台"建设。2015年6月，省委十三届七次全会审议通过《关于全面加强基层党组织和基层政权建设的决定》，对推进乡镇（街道）"四个平台"建设作出重要部署。2016年9月，省委办公厅、省政府办公厅出台《关于加强乡镇（街道）四个平台建设、完善基层治理体系的指导意见》。2017年，浙江将"四个平台"建设纳入"最多跑一次"改革。"四个平台"运用矩阵化管理理念，把乡镇（街道）和部门派驻机构承担的职能相近、职责交叉和协作密切的日常管理服务事务进行归类，完善机制、整合力量，推动县乡之间职责重构、资源重配、体系重整，使职权、力量等"跟着群众走，围着问题转"。整合条块关系是

"四个平台"建设的难点。各地根据地方实际,积极创新理念,采用"全下沉""复合型""自主型"等模式,推动各部门力量下沉,强化乡镇(街道)对各部门派出人员的管理。仅2018年,全省条线部门下沉乡镇(街道)总人数达到49982人次。"四个平台"建立后,"有事就找平台"逐渐成为人民群众的共识,"小矛盾不出村(居),大问题不出乡镇(街道)"的平安建设愿景找到了实现路径。

全科网格是"四个平台"的基础性支撑。浙江按照"全域、全员、全程"的要求整合各类网格,拓展网格功能,在原有社会治安综合治理工作的基础上,将行政执法、环境保护、安全管理、食品药品监管等民生服务事项也全部纳入网格管理,规定"凡是实行网格化管理的事项,必须纳入全科网格;凡是财政保障的协辅力量,应进则进全科网格"。截至2019年底,全省已梳理出5大类27个小类93项网格事项清单。每个网格设网格长1名、网格员若干,推行精细化管理,实现"网中有格,格中有人,事在网中"。以杭州市为例,全市共划分为11263个网格,配备专职网格员13288人,兼职网格员46808人,网格指导员8131人。实行全科网格化管理后,人民群众有问题或者有困难,可以直接找网格长或者网格员解决。

在推动基层治理现代化中,"141"基层治理体系促进党委、政府工作重心下移,实现基层治理由原来的条块分割、单打独斗向乡镇(街道)统筹领导、协同共治转变,有效弥合了县乡"断层",有效破解了乡镇(街道)权小责重、事多人少的矛盾。2018年,全省基层联合执法数量比2017年增加30%,联合执法处置时间比2017年减少40%。"141"基层治理体系有力提升了便民服务水平。依托于"四个平台",民政、公安、市场监管、国土、人力社保、水务、广电等领域的行政审批和公共服务事项得以整合,"一窗受理、集成服务"成为规范,"一窗通办、就近能办、异地可办"成为常态。"141"基层治理体系还畅通了多元主体参与治理的渠道。通过浙江政务服务App、"12345"热线等渠道,人人都可以成为网格员,成为基层治理的多元主体,推动社会治理由政府单向管理向社会共治转变。特别是全科网格化管理,极大地提升了源头治理的能力。网格员直接面向基层广大人民群众,全面关注人民群众生产生活,能及时发现问题、反映诉求,确保问题和诉求第一时间得到解决,将矛盾化解于萌芽状态。仅2016年,全省网格员上报各类矛盾纠纷和问题就达377.9万余件,平均每天10520余件,其中95%以上在乡镇以下得到妥善解决。

"141"基层治理体系具有上下贯通、职能融合的鲜明特点,理顺了县与乡镇(街道)、乡镇(街道)与部门、部门与部门之间的关系,实现第一时间发现问题、第一时间处置问题、最大限度解决问题,全面提升基层组织在社会治理和服务群众上的能力和水平,已成为浙江推进基层平安建设的"金名片"。

四、干在实处、勇立潮头,以高质效平安建设打造更高水平的平安中国示范区

随着世界百年未有之大变局加速演进,我国外部环境和内部条件均发生深刻变化,各类不平安不稳定不确定因素潜滋暗长,平安建设面临着前所未有的挑战与考验。党的十九届四中全会提出要推进国家治理体系和治理能力现代化建设,党的十九届五中全会又对建设更高水平的平安中国作出战略部署。浙江省委坚持把习近平新时代中国特色社会主义思想作为强大思想武器和科学行动指南,坚持总体国家安全观,坚定不移深入推进"平安浙江"建设,努力打造更高水平的平安中国示范区,为浙江深入实施"八八战略"、以"两个先行"打造"重要窗口"、奋力谱写中国式现代化新篇章,创造更加安全稳定的社会环境。

(一)将平安建设纳入省域治理现代化轨道

在省委的不懈努力下,"平安浙江"建设取得显著成效,浙江社会大局始终保持安定稳定,矛盾纠纷得到及时有效化解,人民群众安全感满意度常年位居全国前列。但是,时代变革的新趋势对平安建设提出了新的更高要求。2019年11月,根据党中央作出的推进国家治理体系和治理能力现代化建设部署,省委十四届六次全会专题研究省域治理现代化问题,作出高水平推进省域治理现代化的重要决策,要求到2035年基本实现省域治理现代化,到新

中国成立一百年时高水平全面实现省域治理现代化。

"平安浙江"建设以"大平安"理念贯通政治、经济、社会、文化、生态及党的建设等各领域，是推进省域治理现代化的重要内容。高水平推进省域治理现代化赋予了"平安浙江"建设新使命新任务。省委始终将平安建设置于省域治理现代化中去谋划推进，紧紧扭住"现代化"这个关键因素，推动"平安浙江"建设迭代升级，以更高水平的平安建设服务保障经济社会高质量发展、满足人民群众对安定稳定的更高期盼，为推进省域治理现代化添翼助力。

科学化是推动平安建设迈入省域治理现代化轨道的内在要求。平安建设能否实现科学化，关键在党。省委不断提升领导平安建设的科学化水平，始终把平安建设纳入经济社会发展总体规划，加强对平安建设的顶层设计和统筹谋划，及时研究解决体制性、机制性、政策性问题，不断推进理念思路、体制机制、方法手段创新。省委持续提升重大决策社会风险评估工作科学化水平。2019年8月，出台《浙江省重大决策社会风险评估实施办法》，进一步明确评估事项、评估时机、评估程序，强化优化对直接关系人民群众切身利益、容易引发社会风险的重大决策事项有关社会风险因素的调查、识别、分析、研判和预防。每年完成风险评估1万余件，按要求完成风险评估决策事项均未引发涉稳事件，其中部分中高风险事项被建议暂缓、中止或取消。截至2024年4月，全省登记在册的第三方社会风险评估机构已有400余家。在复杂多元的现代社会中，如何科学高效化解矛盾纠纷是一项重要课题。浙江突出诉源治理，通过完善"141"基层社会治理体系和构建"横向到边、纵向到底"的调解工作体系，建立健全省、市、县三级行政争议调解中心，引导更多纠纷在诉讼外解决，形成"从源头上减少诉讼增量"的工作闭环，全省万人成讼率从2019年的109.7下降至2022年的75.5。2023年，浙江推进县乡合法性审查质效提升改革，对包括行政规范性文件、重大行政决策、合同、重大行政执法决定，以及村规民约、政府信息公开答复、履职申请类答复、行政赔偿、涉法信访事项等基层行政行为进行预防性法律审查，从源头上预防减少信访事项和行政争议。浙江还不断强化综合治理，深化"最多跑一地"建设，整合各类资源，为解决群众诉求提供更加便捷的服务。

坚持统筹发展与安全，建设更高水平更高品质的"平安浙江"

法治化是推动平安建设迈入省域治理现代化轨道的重要保障。法治建设与平安建设紧密关联，平安建设离不开法治引领和保障，法治建设贯穿于平安建设全过程。省委将法治建设作为"平安浙江"的重要内容，也将平安建设作为"法治浙江"建设的重要举措，一体推进"平安浙江""法治浙江"建设，在更高起点上推进平安中国示范区、法治中国示范区建设。为更好统筹发展和安全、富民与安民，构建舒心安心放心的社会环境，2021年6月，省委十四届九次全会提出要深化"大综合一体化"行政执法改革，全面推进"县乡一体、条抓块统"改革。同年11月，省十三届人大常委会第三十二次会议审议通过《浙江省综合行政执法条例》，建立健全职责清晰、协同高效、行为规范、监督有效、保障有力的行政执法体制机制。为全面推动"平安浙江"建设迈上法治化轨道，2023年5月，省十四届人大常委会第三次会议通过《浙江省平安建设条例》，对平安建设重点行业领域和治理措施作出专章规定，对多个群众关心关注的热点焦点提出明确要求。这既是对"平安浙江"建设历年实践与经验的深刻总结，又为下一步推进"平安浙江"建设明确了路径和方向。在省委积极推动下，一体推进"平安浙江""法治浙江"建设取得显著成效，处置突发事件有明确预案，化解矛盾纠纷有明确程序，开展安全问题专项惩治有明确法律依据，党和政府的社会治理能力明显增强。

数智化是推动平安建设迈入省域治理现代化轨道的重要手段。省委坚持推进"信用浙江""数字浙江"建设，使浙江数字化发展水平始终位居全国前列。与此同时，省委发挥浙江数字技术优势，赋能"平安浙江"建设，形成了一系列标志性成果。如在抗击新冠疫情期间，大力推进"数字"战疫，推出"健康码""冷链食品溯源码"等数智化平安建设成果，高效率打赢疫情防控阻击战。在高水平推进省域治理现代化的大背景下，省委进一步加大平安建设的数字化转型力度，一体推进数字政府、数字经济、数字社会建设。2021年，省委推动实施数字化改革，构建应急管理、民生保障等跑道，设置平安基础工作、风险识别与管控等板块，推出"突发快响""社会矛盾风险防范化解"等重大应用，使平安建设插上了数字化的翅膀。以"社会矛盾风险防范化解"重大应用为例，该应用协同法院、司法、信访等21个部门，贯通省、市、县、乡、村、网格六级，跨体制联动政府、企业、社区和群团，打造了一个全量矛盾纠纷数据库，为群众提供矛盾纠纷"一站式接受、一揽子调处、全链条解决"的集成服务。在设计数字化改革构架时，省委还把基层治理体系作为独立系统纳入"1612"体系构架，推动数字化改革六大系统在基层集成落地，努力打造高效协同、整体智治的基层治理体系。随着平安建设数智化水平的逐步提升，"平安风险监测预警防控""反电诈""金融风险防范与处置""智慧消防""危险化学品风险防控""食品风险管理""阳光厨房""民呼我为"等一批重大应用贯通上线。在大数据辅助下，社会治理决策机制更加健全，风险防控和管理服务精细化精准化水平明显提升。"大数据法律监督""移动微法院""公安大脑""浙江解纷码"等一大批创新成果还被推广到全国。

（二）构建"大平安"建设新格局

平安是全社会的共同期盼，平安建设是全社会的共同责任。为了高水平推进平安中国示范区建设，省委坚持"大平安"理念，着力构建上下联动、条块结合、齐抓共管、合力共进的"大平安"建设新格局。

省委着力完善党政主要领导负总责的平安建设组织领导机制，坚持和完善各级党委定期分析社会稳定形势制度，进一步完善齐抓共管工作机制。做实做强省、市、县建设"平安浙江"领导小组办公室，坚持和完善平安办主任例会、平安办全体成员会议和定期通报、重点约谈等制度。完善平安建设专项工作机制，合力解决平安重点问题，如司法行政部门加强对人民调解委员会的指导与规范，发展行业性、专业性、联合性人民调解组织；信访部门加强对本地区信访工作的协调、指导，依法受理、转送、交办信访事项，协调解决重要信访问题，督促检查重要信访事项的处理和落实。充分发挥市、县（市、区）、乡镇（街道）在基层社会治理中的职责职能，统筹协调、整合资源，为解决人民群众诉求提供"一站式"服务。建立健全网格化管理制度，明确网格事务准入清单，推进基层网格规范化、标准化建设，全面提升网格治理效能。推动村（居）民委员会协助开展平安建设工作，发动人民群众积极参与群防群治，帮助开展社会治安巡防、安全隐患排查、矛盾纠纷化解、社区矫正帮扶、平安政策宣传等工作。在省委的持续推动下，"全省一盘棋、市级抓统筹、县区负主责、基层强执行"的平安建设工作格局逐步形成并完善起来。

省委持续优化平安建设考核办法。坚持每年开展平安市、县（市、区）创建命名工作，对平安市、县（市、区）予以通报表扬并授予"平安牌"；对连续3年、6年、9年和12年达到平安市、县（市、区）标准的，分别授予"平安鼎""平安铜鼎""平安银鼎"和"平安金鼎"。为保持各地平安建设的连贯性，省委在"平安金鼎"基础上，再对连续3年、6年达到平安市、县（市、区）标准的，分别授予"一星平安金鼎"和"二星平安金鼎"。2020年4月，省委、省政府为3个设区市、42个县（市、区）颁发首批"一星平安金鼎"。2023年3月，省委、省政府又授予3个设区市及38个县（市、区）"二星平安金鼎"。截至2024年3月，全省11个设区市均已取得"平安金鼎"及以上荣誉。

省委持续打造"平安保人人、人人护平安"的"大平安"建设格局。推动行业协会、商会等社会组织发挥行业自律作用，支持和指导会员单位完善各项安全防控措施，参与平安建设。支持物业服务企业参与应对突发事件状态下的社会服务和社区治理工作，鼓励、支持社区业主大会和业主委员会参与平安建设，化解邻里矛盾纠纷、维护业主合法权益，参与社区治理。鼓励群众对平安建设工作提出意见和建议，并切实加以落实和改进。与此同时，深入开展平安校园、平安医院、平安企业、平安交通、平安家庭、平安旅游、平安物业、平安工地、平安边界、平安宗教等建设，由各领域的"小平安"组成惠及全体人民的"大平安"。浙江还积极推进虚拟社会的平安建设，强化网络安全风险化解。率先推进依法治网体系建设，基本建立省市县网络安全工作体系，实施网络生态工程，多跨协同稳妥应对重大网络舆情事件，及时有效化解潜在网络舆情风险。"平安浙江"建设需要文化支撑。浙江积极培育和弘扬平安文化，将每年5月第二周定为"平安浙江"文化周，推动平安文化进家庭、进村居、进学校、进企业、进工地、进商铺，积极营造平安建设"人人有责、人人尽责"的良好氛围。截至2024年4月，浙江已有平安志愿者队伍3.5万余支、230余万人，每万人拥有社会组织11.7个。省委坚持"平安不平安，人民群众说了算"的评判标准，每年公布平安建设成绩单、每月发布"平安指数",全面反映群众关心的各领域安全状况,并大力推行群众安全感第三方评估、满意度公开测评、组建新闻舆论监督团等做法,"大平安"建设新格局日趋完善。2019 年,在全国平安建设考评中,浙江荣获第 1 名。2020 年,浙江成为全国唯一一个市域社会治理现代化试点全覆盖的省份。2021 年,在首次举行的平安中国建设表彰大会上,浙江 12 地获平安中国建设示范市、县(市、区),总数居全国第 1 位。2022 年,浙江成为"大综合一体化"行政执法改革国家唯一试点。2023 年,浙江人民群众安全感满意度达 98.88%,全省 11 个设区市全部通过社会治理现代化全国试点验收。

(三)完善风险闭环管控"大平安"机制

加强公共安全建设,提高维护公共安全的能力和水平,促进经济社会协调发展,保障人民群众的生命财产安全,是省委的重要政治责任。在高水平推进省域治理现代化过程中,如何防范化解重大风险成为一个重大课题。2019 年 1 月,习近平总书记在省部级主要领导干部专题研讨班上强调,防范化解重大风险,是各级党委、政府和领导干部的政治职责,要坚持守土有责、守土尽责,把防范化解重大风险工作做实做细做好[①]。2019 年 4 月,省委十四届五次全会就防范化解政治、意识形态、经济、科技、社会、党的建设等领域重大风险作出深刻分析并提出明确要求,强调要进一步强化防范化解风险的意识、健全防范化解重大风险的机制、把好防范化解重大风险的时度效、提高防范化解重大风险的本领、形成防范化解重大风险的合力,着力打好防范化解重大风险攻坚战。全会审议通过《关于坚持底线思维、着力防范化解重大风险的意见》。随后又出台《防范化解重大风险重点任务责任分工》,建立任务明确、分工负责的工作机制。省委深入贯彻习近平总书记关于防范化解重大风险的重要论述精神,统筹兼顾、突出重点、结合实际、精准施策,妥善处置火灾、交通、食品药品、环境污染等公共安全事故,有效应对台风、

---

① 《习近平关于防范风险挑战、应对突发事件论述摘编》,中央文献出版社 2020 年版,第 243 页。

洪水、山体滑坡等自然灾害，及时化解安全生产和金融领域等风险，着力完善风险闭环管控"大平安"机制，确保经济持续健康发展和社会大局安全稳定。

为守护百姓"舌尖上的幸福"，省委按照最严谨标准、最严格监管、最严厉处罚、最严肃问责的要求，深入实施食品安全战略，持续推进"从田间到餐桌"的食品安全风险全程治理，以大食物观切实保障人民群众"米袋子""油瓶子""肉盘子""奶罐子""果篮子"安全。在源头治理上，全省83个涉农县实现"食用农产品质量安全合格证"全覆盖、农业主导和特色产业全覆盖、规模生产主体全覆盖，构建起以"一证一码"为主导，追溯码、"三品一标"①、检验检疫证明相结合的食用农产品合格证应用模式，实现农产品合格上市、带证销售。传统食品制造小作坊是食品安全的监管难点。浙江对全省食品小作坊进行建档，实施登记管理、经营许可、主体认定条件、通用卫生规范、禁止生产的食品目录等一系列规范标准和办法，引导经营户走规范化、高质量、"名特优"的发展路子。近年来，全省未发生系统性、区域性食品安全事故，大宗消费食品、节令性食品和餐饮食品等重点食品种类合格率均处于97%以上的较高水平。为加强药品安全监管，浙江积极创新方式，规范医药市场行为，加快建设药品风险监测预警防控系统，加强药品全链条、全过程、全生命周期风险防控。浙江还从抗击新冠疫情中汲取有益经验，建立健全突发公共卫生事件监测预警处置机制，加强疾病预防控制、医疗救治和相关科技支撑、物资保障体系建设，完善风险评估、流行病学调查、检验检测、疫情报告、应急处置、联防联控、精密智控等制度，不断提高应对和防范化解突发公共卫生事件的能力。

发展决不能以牺牲安全为代价。省委多次强调，各市、县（市、区）党委和政府主要负责人是本地区安全生产第一责任人，班子其他成员对分管范围内的安全生产工作负领导责任。严格执行安全生产巡查制度、警示通报制度，坚决落实安全生产责任制。在交通安全方面，强化源头治理、综合治理、依法治理，切实解决影响道路安全的源头性、根本性、基础性问题，定期组

---

① "三品一标"，是指无公害农产品、绿色食品、有机农产品和农产品地理标志。

织开展道路交通安全综合治理攻坚行动，全面提升道路交通安全水平。针对电动自行车迅猛增长、交通安全事故频发问题，大力推行电动自行车驾驶人必须佩戴头盔等举措。为加强危货运输安全，打造"浙运安"危险货物道路运输智控平台，有效降低危货运输企业、从业人员和上下游企业的安全风险。从2022年起，浙江启动"海上千万工程"，要求优选建设1000艘引领渔船，带动全省万余艘渔船实现软硬件水平提升，为12万名捕捞人员筑牢"安全网"。

近年来，电信网络诈骗成为案发最多、涉及面最广、群众反映最强烈的犯罪类型。浙江是受包括电信网络诈骗在内各类涉网新型犯罪危害最大的省份之一，电信网络诈骗案件曾占全省刑事案件六成以上。为打击电信网络诈骗，浙江依托数字技术，对电信网络诈骗违法犯罪开展全链条重拳打击，从电话卡、银行卡等源头进行追责，倒逼相关行业加强监管。针对个人信息泄露问题，公安部门联合互联网公司对木马程序、钓鱼网站、恶意链接等实施全面封堵，并与金融、通信、快递等行业部门协同开展整治工作。2021年2月，省公安厅推出微信小程序"浙江反骗码"，成为全国第一个省级"反骗码"。2023年，全省共抓获涉电信网络诈骗犯罪嫌疑人3.94万人，破获案件2.1万起[①]。同时，为进一步建设良好网络生态，浙江持续开展"之江净网"网络生态治理行动，重拳出击、严厉整治网上突出问题，着力打造清朗安靖网络空间。

省委着力防范化解经济领域重大风险，聚焦企业债务、互联网金融、企业破产重组等重点领域，压实党委和政府的属地责任、金融监管部门的监管责任、金融机构和企业的主体责任。实施银行业联合会商帮扶机制，对优质企业，通过联合授信，加大信贷支持力度；对困难企业，依托债委会制度，支持企业通过资产重组主动瘦身脱困；对"僵尸企业"，实施稳妥"出清"，联合打击逃废债。加大对民营企业发债的支持力度，落实民营企业债券融资支持计划，健全政策性融资担保体系，坚持应发尽发、能发则发、争取多发，稳定民营企业债券续发预期。坚决破解股权质押平仓风险，用好上市公司稳

---

① 《浙江日报》，2024年1月31日，第4版。

健支持基金，对已确定的重点上市公司，开展"一企一策"帮扶救助，加快纾解上市公司股权质押困难，改善上市公司流动性。加快P2P网络借贷风险处置，聚焦追赃挽损，按照"三严格两强化"①工作部署，压实责任，实行专班实体运作和领导包干制度。抓好地方政府隐性债务化解，按照"一减两严三规范"②的工作部署，有序化解地方政府隐性债务风险，持续巩固经济领域安全发展的良好环境。据全国工商联调查数据显示，2023年浙江获评营商环境最佳口碑省份。

在省委的正确领导下，浙江着力深化"平安浙江"建设，构建完善"监测—预警—处置—反馈"风险闭环管控"大平安"机制，建立健全维护政治安全、社会矛盾风险防范化解、社会治安防控、行业监管和网络安全等五大体系，将风险防范化解从被动变主动、从应急变常态、从零散变系统，牢牢守住不发生系统性风险的底线，切实加强应对重大风险的机制和能力建设，为经济社会持续健康发展构筑坚强保障。

（四）坚持和发展新时代"枫桥经验"

"枫桥经验"是"平安浙江"建设特有的基因密码。党的十八大以来，习近平总书记对坚持和发展新时代"枫桥经验"多次作出重要论述和重要指示，强调要"坚持和发展新时代'枫桥经验'，完善社会矛盾纠纷多元预防调处化解综合机制"③。省委坚决贯彻习近平总书记关于坚持和发展新时代"枫桥经验"的指示精神，自觉扛起"枫桥经验"发源地和率先实践地的使命担当，始终把"枫桥经验"作为"平安浙江"建设的总抓手和深入实施"八八战略"的重要保证，使之在村民自治、社区治理、纠纷化解、志愿服务等城乡社会治理过程中发挥不可替代的作用，贯穿于基层社会治理全过程。

---

① "三严格两强化"，是指严禁增量、严打违法、严控增量，强化社会稳定、强化舆情管控和引导。
② "一减两严三规范"，是指减少隐性债务存量、严控隐性债务增量、严格整改违法违规举债行为，规范融资平台转型、规范棚改举债、规范市场化融资。
③ 习近平：《坚定不移走中国特色社会主义法治道路 为全面建设社会主义现代化国家提供有力法治保障》，《求是》杂志2021年第5期。

2018年，省委总结各地新时代以来创新"枫桥经验"的成功做法，部署实施全科网格规范提升工程、"三治融合"基层社会治理体系建设推广工程、社会组织参与社会治理规范提升工程、"互联网＋"社会治理深化提升工程、社会心理服务体系建设推广工程、流动人口服务管理提升工程等六大工程，全面提升新时代"枫桥经验"创新成果。省委明确指出，新时代"枫桥经验"的主要特征是坚持党建统领、坚持人民主体、坚持"三治融合"、坚持"四防并举"、坚持共建共享。2019年以来，省委着眼于高水平推进省域治理现代化，在坚持和发展新时代"枫桥经验"中不断创新举措和路径，推动"枫桥经验"更趋广泛化、专业化，更加彰显时代性、人民性。

持续壮大"枫桥经验"参与主体。省委始终尊重人民群众的主体地位，深入贯彻党的群众路线，充分发动群众、组织群众、依靠群众解决群众自己的事情，不断深化"村民说事""民主恳谈""村务监督""道德评判"等一系列载体，打造"武林大妈""乌镇管家""国际老娘舅"等特色品牌，鼓励群众"说事、议事、主事"，形成自我管理、自我服务、自我监督的自治建设体系，较好实现了"治理过程让群众参与、治理成效让群众评判、治理成果让群众共享"。如杭州市余杭区小古城村坚持"村里的事大家商量着办"，形成基层民主协商"四议六步"工作法①；诸暨市枫桥镇实行村级重大事项"三上三下"、日常事务"问议办评"、应急事项"即事即议"的"三事分议"工作法，真正实现村民当家作主。在平安建设中，人民群众不仅在线下面对面发挥作用，而且在线上点对点发挥作用，截至2023年10月，在浙江在线矛盾纠纷多元化解平台上，有1万余家专业调解机构、5万余名调解员，为老百姓提供在线咨询、调解、诉讼等一条龙服务，实现了矛盾纠纷"漏斗式"分层过滤。

持续推动"枫桥经验"向多领域多行业延伸。广泛开展"枫桥式"特色创建是各行业各领域坚持和发展新时代"枫桥经验"、深入推进平安建

---

① "四议六步"工作法，"四议"是指议什么、谁来议、怎么议、议的效力，"六步"是指工作由群众提、议题由支部审、方案由网格议、决策由代表决、过程由专人督、结果由群众评。

设的一种重要方式。近年来,"枫桥式公安派出所""枫桥式公安监所""枫桥式人民法庭""枫桥式检察室""枫桥式退役军人服务站""枫桥式综合行政执法中队""枫桥式税务所""枫桥式司法所""枫桥式交警中队"等一系列"枫桥式"特色创建相继涌现,不仅涵盖了政法工作各领域的"小平安",而且还覆盖了传统安全与非传统安全在内的"大平安"。同时,很多"枫桥式"创建活动,也由浙江推广到全国,如公安部先后于2019年、2022年两次公布"枫桥式公安派出所",浙江共有10家基层派出所入选。

持续推动"枫桥经验"迈向多元场景,治理效能不断彰显。浙江深入推动"枫桥经验"走出乡村,拓展到城市社区、海岛渔区、网络空间,形成了城市版"枫桥经验"、海上版"枫桥经验"、网上版"枫桥经验"等,推动基层治理触角延伸到社会末梢,让"枫桥经验"花开满园,硕果累累。此外,外籍版"枫桥经验"也应运而生,在义乌国际商贸城、中国轻纺城等大量外籍客商云集的采购市场,通过推广组建外籍人事调解队伍,让外国人以"中国式调解"及时化解生意往来中的矛盾纠纷,助力市场稳定高效运行。截至2023年底,义乌市和柯桥区分别有14位和6位外籍人士担任外籍调解员,他们发挥懂外语、会贸易、讲信誉的特殊优势,和中国调解员一起将矛盾纠纷化解在基层,帮助外商和本土企业解决了不少实际难题。

坚持和发展新时代"枫桥经验",有助于党委准确把握党建引领基层治理的工作主动权,筑牢了有效防范化解重大风险的第一道防线,构建了既有秩序又有活力的社会治理格局,迈出了打造社会治理共同体的坚实步伐,增强了推动基层治理变革重塑的强劲动能。各地在坚持和发展新时代"枫桥经验"过程中,还形成了"群众唱主角、干部来引导、德法加智治、有事当地了"这一新的时代特征。

2023年9月,习近平总书记再次到浙江考察,并到诸暨市枫桥镇枫桥经验陈列馆考察,了解新时代"枫桥经验"的创新发展情况,强调"要坚持好、发展好新时代'枫桥经验',坚持党的群众路线,正确处理人民内部矛盾，紧紧依靠人民群众，把问题解决在基层、化解在萌芽状态"[1]，为坚持和发展新时代"枫桥经验"指明了方向，提供了根本遵循。省委深切感悟习近平总书记对坚持和发展新时代"枫桥经验"的殷殷嘱托，进一步厘清坚持和发展新时代"枫桥经验"、持续推进平安建设的思路举措、方法路径、载体抓手，力争在推进基层治理体系和治理能力现代化上创造更多可供全国借鉴的好经验。同月，省十四届人大常委会第五次会议作出《关于坚持和发展新时代"枫桥经验"的决定》，为更好践行新时代"枫桥经验"提供了重要法治保障。11月，中央政法委和浙江省委在北京召开纪念毛泽东同志批示学习推广"枫桥经验"60周年暨习近平总书记指示坚持发展"枫桥经验"20周年大会。诸暨市委政法委、宁波市鄞州区信访局、舟山市普陀区沈家门街道办事处和义乌市涉外纠纷人民调解委员会入选全国"枫桥式工作法"单位。在新的起点上，省委强调，要聚焦服务更大场景、回应更新诉求、凸显更优方式、实现更高效能、锻造更强本领，牢牢把握新时代"枫桥经验"的实践要求，推动浙江基层治理现代化走前列、作示范。

从"枫桥经验"到新时代"枫桥经验"，尽管环境条件和形式外延发生了很大变化，但省委坚持与时俱进，结合新形势新任务新要求，不断创新发展"枫桥经验"，走出了一条理念更新、效能更好、活力更足、机制更全、领域更宽的新时代基层治理的善治之路，为持续推动"八八战略"走深走实，在新征程上勇当先行者、谱写新篇章，创造了更加安全稳定的发展环境。

（五）建立健全省域"大平安"建设体系

国家安全在党和国家工作全局中具有举足轻重的地位，是高质量推进中国式现代化、实现中华民族伟大复兴的重要前提和保障。党的二十大报告明确指出，"国家安全是民族复兴的根基，社会稳定是国家强盛的前提"，全篇有91处提及"安全"，并明确提出要建设更高水平的平安中国。

浙江平安建设起步早、成效足，已经探索形成了许多具有重要借鉴意义

---

[1] 《人民日报》，2023年9月26日，第1版。

的好做法、好经验。站在以中国式现代化奋力推进中华民族伟大复兴的大场景中,浙江必须以感恩之心,干在实处、勇立潮头,以平安建设的省域探索实践为高水平推进平安中国建设贡献浙江智慧、提供浙江方案。为此,省委始终在统筹发展与安全中谋划推进平安建设,着力探索构建科学、高效的"大平安"建设体系。

坚持"全方位"构建"大平安"建设体系。"大平安"理念与总体国家安全观一脉相承,都具有"全方位"的鲜明特点。构建"大平安"建设体系,就要以积极践行总体国家安全观为重要遵循,牢记"国之大者",从高站位、大视野谋划省域平安建设的目标、方向和路径。省委始终突出"全方位"这一要求,从政治、国土、军事、经济、文化、社会、科技、信息、生态、资源、核等方面全面推进"平安浙江"建设。部署实施"平安中国示范区三年行动计划",推进政治安全风险防范化解、社会治安风险防范化解、公共安全风险防范化解、经济金融风险防范化解、社会矛盾风险防范化解、网络安全风险防范化解、新时代"枫桥经验"总结提升推广、司法体制改革、重点民生权益保障、政法数字化协同等"十大工程"。2021年4月,印发《平安浙江建设"十四五"规划》,对构建涵盖多领域的"大平安"建设体系作出顶层设计。2023年5月,出台《浙江省平安建设条例》,对推进涉及国家政治安全、防范化解重点领域风险、打击违法犯罪、社会公共安全、安全生产、基层社会治理、社会矛盾纠纷化解等方面的平安建设作出法律规定。为准确评价"全方位"平安建设成效,省委还建立了涵盖社会政治安全、社会治安安全、经济金融安全、生产安全、食品药品安全、生态环境安全、网络与信息安全,以及社会稳定、刑事安全、治安安全、有效火警接警数、道路交通万车事故死亡率等指标的考评指标体系,以之作为推进"大平安"体系建设的重要抓手。

坚持"全链条"构建"大平安"建设体系。平安问题是社会矛盾的综合反映,平安建设必须突出源头治理、综合治理。省委始终坚持从"全链条"审视平安问题的产生、发展与解决的过程,着力治之于未有、化之于未发,致力于让平安问题不产生、少产生、早解决。保民生是促民安的前提和根本。省委持续缩小收入差距,扩大中等收入群体,2022年2月出台《浙江省"扩中""提低"行动方案》,努力让人民群众一同迈入共同富裕美好社会;持续推进基本公共服务均等化,促进社会公平公正,2023年2月出台《浙江省公共服务"七优享"工程实施方案(2023—2027年)》,促进公共服务优质均衡普惠,夯实平安之基;持续深化为民服务的路径与方法,健全为民办实事长效机制,打造"民呼我为"工作体系;持续推动党委、政府工作重心下移,有效降低平安问题的发生率。在努力减少平安问题的同时,省委还对解决平安问题进行"全链条"探索。在重大风险防控方面,2021年印发《涉众型重大政策决策社会风险评估工作指引》,探索建立评估责任倒查机制;在矛盾预防方面,着眼于源头预防,突出抓早抓小抓细,出台《关于加强诉源治理工作的意见》《关于加强新时代调解工作的若干意见》等文件,探索构建完善的社会风险防范化解体系;在社会治安防控方面,健全扫黑除恶长效机制,推动社会治安防控体系建设示范城市创建,建立流动人口服务管理等月晾晒机制,探索提升社会治安动态防控能力的路径和方法;在安全生产方面,推动追责问责关口前移,2023年出台《浙江省生产安全事故责任认定规定(试行)》,提升追责问责的针对性、操作性和规范性;在应急处突机制建设方面,健全新形势下维护社会稳定责任制,提升各部门在解决影响公共安全的多发性、局部性、顽固性问题上的处置及时性、精准度和法治化水平;在深化综合执法方面,探索实行跨领域、跨部门、跨层级综合行政执法;在防范自然灾害方面,出台《浙江省防汛防台抗旱应急预案》,发布《浙江省气象灾害预警信号和应急防御指南》,推动依法、科学、高效、有序做好防汛防台抗旱等应急工作;在加强网络生态治理方面,2021年制定《关于加快依法治网体系建设的实施意见》,2022年出台《浙江省公共数据条例》,2023年又发布县域网络安全体系建设指南,接力推进网络安全建设。

坚持"全融合"构建"大平安"建设体系。"平安浙江"建设作为一项重要战略,并不是孤立的,而是浙江经济社会发展的有机组成部分。深化"平安浙江"建设战略,必须与经济社会发展的其他战略相衔接、相融合。一直以来,"平安浙江"建设为浙江经济社会持续健康快速发展提供了安全稳定的环境。同时,经济建设、政治建设、文化建设、社会建设、生态文明建设、党的建设等又为"平安浙江"建设提供坚实基础和有力支撑。在新的起点上推动"大平安"体系建设，必须将"平安浙江"建设战略与新时代浙江发展新战略相契合，力争达成相辅相成、共促互进的乘数效应。与高质量发展建设共同富裕示范区相融合，从为人民群众创造美好生活出发，不断完善风险闭环管控"大平安"机制，推动形成共建共治共享的社会治理格局，实现富民与安民的有机统一；与奋力推进中国式现代化省域先行相融合，全面加强安全体系和能力建设，推动社会治理体系更加完善，为中国式现代化省域先行筑牢安全屏障；与坚持和深化新时代"千万工程"、实现与乡村全面振兴相融合，健全村民自治机制，加强乡村法治建设，创新乡村德治实践，提高乡村智治水平，先行探索乡村文明善治的新路径新方法；与"法治浙江"建设相融合，依照法治思维、法治方式、法律体系提升平安建设的制度化、规范化；与"文化浙江"建设相融合，强化以文化人，弘扬平安文化，不断增强人民群众期盼平安、维护平安、参与平安建设的自觉性和积极性；与"美丽浙江"建设相融合，推动生态环境综合治理、系统治理、源头治理，提升环境治理体系和治理能力现代化，构建更高质量、更可持续、更为安全的全域美丽大花园；还与加强党的建设、建设勤廉并重的"清廉浙江"相融合，迭代升级党建统领问题管控机制，完善党建带群建机制，为建设更高水平更高品质的"平安浙江"夯实组织基础。

　　平安是广大人民群众最朴素、最基本的美好生活向往。20年来，浙江省委沿着习近平同志开创的"平安浙江"建设路子，坚持"大平安"理念，在省域层面接续统筹发展与安全，推动平安建设取得历史性成就、发生历史性变革，使浙江成为社会活力最强、社会秩序最优、安全感最高的省份之一。站在新的起点上，省委将按照创新深化、改革攻坚、开放提升要求，坚定不移深入推进"平安浙江"建设，努力打造更安全更稳定的社会环境、更公正更安心的营商环境、更优质更暖心的服务环境，为浙江在奋进中国式现代化新征程上勇当先行者、谱写新篇章提供更高品质的安全保障，为推动更高水平的平安中国建设贡献浙江力量。

（执笔人：杨沫江　统稿人：邓金松）

高水平建设"平安杭州"，
努力打造中国最具幸福感城市

◆ 中共杭州市委党史研究室 ◆

平安是经济社会发展的重要基石，是人民幸福安定的基本要求。习近平同志在浙江工作期间作出"八八战略"重大决策后，又亲自部署"平安浙江"建设。20年来，杭州市委始终按照"平安浙江"建设要求，把"平安杭州"建设贯穿于"五位一体"总体布局统筹推进，跳出治安抓平安，走出了一条民生为本、服务为基、和谐为贵、化解为上、依靠群众、整合资源、精细管理、重视科技的新路子。"平安杭州"建设取得了显著成效，为打造世界一流的社会主义现代化国际大都市和中国式现代化城市范例保驾护航、增光添彩。

一、创建"平安杭州"，打造和谐杭城

进入21世纪后，随着城市化进程的加快，杭州面临着日益严峻的社会治安问题。2002年底，为了应对这一挑战，市委提出建设"平安杭州"，旨在通过综合治理手段，全面提升社会治安水平。2004年以后，市委又按照习近平同志提出的"大平安"理念，将"平安杭州"作为事关改革发展稳定的基础工程来抓，贯穿于经济、政治、文化、社会、生态建设等各方面。

（一）探索构建"大平安"工作机制

2002年12月，市委九届四次全会提出，要打造"平安杭州"，建设社会

治安"首善之区",为经济社会发展营造了良好环境。2004年5月,习近平同志在部署"平安浙江"建设时强调,"'平安浙江'中的'平安',不是狭义的'平安',而是涵盖了经济、政治、文化和社会各方面宽领域、大范围、多层面的广义'平安'"[①]。为贯彻落实"大平安"理念,市委于同年6月召开深化创建"平安杭州"工作会议,提出要以创造"稳定的社会政治环境、首善的社会治安环境、良好的民主法制环境、健康的经济运行环境、有序的生产生活环境"为目标,并出台《关于深化创建"平安杭州"工作的决定》。8月,市委成立创建"平安杭州"领导小组,切实加强了对"平安杭州"建设工作的组织领导、统筹协调和督查指导。同月,印发《关于开展"平安杭州"创建活动的实施意见》。随后,杭州各区、县(市)委都建立了平安建设领导小组,统筹推进平安建设工作。各相关部门按照"谁主管、谁负责"的原则,把平安建设纳入部门、单位、系统、行业发展的总体布局。为有效提升平安创建的整体合力,杭州把平安创建工作向经济领域等其他领域延伸,并逐步建立健全了合力创建的"大平安"工作机制。通过建立"横向到边、纵向到底、条块结合"的平安建设组织领导架构体系和完善的工作机制,为"平安杭州"建设提供了可靠的组织制度保障,使平安建设能够有动力、有节奏,重规范、重创新,促进了杭州社会的和谐稳定和经济社会的健康发展。

(二)构筑社会治安防控体系

为创造良好的治安秩序,杭州采取了打击、整治、防控、管理和教育五措并举的措施。在严厉打击各类刑事犯罪活动上,2005年,组织开展了"开年之战""破命案、反盗抢、追逃犯、严防控"等专项行动,持续保持对严重暴力犯罪和多发性侵财犯罪的高压态势;积极开展打击经济犯罪、打击侵犯知识产权、假币、涉税等犯罪的专项行动,全力开展侵犯商标专用权和制售、虚开假发票等案件的侦查破案工作,严厉打击互联网和出入境领域的违法犯罪活动。在整治社会治安突出问题上,深入开展创建"无毒害地区"活

---

① 习近平:《干在实处 走在前列——推进浙江新发展的思考与实践》,中共中央党校出版社2006年版,第235页。

动和集中打击赌博违法犯罪专项行动。在强化治安防控上，坚持走科技防控与群防群治相结合的路子，建立健全以专业力量为核心的"警防网"、以电子监控为亮点的"技防网"、以群防队伍为重点的"民防网"，形成新形势下有效防控刑事犯罪的"大防控"工作机制。在强化流动人口的管理服务上，通过不断完善管理、服务、维权工作机制，实行市区联动，以区为主，从服务入手，寓管理于服务之中，确保流动人口"六个有"①；按照分层管理、突出重点的原则，进一步加强对流动人口高危人群的管理，有效遏止流动人口犯罪率。在预防青少年违法犯罪上，加强了中小学校法治副校长的配备管理、法治教育课程的设置和对轻微违法犯罪行为学生的矫正工作。由100多名社会各界人士组成的网络监督志愿服务队，深入学校、家庭开展"青少年网络文明公约"宣传活动，大力整治网吧和文化市场，为青少年健康成长提供了一个良好的社会环境。

构建完善社会治安防控体系，是维护国家长治久安、保障人民安居乐业、服务经济社会发展的基础性、系统性、战略性工程。杭州作为省会城市，一直以来在维护社会治安平稳和预防处置突发性、群体性事件方面面临较大压力。为扎实推进平安建设，按照"大投入、大防控、大平安"理念，积极推进社会治安防控体系建设。通过主动警务模式不断成熟、情报信息体系不断完善、城乡社区主动警务工作不断深入、执法规范化建设不断深化、社会管理创新不断推进，初步建立起全时空、全覆盖的立体化社会治安防控体系，将49家市级政府部门及社会单位纳入社会应急联动体系，初步构建了"党委领导、政府负责、公安主抓、部门协作、社会参与"的联动格局，在突发事件处置、抢险救灾、服务群众等方面发挥了积极作用。

（三）扎实开展平安基层创建

为加强对平安建设工作的统筹协调，使基层平安创建进入全面覆盖、层次提升的新阶段，杭州全力开展"平安区县（市）""平安街道（乡镇）""安全社区（村）""治安安全单位""安全文明景区""安全文明学校""安

---

① "六个有"，是指有收入、有房住、有书读、有医疗、有社保、有组织。

全文明公交线路""安全文明出租车经营单位"等创建活动。同时,创新发展"枫桥经验",大力开展综治工作中心规范化建设,建立了由党委政府统一领导的乡镇(街道)综治工作中心,有效地整合了基层工作资源和力量,形成了集民间调解、行政调解、司法调解于一体的"大调解"工作机制,把综治工作中心机制向村、社区、企业延伸,将社会治安综合治理的工作覆盖到全社会,确保了各类矛盾纠纷早发现、早调处、早化解。

同时,杭州还大力加强公安派出所、法庭、司法所等基层政法组织建设,做到人员配备、教育培训、物质配备方面向一线倾斜。对重点场所、出租私房、特种行业经营,实行业主负责制。对于交通、消防、危爆物品,严格落实单位负责制和机关部门的监管责任,确保不出责任事故。对各种社会组织,落实"谁审批、谁负责""谁主管、谁负责"的制度。

在基层平安创建内容上,从以社会治安为主的"小平安",拓展到包括社会治安、安全生产、食药品安全、生态环境安全、经济秩序安全等内容的"大平安";在创建领域上,从局部范围扩展到社区、村居、市场、企业、医院、学校、景区、林区、铁路、公路、家庭等基层各个单位、各个方面;在创建网络上,从以政法综治部门为主,拓展到信访、公安、司法行政、安全生产监管、食药品监管、交通运输、教育卫生等部门的力量,并大力延伸网络,真正形成基层合力;在创建机制上,从零星分散、条块分割逐步规范为上下衔接、左右配套的完整体系,建立完善了基层平安创建领导责任、组织网络、考评奖惩、经费保障等一系列制度。

通过以上举措,"平安杭州"创建工作取得了明显的成效。杭州被省委、省政府命名为 2005 年度首届平安市,上城区等 13 个区、县(市)为首届平安县(市、区)。

二、深化"平安杭州"建设,创建"生活品质之城"

2007 年 2 月,杭州市委第十次代表大会正式提出了构建平安、法治、和谐杭州,全力建设"生活品质之城"的目标。为此,围绕"学枫桥、保平安、促发展"主题,杭州市委接续深化"平安杭州"创建,为建设全面小康社会和共建共享、生活品质之城创造和谐稳定的环境。

（一）以民生促民安

民生至上，民安为要。在加快推进城市化进程中，杭州城市人口规模急剧增长，面临住房、医疗、教育、就业等诸多问题，给维护社会稳定带来了许多不利因素。为此，市委始终坚持"发展决定一切，创新重于一切，稳定压倒一切，为民高于一切"的理念，将民安作为人民群众的基本要求、民生作为经济发展的终极目标，着力完善为民办实事长效机制。2007年1月，出台《关于进一步做好为民办实事工作的意见》，随后，在市委十届四次全会上进一步提出实施"民主民生"战略，积极探索建立以民主促民生工作机制。在民生重大事项的确定、改善民生的政策抉择、执行过程的监督和民生改善状况的评估等方面，建立民主机制，切实落实人民群众的知情权、参与权、选择权、监督权。

为更好强化民生保障，杭州把更多公共资源投向社会事业和民生领域。积极深化"春风行动"，建立困难群众帮扶救助和就业援助长效机制，破解"困难群众生活就业难"；推进医疗卫生、药品生产流通、医疗保险和医疗救助等四大体制改革，降低医疗费用，提高医疗质量，破解"看病难"；推行义务教育阶段免收课本费和作业本费，完善教育资助券和人民助学金制度，实施"名校集团化"，推进教育帮扶，改善外来务工人员子女入学环境，破解"上学难"；坚持建设保障性住房和改善危旧房"两手抓"，破解"住房难"；坚持公交优先，建设地铁和快速公交，加强交通管理，挖掘停车潜力，破解"行路停车难"；加强效能建设，深化综合考评，办好"12345""96345""96666"服务热线，破解"办事难"；提高市民保洁意识，落实长效管理，破解"清洁保洁难"。同时，着眼于环境保护、食品安全等民生新问题，形成"7+X"新框架，着力满足群众对灰霾治理、水质改善、村庄环境整治、食品安全监管等方面的需求，取得了显著成效和阶段性成果。到2010年，全市基本形成覆盖全域、比较完备的公共文化服务体系，建成区"15分钟文化服务圈"，初步建成总量相对充足、结构基本合理的现代教育体系，人民群众主要健康指标达到中等发达国家水平。自2011年起，杭州每年确定十大民生实事项目，不断提高人民群众的生活水平和质量，也带来了社会的和谐稳定。

（二）推进城乡社区综合治理和服务

随着城市化进程的加快和社会经济的发展，城市社区管理面临着越来越多的挑战，需要加强综合管理和服务，以适应城市发展的需要。

为夯实平安建设的基层基础，杭州积极加强精细管理服务，全面推进"网格化管理，组团式服务，片组户联系"的社会服务管理体系建设，积极打造"三全十服务"① 服务品牌，开通区、乡镇（街道）、社区三级服务热线，实施24小时值班制，形成主城区"15分钟社区服务圈"，推行以"六必到"帮扶服务、"六必访"个性服务、"八必报"预警服务、"十条热线"专业服务为主要内容，以组织网络化、服务标准化、管理系统化、评估信息化为特点的"66810"服务体系，发挥了服务群众、化解矛盾、协调利益的积极作用。

为提升社区治理的效率和质量，更好地满足居民的需要，杭州坚持"互联网+"理念，积极推进社区治理服务智慧化建设。积极搭建承载社工管理、民情记录、信息查询、社区自治等功能的"智慧社区"公共服务平台，努力实现信息的纵向贯通。积极鼓励社区通过微信公众号、社区互动App等形式，打通社区服务的"最后一公里"。如上城区"平安365"、下城区"66810"等平台贯通多部门信息，推动联动共治，促进社区治理服务智慧化。

同时，杭州还积极开展系统平安创建活动，打造平安创建细胞工程。以小区为单位开展平安网格活动，积"小平安"为"大平安"。进一步完善居民、业主委员会、物业管理企业、居民委员会"四位一体"的治安管控机制，提升居民小区物防、技防、人防、心防"四防融合"的安全防范管理

---

① "三全十服务"，"三全"是指服务时间全天候、服务内容全方位、服务对象全覆盖，"十服务"是指规范窗口服务、完善预约服务、延伸常规服务、强化应急服务、创新特殊服务、打造品牌服务、提倡自主服务、鼓励互助服务、深化组团服务、开展定期服务。

水平。

通过以上举措,杭州城乡社区综合治理和服务取得了显著成效,社区治理水平和居民的生活质量得到了较大提升,社区居民的参与度和满意度也得到了很大提高。

(三) 强化安全生产

随着城市化、工业化的进程加快,城市人口和流动量不断增加,安全生产事故等问题也日益凸显。为此,市委始终坚持"安全第一、预防为主、综合治理"方针,严格落实中央和省委的决策部署,把安全发展纳入经济社会发展规划,纳入创建"平安杭州"、构建"和谐社会"的重要内容。

为落实安全生产责任制,围绕年度安全生产工作目标,杭州市各区、县(市)相继制定了安全生产责任制规定,层层签订落实安全生产责任制。同时,进一步扩大责任制的签订面,进一步调整和完善责任制考核对象、内容和考核办法,基本形成了"横向到边、纵向到底"的安全生产管理责任体系。还将安全生产工作履职情况与责任追究严格挂钩,实行对安全生产工作"一把手负责制""一岗双责制",有的还实行"一票否决制"。如淳安县建立了乡镇"党管安全"的安全生产责任新机制,将乡镇党委书记和乡镇长共同列为安全生产第一责任人;萧山区由乡镇政法委书记抓安全,更好地发挥了安全生产的综合协调、监管作用。通过落实责任、完善机制,在政府层面,建立了政府主要领导负总责,分管领导在职责范围内各负其责的领导责任体系;在部门层面,形成了由安全生产监管部门综合监管,其他负有安全生产监管职能的部门专项监管的监管责任体系;在企业层面,进一步明确企业安全生产责任主体,促使企业建立自我约束、持续改进的安全生产长效机制,市、区(县、市)、乡镇(街道)、村(社区)四级安全生产管理责任网络基本形成。

为强化安全执法监察力度,杭州积极推进执法规范化建设。结合季节性、重点时段的安全工作特点,聚焦交通、火灾、安全生产、电信网络诈骗等重点领域和突出问题,深入开展隐患排查和专项整治,对安全生产事故多发易发、隐患严重的行业和企业,切实加大专项整治力度。对发生的各类安全事故,按规定程序、规定期限查处结案,对有关责任人一查到底,依法从严惩处,推动了安全生产综合治理取得实效。

三、加强和创新社会治理,持续擦亮"平安杭州"金名片

加强和创新社会治理,是完善和发展中国特色社会主义制度、推进国家治理体系和治理能力现代化的重要内容。党的十八大以来,杭州市委积极加强和创新社会治理,探索建立科学有效的社会治理体制,努力使社会既充满活力又和谐有序。

(一) 加强社会风险预测预警预防

2012年以来,杭州面临着多种复杂的社会风险,包括经济转型、人口老龄化等问题。为确保社会稳定和可持续发展,市委坚持问题导向、标本兼治,积极构建社会稳定风险评估机制和涉稳问题化解稳控机制,不断提高各类风险预测预警预防能力,有效排查化解各类不稳定因素。

强化健全稳评工作机制。为不断提高立项评估、申报评估、指令评估的刚性,突破决策类稳评,加大稳评覆盖面,2012年,成立社会稳定风险评估领导小组,推进稳评中介机构与专家库的培育和建设,同年制定《杭州市重大决策社会稳定风险评估实施细则(试行)》,对千岛湖第二配水工程、九峰环境能源项目、小客车总量调控等重大决策,提出具有针对性的稳定风险防范化解意见建议。稳评工作机制,有效预测预警预防了大批可能引起涉稳问题的矛盾纠纷,仅2014年,全市共完成稳定风险评估项目1225项,同意实施1190项,暂缓实施26项,停止实施9项;市本级对59个重大涉稳问题进行项目化监管,化解29个,其余均得到有效稳固;各区县(市)对267个重大涉稳问题进行项目化监管,化解140个[①]。

构建涉稳问题化解稳控机制。为全面提升涉稳问题处置能力,杭州积极

---

① 中共杭州市委党史研究室、中共杭州市委党校:《美丽中国新样本 世界名城新杭州》,研究出版社2017年版,第111页。

构建涉稳问题化解稳控机制，制定完善了特殊利益群体维稳处置工作机制，有效处置涉众型经济案件、群体集体性上访等一大批涉稳案事件。同时，推出了全市涉稳问题项目化监管和市领导督办机制，经39位市领导连续两年的分片包干和联系督办，全市摸底排查出的涉稳问题化解率达到94.49%。此外，为全面提升公共安全管控能力，杭州在全国率先建立社会治安常态评估机制，自主研发治安状况"四色三级"预警信息系统，实现涉稳问题100%落地处置。

（二）构建矛盾纠纷"大调解"体系

随着城市化进程的加速和经济的快速发展，杭州人口逐步增多，引发社会矛盾的因素日趋多样化。如何有效化解社会矛盾，对于杭州这样的大城市而言是一个重要考验。为此，市委积极构建矛盾纠纷"大调解"体系。

加强区县（市）矛盾纠纷"大调解"平台建设。积极创建"一网三中心、三全十服务"社会治理模式，深化"六安工程"，形成具有杭州特色的"五前"工作模式[①]。形成以"和事佬调和、社区律师导和、专业调委会求和、镇街中心维和、司法机关促和、大调解中心保和"的"六和塔"矛盾纠纷调处模式。通过对平安建设各种力量的有效整合，构成了层次清晰、衔接紧密、分工明确的塔状，实现了矛盾纠纷的整体性、系统性解决，把大量的社会矛盾化解在基层。同时，广大人民群众的积极参与，有效提升了人民群众对平安建设的知晓率、参与率和满意率。历年来杭州人民群众安全感、满意率均超过96%。

同时，杭州还依托信息系统，对未能有效化解且存在社会风险的矛盾纠纷实施"清单式"管理，落实领导包案、专人专班化解，对连续3个月未能有效化解的矛盾纠纷，作为市级重大矛盾纠纷挂牌督办。仅2016年1月至10月，就排查各类纠纷矛盾纠纷76906件，存量953件，调处77010件，调处率为98.91%，调处成功76718件，调处成功率达到99.62%，实现了矛盾纠

---

① "五前"工作模式，是指信息报在发生前，稳评提在决策前，责任摆在领导前、化解做在激化前、处置守在底线前。

纷"零激化"①。

(三) 积极构建社会治理共同体

坚持和完善共建共治共享的社会治理制度，是推进社会治理现代化的重要制度保障。杭州坚持以人民为中心的发展理念，将平安建设融入社会治理现代化轨道，引导社会各方力量参与社会治理，打造人人有责、人人尽责的社会治理共同体，努力实现社会共建共治共享。

为加强社会协同，杭州积极运用电视、报纸、网络等媒体工具，先后构建"我们圆桌会""杭州议事厅""市民议事广场""鲍大妈聊天室"等众多民情沟通参与平台，在街道、社区层面搭建社区"四会"②工作制度、"片组户"民情联系制度、邻里值班室、"湖滨晴雨"工作室等社情民意沟通平台，积极听取民众呼声，破解社会治理难题，形成多样化治理模式。创新推出流动公共服务工作站、楼宇社区服务站、"新杭州人"服务站等新模式，如上城区创建"居家服务无忧在线平台"，下城区推出"66810"为民服务工作平台，拱墅区建成"出租房智能门禁系统"，西湖风景名胜区实现"全景式巡防警务"，形成了具有杭州特色的社区治理模式。

为动员群防群治，杭州分别于2013年和2016年制定了《关于加强平安巡防队伍建设的意见》《G20杭州峰会维稳安保平安巡防队伍网格化、规范化、精准化建设指导意见》，2016年全市依托平安巡防四级架构体系，共成立平安巡防支队21个、巡防大队195个、巡防中队3100个，动员79万多名平安志愿者参与巡防工作，营造了人人争当"平安宣传员、情报信息员、隐患排查员、矛盾调解员、治安安全员、文明劝导员"的浓厚氛围。二十国集团领导人杭州峰会期间，"武林好大妈""运河大妈""米市小红帽"等各种各样的平安巡防志愿者群体纷纷亮相，其中"武林好大妈"服务团就吸引了3000多名热心志愿者加入。通过不断强化群防群治工作，增强社会各界的参

---

① 中共杭州市委党史研究室、中共杭州市委党校：《美丽中国新样本 世界名城新杭州》，研究出版社2017年版，第114—115页。
② "四会"，是指民情恳谈会、事务协调会、工作听证会、成效评议会。

与感和归属感，杭州形成了全社会共同参与社会治理的良好氛围。

四、高水平推进"平安杭州"建设，打造市域社会治理现代化"杭州品牌"

党的十九大以来，杭州积极加强和创新市域社会治理，不断开创具有杭州特点的大城市治理现代化新路，努力提高城市安全水平和市民的幸福指数，高水平推进"平安杭州"建设。

（一）积极推进市域社会治理现代化试点

为深入推进市域社会治理现代化，杭州先后出台《关于推进市域社会治理现代化的意见》《关于高水平推进杭州城市治理现代化的决定》等文件，对加快推进市域社会治理现代化进行决策部署。明确市级抓统筹主导、区县抓组织实施、乡村街社抓落实执行，市、县（市、区）两级成立了领导小组、工作专班，乡镇（街道）设立平安办和综合信息指挥室；组建"党建领和、政府主和、社会协和、智慧促和、法治守和、文化育和"等6个工作组。在乡镇（街道）建立综治工作、市场监管、综合执法、便民服务等"基层治理四平台"，形成了"纵向到底、横向到边"的市域社会治理架构。

2020年5月，杭州正式入选为全国第一期市域社会治理现代化试点城市。为做好试点工作，全市上下全方位、一体化、高水平谋划推进，不断健全完善市域社会治理体制机制，创新打造警网协同基层社会治理工作体系，出台《关于杭州市推进市域社会治理现代化试点工作计划书的通知》，明确17个大项重点任务和41个小项分解任务，细化基本要求和推进举措。在此基础上，制定《市域社会治理现代化试点工作评估细则》，区分11个版块63项重点任务，全面开展自查自评，梳理汇总问题清单、责任清单、整改落实清单，指导各地各部门对标对表全面整改，并严格按照相关要求，逐步抓好各项重点工作任务和示范项目的落地落实，按照时间节点、验收流程和具体任务，分层次、分步骤、高标准推进试点验收，顺利通过了省级验收和中央政法委复核。2023年10月，中央政法委确定杭州市为"全国市域社会治理现代化试点合格城市","全量掌控、全域智导、全程引导,健全特大城市网络舆情风险防控体系"被确定为全国市域社会治理现代化试点优秀创新经验。

通过市域社会化治理现代化的成功试点,杭州创建了具有中国特色、市域特点、时代特征、杭州特性的市域社会治理现代化"杭州品牌"。这些经验做法为其他城市推进市域社会化治理现代化提供了有益借鉴和参考,也为杭州加快推进市域社会治理现代化,全面打造平安中国示范城市和市域社会治理现代化标杆城市奠定了坚实基础。

(二) 迭代完善风险闭环管控"大平安"机制

迭代完善风险闭环管控"大平安"机制,是牢固树立"大平安"理念、提升风险防控能力、切实扎紧风险防范化解管控闭环、不断巩固和发展"平安浙江"建设良好态势的必然要求和重大举措。杭州坚持贯彻总体国家安全观,迭代完善多跨协同的"感知识别、研判预警、管控干预、评估反馈"风险闭环管控的"大平安"机制,坚持前置防线、前瞻治理、前端控制、前期处置和全链条、全领域、全过程管控,持续形成全范围、全领域、全过程抓平安的强力态势,防范化解"六大风险",推动高质量发展和高水平安全实现动态平衡。

为防范化解政治安全领域突出风险,杭州积极健全防范严密、应对有力的维护政治安全体系,筑牢维护政治安全的"铜墙铁壁"。自觉强化"杭州无小事、事事连政治"的政治敏感性,把政治安全作为平安建设的底线红线,深入推进反渗透、反颠覆、反恐怖斗争和抵御宗教渗透、反邪教斗争,稳妥处置一系列重大涉稳事件,坚定维护了国家政权安全、制度安全、意识形态安全。

为防范化解社会稳定领域矛盾风险,杭州健全抓早抓小、常态高效的社会矛盾风险防范化解体系,深入开展重大决策社会风险评估,建立完善应评尽评和责任倒查机制,完善经常性社会心理服务疏导和预警干预机制,着力做好各类利益群体稳定工作,健全维稳常态化工作机制。比如,创新打造乡镇(街道)"小脑+手脚"基层治理工作体系,实现了"乡镇(街道)小脑发出指令—综治手脚快速响应—职能部门协同处置—村社网格跟进落地"的工作闭环，有力推动了基层治理数据贯通、力量整合。

为防范化解社会治安突出风险，杭州积极创新加强立体化、智能化、法治化社会治安防控体系建设，以平安校园、平安工地、平安村社、平安企业等系列活动为载体，持续强化社会治安防控，大力开展道路交通、消防安全、食品药品、生态环境等重点领域和新业态领域突出问题整治，常态化开展扫黑除恶斗争，建立健全人员流动精密智控系统，大力整治电信网络诈骗和跨境赌博等新型网络犯罪，深入开展防范化解"民转刑"案件等专项行动，依法打击盗抢骗、黄赌毒、食药环等违法犯罪。

为防范化解经济安全领域涉稳风险，杭州依法规范数字经济发展，深入推进企业合规试点工作，持续防范化解企业债务风险，高度警惕预付费消费、私募基金、网贷平台、金融资产类交易场所等集中爆雷风险，构建行刑并举的打击非法金融活动工作机制，严防经济金融风险转化为政治、社会风险。

为防范化解网络安全风险，杭州健全网上网下一体化的网络综合治理体系，深入推进网络安全风险化解防范和网络空间治理，扎实开展网络舆情问题清单整改，加强互联网重点阵地建设和管理，严厉打击有害信息，加强对数据权益、数据安全的全方位规范保护，对关键信息基础设施开展常态化网络安全检查，提升网络安全保障水平和风险防范能力。2022年，杭州舆情清单指数在全省排名第一。

为防范化解公共安全领域重大风险，杭州健全全链条、精准化的行业监管体系，完善和落实安全生产管理制度，压实属地责任、行业监管责任和企业主体责任，深入排查整治道路交通、消防、危化品、食品药品、建设施工、城市运行、自然灾害等重点领域风险隐患，全力"遏重大、降较大、减总量"，成功应对了利奇马台风等自然灾害造成的影响。

通过迭代完善风险闭环管控"大平安"机制，杭州有效预防和应对了各种风险，保障了人民的生命和财产安全，推动了经济高质量发展，提升了城市形象和国际影响力，为城市的可持续发展和社会和谐稳定作出了重要贡献。

（三）以城市大脑推进平安建设数智化

"数字平安"是数字化时代社会治理的重要内容之一。随着杭州社会经济的快速发展，社会治安形势也日益复杂，传统的管理方式已经无法满足现实需求。为此，杭州积极建设城市大脑，构建"数字平安"信息化支撑体系。

2019年12月，市委十二届八次全会审议通过《关于高水平推进杭州城市治理现代化的决定》，提出要做强做优城市大脑，做精做细"移动办事之城"。为此，杭州积极探索数字孪生机制，夯实城市大脑数据底座，运用大数据、云计算、区块链、人工智能等前沿技术推动市域治理手段、治理模式、治理理念创新，加快智慧城市建设，提高社会治理数字化、智能化、智慧化水平，为打造数字治理城市注入强大动能。坚持"全周期管理、平战结合、便民惠企、撬动变革、安全高效"的理念，建成并启用市级综治中心，推动数字治理不断迭代升级。以"统一地址码"夯实数字化治理基础、以"基层治理四平台"完善治理体系、以"五色预警图"警示安全风险、以"六和指数"均衡推进市域社会治理。杭州还推进情报会商、数据收集、人员核查、反馈跟踪等四个环节工作指令全流转，开发了轨迹跟踪、关系分析、"云镜"、人脸识别、基因比对等10余项技侦模型，在处置重大案件中发挥了重要作用。

随着数字化水平的不断提升，杭州在应急管理处置上，更加突出及时高效。在新冠疫情防控中率先推出"杭州健康码"和"亲清在线"，在全省率先启用便民抗疫平台"杭州抗疫健康驿站"，创新实施"严把服务管理尺度、提高分级服务精度、加快诉求回应速度、聚焦药品配送准度、提升暖心服务温度"等"五度"抗疫模式，迭代研发"四码一屏"、流调排查应用等数字防疫工具，助力全市以最短时间、最小代价打赢疫情防控阻击战。在杭州罕见的特大梅雨汛期中，利用云平台、安全码、AI模块、VR全景地图等技术，记录水情运动区域和变化趋势，及时发布警示、调配管控力量，确保全市无人员伤亡、无桥梁垮塌、无重大事故。2020年3月，习近平总书记考察杭州城市大脑运营指挥中心，对数字化赋能社会治理的创新成果表示肯定。由中国经济信息社、中国信息协会和中国城市规划设计研究院联合发布的《中国城市数字治理报告（2020）》显示，杭州位列中国城市数字治理水平排行榜首位。《中国城市数字治理报告（2023）》再次显示，杭州城市数字化治理水平处于领先地位。

(四) 以举办杭州亚运会为契机推动平安建设再上新台阶

杭州亚运会是党的二十大之后我国举办的最大规模、最高水平的国际综合性体育赛事,也是习近平同志为核心的党中央交给浙江、交给杭州的重大政治任务。为此,自获得主办权以来,市委牢固树立"万无一失,一失万无"的底线思维,以"办好一个会,提升一座城"的百倍努力深化"平安杭州"建设。

为全力做好亚运安保工作,杭州以护航亚运"七大攻坚行动"①为牵引,谋划做好"带疫办赛、与疫同赛"系统方案,统筹安保、交通、防疫、服务、保障等系列工作,精心设计亚运场馆闭环管理流线、交通流线、疫情防控等流线,波次推进重点人、事、物、场所、行业大排查,2022年5月底前完成信访积案和涉稳风险隐患"两个清零",重点人员稳控率达到100%。

2023年是杭州亚运会、亚残运会筹办工作冲刺阶段和举办之年,为此,市委把平安护航亚运会、亚残运会作为平安建设的主题主线,作为全市平安战线压倒一切的头等大事,全面落实"简约、安全、精彩"的办赛要求,以平安护航亚运城市治理大提升"十大攻坚行动"②为牵引,统筹抓好"城市侧"和"赛事侧"安全,严密防范化解市域政治安全、社会治安、社会矛盾、公共安全、网络安全等风险,全力护航亚运,确保全时、全域、全量、全过程安全,为杭州亚运会、亚残运会的成功举办营造安全稳定的社会环境,也交出了平安护航亚运高分答卷。亚运会、亚残运会举办期间,全市有效警情同比下降23.4%,其中刑事警情下降29.6%、治安警情下降44.5%,火灾数同比下降92.2%,实现了"六个坚决防止、三个满意""两个亚运、同样

---

① "七大攻坚行动",是指风险隐患清零行动、信访积案化解攻坚行动、重点人员物品场所管控行动、公共安全风险防控行动、各行各业创建平安行动、网络舆情整治行动、平安巡防护航亚运行动。

② "十大攻坚行动",是指风险隐患排查清零攻坚行动、平安创建大提升攻坚行动、要素清底攻坚行动、打击政治攻坚行动、公共安全风险防控攻坚行动、消防安全攻坚行动、重点领域信访治理攻坚行动、信访排查化解攻坚行动、网络安全攻坚行动、舆情引导与稳控攻坚行动。

精彩,两份答卷、同样出色"的工作目标。

通过护航亚运的深入开展,杭州在公共安全领域取得了显著成效,治安状况明显改善,各类安全事故和突发事件明显减少,公众的安全感和满意度明显提升,城市的安全管理体系更加完善,应对突发事件的能力显著增强,城市国际形象和声誉不断跃升,以"亚运之安"向世界展示了"中国之治"。

20年来,杭州市委扎实推进平安建设,全市社会大局保持持续稳定,平安建设基础不断夯实,治安防控体系更加严密,公共安全水平稳步提升,社会治理效能显著提升,经济发展水平快步跃升,市民的安全感、获得感和幸福感持续提升。截至2023年,杭州已经连续17次入选"中国最具幸福感城市",也是全国唯一一座连续17年上榜的城市。道阻且长,行则将至,杭州市委将继续纵深推进市域社会治理现代化试点和更高水平的平安创建,努力打造"全国数字治理第一城"、市域社会治理现代化标杆城市和平安中国示范城市,为加快构建浙江高质量发展建设共同富裕示范区和中国式现代化城市范例保驾护航。

(撰稿人:王建新、范方琦 统稿人:王建新
审定人:杭州市委创建"平安杭州"领导小组办公室、蒋文欢)

宁波

建设"平安宁波",打造幸福甬城

◆ 中共宁波市委党史研究室 ◆

2004年5月,省委十一届六次全会作出建设"平安浙江"的决定。从此,"大平安"理念成为贯穿"平安浙江"建设始终的战略性、系统性、前瞻性理念。20年来,历届宁波市委坚持一张蓝图绘到底,一任接着一任干,全面贯彻"大平安"理念,始终沿着习近平同志开创的"平安浙江"道路砥砺前行,扎实推进"平安宁波"建设,为全市经济发展、政治稳定、文化繁荣、社会和谐和人民安康提供了重要保证,为"中国之治"贡献了生动的"宁波样本"。

一、筑牢平安基石,为经济社会发展保驾护航

作为经济较为发达和市场经济先发地区,宁波"更早地感受到一些新的带有普遍性的矛盾和问题"[①]。经济发展之路与平安之途如何"双向奔赴",是市委面临的重要课题。2004年5月14日,就在省委十一届六次全会结束三天后,宁波市委九届十二次全会作出《关于建设"平安宁波"的决定》,提出了举全市之力,确保社会政治稳定、确保社会治安状况良好、确保经济运行稳健、确保安全生产好转、确保社会公共安全、确保人民安居乐业。同时,明确了深入开展严打整治和治安防范工作、积极疏导化解矛盾纠纷、切

---

① 习近平:《干在实处 走在前列——推进浙江新发展的思考与实践》,中共中央党校出版社2006年版,第234页。

实加强安全生产、努力维护社会公共安全等四方面重点工作,并提出了一系列保障措施。由此,拉开了建设"平安宁波"的帷幕。在随后召开的宁波市第十次党代会上,市委再次要求全市各级齐心协力,狠抓工作落实,确保平安建设目标的实现。2004年6月,成立了以市委主要领导同志为组长的建设"平安宁波"领导小组,各地和有关部门也相应都建立了领导小组和工作机构。

(一) 开展严打整治和治安防范工作

维护社会稳定是"平安宁波"建设的重要目标。2003年,宁波刑事立案数量同比上升61.2%。"两抢一盗"① 等侵财型犯罪在发案总量中占有较大比重,"黄赌毒"等社会丑恶现象屡禁不止。为全力维护社会和谐稳定,形成对违法犯罪的强大打击声势和震慑力,2004年6月至8月,宁波组织开展以"严打、严防、严控、严整"和"安全生产、交通安全"为两大重点任务的"平安宁波一号行动",并深入开展打黑除恶、扫除黄赌毒、"三车"②、"三电"③ 等专项整治活动,有效遏制了违法犯罪高发势头,维护了社会治安秩序。同时积极探索符合宁波实际的治安防控体系建设,努力构建打防管控一体化的长效工作机制,初步形成人防、物防、技防相结合的立体治安防控体系。

通过打防结合,全市刑事发案总量,特别是命案、"两抢"案件等恶性案件发案量从2005年开始连续下降,全市社会治安满意率从2003年的81.70%上升至2009年的95.76%。

(二) 加强安全生产和维护公共安全

安全生产和社会公共安全关系千家万户的幸福安康。21世纪初,宁波安全生产形势比较严峻。2003年,全市共发生各类火灾4251起,因火灾死亡

---

① "两抢一盗",是指抢劫、抢夺和盗窃。
② "三车",是指残疾人机动轮椅车、人力三轮车和机动三轮车。
③ "三电",是指电力、电信、广播电视设施。

26 人。此外，宁波作为重化工业基地，全市有危险化学品生产、经营、储存、使用的企事业单位 5200 多家，安全生产任务十分艰巨。鉴于此，从 2004 年 9 月开始，市委组织开展以安全生产为主要内容，以"千千万工程"为抓手的"平安宁波二号行动"，即建立一支数以千计的安全生产监管队伍，形成"纵向到底、横向到边"的安全生产监管网络；组织一支数以千计、强有力的安全生产检查力量，对重点企事业单位进行一次大规模的安全生产检查；运用各种宣传舆论手段，加强对企业、单位、学校、家庭的安全教育，使安全防范知识进万家。在"二号行动"的基础上，宁波开展对区域性突出问题和重点行业进行专项整治。2005 年至 2009 年，全市连续 5 年实现省政府要求的安全生产事故起数、事故死亡人数、事故直接经济损失等 3 个"零增长"的控制目标，全市安全生产状况有了较大改善。

（三）全面推进基层和谐促进工程

21 世纪初，宁波由各种矛盾纠纷引发的上访和群体性事件呈多发态势。2003 年，市、县（市、区）两级信访部门受理群众信访 6.3 万人次，比 2002 年增加 20%。有些地区还出现了跨地区、大范围串联上访现象，严重影响改革发展大局和社会和谐稳定。市委深刻认识到"平安宁波"建设的重点在基层，难点在基层，希望也在基层，为此大力推进社会化"大调解"机制，把化解社会矛盾第一道防线前置到基层。出台了《关于进一步加强镇（乡）村维稳工作机制建设的意见》，建立了由乡镇（街道）、居（村、企业、行业）调解委员会、调解小组和调解员组成的四级人民调解工作网络，并在全市农村建立了"一村一法律顾问"制度。推行党政领导干部约访和下访制度，集中处理重访、缠访、无理访、异常访。截至 2009 年，全市群体性事件总量连续 5 年下降，与 2005 年相比，全市信访总量下降了 26.9%，群体性事件下降了 20.83%。

宁波是一个外来人口大市，如何使外来人口与本地人和谐相处，是"平安宁波"建设的一个重要课题。市委依靠人民群众力量，较好地解决了新老居民融合难的问题。以慈溪市为例，2005 年，慈溪登记在册的外来人口达到 60 万人，常住人口为 100 万人左右，外来人与本地人一度纠纷频发。当年，外来人口较多的庵东镇宏举村自发成立了平安协会，致力于处理外地人和本地人之间的纠纷。紧接着，坎墩街道五塘新村自发成立了"和谐促进会"。慈溪市委意识到"和谐促进会"这一新生事物对于解决新老居民隔阂问题及彼此之间建立互信、互惠、互助等具有重要意义。2006年4月，慈溪市委在五塘新村和掌起镇陈家村进行"和谐促进会"试点工作。随后，在总结基层工作经验的基础上，逐步在村一级推广建立"和谐促进会"。2007年6月，宁波市委开始在全市推广建立"和谐促进会"。到2009年，全市农村、社区、企业"和谐促进会"建成率分别达到77.8%、99.7%和42.5%，和谐促进员总数近17万人，其中外来人员7.4万余人。市委通过这一载体，实施"社会管理终端化、诉求解决初始化"，构建志愿者活动、村企共建、信息沟通、文体活动、思想整治等五大和谐促进平台，初步形成本外地居民合力共治美好家园的和谐共进的良好局面。2008年，"基层和谐促进工程"被省委、省政府授予创新"枫桥经验"优秀成果奖。

（四）扎实开展平安基层创建

早在21世纪初，鉴于比较严峻的社会治安形势，宁波市综治委①在海曙区开展深化社会治安综合治理建设平安大区试点。2002年，全市加快推进以平安乡镇（街道）创建为载体的基层安全创建。省委下发《浙江省平安市、县（市、区）考核办法》《全省平安乡镇（街道）考核评审办法》后，市委不断扩大平安创建工作覆盖面，深入开展平安乡镇（街道）和平安村、平安社区、平安家庭等系列创建活动。加强工作机制建设，在全市建立健全"考核严格、赏罚分明、奖惩到位、保障有力"的考核、奖惩及保障机制；制定下发《宁波市平安办成员单位目标管理考核办法》《宁波市平安县（市）区考核职能分工》《宁波市平安乡镇（街道）考核办法》等系列文件，层层建立领导责任制、部门责任制和单位责任制，并与单位评先、奖惩相挂钩，考核结果纳入当年度社会治安综合治理目标管理考核总分，对平安建设工作不落实或失职渎职引发危害稳定的重大问题的，坚决实行"一票否决"和责任

---

① 2011年11月更名为宁波市社会管理综合治理委员会。

查究；强化保障力度，市、县（市、区）、乡镇（街道）三级将平安经费列入财政预算，并每年有所增加，特别是在治安动态视频监控系统建设、平安宣传等方面，不断加大投入，形成了政府主导、社会筹措、单位投资的多元化保障体系。据不完全统计，为保障平安建设工作的深入开展，每年全市投入经费达 10 多亿元。坚持抓住基层基础建设这条主线，做到健全组织、拓宽延伸、整合资源、完善机制，如完善市县两级组织体系，不断健全平安建设领导机构，积极推进县级政法委能力建设；深入推进综治工作中心规范化建设，推进乡镇（街道）"示范综治工作中心"创建活动，在农村创新建立了村级综治室，在企业和校园、商场、市场等其他基层单位布点构筑综治工作网络，初步搭建了基层社会管理的实践平台。2009 年，全市平安社区、平安村、平安企业、平安医院、平安校园的创建达标率分别达到 98%、97%、96%、85%、96%。

这一时期，"平安宁波"建设与社会经济发展良性互动，成效明显。2009 年，宁波被中央综治委评为"2005—2008 年度全国社会治安综合治理优秀市"，先后两次荣获省级"社会治安综合治理优秀市"，市本级连续 4 年跨入省平安市行列，11 个区（县、市）连续 3 年被评为省平安县（市、区）。

二、创新社会管理，推动"平安宁波"建设迈上新台阶

在"平安宁波"建设中，宁波市委意识到，在社会矛盾较多的时期内，解决社会管理领域存在的系统性、协调性和创新性问题，原有的"综治"观念及手段已无法适应需要。为此，市委按照中央、省委决策部署，积极推进社会管理创新。2010 年 10 月，宁波成为全国社会管理创新综合试点城市，出台《关于开展社会管理创新综合试点的实施意见》，构建"8 + 12 + 38"[①]基本体系。2011 年 8 月，省委在宁波召开加强和创新社会管理现场推进会，

---

① "8 + 12 + 38"体系，是指努力创新和完善社会化公共服务保障体系、多元化社会矛盾调处体系、动态化社会治安防控体系等 8 大服务管理体系，明确社会治安、食品药品安全、流动人口服务管理、交通出行、生态环境等重大涉及民生和社会稳定的"12 个重点项目"和"38 项工作任务"的目标要求。

总结推广宁波社会管理创新试点成果。2012年，中央又确定将宁波培育为"大城市从整体上加强和创新社会管理的典型"。

（一）加强社会矛盾调解

经过"平安宁波"建设，全市社会矛盾趋于平缓，但形势依然比较严峻。2010年，全市信访量43560人次，仍在高位运行。市委认识到，由人民内部矛盾引发的群体性事件，已成为影响社会稳定的一个突出问题。为此，市委重点建立矛盾"大调解"和稳定风险评估机制。探索建立社会矛盾联合调解中心，形成维稳、调解、信访"三位一体"的联合处理体系。2010年12月，在矛盾相对集中、工作成效相对较好的象山县、江东区、镇海区和北仑区先行试点，成立了三级调处网络。2011年4月，市委召开全市建立健全社会矛盾联合解决机制项目推进现场会。2012年，制定《宁波市社会矛盾纠纷大调解机制项目推广工作方案》等，强化三级上下贯通的工作机制。同时，做好矛盾纠纷排查、落实分级预警处置。

社会力量是矛盾调解的重要依托，市委积极引入社会力量，提升"大调解"机制的有效性。推广"老潘说和""老何说和"等行之有效的做法，推行民主恳谈制度和基层"法治促进员"制度，就地化解矛盾。成立于2010年的江东区老潘联调服务团队，以"定纷止争、和谐快乐"为宗旨，逐渐成为街道社会服务管理中心功能的前置平台和社会联调、警民联调的主要载体。截至2013年底，该团队共调处各类纠纷近600起，化解成功率达100%。2013年，中央电视台《焦点访谈》栏目对老潘联调服务团队作了专题报道。2011年，宁海县第一家"老何说和"专职人民调解室挂牌成立。之后，这一政府外包和群众自治相结合的调解方式在全县得到推广，吸收了一大批群众威信高、人文地缘熟、法律政策懂、协调能力强的退休老党员、老干部、法律工作者和新宁海人加入调解队伍。矛盾调解机制使"问题在一线发现、矛盾在一线解决、情绪在一线化解"。

（二）推进城乡社区综合管理服务

随着市场经济的发展和社会结构的变化，原有的传统基层社会管理模式，越来越难以适应经济社会发展的需要。针对这一情况，宁波积极探索新型基层管理机制。北仑区以原有行政区划为基础，统一划分为"农村社区""工业社区""城市社区""混合社区"四种类型，分类管理。如九峰山区域打破了过去以建制村为管理单位的界限，9村成片连线，统筹建设"农村社区"示范，使村与村之间、百姓与百姓之间合作经营、共荣共享，实现区域内社会事务的整合协调。建立以区域党组织为核心、基层社会服务管理中心为平台、协商议事组织为基础，党建工作、行政管理、社会事务"三位一体"的新型社区管理体制。推行"网格化管理、组团式服务"模式，把党组织建在网格、力量集中到网格、任务落实到网格、问题解决在网格。九峰山区域探索建立的新型基层社区化管理、社会化服务模式，成为农村社区管理的先进典型，有力地推进了宁波基层社会服务管理机制的创新。市委推广北仑区经验，逐步形成"社区化管理、社会化服务"机制。经过努力，到2013年底，全市152个乡镇（街道）建立起社会服务管理中心，建成社区（村）便民服务中心2774个，覆盖全市城市社区和94%以上行政村，把服务网络延伸到每个村（社区），方便所有居民，基本实现生活、卫生、文化三个"十分钟服务圈"，促进了城乡基本公共服务均等化。

在成功推广"和谐促进会"的基础上，市委不断推动其迭代升级。一方面，探索外来人员服务管理的"1+X"新模式，即出台《关于加强外来人员服务与管理工作的意见》作为指导性文件，并在此基础上，陆续配套出台若干个相关政策，基本覆盖了外来务工人员的方方面面，成为改善民生的"政策大单"。另一方面，探索形成了外来人口适度规模集中居住、村民自治管理的"力邦模式"。奉化西坞街道力邦社区居委会是全国首个全部由外来人口组成、采用自治方式运作的居委会，下设物业管理等4个委员会。企业通过提供廉价的住宿、吸引外来务工人员居住，进而通过开发商铺、酒店等配套服务，最后实现赢利。在企业和政府合作过程中，政府保留10%的股份，对企业为外来务工人员提供的食宿价格持有否决权。到2013年，来自全国20多个省、市、自治区的2800多名居民入住力邦社区。"力邦模式"探索出了一条对外来务工人员管理由政府管理转变为社会管理的新路子，避免了由于财力不足、配套不齐全带来的一系列问题。通过鼓励基层自发创新形成

"力邦模式"以及"1+X"政策支持,宁波逐渐形成外来人口和本地人口和谐共处的良好氛围。2011年,"新老市民共建共享融合模式"项目荣获首届"中国社会创新奖"。

在前期工作的基础上,市委继续壮大社会组织和公共服务平台。2013年,全市各类社会组织总数达16812个,平均每个社区有17个社会组织,外来务工人员居住百人以上的村(社区)的融合性组织组建率达100%。实现公共服务"三个全覆盖",即"81890"服务在全市全覆盖,将为80岁以上老人及60岁以上患病老人免费安装"81890"一键通电话列入市政府的实事项目;街道和城市社区基层劳动保障公共服务平台建设全覆盖,社区公共服务平台建设从城市拓展到农村,村级覆盖面达80%,行政审批服务中心先后完成服务标准化和联合审批机制建设及网络行政审批平台建设;整合司法行政资源和社会资源,为群众提供"一站式"法律服务的法律服务平台在全市实现全覆盖。2011年,"81890"社会服务中心被评为浙江省社会管理创新项目一等奖。

(三)加强立体化社会治安动态防控

经过持续努力,宁波治安情况大幅好转,但与人民群众的期待要求还有差距。2010年,全市公安机关共立案刑事案件69983件,治安问题总量还是偏大。为推动解决这一问题,2011年7月,市委下发《关于进一步加强社会治安防范工程建设的实施意见(2011—2015年)》,明确"十二五"期间宁波市社会治安防范工程建设的重点是加强源头防范、治安防控、基层基础、综合预防、信息保障等五大工程建设。同时,市委召开全市县域社会治安动态防控体系建设现场推广会,总结推广江东区县域社会治安动态防控体系建设创新试点经验,全面构筑覆盖全市的社会治安动态防控体系。在前期动态专业巡控机制的基础上,2011年构建起了覆盖市、县(市、区)、乡镇(街道)、基层社区的四级巡控体系,消除了巡逻防控连接点上的"空隙",在时间、空间上实现了防控全覆盖。

2013年,又将四级巡控体系纳入"立体化社会治安防控体系"。至此,全市社会治安动态视频监控系统建成,公安机关直接掌控的20514个监控点全部接入公安110指挥中心,实现了市、县(市、区)两级公安机关监控资源的互联互通,对于打击犯罪、治安防控、维稳处突、社会管理起到了重要作用。

经过近10年的努力,"平安宁波"建设有力保障各方面工作的良好局面基本形成,全市社会大局持续稳定,公共安全形势稳步好转,社会治安严峻的形势得到遏制,平安建设工作取得显著成效。到2013年,宁波市人民群众安全感和满意度分别达到94.6%、95.2%,宁波市成功跻身中国最具安全感城市前十名,入围"中国服务型政府十佳城市"和"中国最具幸福感城市"。奉化、宁海、海曙、江东、江北、鄞州等6个区(县、市)捧得"平安银鼎"。

三、推进系统治理,打造更高水平的"平安宁波"

2014年4月,习近平总书记提出总体国家安全观,统筹发展和安全成为治国理政的重大原则。2015年,党的十八届五中全会进一步提出"推进社会治理精细化,构建全民共建共享的社会治理格局"。宁波市委坚决贯彻总体国家安全观,秉持"大平安"理念,持续推动"平安宁波"建设的系统性、整体性、协同性,不断提高治理能力,推进市域治理现代化。2015年,作出《关于创新社会治理、全面加强基层基础建设的决定》,搭建"1+X"政策体系,构筑基层社会治理的"四梁八柱"。2019年12月,作出《关于高水平推进市域治理现代化的决定》,强调推进系统治理、依法治理、综合治理、源头治理,走出一条具有时代特征、宁波特色的市域治理现代化路子。2020年,成为全国市域社会治理现代化试点城市,出台《高水平推进全国市域社会治理现代化试点工作实施意见》,确定市域社会治理总体框架,建构市域社会治理评估指标系统。2023年制定的《宁波推进一流智慧善治建设行动纲要(2022—2026年)》,明确提出以市域社会治理现代化为牵引,推进治理模式变革,完善共建共治共享的治理格局,将宁波市打造成为"统揽统筹、共建共享、公平公正、安定安全、智能智慧"的市域治理样板。

（一）推进全域同治及多元共治

2014年以来，市委贯彻总体国家安全观，认真探索具有宁波特色、市域特点、时代特征的社会治理模式。每年推进落实一批重点改革项目，体系化落实市域社会治理现代化《试点工作指引》63项任务283个项目，并纳入全市经济社会发展规划。坚持以城带乡、以点带面，完善"市级抓统筹、区县负主责、街道（乡镇）强执行、村社重协同、网格作底座"的治理架构，全力打好"基层治理提升工程"、城乡现代化社区建设、基层基础提质增效等"组合拳"，形成权责明晰、上下贯通、层层推进的工作闭环。坚持以"党建全覆盖"推动新时代全市"优治理"，把党的组织触角延伸至群众身边，充分发挥党组织把方向、强统筹、善组织的优势，将各方主体纳入协商共治平台，激发全体党员的示范带头作用，营造邻里友善、和谐自治的共享氛围。经过努力，到2018年，全市建成新型城乡社区治理体系，实现社区大党委全覆盖，所有网格全部建立党组织。在海曙区，以"五最党建"[①]为引领，全面组建小区党组织，把支部力量一贯到底，迭代升级党员"一人一岗"品牌，用一人带动多人，1.6万名社区党员带动10万名群众认领治理岗位；在北仑区，灵峰社区积极探索工业社区"党建引领、政府主导、社会协同、企业参与"的创新治理模式；在慈溪市，钱海军志愿服务中心打造的"红领甬社+益起钱海军"红色党建品牌，最大作用发挥党支部的战斗堡垒作用和党员的先锋模范作用。无论是应对疫情、极端天气等大战大考，还是服务群众、为民解忧等民生实事，宁波都能做到指挥调度"一触即达"、治理力量"一呼百应"，第一时间体现市域社会治理的精准度和获得感。

基层治理主体日趋多元是社会治理现代化的方向。在之前努力的基础上，

[①] "五最党建"，是指以党建为主抓手，从最薄弱处抓作风，聚焦产业发展、城市建设管理、民生服务的薄弱方面，进一步做好改善提升；从最困难处抓作风，找准困难群体、困难企业、困难项目，以超常规力度加以破解；从最复杂处抓作风，重点关注历史遗留问题多、矛盾纠纷多、村社组织软弱落后的地方，敢于啃硬骨头、碰硬钉子；从最前沿处抓作风，持续推进科技回归都市、生物多样性等亮点工作；从最细微处抓作风，扎实做好安全生产、全国文明典范城市创建、办文办会等工作，加快打造"全域锋领·卓越海曙"新时代党建高地，以党建引领推动作风建设持续优化。

市委进一步构建多方参与的社会治理共同体。通过制度改革、政策扶持，鼓励发展为民服务、公益慈善、促进和谐等社会组织，加强社会组织服务平台扩面赋能。从2013年起，市财政建立社会组织培育发展专项资金，每年安排510万元左右的专项资金，市本级每年安排600万元左右的福彩公益金，支持社会组织项目。到2024年初，全市共有注册型社会组织1万多家、备案社会组织5万多家。发挥市场主体在社会治理中的作用，2017年，设立政府向社会组织购买服务专项资金，加大政府采购服务力度，鼓励社会企业发展壮大，为群众提供丰富多样的治理产品。

（二）突出基层治理及矛盾调解

为强化基层治理，2015年，宁波在全省率先推行乡镇（街道）综治工作、市场监管、综合执法、便民服务"基层治理四平台"治理模式。2018年，制定《宁波市全科网格建设规范提升工程实施方案》，将环境保护等社会管理服务事项纳入网格，实现全网覆盖，提供全科服务。2020年，迭代升级"基层治理四平台"，建立"E宁波"系统，推动"基层治理四平台"数字化建设，实现与省级矛调协同平台的对接共享。2021年9月，全省迭代升级"基层治理四平台"现场推进会在宁波召开。经过多年运行，宁波"基层治理四平台"形成了"四纵三横"整体系统架构，实现部门数据线上共享、诉求信息线上报送、研判分流线上推送、处置全程线上留痕、考核督查线上实现。

社会稳定是人民幸福的前提。2014年前后，宁波市社会运行总体平稳，但仍存在一批长期积累的疑难复杂信访问题，当年市本级共受理群众信访7363人次。鉴于此，市委坚持和发展新时代"枫桥经验"，深入开展重大决策社会风险评估，完善社会矛盾纠纷多元预防调处化解综合机制，加强矛盾纠纷排查化解，健全"六长直报"、重大涉稳问题挂牌督办、专班运作等维稳常态化工作机制，深入化解信访突出问题。2019年，打造"全科受理、访诉调一体、集成联办、一站化解"的"信访超市"，实现信访矛盾化解"只进一扇门、最多跑一地"，群众满意率达98.3%。2023年，宁波承接中央政法委、省委政法委交办的矛盾纠纷法治化试点改革，形成矛盾纠纷化解"路线图",建立统一矛盾纠纷数据标准,将原有 29 个数源部门 133 类数据项整合为 28 类矛盾纠纷,自动清洗比对入库,构建"全闭环"解纷流程,市级以下矛盾纠纷化解率达 99.64%。

(三) 强化良法善治及整体智治

国家总体安全观视域下的社会治理,尤其强调依法治理。市委针对一些群众存在的"信访不信法"问题,首先加大修订法律的力度。近年来,围绕社会治理急需、人民群众所盼,制定务实管用的地方性法规规章,共完成 50 余件法规的立改废工作,在全国率先实现地方性法规"全周期管理"。如抓住民生关键问题"一老一小",制定《宁波市居家养老服务条例》《宁波市学前教育促进条例》;抓住民生基础问题,制定《宁波市非机动车管理条例》《宁波市电梯安全条例》等。这些法规规章不断向民生和社会治理细微处覆盖,用日臻完备的法治增进民生福祉,巩固社会治理成效。2015 年,宁波颁布施行《宁波市人民调解条例》,成为全省首个以地方性法规形式规范和发展人民调解工作的设区市。2021 年施行《宁波市法治乡村建设促进条例》,为法治乡村建设提供了坚强后盾。为建设新时代法治政府,制定《宁波市权力清单管理办法》,将权力"关在笼子里";新修订《宁波市人民政府工作规则》,将法治政府建设要求贯彻到政府运行各环节。在司法实践中,力求公开透明,确保权力运行更加阳光。提升依法行政水平,加强执法监督,全面提升行政执法质量。强化严格公正司法,深化司法体制综合配套改革,加快构建司法制约监督体系,让人民群众在每一个司法案件中感受到公平正义。办事依法、遇事找法、解决问题用法、化解矛盾靠法的氛围日益浓厚。2020 年宁波市获批首批全国法治政府建设示范市。

探索基层治理标准化,是市委推动善治的重要路径。2014 年以来,宁海县率先探索农村小微权力规范化运行机制,制定出台"村务权力清单 36 条",还绘制了"村务流程图"和"连环画",让每个村干部都清楚该干什么,不能干什么;让每个村民都明白办事怎么办,找谁办,怎么监督。权力边界厘清了、权力运行透明了,村干部办事规范了,全县反映村干部廉洁问题的信访量直接下降了 84%。2018 年,以"小微权力清单 36 条"为基础,建立村级小微权力清单制度。此后，市委不断总结推广，2020年正式形成规范性文件。2022年，以"村级小微权力清单36条"为蓝本，制定的《村务管理基础术语与事项分类》《村务管理事项运行流程编制指南》《村务管理村务流程化管理实施指南》等三项国家标准正式发布，在全国范围内实施。"村级小微权力清单36条"从宁波走向全国，开创了一条运用标准化推动基层治理的新路径。

智慧化决定了社会治理的广度和深度。市委不断强化互联网思维，实现现代科技与"平安宁波"建设深度融合，提高预见性、精准性、高效性。以数字化改革为牵引，全域归集治理数据，建立全省乃至全国领先的社会治理地址库、人口库和法人库，960余万人、110万个法人和438万个地址数据动态更新，实现治理全要素"一张图"掌握。推进部门数据共享，突破渠道壁垒、信息壁垒、数据壁垒，构建跨部门、跨区域、跨层级的数据协同交换机制。2022年，已实现数字化改革与基层治理"141"体系贯通，打造"1612"体系构架。以一体化智能化公共数据平台为承载，找准"数字政府"跑道，迭代升级城市运管服平台，构建城市运管服生命体征指标体系，积极探索"一网统管"试点建设。做强做优基层智治综合应用平台，持续迭代"141"基层治理体系，联通10个县级社会治理中心、156个乡镇（街道）综合信息指挥室、2889个村（社区）和12652个网格，形成"纵向全穿透、横向全联动、市域全统筹"的工作架构。大力推进政务服务便利化，2019年"无证件（证明）办事之城"获评全省公安改革优秀实践案例。2022年1月，宁波市中级人民法院"依托微信小程序打造移动电子诉讼新模式"被最高人民法院授予首届"人民法院改革创新奖"。同年，宁波"移动微法院"升级为"人民法院在线服务"，成为全国法院统一在线诉讼平台；不断深化一体化数字资源系统（IRS）应用，截至2024年初，已实现全市1389个应用、3万余类数据等一本账管理和运行，统一组件应用尽用率达100%，排名全省第一。市域治理检察监督平台获评全国政法智能化建设智慧检务创新案例。

（四）迭代治安防控及预案预防

为了进一步提高宁波治安水平，2014年以来，市委加大治安防控体系的迭代升级。以建设全国社会治安防控体系示范市为抓手，不断强化社会治安整体防控。依托公安大数据框架自主研发的治安要素数据仓，将数字资源转化为"模型集群"，全面提升风险隐患自动识别、敏锐感知、赋能实战的能力；重点打造"情指勤舆"一体化"神经中枢"，市、县（市、区）、派出所三级"警务中台"一体化联动、云上合成、在线联勤；基层所队"数字互联"，可实时扁平化调度交警铁骑、武装巡逻组及巡逻警力，90%以上重大警情两小时内处置完毕。2020年，建成市级公共安全视频监控共享总平台（一期），重点公共区域视频监控建设数、视频监控联网数、人脸卡口建设联网数等位居全省前列。推进"云剑""云端""净网"等专项行动，严厉打击电信网络诈骗、养老诈骗等违法犯罪。培育群防群治队伍7712个，社区警务在全市实现全覆盖。全国禁毒示范城市创建工作有序推进，2023年，宁波禁毒工作群众满意度位列全省第一，成功创建首批全国社会治安防控体系建设示范城市。"数字赋能、整体智治、系统集成、协同高效"的立体化社会治安防控体系工作格局已然成型，形成具有宁波特色的视频监控防控网络、应用体系和保障机制。2023年，宁波人民群众对社会治安安全感满意度达到98%。

"扫黑"不止，除恶务尽。2018年1月，党中央、国务院发出《关于开展扫黑除恶专项斗争的通知》。按照统一部署，市委锚定"宁波无黑"的总目标，在深化打击、深挖幕后、依法惩治、综合整治、固本强基、督促指导等六个方面狠下功夫，充分发挥公安主力军、尖刀队作用，通过开展"十大专项行动"和"六清"行动攻坚战等，严厉打击黑恶分子，攻克大案要案，集中整治治安乱点，扎实推进专项斗争各项工作，有效打击了黑恶势力的嚣张气焰，黑恶犯罪得到了极大遏制。3年共打掉涉黑涉恶犯罪团伙640多个，人民群众对专项斗争满意度达98.6%。运用大数据助力扫黑除恶的经验做法被公安部刑侦局在全国推广，严打整治二手车交易黑恶违法犯罪等一批经验做法在全省推广。2021年以后，市委、市政府深入贯彻"决心不变、力度不减、标准不降"要求，锚定"有黑扫黑、有恶除恶、有乱治乱"的目标，强力推进扫黑除恶斗争各项工作向纵深发展，下发《关于常态化开展扫黑除恶斗争巩固专项斗争成果的实施意见》，并以信息网络、自然资源、交通运输、工程建设四大行业领域整治攻坚战为牵引，坚决铲除黑恶势力滋生土壤。2023年，宁波扫黑除恶斗争综合绩效位居全省前列。

公共安全，要在预防。按照不重痕迹重实绩、不靠突击靠平时、不要应付要用心的要求，全市各级抓好风险隐患大排查，推动公共安全领域的监管工作做到位，实现重要指标明显下降。全面整合安全生产、应急救援、社会维稳资源力量，构建市县两级"大应急"管理的组织体系和制度架构，建立市县两级联通、部门共享调用的大数据平台，全面提升预警防控、应急响应的统筹执行力。2022年，出台《完善风险闭环管控大平安机制的实施方案》，提出细化工作目标、梳理统一任务清单，着力完善以公共安全为核心的风险闭环管控"大平安"机制建设。防范化解公共安全风险，完善"1+X"安全生产组织体系，出台全国首部生产经营单位主体责任地方性法规。2023年，宁波持续深化危化品、商渔船碰撞、厂房火灾、建筑施工坍塌等领域专项整治，累计检查企业（场所）151.2万家，排查问题隐患35.2万条，整改率达97%。连续19年实现生产安全事故起数、死亡人数"双下降"，荣获"全国市域社会治理现代化试点合格城市"。协助完成二十国集团领导人杭州峰会，党的十九大、二十大，杭州亚运会、亚残运会等系列安保任务；圆满完成第三届中国—中东欧国家博览会暨国际消费品博览会安保任务；为数百项专项行动或重大项目"保驾护航"。如2021年，保障中金石化提升、鄞州大道快速路等一批重点项目稳妥推进，2022年，一体推进省除险保安百日攻坚十大专项行动和市四个专项行动等。截至2024年初，宁波市连续14年入选"中国最具幸福感城市"；市本级平安创建17次获得省平安市称号，10个区（县、市）实现省平安县（市、区）创建"满堂红"，其中，海曙区、江北区捧得全省首批"二星平安金鼎"，鄞州区、宁海县捧得"一星平安金鼎"。

20年来，宁波市委始终着眼于平安与经济、政治、文化、社会及生态建设之间的有机统一和内在联系，始终将"平安宁波"建设作为推动"八八战略"的重要内容，秉持总体国家安全观，一以贯之地坚持与落实"大平安"理念，逐步加深对平安建设规律性的认识，探索出一条具有时代特征和宁波特色的社会治理新路子。宁波成为全国最安全的大城市之一，呈现"民安"

"共富"的大好局面,为建设平安中国提供了实践样本。展望未来,市委将树牢底线思维,增强风险意识,全面贯彻《浙江省平安建设条例》,高水平统筹发展和安全,不断提高运用法治思维和法治方式化解矛盾、防范风险的能力,打好系统治理、综合治理、依法治理、源头治理"组合拳",建设更高水平的"平安宁波",为争创共同富裕和中国式现代化示范引领的市域样板筑牢安全底座,为"中国之治"贡献更多宁波力量。

(撰稿人:张水利　统稿人:刘士岭　审定人:何兴法)

建久安之势，成长治之业，高水平推进"平安温州"建设

◆ 中共温州市委党史研究室 ◆

2004年5月，浙江省委十一届六次全会作出了建设"平安浙江"的决定，提出"平安浙江"的战略布局。20年来，历届温州市委始终把"大平安"理念贯彻平安建设全过程，坚持一张蓝图绘到底，一任接着一任干，不断完善"平安温州"的领导体制和工作体制，不断创新"平安温州"的思路理念和工作举措，为全市经济社会发展和人民幸福平安提供了重要保障。

一、全面开展"平安温州"建设，坚决维护社会和谐稳定

省委十一届六次全会后，温州市委立即召开常委会扩大会议传达贯彻省委全会精神，明确提出在全市上下各行各业大力开展平安建设活动，促进经济更加发展、政治更加稳定、文化更加繁荣、社会更加和谐、人民生活更加安康，把温州建设成为更加稳定安全的平安市的总体目标。围绕总体目标，市委精心组织，强化措施，狠抓落实，各方面工作取得了阶段性成效，为打造"平安温州"奠定了良好开局。

（一）大力实施"平安温州"建设

温州区域经济比较发达、人口基数大、社情民情比较复杂，社会事业发展和社会管理的基础比较薄弱，维护社会稳定任务繁重。为此，市委高度重视平安稳定工作。省委作出建设"平安浙江"决定后，温州认真组织贯彻落

实,6月成立以市委主要领导同志为组长的建设"平安温州"领导小组,全面加强对建设"平安温州"工作的组织领导、指导协调和督促检查。当月,市委、市政府召开建设"平安温州"动员大会,全面部署建设"平安温州"任务。7月,市委召开九届四次全会,审议通过《关于建设"平安温州"的决定》,要求各级党委、政府牢固树立"发展是第一要务"和"稳定压倒一切"的思想,以大稳定、大安全的理念丰富"平安温州"建设的内涵,以大整合、大联动的要求拓展"平安温州"建设的外延,以高度的使命感和责任感共同推进"平安温州"建设。

为推进"平安温州"建设工作,温州着重抓好深入开展排查调处、预防和化解各类社会矛盾纠纷,打防控并举、大力整治影响社会治安秩序的突出问题,实行重心下移、夯实平安建设基础工程,加强协调管理、确保经济稳健运行,搞好宣传发动、营造全民参与的良好社会氛围。按照"属地管理"和"谁主管、谁负责"的原则,加强市、县(市、区)、乡镇(街道)三级组织网络建设,成立三级平安建设领导小组。严格实行奖励和责任追究制度,将平安建设落实到基层、落实到责任人。充分运用广播、电视、报纸等新闻媒体,宣传安全知识,在全社会形成浓厚的工作氛围。

(二)聚焦严打整治与强化治安防控体系建设

坚持打防结合、综合治理,切实解决刑事案件和治安案件突出问题,是平安建设的重要内容。2004年以来,温州始终保持对刑事犯罪的主动进攻和严打高压态势,依法严厉打击严重暴力犯罪和黑恶势力犯罪。持续开展反"两抢一盗""劲风一号""扫黑枪、除黑恶、反两抢"等专项打击行动,全面提升打击效能。针对刑事案件上升、案多人少矛盾突出的实际,坚持严格依法办案、实行分类办案、依法适用简易审、普通程序简化审等,加快办案节奏,增强打击犯罪的及时性。对年刑事多发的重点辖区进行治安重点整治,有效遏制了区域性违法犯罪的高发态势。通过系统化的打击和专项整治,严厉打击了违法犯罪分子的嚣张气焰,进一步增强了广大群众的安全感。

社会治安防控是平安建设的一项基础性工程。温州强化群防群治工作,逐步完善治安防控体系。坚持专群结合、强化巡逻,完善公安专业巡逻,建立乡镇（街道）治安巡逻队伍，发展村居业务巡逻队和"新温州人"治安志愿者队伍，分班分段开展全天候巡逻，大大压缩了犯罪时空。组织全警开展"秋冬"治安大巡防等专项巡防活动，在所有县（市、区）铺开视频网络监控设施建设，初步建成覆盖全市重点区域和部位、点面结合、多层次、多形式的社会治安动态视频监控系统，仅2008年就建监控点10264个，数量居全省首位，社会治安防控体系不断加强，人民群众社会安全感获得感持续提升。此外，通过新警下派锻炼、年轻民警下基层帮助工作以及警力配比月报等方式，实现了"精简机关、充实基层、贴近实战"的工作要求。

（三）保障安全生产与维护公共安全

温州地处东南沿海，是全国受台风灾害影响最严重的地区之一。习近平同志在浙江工作期间高度重视防汛防台工作，开创性地提出"一个目标""四个宁可"① 的防汛防台重要理念，并曾多次赴温州检查指导防汛防台救灾工作，作出一系列重要指示批示。市委坚决贯彻落实习近平同志重要指示批示精神，在历次防御台风时对防台抗台工作作出全面部署和每个关键点的具体部署，台风登陆后，又针对受灾情况，与灾区保持24小时连线和实时会商，进行具体指导。坚持以防为主、防重于抢，及时落实防台抗台的各项准备，把人员转移作为确保人民群众生命安全的最有效措施来抓。做到科学指挥、靠前指挥，按照气象部门提供的科学依据，进行科学安排、科学调度、科学施救。根据台风的不同特点，确定不同的防御重点、防御措施。根据台风登陆前后的不同时间段，开启使用水利设施，对各类山塘水库进行预泄预排。对出现的各类险情，既做到及时应对，又确保施救人员的自身安全。面对每次台风灾情，温州迅速组织开展抢险救灾工作，及时恢复生产、生活秩序，夺取了抗灾重建工作的胜利。先后相继制定《温州辖区水上防台预案》《温州市城市防台防洪预案》，科学有序地做好城市防台、防洪工作与辖区水

---

① "一个目标""四个宁可"，"一个目标"是指不死人、少伤人的目标；"四个宁可"是指宁可十防九空、不能万一失防，宁可事前听骂声、不可事后听哭声，宁可信其有、不可信其无，宁可信其重、不可信其轻。

上防台工作，尽力避免和降低台风等自然灾害给温州造成人员伤亡和财产损失。

2004年以来，在维护安全生产与公共安全方面，温州相继开展"铁网行动"等系列安全生产专项行动，落实重点整治和重点监管，消除各类事故隐患，促进安全生产形势的持续好转。2005年起，温州扭转安全生产事故起数逐年增加的局面，安全生产的事故起数、死亡人数、直接经济损失三项主要指标呈下降趋势，至2008年连续4年保持三项主要指标"零增长"。

温州加大消防和交通安全整治力度，开展出租房安全隐患整治，动员各方面力量持续开展整治活动。2006年出台《温州市居住出租房消防安全专项整治工作实施方案》《温州市城市居住出租房消防安全管理暂行规定》等文件，同年排查出租房24.8万户，发现存在消防火灾隐患16万户，整改11.3万户，取缔553户；整改火灾隐患近35万处，整改合格率70%。2007年印发《关于深入开展全市三合一场所消防安全综合整治的通知》，开展"两查两保"① 专项整治行动，对容易发生事故的高层建筑、出租房、"三合一"场所、店铺店宿合用、交通运输和危险化学品生产、储存、运输、销售单位等行业和领域集中开展全面排查，检查发现并整改7.2万处事故隐患，关闭取缔各类场所和单位1008家。强化交通安全整治，制发《关于贯彻创建平安畅通县（市、区）活动实施意见的通知》，实现道路交通的安全畅通，实现交通事故死亡人数负增长，并在全省安全生产目标管理责任制考核中获得"优秀"等次。健全突发事件和公共危机预案体系和应急工作机制，出台《关于进一步完善我市突发事件和公共危机预案体系以及应急机制的通知》，进一步提高政府应对公共危机能力。

（四）扎实推进平安基层建设

平安的根基在基层。市委将建立乡镇（街道）综治工作中心作为推进基层平安建设的有效抓手。2004年以来，温州通过整合基层"两所一庭"② 等

---

① "两查两保"，是指查安全生产隐患、查社会不稳定因素，保生产安全、保社会稳定。
② "两所一庭"，是指派出所、司法所、法庭。

综治资源，协调治安、禁毒、司法、审判、劳动、社会保障等各种职能，按照"有机构、有编制、有经费、有必要的办公条件"和"职责任务明确、工作制度健全、台账资料规范"的要求，在全市所有乡镇（街道）开展综治工作中心建设，实行联防、联调、联勤、联治机制，切实将矛盾纠纷解决在基层和初发阶段，同时积极将综治工作中心的组织网络和工作机制向村居、社区、企业延伸，大力推动"综治进民企"。

健全矛盾纠纷排查调处机制，开展矛盾纠纷排查调解工作，把更多矛盾纠纷化解在基层，是"平安温州"建设亟待解决的重要课题。2004年，温州启动建立街道（乡镇）社会治安调处中心的准备工作，初步建立了乡镇治安调处中心。建立健全预警预测、排查调处机制，坚持"市级一季一排查，县级一月一排查"制度，开展日常性和专项性矛盾纠纷排查。同时，创新人民调解机制，率先在全省实行专职人民调解员制度，促进人民调解、行政调解、司法调解的有机结合，逐步形成"大调解"工作机制。至2006年2月，全市共受理调处各类社会矛盾纠纷40685件，调解成功39871件，成功率达97.9%。此外，温州全面启动平安市、平安县（市、区）创建考核工作，至2008年，全市9个县（市、区）进入平安县（市、区）行列。

二、扎实推进"平安温州"建设，创新发展社会管理模式

2009年3月，省委、省政府召开全省建设"平安浙江"电视电话会议，强调要正确处理改革发展稳定的关系，全力以赴深化"平安浙江"建设。温州市委结合实际，提出"一年达标、两年巩固、三年夺鼎、常态连创"的创建目标，及时防控经济领域风险，推进社会矛盾排查化解，扎实推进"平安温州"建设。

（一）防范化解经济领域稳定风险

金融安全是经济平稳健康发展的重要基础。2008年以来，由于受国际国内经济金融大环境影响，温州部分企业资金链持续绷紧，个别企业出现资金链断裂和企业主出逃等情况。为全力做好风险企业、倒闭企业的善后处置、

维护金融安全和社会稳定等工作。2011年9月，市委、市政府出台《关于稳定规范金融秩序，促进经济转型发展的意见》，推出加大信贷资金保障力度、切实落实有效帮扶政策、拓宽中小企业融资渠道以及规范民间借贷、开展企业资金链风险排查等一系列确保金融、经济和社会稳定的强有力措施。在处置风险的同时，温州积极谋划地方金融改革试点。2012年3月，《浙江省温州市金融综合改革试验区总体方案》批准实施。温州紧紧抓住这一机遇，围绕金融综合改革12项主要任务，以金融服务实体经济为宗旨，解决"两多两难"① 问题为导向，构建金融组织、产品和服务、资本市场、地方金融监管"四大体系"基本框架，积极稳妥推进金融综合改革。其间，成立全国首个民间借贷服务中心，实施全国首部地方性金融法规《温州市民间融资管理条例》，让温州民间借贷逐步走向阳光化。

经过一年多的积极探索，温州金融综合改革取得明显成效。至2013年底，温州共推出了10多项先行先试措施，近10大类改革实践被全国或全省复制推广，地区经济金融逐渐恢复发展，金融运行效率和服务实体能力有所提升，区域金融生态进一步改善。

（二）全面构建多元化"大调解"体系

在2009年中华人民共和国成立60周年、2010年上海世博会和广州亚运会举办、2012年党的十八大召开等重要节点时期，温州全力维护社会稳定，深入推进社会矛盾化解、社会管理创新、公正廉洁执法等重点工作，有力维护了社会大局稳定，推动全市平安建设取得了明显成效。2009年温州开始分步试点，在全省率先建成了多元化、宽领域、广覆盖的"大调解"工作体系。在苍南县试点人民调解、行政调解、司法调解协调联动的调解体系建设基础上，出台《关于全面构建社会矛盾纠纷"大调解"体系的意见》，全面构建人民调解、行政调解、司法调解协调联动的多元化"大调解"体系，对重大矛盾纠纷实行"一揽子受理、一站式化解"。

2012年之后，温州深化以"大调解"为抓手，抓好警调衔接、检调衔

---

① "两多两难"，是指民间资金多、投资难，中小企业多、融资难。

接、诉调衔接、交调衔接，不断推动在医疗、劳动、海事渔事、婚姻家庭等矛盾纠纷多发领域建立专业性人民调解组织，聘请"两代表一委员"担任特邀人民调解员，深入基层社区、农村收集各类问题，帮助调处拆迁补偿、教育医疗、社会保障、市容环卫等纠纷。同时，不断加强人民调解工作规范化建设，至2013年，全市实现130个乡镇（街道）、798个社区人民调解组织和187个行业性人民调解组织及市、县司法局、各司法所人民调解信息化管理系统全覆盖，当年受理各类矛盾纠纷64655件，成功调解63476件，调解成功率98.1%[①]。

（三）创新综治网格化管理

温州积极探索基层治理新路径，贯彻落实全省"基层基础建设年"的活动要求，实施"四位一体"的基层基础建设三年行动计划，推广"综治八大员"[②]工作，抓好综治网格化管理试点，及时消除国资委等单位基层综治工作盲点。2010年出台实施《关于进一步加强政法干部队伍建设的若干意见》《关于坚持和发展"枫桥经验"，深化"综治基层基础建设年"活动的意见》等文件，在全市推广综治网格化管理。2011年，制定《"平安温州"建设"四色预警"实施办法》，建成全国首个地市级综治网格化管理信息系统，被中央政法委确定为全省唯一、全国仅有的20个调研联系点。2012年，温州将"网格化管理、组团式服务"工作作为村级转并联农村新社区建设后社会扁平化管理的新载体。各地按照"建网格，动真格"的要求把流动人口纳入网格化管理，深化平安村（社区）、平安企业创建活动，发展村企群防群治队伍，特别是加强平安志愿者队伍建设，广泛动员社会力量参与其中，增强网格管理服务的科学性、系统性和针对性。2013年，推行"一张网"管理服务模式，健全完善"网格化管理、组团式服务"机制，市网格化信息平台实行"日通报、周点评、月分析"常态通报制度。

---

① 温州市人民政府地方志办公室：《温州年鉴（2014）》，中华书局2014年版，第165页。
② "综治八大员"，是指各村居（社区）以综治工作室为平台，选配好治保员、调解员、综治宣传员、流动人口协管员、禁毒协管员、帮教工作专管员、消防工作协管员、维稳工作信息员等8种职能的工作人员。

在这期间,"平安温州"创建多项工作走在了全省前列。2010年11月,全省系统平安创建工作现场会在温州召开,推广温州行业系统平安创建工作的经验做法。2013年,温州圆满实现平安大市"五连创",且连续3年获得省级"综治优秀市"称号。

三、持续深化"平安温州"建设,推进社会治理体系现代化

2014年4月,习近平总书记在国家安全委员会会议上首次提出总体国家安全观。温州市委认真贯彻总体国家安全观和中央、省委的新部署新要求,牢固树立推进市域社会治理体系现代化这一根本目标,持续深化平安建设,系统保障经济、政治、文化、生态、社会各领域安全稳定,努力建设更高水平的"平安温州"。

(一)健全社会治安防控体系

市委坚持将社会治安作为平安建设的一项基础性工程,解决人民群众关注度高的社会治安问题,坚持严打、严防、严管,严厉打击各类违法犯罪活动、狠抓社会治安重点整治,积极探索健全社会治安防控体系,全面整合各种社会防控资源,构建"岗亭警力常态值守、专业接处警队伍巡处结合、特警等机动力量点穴防控、群防群治队伍星状布点守望"的动态防控模式,深化"警灯工程",整治各类治安乱点,推进以"六防工程"①为核心的立体化社会治安防控体系建设,将其打造成治安复杂地区防控工作的"温州模式"。

为着力破解基础管控难题,温州在全国率先实行社会治安物联网管控。自2014年始,温州将物联网信息技术引入治安管控工作,应用其高科技的传感技术和数据处理技术实时关联流动人口、出租房、电动车等各类治安要素,

---

① "六防工程",是指情报导防、综合人防、监控技防、管理强防、打击促防、全民心防。

实现智能化的识别、定位、跟踪、监控和管理功能,在全市构建了一张庞大的物联网治安管控网络,实现了物联网技术在地市级治安管控的规模化应用,蹚出了一条物联网技术核心化的社会治安虚拟管控模式的新路子。该创新举措受到公安部肯定推广,在全国社会治安防控体系建设工作会议上作经验介绍并被公安部列入全国集成示范类科技成果项目和全国物联网技术示范应用基地。

(二)创新基层社会治理模式

县乡断层、条块分割等一直是基层治理存在的难题。市委坚持把固本强基作为平安建设的根本性任务来抓,坚持重心下移、工作下沉、服务下倾,不断坚持和发展"枫桥经验",加强和创新基层社会治理,积极探索更加社会化、智能化、专业化的基层社会治理模式。充分利用互联网信息化技术,通过智慧赋能基层治理,创新基层社会治理信息化"一张网",全面建成县乡两级"一张网"综合指挥平台,在全省率先实现乡镇(街道)基层治理"四个平台"全覆盖,全面打通综治、公安、民政、卫计、消防等部门延伸到基层的信息孤岛,初步实现基层主要平台"一网联通"。

在推进基层社会治理的实践探索中,温州创新构建"一体两翼"工作体系,即以乡镇(街道)党委政府为责任主体,以"全科网格"和"一三五"① 应急处置规范为"两翼"的基层社会稳定工作体系。一方面,扎实推进"全科网格"建设,科学划分10178个全科网格,统一网格划分、统一网格资源、统一力量配置和职能、统一业务培训、统一处置流程、统一考核评估,实现"一网统管"。另一方面,针对涉稳事件处置中存在的信息不灵、力量不强、指挥不畅、处置不规范、责任不明确、化解不彻底等问题,在全市乡镇(街道)全面推行"一三五"机制,推动应急处置标准化、规范化、专业化,使矛盾消除在萌芽。"一体两翼"工作体系被称之为"有特色、有成效、可复制、可推广的工作经验"在全国推广。

---

① "一三五",是指一个总体预案,信息整合研判、力量整合调度、后续化解稳控三项机制和不少于五类突发情况的规范处置流程。

（三）坚决守牢住房安全底线

平安是最大的民生。市委始终坚决树牢安全发展理念、守牢安全民生底线。2016年10月，温州鹿城区双屿街道发生农民自建房坍塌事故，造成重大人员伤亡。为深刻汲取教训，市委随即在全市部署开展"大拆大整"专项行动，强力推进城乡危旧房隐患排查和治理改造、"四无"生产经营单位①集中整治、违法建筑拆除和城中村改造、流动人口管理和居住出租房、合用场所、民宿消防安全整治、市区旧市场整治提升搬迁和城乡乱象治理、双屿综合整治等。

针对专项行动中所涉群众重大利益问题和社会不稳定因素，市委积极推进落实风险隐患排查、专题分析研判、矛盾纠纷化解、执法保障支持、稳评指导处置、网络舆情应对等举措。深入开展涉"大拆大整"矛盾纠纷排查化解工作，特别对涉城中村改造、旧市场搬迁等引发的重大矛盾纠纷，实行市县两级挂牌督办，落实领导干部包化解、包稳控、包处置"三包"制度，做到行动强势推进和社会矛盾化解双管齐下、一体推进，全力护航平安民生。

"大拆大整"专项行动切实改善发展环境，加快推进温州城市转型升级发展。截至2016年年底，全市治理城镇危旧房4423幢、农村危旧房9269户；完成城中村改造签约4.6万户、拆除4万户；处置违法建筑2132万平方米；完成"四无"生产经营单位整治12万家；整治出租房和合用场所18万家、市区旧市场32家，实现"年内初见成效"的阶段性目标②。2017年，落实全省"治危拆违"专项行动要求，持续开展以城中村改造和危旧房治理为重点的"大拆大整"行动，全市整村签约85个行政村98137户，旧房拆除86365户，签约量和旧房拆除量均超过前三年总量，居全省首位，6月份即提前完成三年治理改造任务③。

---

① "四无"生产经营单位，是指无证无照、无安全保障、无合法场所、无环保措施的生产经营单位。
② 温州市人民政府地方志办公室：《温州年鉴（2017）》，方志出版社2017年版，第32页。
③ 温州市人民政府地方志办公室：《温州年鉴（2018）》，商务印书馆2018年版，第251页。

通过专项行动，平安建设工作取得明显成效。群众对平安创建的安全感从2008年的91.88%逐年上升到2017年的96.47%。2017年，温州平安建设考核排名跃居全省第二。

四、全力加快"平安温州"建设，开启市域治理现代化新征程

党的十九大以来，以习近平同志为核心的党中央高度重视平安中国建设，提出要努力建设更高水平的平安中国。省委于2019年3月召开全省建设"平安浙江"工作会议，强调要拉高标杆、砥砺奋进，努力建设更高质量、更高水平的"平安浙江"。温州市委深入贯彻中央和省委有关决策部署，坚持和发展新时代"枫桥经验"，持续完善党委领导、政府负责、群团助推、社会协同、公众参与的市域社会治理体制，并在2020年成功入选全国第一期市域社会治理现代化试点城市。

（一）推进法治护安和数智平安

习近平总书记强调，坚持运用法治思维和法治方式解决矛盾和问题，提高平安建设现代化水平[①]。为全面加强党对法治温州建设的统一领导和统筹协调，2019年，市委建设法治温州工作领导小组改为市委全面依法治市委员会。先后制定《温州市楠溪江保护管理条例》《温州市养犬管理条例》等地方性法规和出台《温州市优化营商环境办法》《进一步改善民营经济法治环境的意见》等文件，并在全国率先打造"涉企免罚清单"和"涉企指导清单"，深入实施知识产权强市战略，全链条构建知识产权大保护格局，建立了全国首个"知识产权联合执法中心"和全省推广的知识产权保护"1+N亲联"警务模式。2022年温州入选知识产权强国建设示范城市。

为推进平安法治协同发展，温州充分发挥"最多跑一次"改革牵引作用，探索构建面向社会公众的一体化政法公共服务体系，打造"云上公安、

[①] 《习近平关于社会主义社会建设论述摘编》，中央文献出版社2017年版，第150页。

智能防控"等一批"温州样板",形成了"1门户+4业务模块+N个特色应用"的系统框架,围绕平安基础工作,打造信用风险综合评价、数字赋能社会治理"一体两翼"、"模块+专班"化解一件事、三级联动"慧治"等应用;围绕风险识别与管控,打造校园安全、数字化反诈等应用;围绕执法与司法,打造行政非诉"智审"、全息可视指挥等应用;围绕监督制约与服务,打造"易证通"公证系统;扩大跨境警侨服务、案件审理、司法公正、视频调解等"全球通"业务,跨境法律服务全领域供给侧改革的经验全国推广。2021年,温州数字法治十大场景应用路演和集中上线,被人民网、《中国日报》等中央媒体刊载,"整体智治"做法被中央政法委简报刊发。

数字化在促进国家治理体系和治理能力现代化方面发挥着越来越重要的作用,但在现实中却存在数据不能共享、不敢共享、不愿共享等难题,为此,温州率先在全国数据要素市场化配置改革中探路先行,于2022年创新建设中国(温州)数安港,全力抓好数安港园区招大引强和生态构建,迭代升级"九个一"体系框架①,推动数安港实现数据要素集聚、优质企业集聚、创新力量集聚,奋力打造"数据二十条"的落地典范,推动数据产业全链条深度融合。

以数字改革为引领,温州全面打好疫情防控战,深化"141"社会治理体系与疫情防控体系融合贯通,制定最小单元管控、重点区域风险人员排查机制,迭代"流调在线""社区封控"等子场景,培育"数字扫楼"等一批抗疫实战特色应用。圆满完成新中国成立70周年、中国共产党成立100周年、党的二十大、杭州亚运会、世界青年科学家峰会等重大安保任务,全面筑牢"平安温州"建设的"铜墙铁壁"。2021年12月,在平安中国建设表彰大会上,温州被命名为平安中国建设示范市,洞头区被命名为平安中国建设示范县并获得全国平安工作最高荣誉"长安杯"。

---

① "九个一"体系框架,是指一个创新园、一个大数据联合计算中心、一个数据产品交易场所、一套数据安全与合规体系、一套市场化交易机制、一系列专业司法保障部门、一个工程师学院、一个数据安全发展大会、一个数字产业基金"九个一"架构。

（二）优化基层社会治理

温州始终坚持将政治引领贯穿于市域社会治理全过程、各领域，持续开展习近平新时代中国特色社会主义思想进机关、进企业、进校园、进农村、进社区，举办"六学""七进"等活动；制定全面从严治党、"清廉温州"建设、政治生态建设责任"三位一体"考核体系。2020年以来，温州认领"发挥政治引领作用"全国试点项目，深入实施"红色根脉强基工程"，大力推进党建引领"共享社·幸福里"建设，通过"一强四共"① 路径，形成以小区党组织统领下的业主、业委会、物业三方联动治理架构，推动3万余个基层党组织、50余万名党员在政治生活"大熔炉"锻炼，实现"支部建在基层、治理抓在基层、服务就在基层"。

市委全力推进市域社会治理现代化试点城市创建，出台并稳步实施《温州市创建全国市域社会治理现代化试点城市三年行动计划》，对照12个创建板块构建市级领导领衔、部门领办制度，构建"市级智慧治理、县级集成指挥、镇街道一体两翼、村社多元共治"的四级构架，在全省率先探索并建成以瓯海"平安综合体"为代表的县级社会矛盾纠纷调处化解中心，着力构建资源集成、数据引领、多元化解、一站服务的"全生命周期"矛盾纠纷化解体系，13个县（市、区）级社会矛盾调处中心全部实体化运作，全市98%以上的问题在乡镇及以下层面得到解决。试点创建效果明显，于2023年成功入选"全国市域社会治理现代化试点合格城市"。

为巩固提升"平安温州"建设成果，温州相继开展平安温州"大起底大整治大提升"行动和"强基提能"基层社会治理提升年行动，推动基层赋能减负、提质增效、力量下沉，不断实现基层党组织领导力组织力、社会治理体系效能、平安建设现代化水平、信访工作现代化水平、基层矛盾纠纷化解能力、基层法治能力、基层综合行政执法能力及基层共建共治共享活力"八

---

① "一强四共"，是指强化党建引领，突出社会共治、标准共建、资源共享、事务共办。

个有力提升"。同时,制定"1+3+N"网格队伍①管理、专职网格员星级管理、"报处分离"等办法,擦亮"平安乐巡""海霞妈妈"等群防群治品牌,其中鹿城区打造的"平安乐巡"平台注册者年达40余万人,获评公安部"全国示范样板移动应用"。

(三) 加强社会治安和公共安全综合治理

2018年初,党中央、国务院发出《关于开展扫黑除恶专项斗争的通知》。温州紧盯群众反映强烈的治安乱点,挂牌整治一批黄赌毒、盗抢骗、食药环等问题突出的重点地区,加强金融放贷、工程建设、交通运输等重点行业领域乱象整治,开展"向微腐开刀,让群众微笑""百日追逃""逃犯清零""夏季攻坚"等一系列行动,强化行业动态监督管理,建立起综合治理、联动治理的长效工作机制,对"行霸""市霸"形成了有力震慑。至2020年底,温州扫黑除恶专项斗争取得胜利,综合成效位居全省前列,社会生态和政治生态、经济生态得到极大改善,赢得了广大人民群众的赞誉。

在开展扫黑除恶专项斗争的同时,温州以争创全国社会治安防控体系示范城市为目标,推进社会治安综合治理、源头治理,打造全省首个治安在线防控中心,毒品犯罪打击各项绝对数、妨害国(边)境管理犯罪专项斗争、网络黑客和侵犯公民信息案件等多项打击成效居全省第一。统筹开展"民转刑"命案、非正常死亡、校园安全系列专项行动,建立侵害未成年案件强制报告、案件"一站式"办案取证保护等机制,刑事发案、命案、"两抢一盗"等指标全面下降。此外,深入推进道路交通、城镇燃气、危化品、涉海涉渔等安全生产领域隐患排查整治,严厉打击食药环等违法犯罪,全市安全生产、消防火灾、道路交通事故数呈逐年下降趋势,持续保持较大以上安全事故"零发生"。

伴随网络化深入发展,国家安全的内涵和外延更加丰富,内外因素更加复杂。网络安全与政治、经济、社会等领域安全相互交融、相互影响,已成

---

① "1+3+N"网络队伍,"1"是指配置1名专业网格长;"3"是指配备专职、兼职网格员及网格指导员;"N"是指运用好网格内其他力量。

为当前面临的最复杂、最现实、最严峻的非传统安全问题之一。为此,温州积极承接防范化解网络安全风险全国试点项目。针对网络安全体制机制建设和数字化改革,率全国之先探索建设以"1+N+X"[①]为架构的地市级实体化网络安全服务保障中心,打造集网络安全风险监测、应急处置、综合服务等功能为一体的城市级网络安全服务保障机构。2020年,温州建成启用网络安全协调指挥平台,正式实现了省市县三级网络安全应急协调互通联动。至2023年,共整改处置各类网络安全隐患2800多起、网络安全事件400多件,下发各类风险预警110余条,有效实现了关口前移、预警预防的目的。

"平安温州"20年的生动实践,营造了平安稳定的大好局面,也为"中国之治"提供了有益的温州经验。截至2023年,温州连续5年获评"中国最具幸福感城市",一些典型经验在全国推广。展望未来,温州市委将深入贯彻落实习近平总书记关于平安建设的重要论述,坚定扛起保一方平安、促一方发展的政治责任,全力维护国家政治安全、确保社会大局稳定、促进社会公平正义、保障人民安居乐业,推动"平安温州"建设再上新台阶,为奋力谱写中国式现代化温州新篇章保驾护航。

(撰稿人:周婷婷、王玉芳、王志愿、郑全、钱柏翰
统稿人:钟体琪 审定人:赖晓华)

[①] "1+N+X",是指1个运营中心、N个重点行业和X类社会公众群体。

持之以恒推进"平安湖州"建设，打造市域社会治理现代化标杆城市

◆ 中共湖州市委党史研究室 ◆

2004年5月，浙江省委十一届六次全会作出了建设"平安浙江"的决定，全面部署省域"大平安"建设。20年来，湖州市委坚定不移忠实践行"八八战略"，贯彻落实"平安浙江"建设各项部署要求，持之以恒推进"平安湖州"建设，加强平安建设的组织领导，创新基层治理模式，推进基层治理体系建设，实现了"平安湖州"建设"十七连冠"，为"中国之治"提供了湖州经验。

一、贯彻建设"平安浙江"重要决策，维护社会和谐稳定

21世纪初，浙江呈现经济快速发展、人民安居乐业的良好局面。但作为经济较为发达的东部省份，浙江也更早地感受到一些新的带有普遍性的矛盾和问题。教育、科技、医疗、卫生、文化、环境等发展与经济发展存在明显差距，社会治安、公共安全出现新情况，由此引发的各类矛盾纠纷和群体性事件呈多发态势。面对这一情况，习近平同志立足浙江、放眼全国，创造性提出并实施"平安浙江"建设战略。湖州市委认真贯彻落实省委重要决策部署，从实际出发，创新举措，推进"平安湖州"建设。

（一）探索推进"平安湖州"建设

改革开放以来，湖州市经济保持高速增长。2002年，全市地区生产总值

达到 422.5 亿元。但是各种新情况、新问题、新矛盾大量出现。比如，随着经济发展，不规范用工行为增多，引发了许多劳资劳务纠纷；城市化进程加快，土地征用、拆迁伴随着矛盾纠纷；一些企业片面追求利润，治理成本投入不足，引发了环境污染纠纷，等等。更为严重的是，由于各类矛盾纠纷激化，引发的治安案件和刑事案件也呈上升趋势。

针对这些问题，2003年7月，市委召开五届四次全会，正式提出创建"平安湖州"，要求各级党政领导切实承担起维护社会稳定的责任，及时研究解决重大问题，确保一方平安。2004年2月，全市创建"平安湖州"动员大会召开，明确提出把湖州建成社会政治更加稳定、社会治安更加良好、社会秩序更加平稳、民主法制更加健全的城市。此后，全市实施严重刑事、经济犯罪严打整治行动，同时加强乡镇（街道）矛盾纠纷调处中心建设，进一步完善矛盾纠纷社会联动调处机制，开展预防和减少青少年违法犯罪等工作，认真落实信访工作领导责任制，切实维护社会和谐稳定。

2004年5月，省委十一届六次全会召开后，市委认真贯彻"平安浙江"建设的各项决策部署，于8月印发《关于进一步完善"平安湖州"建设的意见》，提出要构建打防控一体化体系、矛盾纠纷疏导化解体系、经济社会统筹发展体系、社会公共安全体系、民主法治保障体系等五大体系，促进社会稳定和谐。同年12月，市委召开五届七次全会，进一步贯彻"平安浙江"建设的部署，深化拓展"平安湖州"建设的内涵要求，提出要通过发展来增强"平安湖州"的物质基础，通过法制建设提供"平安湖州"的法制保障，通过文化建设构筑"平安湖州"的精神支撑，通过群众工作凝聚"平安湖州"的人心合力，努力在物质文明、政治文明、精神文明的协调发展中建设"平安湖州"。

（二）着力构建矛盾纠纷疏导化解体系

完善矛盾纠纷排查调处工作机制，是正确处理新形势下人民内部矛盾、维护社会稳定的关键。21世纪以来，由于基层矛盾纠纷主体呈现多元化，从过去的群众之间的纠纷，扩大到群众与法人、经济组织、基层政府及群众自治组织之间的纠纷，依靠原有的基层司法所、调解委员会等机构已无法完全

持之以恒推进"平安湖州"建设，打造市域社会治理现代化标杆城市

适应日益复杂的调处工作。市委指出，创建"平安湖州"，关键是要夯实基层基础，下移重心，理顺群众情绪，化解矛盾纠纷。

根据市委的统一部署，从2003年下半年开始，全市整合各类矛盾纠纷调处力量，积极推进乡镇（街道）矛盾纠纷调处中心的组建工作。至2003年底，乡镇（街道）矛盾纠纷调处中心基本实现全覆盖。乡镇（街道）矛盾纠纷调处中心在乡镇（街道）党委领导下，由司法、公安、信访、城建、土管、工商、农林、计生、劳动、工会、妇联等职能部门抽调人员组成，主要职责是依照有关法律法规和政策，在双方当事人自愿平等的基础上进行调解，开展矛盾纠纷处理等工作。各乡镇（街道）矛盾纠纷调处中心按照"统一受理、归口管理、依法办理、限期处理"的程序开展工作，使得大部分矛盾纠纷化解在基层、化解在当地，成为新形势下处理人民内部矛盾的有益探索。

织里镇童装产业起步早，2000年前后就有企业7000多家，本地居民10多万人，外来人口达到20多万人，社会治理情况复杂，全镇1年的纠纷有1000多起。2002年4月织里镇矛盾纠纷调解中心建立后，两年时间累计调处各种纠纷3233起，调解率95.7%，基本实现了"小事不出村、大事不出镇、矛盾不上交"。2004年6月2日，习近平同志到织里镇矛盾纠纷调解中心调研，并给予充分肯定，指出，"人民调解为人民，化解纠纷促稳定，这是一项基础性工作"[①]。

信访工作是调处纠纷、化解矛盾的重要途径。习近平同志在浙江创设领导干部下访接待群众制度，形成了全省各级党政"一把手"亲自抓信访、带头开展下访、一级带着一级抓接访的局面。2005年8月15日，习近平同志到德清县下访接待群众，并主持召开信访工作座谈会，提出"下访接待群众是考验领导干部能力和水平的大考场，来访群众是考官，信访案件是考题，群众满意是答案"[②]的重要论断。市委深刻领悟习近平同志的重要指示精神，按照"属地管理、分级负责"和"谁主管、谁负责"的原则，进一步健全信

---

① 《干在实处 勇立潮头——习近平浙江足迹》，浙江人民出版社、人民出版社2022年版，第182—183页。
② 《干在实处 勇立潮头——习近平浙江足迹》，浙江人民出版社、人民出版社2022年版，第190页。

访工作长效机制，着力构建大信访工作格局，实现了信访总量逐年下降、重复访下降、集体访下降的目标，大量矛盾纠纷和一大批不稳定因素得到有效化解和控制。

（三）加强社会领域公共安全和治安管理

21世纪初，湖州社会治安总体平稳，但形势依然严峻。黄赌毒等社会丑恶现象在部分地区有所抬头；经济领域犯罪行为时有发生，生产事故、道路交通事故、火灾事故等处于多发期，给人民群众生命财产安全带来了较大损失。市委认为，实现社会治安的持续稳定是一项长期而艰巨的任务，要切实把工作重点转到治安防范上来，构筑预防违法犯罪的社会网络，形成打防控一体化的工作机制。

根据市委部署，湖州不断完善党政统一领导、部门依法监管、社会广泛参与、应急救援有力的社会公共安全工作格局，增强了处置公共安全突发事件的能力。从2003年至2007年，湖州开展了多轮拉网式安全隐患大排查、大整改，及时消除安全隐患，成功处置了危化品泄漏事件、织里火灾等事故，确保了各类大型活动没有发生人员伤亡情况。

与此同时，各级政法、公安等部门始终保持对刑事犯罪活动的严打高压态势，组织开展侦破命案、扫黑除恶、禁赌禁毒等专项行动，刑事案件总量于2006年首次呈现下降的良好态势。针对盗窃等侵财案件发案率较高，各村（社区）把基层各种群防群治力量组织起来，划区域、分时段开展巡逻防范和守望看护，形成严密的基层防控网络。另外，湖州各级公安机关积极构建以驻村民警要做农村群众"好邻居、好伙伴、好朋友"为工作目标和以"有场地、有人员、有依托、有重心、有载体、有活力"为工作要求的"三好六有"城乡社区警务模式，全面推动社区警务向农村延伸，累计完成337个城乡社区警务室建设，其中农村警务室达到215个，做到了"重点村驻警、周边村联勤"，实现了农村地区警务全覆盖。

针对青少年犯罪率上升等新问题，湖州还加强了对青少年法制道德教育，完善家庭、学校、社会"三位一体"的工作机制，建立社区预防青少年违法犯罪组织机构，加大力度整治了学校及周边治安秩序，营造出全社会关心青少年健康成长、预防青少年违法犯罪的良好氛围。

经过数年努力，至 2007 年，"平安湖州"建设取得阶段性成效，全市社会总体稳定，实现了矛盾纠纷、信访、群体性事件、刑事发案、安全生产事故总量"五下降"。2007 年，全市群众安全感满意度为 97.68%，高于全省平均水平 1.71 个百分点。

二、深化"平安湖州"建设，切实加强社会管理

2006 年 11 月，浙江省委召开十一届十一次全会，明确提出要加强社会建设和管理。为贯彻省委决策部署，2007 年 1 月，湖州市委召开五届十二次全会，提出要把维护群众的根本利益放在突出位置，深化"平安湖州"建设，为构建和谐社会营造良好社会环境。此后，湖州积极预防和有效化解社会矛盾，维护社会公共安全，着力构建社会治安综合治理体系，初步探索形成城镇治理的"织里经验"，切实维护了社会和谐稳定，形成了经济繁荣发展、社会安定有序、人民安居乐业的良好局面。

（一）创新社会矛盾纠纷调处机制

随着经济社会的发展，利益格局也发生深刻调整，就业、社保、买房、看病、上学等民生问题越来越突出。据不完全统计，2009 年，全市司法行政系统调处的各类矛盾纠纷中，涉及民生领域的纠纷占比高达 3/4。

面对这种情况，市委要求各地以深化法制宣传为先导，完善源头治理体系，进一步创新化解社会矛盾的组织机制，健全提升社会矛盾的调处机制，筑牢维护稳定、促进和谐的第一道防线。根据市委部署，湖州在继续优化完善乡镇综治中心（矛盾调处中心）建设的同时，大力推进基层公安派出所、司法所和人民法庭建设，实现"两所一庭一中心"同步推进、同步管理，实现机构联建、干部联管、标准连创、矛盾联调、工作联动，发挥了各工作平台职能整合的作用。

同时，湖州还探索创新人民调解网络建设。从 2008 年开始，各区县乡镇也陆续建立了"老娘舅"调解机制。"老娘舅"调解机制贴近百姓，便于及

时发现和有效化解矛盾，深受群众欢迎。根据市委部署，2010年前后，在巩固传统调解网络的基础上，区域性、专业性调解组织加快建设，医患、交通、劳动、环保等专业调解委员会相继建立，企业调解委员会做到了全覆盖。

在各级调解组织健全完善的基础上，湖州深入开展"人民调解促和谐"专项行动，实行上下联动、区域联防、隐患联排、矛盾联调，强化矛盾纠纷滚动排查、情势研判、包案落实和集中攻坚，推动调处成功率不断提高。据不完全统计，2011年，全市建有各级各类调解组织1810个，共有调解员6795人，其中区域性、行业性调解组织101个。全年共计调处各类矛盾纠纷2.22万件，成功化解2.16万件，调处成功率达97.4%，涉及赔付金额2.7亿多元。长兴县村级专职调解员制度获评全省人民调解工作创新奖。

（二）探索基层治理经验

平安建设，重在基层。根据市委深化"平安湖州"建设的部署要求，各地牢固树立"大平安"理念，完善体制机制，创新工作举措，涌现出了独具特色的基层治理典型经验和做法，其中最具代表性的是"织里经验"。

随着童装块状产业的迅猛发展，吴兴区织里镇出现了大量外地务工人员以新居民身份集聚，安全生产隐患不断、公共服务供给不足、矛盾纠纷持续增多等新情况新问题，直接影响童装产业健康发展和社会和谐稳定。为此，根据湖州市委、吴兴区委的部署要求，织里镇从安全生产管理入手，以"生产生活分离、根治火灾隐患、确保社会稳定"为目标，市、区、镇三级联动整治"多合一"童装企业。在此基础上，湖州市、吴兴区探索管理下沉，下放基层社会管理的职能权限。2010年，湖州市、吴兴区9个市区部门陆续在织里镇设立分局或派出机构。与此同时，织里镇认真贯彻落实平安建设的部署要求，初步探索了一整套基层社会治理的体系机制。2011年织里镇进一步深化平安建设，以服务型基层党组织建设为主线，探索"四全工作法"[①]，建

---

① "四全工作法"，是指突出全领域覆盖，健全组织体系，完善社会管理格局；突出全方位提升，加强培养锻炼，增强社会管理能力；突出全过程服务，打造惠民平台，拓展社会管理功能；突出全责任体系，推动力量下沉，形成社会管理合力。

设"基层党建引领社会管理创新示范区"。通过一系列举措,织里镇初步形成了提前发现问题、提前介入处理,关口前移,把各类可能影响安全和稳定的矛盾控制在萌芽状态的社会治理新格局,基本实现了"由乱到治"的治理蝶变。

同一时期,安吉县余村围绕关停矿山、治理村庄环境等问题,以"民主法治村"建设等为抓手,充分发挥村民群众主体作用,建立起"四民主、两公开"① 以及"三个步骤一个结合"② 为主要内容的村务民主管理制度体系,逐步形成"民主恳谈"、村"两委"商议、党员审议、村民代表决议的议事平台,探索出一套"自主提事、按需议事、约请参事、民主评事、跟踪监事"的议事机制,初步形成了乡村治理的新经验。

(三) 创新社会管理新机制

建立健全社会管理长效机制是深化"平安湖州"建设的关键。在总体平安的大格局下,湖州的社会管理体制还存在诸多不适应、不协调的地方。比如,在工作层面上,一些地方和部门对平安建设的理解仍停留在"小平安"层面,统筹协调、齐抓共管、合力创建的"大平安"意识不强;在工作推进上,局限于就事论事抓平安,满足于当"救火队""消防员";在工作机制上,责任落实不到位的情况仍然存在。

面对上述问题,市委强调要牢固树立"抓平安就是抓发展""抓平安就是抓民生""抓平安就是抓执政能力建设"的理念,始终坚持把改善民生摆在平安建设的突出位置,整合集聚各种资源,统筹协调各方力量,构筑共建共享"大平安"的工作格局。

---

① "四民主、两公开","四民主"是民主选举、民主决策、民主管理和民主监督,"两公开"是村务公开、财务公开。

② "三个步骤一个结合","三个步骤"即第一步是村支部、村委会以民主恳谈会的形式,充分征求村民代表的意见,综合汇总村民小组或村民代表联名提出的议案,提交党员大会讨论,以保证党支部和党员代表大会的领导核心作用;第二步是村民代表会议研究讨论议案;第三步是村民表决通过。"一个结合"即分散议事和集体议事相结合,村民代表先在所在村民中充分酝酿,交换意见后,再在村民代表会议上反映民意参加决策。

基层社会治理体系，是关乎改善民生、维护稳定的重要根基。2009年10月，市委出台实施意见，全面推行"网格化管理、组团式服务"工作，在坚持现有行政区划不变的前提下，根据村（社区）分布特点、人口数量、居住集散程度、群众生产生活习惯等情况，将管辖地域划分成若干网格状单元，并同步调整基层党组织设置，在农村每名党员联系30—40户普通群众，在社区每名党员联系10—20户普通群众。同时，按照精简、高效、基层为主原则，建立由乡镇（街道）机关干部、村（社区）干部、党小组长、农村指导员、大学生村官、辖区民警、科技人员、乡土实用人才、医生、教师、退休老干部等组成的服务团队，每个网格的服务团队有10人左右，以网格组团专业化的服务满足群众多样化的需求。通过实施"网格化管理、组团式服务"，全市基层乡镇（街道）、村（社区）探索建立职责明确、管理精细、信息共享、渠道畅通、服务有效的网格体系，构建起了层级分明、规模合理、覆盖全面的管理服务工作新格局，为"平安湖州"建设提供了坚强的组织体系保障。

社区是社会治理的最小基本单元。2011年10月，市委要求各地进一步深化城乡社区建设，加快社区居民委员会组织全覆盖，完善以社区党组织为核心，以基层群众自治组织为主体，以社区社会组织为补充、社区居民和驻区单位广泛参与的社区治理结构。同时，湖州还大力推进村级便民服务中心规范建设工作，有机整合和衔接农村社区服务中心资源，推进城乡基本公共服务均等化，创新基层社会管理和服务体系。至2011年底，全市1196个村（社区）全部建立便民服务中心，累计办结各类服务事项28.97万件，群众满意率达到99%以上。

劳资纠纷是影响社会和谐的重要因素。根据中央、省委构建和谐劳动关系的部署要求，2011年8月，市委作出部署，以构建劳动关系和谐为主要载体，深入推进劳动关系协调体系建设工作。根据市委部署，各地大力实施"彩虹计划"，重点扩大集体合同覆盖面，规范集体合同内容，完善集体协商程序，增强劳动关系双方自主协调能力。同时，完善工资支付保障机制，全面推行企业工资支付保证金、欠薪应急周转金、农民工记工考勤卡等制度，并定期开展专项治理行动，有效预防和解决工资拖欠等问题。另外，各地贯彻"预防为主、基层为主、调解为主"的工作方针，完善乡镇（街道）、村居（社区）和企业三级劳动争议调解组织，加强工会、劳动、法院、司法等部门的工作沟通和衔接，推动建立更加有效的劳动争议联动调处机制，形成维权、调解、仲裁、诉讼相互沟通、相互配合的调解工作格局。

同时，湖州还继续深化社会治安防控体系建设，于2011年10月启用首个实体"警务广场"，开通警务民生热线，多渠道征集民情民意，全面构建民意导向型警务新模式。针对电信诈骗渐成上升趋势，组织开展"天网"等专项行动，2011年至2012年累计为群众挽回经济损失565万余元。

经过努力，湖州深化平安建设取得了新的进展。通过加强社会矛盾纠纷大排查大调解，深入开展"信访积案化解年"、信访工作"百日攻坚"等行动，妥善解决影响社会和谐稳定的突出问题。强化基层基础，巩固提升了乡镇（街道）派出所、司法所、基层法庭等群防群治组织建设，健全了社会治理工作体系，实现了群众安全满意度连续多年高于全省平均水平。

三、坚持系统观念，以"平安湖州"建设成效推进市域治理现代化

党的十八大以来，以习近平同志为核心的党中央高度重视平安中国建设，推动新时代平安中国建设不断开辟新境界。湖州深入贯彻中央、省委的决策部署，深入践行总体国家安全观，一体推进、系统提升新时代"平安湖州"建设，持续创新基层治理，"四治融合"基层治理体系全面构建，走出了一条经济发展与社会稳定相互促进、社会治理与平安建设同步提升、人民群众获得感幸福感安全感认同感显著增强的平安建设之路，绘就了"中国之治"的湖州画卷。

（一）部署新时代"平安湖州"建设

党的十八大召开后，市委七届三次全会审议通过《关于认真学习贯彻党的十八大精神，奋力开创科学发展新局面的意见》，提出着力打造"实力湖州""活力湖州""美丽湖州""幸福湖州"，要求持续推进"平安湖州"建

设,加强和创新社会管理,促进社会大局和谐稳定。此后,湖州深入推进社会管理创新,加强基层社会管理和服务体系建设,创新流动人口和特殊人群管理服务,完善矛盾纠纷排查化解、领导干部下访接访、社会稳定风险评估等工作,努力从源头上预防和减少社会矛盾,推进平安建设不断迈出新步伐。

2013年11月,党的十八届三中全会提出要全面推进平安中国建设。次年4月,习近平总书记主持召开国家安全委员会第一次会议,首次提出总体国家安全观,并阐述了总体国家安全观的基本内涵、指导思想和贯彻原则等。

为了贯彻党中央建设平安中国重大决策和总体国家安全观,市委提出"建设更高水平的平安湖州"这一总体目标,强调要以促进公平正义、增进人民福祉为出发点和落脚点,以改革思路发展社会事业,以法治思维创新社会治理,建设更加和谐、和美的城市。与此同时,作为绿水青山就是金山银山理念诞生地,生态安全是湖州最大的平安,为此市委提出了建设国家级生态文明先行示范区的目标任务,以人民期盼、人民满意为出发点,坚持标本兼治,解决好环境突出问题。

以此为新的起点,市委统筹发展和安全,全面加强和创新社会治理,制定并实施社会管理重点项目建设三年行动纲要,构建风险闭环管控的"大平安"机制,加强金融、房地产、政府性债务等重点领域风险防控,做好新时代信访工作,迭代升级基层治理能力,构建基层治理共同体,实现政府治理、社会调节、市民参与良性互动,推动了市域治理现代化水平不断提升,同时实施重污染行业的多轮环境整治,持续实施绿色矿山建设,努力建设覆盖面更广的"平安湖州",不断提高群众的安全感和满意度。

(二) 构建全域共治社会治理机制

党的十八大以来,湖州坚持系统治理,加强党委领导,发挥政府主导作用,鼓励和支持社会各方面参与,积极创新社会治理体制,实现政府治理和社会自我调节、居民自治良性互动的全域共治的社会治理机制。

社会组织是全域共治社会治理机制的重要一环。从2012年开始,湖州着力改革社会组织管理制度，使社会组织在经济社会发展中更好发挥作用，相继出台了《关于进一步加强社会组织党的建设工作的实施意见》《社会组织党建工作规则》等文件，探索"党建+"工作机制，推行社会组织党建工作标准化建设，以党建强带动社会组织服务强。同时积极引导社会组织参与公益活动。2015年，湖州启动社会组织公益创投活动，先后组织开展关爱自闭症儿童志愿服务、"快乐大姐"平安宣传等项目。为推动社会组织健康发展，湖州还建立健全各类社会组织综合评价考核标准和评估指标体系，委托第三方机构对社会组织开展常态化等级评估，实现社会组织"优胜劣汰"。

创新新时代人民调解机制，是构建全域共治社会治理机制的重要内容。2012年以来，湖州先后出台《关于进一步加强新形势下人民调解工作的意见》《关于建立诉讼调解与人民调解对接机制的指导意见》等文件，在规范人民调解工作的基础上，引导人民调解向矿山、物业、交通等社会热点领域拓展。同时，探索职业化人民调解组织建设，以政府购买服务等方式，建立具有品牌效应的专业人民调解组织，逐步形成家政、社区物业、消费服务、商业等专业性调解体系，提升人民调解工作层次。截至2023年上半年，全市聚合行业协会、群团、媒体等多方力量，已形成"平安大姐""德清嫂"等93个品牌调解组织和专家团队。

（三）创新基层治理模式

基层治理是"平安湖州"建设的重点所在。党的十八大以来，市委持续创新基层治理方式，全面构建依法治理、智慧治理、民主治理和德治治理"四治融合"的基层治理体系，乡村治理"余村经验"和镇域治理"织里经验"在全国推广。

安吉县余村在大力发展基层民主法治的基础上，一体推进平安建设，建立村级综合治理服务站，落实专职人员，健全综合治理网络组织，及时就地解决矛盾纠纷，探索形成了乡村治理"余村经验"。2018年4月，习近平总书记对此作出批示予以肯定。2019年12月，余村被授予"全国乡村治理示范村"称号。

党的十八大之后，为适应新的社会形势，"织里经验"进一步创新发展，织里镇以社会治理现代化为指引,以自治夯基础,以法治强保障,以德治扬正气,形成人人有责、人人尽责的社会治理共同体。

党的十八大以来,湖州基层社会矛盾纠纷防范化解体系建设也取得了新的进展。2016年12月,吴兴区建成全省首家县级矛盾纠纷多元化解中心。后经拓展深化、迭代升级,全市5个区(县)、74个乡镇(街道、工业园区)1185个村(社区)三级标准化矛调中心(站)实现全覆盖,形成全国首创的标准化矛盾纠纷调处化解综合体。

2020年3月30日,习近平总书记来到安吉县社会矛盾纠纷调处中心,了解群众矛盾纠纷"一站式接收、一揽子调处、全链条解决"模式运行情况。他强调,要完善社会矛盾纠纷多元预防调处化解综合机制,把党员、干部下访和群众上访结合起来,把群众矛盾纠纷调处化解工作规范起来,让老百姓遇到问题能有地方"找个说法",切实把矛盾解决在萌芽状态、化解在基层①。

为贯彻习近平总书记的重要指示精神,2020年8月,湖州发布《县级社会矛盾纠纷调处化解中心运行与管理规范》,明确了区县矛调中心的牵头部门、常驻部门、联动部门以及日常管理人员和人员职责。2021年7月,湖州正式颁布实施地方性法规《预防和化解矛盾纠纷条例》,进一步健全"矛盾纠纷调处—司法确认—诉讼引调—代理诉讼"的全链条机制,集成发挥和解、调解、行政裁决、行政复议、仲裁、公证和司法裁判功能作用,实现矛盾纠纷和信访事项"一站式受理、一条龙服务、一揽子解决"。

近年来,湖州还着力探索数字化赋能矛盾纠纷调处化解机制建设,聚焦群众"急难愁盼"问题,开发了一批具有本地特色的应用场景。如针对湖州市外来务工人员多、欠薪矛盾多的实际,开发安"薪"云应用场景;为解决纠纷更加精准高效,首创"解纷码",率先探索"掌上矛调"应用,优化升级"线上矛调中心"。2021年至2022年,运用网上调解模式化解的矛盾纠纷达5800余件。

---

① 《人民日报》,2020年4月2日,第1版。

（四）推动更高层次公共安全建设

党的十八大以来，湖州深入践行新时代"枫桥经验"，进一步突出重点、深化改革、查漏补缺、巩固提升，狠抓不稳定因素的排查整治，深抓系统平安创建，全力推动更高层次经济社会安全建设不断取得新成效。

环境安全是公共安全的重要内容。一直以来，湖州产业结构以传统产业为主，高污染高耗能问题如影随形，给全市平安建设带来极大隐患。如长兴蓄电池行业污染问题曾引发群体性事件。为此，湖州大力实施蓄电池、有机玻璃、纺织、建材等高污染行业的多轮整治，推动传统产业转型升级，大力培育新能源汽车、物流装备、地理信息等新兴产业，转换了发展动能，有效防止了工业污染影响公共安全。与此同时，湖州坚持把解决突出环境问题作为突破口，统筹减污降碳协同增效，坚决打好治水、治气、治土、治废四大标志性战役，以治理变革推动环境质量整体提升，有效保障了人民群众的生态安全。

安全生产是公共安全的基石。湖州坚持以预防为主，排查隐患，推进风险防控，建立起网格式监管体系，健全风险隐患上报机制，实现安全生产监管无缝隙、全覆盖，确保安全事故源头管控。同时，每年常态化开展"安全生产月"活动，坚持安全生产巡查，深化安全生产责任制，开展了多轮危险化学品、矿山、建筑施工、油气管道、粉尘涉爆等重点行业的专项治理和"打非治违"，实现了重特大安全事故"零发生"。

乘着数字化改革的东风，湖州迭代升级基层治理"141"体系，推出了法护"两山"、打防电诈一体化等一批既能体现群众关切又能彰显湖州特色的典型应用，不断推动平安工作领域流程再造、制度重塑、体制变革。创新推出"数字乡村一张图"，开启乡村治理智治新模式。2022年，湖州"构建平安风险预测预警防控体系"项目荣获省改革突破金奖。该应用汇集了175类数据，开发5大类、30余小类预警模型，通过人工智能自动分析评判，第一时间实现预测预警。同时，"反诈指数、反诈热线、反诈一哥"一体推进，反诈品牌效应显现。

良好的营商环境，是最好的"平安报表"。2023年初，湖州出台《关于在全市政法系统开展"法护营商"行动,助力打造营商环境最优市的实施方案》,制定实施15项具体举措,全面提升营商社会环境、执法环境、司法环境、服务环境。市委政法委在市社会治理服务中心挂牌成立"法护营商"工作中心,上线全省首个"政法服务码",实现一码受理涉企投诉反映、一码流转交办办理清单。针对全市涉企纠纷诉前调解率上升的现象,湖州出台《房地产纠纷审判指引》《重点项目特设"共享法庭"建设运行实施意见》等规范性文件,着力涉及重点项目纠纷的预防化解。

民生保障是平安建设的底线。湖州坚持将就业作为民生头等大事,完善就业失业信息动态监测体系建设,针对大学生、退役军人等重点人群出台扶持政策,大力促进就业创业。根据经济社会发展形势,每年动态调整社会保障的缴费、补贴等政策,在推进企业减负的同时,提高社会保险覆盖面,增强兜底保障功能,为更高水平的平安建设提供了重要保证。

平安事关民生福祉,关乎国家长治久安。20年来,湖州市委牢固树立"大平安"理念,统筹发展和安全,传承和发展新时代"枫桥经验",打造共建共享的社会治理共同体,不断优化矛盾多元化解机制,打造市域社会治理现代化标杆城市。站在新的历史起点,湖州将以建设平安中国示范区的先行区为总目标,以"在湖州看见美丽中国"实干争先主题实践为总载体、总抓手,建立健全"大平安"闭环管控体系,加强经济金融、政府性债务、安全生产、地质灾害、防汛防台等重点领域风险防控,深化乡村治理"余村经验"和镇域治理"织里经验",进一步夯实基层基础,建设更高水平"平安湖州",不断擦亮"在湖州看见中国之治"的"金名片"。

(撰稿人:张守刚 统稿人:吴晓斌 审定人:顾国良)

建设"平安嘉兴",打造"幸福禾城"

◆ 中共嘉兴市委党史研究室 ◆

平安是最大的民生。20年来,嘉兴市委坚决扛起革命红船起航地的责任担当,始终秉持"大平安"理念,持续推进平安建设创新实践,为全市经济社会发展和人民幸福平安始终走在前列提供了重要保证。2023年,嘉兴夺得全省首批"二星平安金鼎"。至2024年,嘉兴连续19年获省平安市称号。

一、探索起步,积极开启"平安嘉兴"建设实践

21世纪初,嘉兴经济社会进入加速发展时期,同时又是各类社会矛盾冲突的易多发期,广大人民群众更加迫切拥有一个更加安全、和谐、稳定的生产生活环境。在这一背景下,市委积极落实省委建设"平安浙江"重要战略决策,全面开启"平安嘉兴"建设。

(一)部署实施"平安嘉兴"建设

2004年5月,省委召开十一届六次全会,作出建设"平安浙江"的重要战略部署,明确指出,"平安浙江"中的"平安"是宽领域、大范围、多层面的"大平安",涵盖了经济、政治、文化和社会等各个方面。7月,市委作出建设"平安嘉兴"的决定,明确提出:到2007年全部达到平安县(市、区)创建标准,确保社会政治稳定、治安状况良好、经济运行稳健、安全生产好转、社会公共安全、人民安居乐业。自此以后,市委始终坚持一手抓经济发展,一手抓社会稳定,把平安建设作为全市最大的民生工程予以全力推进。

"平安嘉兴"建设是一个系统工程,涉及方方面面,必须在党委的统一领导下,组织协调各部门、各单位的力量共同参与,形成齐抓共管的合力。为此,2004年,市委成立了建设"平安嘉兴"领导小组。当年9月,建设"平安嘉兴"领导小组第一次全体会议审议通过了《嘉兴市平安乡镇(街道)考核办法(试行)》等文件,把创建任务逐项分解到各条线和各职能部门。2006年,全市建立了动态管理制度、模拟评估制度和调研督查制度,以及平安建设培训机制。2008年1月,市委出台《关于今后三年深化"平安嘉兴"建设,促进社会和谐稳定的意见》,提出了深化"平安嘉兴"建设的总体要求和目标任务。

同时,嘉兴全面开展平安创建活动。2008年,制定了《关于在全市组织开展系列平安创建活动的实施意见》,以此为抓手全面推进平安医院、平安学校、平安工地、平安家庭、平安宗教活动场所、平安航道等19个系列的平安创建向纵深发展,并通过建立健全暗访督查、例会通报和模拟评审等制度,确保创建工作扎实有效。至2009年底,全市已在13个部门开展了20项系列平安创建活动。2009年3月,嘉兴以平安创建考核总分第一的成绩,位列全省平安市首位。同时,嘉兴所辖5县(市、区)也连续4年获得平安县(市、区)称号。

(二)加强社会综合治理

建设"平安嘉兴",关键在基层,关键在基础,关键在落实。基层矛盾种类繁多,如果不能有效防范、及时化解,就会影响社会稳定。为强化乡镇(街道)社会管理职能,不断提升基层矛盾纾解能力,2003年,嘉兴以乡镇一级空间站点塑造为抓手,在嘉善县姚庄镇试点建立镇综治司法信访联动服务中心,实行镇综治办、司法所、信访办合署办公,建立统一服务窗口,力求打造"一站式"社会矛盾调处中心。至10月底,全市74个乡镇(街道)全部建立综治司法信访联动服务中心。2005年,嘉兴将综治司法信访联动服务中心的功能进行拓展,新增协调组织、治安防范、流动人口管理等职能,逐步向综治工作中心过渡。2006年,实施"综治三进"工作,推动综治网络向村(社区)和企业延伸。至2007年,全市所有镇、村分别建立了综治工作中心、综治工作站,形成了纵向到底的平安网络。

21世纪以来，嘉兴民营企业发展迅速，成为拉动经济快速发展的一支重要力量。但是同时也存在劳资纠纷、外来员工犯罪案件多发等情况，给当地治安和社会稳定造成压力。针对这一情况，2004年9月，嘉兴创新开展"综治进民企"工作，在平湖试点在不同类型企业建立综治室，开展治安、调解、安全生产监督、经常性思想教育、劳动保障等工作。2006年，市委办公室、市政府办公室转发《市综治委关于推进"综治进民企"工作的意见》，在全市推广这一做法，在全市规模民营企业普遍建立综治工作网络，开展对职工的法制宣传教育、优化企业及周边治安环境、完善企业内部矛盾处理机制等工作。至2009年底，全市规模以上工业企业"综治进民企"覆盖率达到100%。

（三）打造全员维稳和流动人口服务管理新模式

21世纪初期，由征地拆迁而引发的社会矛盾开始激化，以及由此而引发的上访事件和群体性事件也逐年增多，同时嘉兴庞大的外来人口本身构成了一个崭新的社会管理问题，给城市公共服务和社会治安带来极大挑战。针对这些新情况和新问题，市委积极创新全员维稳和流动人口服务管理，主动化解社会矛盾与风险。

2004年，嘉兴建立了每月市、县（市、区）政法部门"四长"接访制度，初步构建起相对完善的维护社会稳定工作体系。2008年，嘉兴在秀洲区试点实施全员维稳责任制，建立起区领导、机关部门、乡镇（街道）、村（社区）干部的四级全员维稳工作网络，以增强维稳合力。2009年，在总结秀洲试点经验的基础上，在全市推行全员维稳责任制，把维稳职责层层分解落实到各级领导班子、职能科室及全体工作人员，推动形成全员参与、上下联动、齐抓共管的维护社会稳定的新格局。

嘉兴长期以来一直高度重视外来人口的管理与服务工作。2004年，开展外来人口管理服务中心建设的试点工作，加强出租房屋和暂住人口管理。2005年，完成暂住人口管理系统升级改造工作，初步形成流动人口教育、管理、服务、维权"四位一体"的工作格局。2007年，市、县（市、区）、乡镇（街道）三级成立相应的新居民服务管理组织体系，并取消暂住证制度，实行新居民居住证制度。居住证制度改革打破了外来务工者因户籍界限造成的城乡对立，让外来务工者享受劳动就业、社会保障、户口迁移、计划生育、子女教育等方面的同城待遇。2008年，嘉兴进一步探索构建新居民积分制管理制度，不断扩大向居住证持有人提供公共服务的范围和程度，使新居民就业、子女入读公办学校、住房保障、医疗保障等差别化公共服务的享受与新居民积分制管理工作相衔接。

（四）加强安全生产和维护社会公共安全

21世纪初期，随着经济社会的快速发展，嘉兴安全生产事故和突发性公共安全事件时有发生。安全生产关系人民群众的生命财产安全，关系经济发展和社会稳定大局。2005年4月，嘉兴出台《关于切实加强安全生产工作的决定》，提出从2005年起，3年内建立起较为完善的安全生产监管体系，努力实现全市各类事故总量、事故死亡人员和事故直接经济损失3项指标年增长率为零。至2006年底，市本级和县（市、区）、嘉兴经济开发区、嘉兴港区两级生产安全应急救援指挥中心全部建立，市、县（市、区）分别建立安全生产监察支队、大队。2008年1月，市政府召开市安委会全体成员扩大会议与各县（市、区）、市级有关单位签订年度安全生产责任书。各地各部门也层层分解责任，全面落实安全生产"一把手负责制"和"一岗双责制"，从政府、部门、企业3个层面健全安全生产管理责任体系。至2009年，嘉兴实现火灾事故连续5年"零增长"。

公共安全是社会稳定的基石。2005年10月，嘉兴成立市、县两级公共安全应急委员会，并建立应急处置工作小组、劝返队伍、特警队伍三支应急力量。2006年2月，成立市政府应急管理办公室，不断完善各类应急预案。2009年，先后制订《嘉兴市重特大事故应急处置预案》《嘉兴市大规模群体性事件应急预案》等一系列应急处置预案，对突发性、群体性事件的预警和处置做出规范。同时，围绕交通安全、食品安全、药品安全、环境安全等公共安全问题定期开展专项整治。2009年5月至7月，嘉兴部署开展严重交通违法行为集中整治，全市共查处严重超速4.35万起、车辆非法改装1.68万起、酒后驾驶532起，整治工作成效名列全省第二；8月至年底，部署开展酒后驾驶专项整治行动，推出酒后驾驶"预警式管理"和"发放出租车抵用券防酒驾"新举措,中央电视台等各级媒体予以宣传报道。在一系列措施的推动下,至2009年,嘉兴全市道路交通事故死亡人数连续7年实现"零增长"。

二、巩固提升,不断夯实"平安嘉兴"建设根基

嘉兴地处长三角中心位置,与沪、杭、苏、甬等大城市均实现了1小时交通圈。特殊的地理位置、便捷的对外交通给经济发展带来诸多便利的同时,也给社会治理带来相当大的难度。为此,嘉兴于2010年确立了"打造长三角最具安全感的城市"的平安建设总目标。围绕这一目标,市委多次召开工作会议,强调要努力建设"基础更牢、水平更高、人民群众更加满意"的"平安嘉兴"。

(一) 完善社会管理体制机制

为探索适应全市经济社会发展需求的新型社会管理之路,2010年,嘉兴确定秀洲区为全市社会管理创新综合试点区,旨在以破解基层基础建设、社会化大巡防体系建设、完善大调解工作格局、规范综治工作中心(站)建设难题为主要目标,探索改革社会管理体制机制。2011年7月,市委出台《关于加强和创新社会管理服务的实施意见》,明确全市社会矛盾化解、社区社团社工建设、公共安全保障、新居民服务管理、信息网络管理、新经济组织管理创新等"六大专项工作"。10月,全市召开加强和创新社会管理服务工作现场推进会,总结提炼富有特色、具有实效的创新成果和经验,切实发挥秀洲社会管理服务综合试点的示范引领作用,应用于全市社会管理体制机制创新。

嘉兴通过打造社会服务管理中心,进一步提升了全社会管理服务水平。2012年,嘉兴调整完善市综治委体制,开展乡镇(街道)社会服务管理中心建设,把乡镇(街道)综治工作中心更名为乡镇(街道)社会服务管理中心,将各类便民服务中心、党建服务指导中心、法律服务中心、就业保障服务中心、社会矛盾纠纷联调中心等统一纳入社会服务管理中心,使之成为乡

镇（街道）区域平安建设的权威机构及综合平台。

嘉兴积极构建"大调解"工作格局，2012年，以构建"大调解"工作体系为目标，开始构建市、县（市、区）、乡镇（街道）和村（社区）四级矛盾纠纷调解平台。2015年，出台《嘉兴市人民调解、行政调解、司法调解衔接配合实施办法》和《嘉兴市社会矛盾化解层级管理办法》，进一步完善诉调、检调、警调衔接，实现了人民调解、行政调解、司法调解"三调联动"。同时，为进一步增强社会矛盾调解的专业性和社会性，嘉兴深入推进人民调解组织建设，不断壮大"老娘舅""和阿姨""大阿姐"等"民间和谐员"队伍，在医患纠纷、交通事故纠纷、劳资纠纷、新居民调解等领域建立了113个专业调委会，有效提升了基层社会矛盾调解能力。至2016年底，全市基本建立了"党委领导、政府主导、综治协调、中心运作、部门联动、多元共治、标本兼治"为主要特色的"大预防、大排查、大调解"体系。

从2009年开始，嘉兴在全市部署推行社会稳评工作，明确要求将稳评工作纳入行政审批前置事项。2012年，出台《全面推行重大事项社会稳定风险评估工作的意见》等文件，明确稳评项目清单和相关责任。2013年，开展省重大决策社会稳定风险评估规范化试点工作，突出抓好重点项目、民生与社会保障重大事项等重点领域的风险评估工作。市委、市政府建立重大决策社会稳定风险评估工作领导小组，创设"八张表""六步工作法"推进风险评估工作。2014年，出台《嘉兴市加强对第三方社会稳定风险评估机构管理实施细则（试行）》，探索实施第三方评估，进一步完善社会稳定风险评估机制。

（二）创新推广"三治融合"

基层强则国家强，基层安则天下安。2013年，桐乡市高桥镇正处在"大征迁、大开发、大建设、大发展"的时期，社会矛盾较为复杂，亟需在社会治理上寻求新突破。为此，桐乡市委率先在高桥镇越丰村开展德治、法治、自治相融合的社会治理新方式探索，创设百姓参政团、百事服务团和道德评判团，开创了"三治融合"的基层社会治理实践。"三治融合"的基本机理是通过建立镇、村一级的百姓参政团，让百姓在重大问题上拥有知情权、参与权、建议权,形成"大事一起干"的良性机制;在村级层面建立道德评判团,强化道德约束力,形成"好坏大家判"的民间氛围;通过整合村里的"网格化管理、组团式服务"各支队伍,建立百事服务团,形成"事事有人管"的互助局面。同年11月,嘉兴召开全市坚持和发展"枫桥经验"暨推进基层德治、法治、自治建设工作会议,下发《关于创新基层社会治理方式,推进基层德治、法治、自治建设的指导意见(试行)》,在全市总结推广桐乡"三治融合"建设试点经验,以"德治"强化道德约束,以"法治"依法说理、定纷止争,以"自治"自我议事、内消矛盾,推动解决基层治理中的矛盾问题。2015年6月,全省创新基层社会治理现场会在桐乡召开,全面推广"三治融合"做法。

2016年2月,高桥镇在百姓参政团、道德评判团、百事服务团三大治理载体基础上,把原设于镇级层面上的百姓参政团延伸到村和社区,设立百姓议事会和参事会,推进共建共享的社会治理再创新。在此基础上,又创设了"一约两会三团"模式①,进而形成了"三治融合"社区"治理十条"②的创新经验。同时,嘉兴各地也注重挖掘村(社区)本身资源特色,创造性贯彻"三治融合",如南湖区联丰村创新推出嘉兴首家"三治会堂""法治驿站""法治农家乐"和全省首条"乡村振兴法治示范路",嘉善县横港村突出以"党建红"引领"法治蓝",乌镇镇陈庄村"法治小院"将乌镇竹编与法治文化有机结合,推动法治文化与乡土文化融合发展,等等。

(三)以民生促民安

嘉兴经济的快速增长带来了城乡居民的收入持续增长与获得感不断提升。同时,依托省级统筹城乡综合配套改革试点建设,嘉兴坚持在统筹城乡的过程中改善民生,推动城乡之间在就业、社会保障、医疗保障、义务教育等领域一体化改革,以城乡均衡发展促进区域和谐稳定,城乡基本公共服务均等

---

① "一约两会三团",是指村规民约,百姓议事会、参事会和百事服务团、法律服务团、道德评判团。
② "治理十条",是指党建引领、有约在先、百姓议事、组团服务、法治保障、道德评议、智慧助力、人才支撑、评价有标。

化水平持续走在全省乃至全国前列。

建立统筹城乡居民的就业保障体系。就业乃民生之本，也是"平安嘉兴"建设的重要起点。嘉兴以统筹改革的思路，不断打破计划经济体制下用行政手段将劳动力分割成城镇劳动力和农村劳动力、本地劳动力和外来劳动力的管理体制，逐渐建立起统筹城乡的就业管理、就业市场、就业服务、就业政策、就业援助制度，优化就业创业扶持政策。嘉兴的城镇登记失业率从2009年的3.5%下降到2016年的2.87%。

建立覆盖城乡的多层次社会养老保障体系。2010年1月，出台《嘉兴市城乡居民社会养老保险办法》，把各项社会养老保障制度未覆盖到的城乡居民全部纳入参保范围，着力建立城乡一体化、多层次、广覆盖、保基本的社会养老保障体系。此后，嘉兴不断推动各类社会保障制度有机衔接，推进全民社保。至2016年底，全市各类社会养老保险参保人数达到209万人，全市户籍居民养老保险参保率达98%。

率先构建覆盖城乡居民的医疗保障体系。2008年，嘉兴被卫生部列为新型农村合作医疗和城镇居民基本医疗保险制度相衔接的城乡居民合作医疗保险试点城市。2013年，嘉兴将合作医疗更名为城乡居民基本医疗保险，进一步扩大覆盖范围，增加新居民及全日制学生等参保人群。同年，市政府办公室出台《嘉兴市城乡居民合作医疗保险和职工基本医疗保险整合工作实施方案》。至2016年底，全市城乡居民基本医疗保险参保率达到98.5%，合作医疗的筹资额、覆盖面、受益率、保障度均居全省前列。

积极推进城乡义务教育均衡发展。嘉兴通过完善城乡教育管理体制，优化城乡学校布局等途径来促进城乡义务教育的均等化发展。2009年，对具有学籍的新居民子女全部免除学费、借读费和课本费。2013年，嘉兴所有县（市、区）全部通过国家义务教育均衡发展县评估。2015年，海盐县、桐乡市、海宁市率先通过省首批"基本实现教育现代化县（市、区）"评估，通过率列全省第一。至此，全市基本建立起了城乡之间、本地人与外地人之间的均衡性、高质量的义务教育公共服务。

民生至上，民安为要。嘉兴各级党委始终坚持把保障和改善民生放在突出位置，着眼于解决人民群众最关心、最直接、最现实的利益问题，坚持在统筹城乡的过程中改善民生，努力在学有所教、劳有所得、病有所医、老有所养上不断取得新进展，使人民群众有更多的获得感，进而把平安建设当成自己的事业，大力支持平安建设的各项举措，积极参与平安建设的各项工作，使平安建设获得广泛坚实的群众基础。

三、深化完善，奋力建设更高水平的"平安嘉兴"

随着世界互联网大会永久举办地落户乌镇和一些相关领域重大会议相继在嘉兴召开，给嘉兴提出了更高水平的平安建设要求。2017年8月，嘉兴召开全市"法治嘉兴""平安嘉兴"暨平安护航十九大动员会，提出嘉兴平安建设最新目标是打造"中国最具安全感城市"。围绕这一目标定位，嘉兴始终坚持以"八八战略"为总纲，发挥优势，补齐短板，不断提升平安建设的层次和水平。

（一）推进社会治理现代化

市域社会治理，一头连着经济社会发展，一头连着人民群众的幸福指数。2019年，嘉兴在全省率先制定和实施《市级"平安嘉兴"建设和社会治理工作协调机制操作规程》，明确4大类协调事项、5种协调方式。2020年5月，嘉兴成为全国市域社会治理现代化试点城市之一。此后，嘉兴先后出台《关于加快推进市域社会治理现代化的实施意见》《打造市域社会治理现代化先行市行动方案》，明确了"1+573"①的市域社会治理总体架构。2021年11月，市委办、市府办印发《关于全面加强"共享法庭"建设，推进基层治理法治化现代化的实施意见》，依托数字化手段，将司法服务融入基层治理，受到中央政法委有关领导的批示肯定。2023年10月，嘉兴获评"全国市域

---

① "1+573"，"1"是指以全国市域社会治理现代化试点为总牵引，"5"是指推动实施党建引领、"三治融合"、数字治理、风险防控、能力提升"五大工程"，"7"是指努力在完善"党委领导、政府负责、民主协商、社会协同、公众参与、法治保障、科技支撑"的社会治理体系中求实效、创特色、建机制，"3"是指推动建设治理质效最优城市、党群干群关系最融洽市、中国最平安城市。

社会治理现代化试点"合格城市。

同时,嘉兴不断深化基层社会治理,特别是推广"三治融合"经验。2018年,发布"三治融合"建设地方性标准和嘉兴"三治融合"十条经验,组建嘉兴市自治法治德治融合建设研究中心和浙江基层社会治理学院,命名首批100个"三治融合"示范村(社区)。2019年,嘉兴推动"三治融合"做法从乡村向城市覆盖,向金融行业、企业管理等领域延伸,海宁"请你来协商·民生议事堂"基层协商民主新品牌、桐乡"三治信农贷"等特色做法,得到中央、省委有关领导肯定。2020年,嘉兴推动把数字化技术融入基层社会治理,推动基层社会治理现代化、精准化、智能化升级,使"三治融合"跃升为党建引领的"自治、法治、德治、智治"的"四治融合"。2022年,嘉兴又创新探索"四治融合+协商治理"模式,推动矛盾纠纷诉前化解率居全省第一。

依法治理是社会稳定的前提。嘉兴在推动地方立法和法治政府建设的同时,坚持以法治思维和法治方式,优化调节经济社会关系、统筹协调各种利益冲突、稳妥处理各类矛盾纠纷。早在2013年,嘉兴就制定出台《关于推进城乡基本公共法律服务体系建设的指导意见》,着力构建市—县—镇—村的公共法律服务实体平台。2018年,坚持"全市中心工作推进到哪里,平安创建就跟进到哪里"理念,深化法律服务企业"百千万"工程。2019年,成立民营企业法律风险防范服务站,妥善处理涉企司法案件,依法加大知识产权保护力度。2022年,嘉兴成功创建全国法治政府建设示范市,嘉兴市和桐乡市、平湖市获评2021年度法治浙江(法治政府)建设优秀单位。

(二)以峰会平安推动全域平安

2017年,嘉兴建立了重大国际峰会维稳安保长效机制,主要有4个方面的特点:第一,突出抓标准,各机制的牵头部门、责任单位研究制定操作方案、标准规范和具体举措,提升应对各类风险的发现、防范、化解、管控能力;第二,突出抓重点,强化重点要素实名管控机制,在寄递物流、民爆危化品、交通客运以及出租房等重点领域,做到实名制全覆盖;第三,完善重点要素源头控制过程跟踪机制,实行敏感物资身份编码、销售信息等与公安联网，推动大数据运用，做到信息手段全覆盖；第四，完善重点地区、重点目标、重点部位防控措施，分门别类制定和落实监测预警、巡逻防控，做到防范和应急措施全覆盖。2022年，嘉兴重大活动安保工作"判实未执、应收未收"专项清理行动实绩获同类地区第一名，创新"智能、无感、动态、和谐"安保模式获省委主要领导批示肯定。

警力有限，民力无穷。嘉兴积极打造"乌镇管家"群防群治品牌。2015年，乌镇镇党委在深化网格化管理的基础上，大力弘扬"乌镇是我家、我是大管家"的主人翁精神，探索打造"乌镇管家"群防群治品牌，为乌镇峰会圆满召开和乌镇基层社会治理的创新突破，奠定了坚实基础。"乌镇管家"是乌镇的一支以基层群众为主要力量，以面上巡查、社情收集、矛盾化解、平安宣传为主要职责的基层社会治理群防群治队伍。至2022年底，"乌镇管家"人数达到4016人，共成立31个管理小组和116个工作站。"乌镇管家"织密了世界互联网大会"维稳网络"，延伸了大会安保触角，为保驾大会顺利召开发挥了独特作用。

从世界互联网大会乌镇峰会、二十国集团领导人杭州峰会平安巡防，到"迎亚运、筑平安"雷霆行动暨安全隐患大排查大清查，嘉兴以平安专项行动与日常平安工作融合的方式，在全市大力总结推广重大国际峰会维稳安保长效机制、"乌镇管家"等经验做法，织密全市"群防"的天罗地网，积极推动基层自治与政府治理的良性互动，全面推进"平安嘉兴"建设向更高水平、更高层次发展。2023年，嘉兴群众安全感满意率达到97.21%。

（三）推进"平安嘉兴"智慧治理

2017年以来，嘉兴按照习近平总书记"全面提升平安中国建设科学化、社会化、法制化、智能化水平，不断增强人民群众获得感、幸福感、安全感"[①]的指示精神，突出"智安赋能"，着力打造线上线下一体化工作体系。

创建市—县—镇三级社会治理智能指挥平台。2019年，嘉兴在全省建成首家市级社会治理综合指挥服务中心，全力打造"一朵云·五平台·百系

---

① 《人民日报》，2020年11月12日，第1版。

统"的社会治理云，联网集成全市60余个部门、100多亿条数据，并在全省首创多因素智能化分析模型，开发金融大数据检测、舆情监测、社会治理地图信息等系统应用，实现市域社会治理"大兵团作战"，有效甄别重点人员事件异动苗头，守牢"嘉兴不出事"的底线。

创新实施"互联网+调解"模式。2018年，嘉兴在全省率先推广在线矛盾纠纷多元化解平台，综合人民调解、综治调解、法院特邀调解等多元化调解主体元素，依托互联网、人工智能和大数据，实现社会矛盾调解网络化。同时，融合县级在线矛盾纠纷多元化解平台，打造集矛盾调解、信访调处、法律援助、劳动仲裁、诉讼服务"五位一体"的县级社会矛盾纠纷调处化解中心（信访超市）。同时，积极推进"互联网+群众诉求"服务体系建设，统一政务咨询投诉举报平台。

推动社会治安防控体系智慧化建设。早在2014年，嘉兴就试点"智安小区"建设，把智慧安防技术运用于社区，发挥视频监控的安全防范功能。2017年，按照全覆盖要求，在农村、集镇等盲点地区推动视频监控"补缺扫盲"。同时将铁路、公路、宗教场所等视频监控统一纳入政府公共视频建设范围，当年全市通过视频破案率达到40%。2019年，着力构建全领域智能感知网络。至2019年底，全市建成"智安小区"1399个，其中582个"智安小区"实现"零发案"。

（四）完善风险闭环管控大平安机制

2017年以来，嘉兴积极完善风险闭环管控大平安机制，深化重点行业领域安全建设，着力为嘉兴高质量发展打造安心放心舒心社会环境。

在安全生产监管方面，2017年，市安全生产委员会在原有2个专业安委会基础上，增设特种设备等8个专业安委会，形成"1+10"安全生产责任体系。2018年2月，市委、市政府制定出台《关于深入推进安全生产领域改革发展的实施意见》和责任分解方案，对88条具体改革措施逐项明确职责分工。2021年，全市开展"遏重大"攻坚、安全生产专项整治三年行动、建党百年安全生产攻坚行动等专项整治，排查整治各类安全生产问题隐患。

在食品药品监管方面，2018年，嘉兴出台《关于落实食品安全党政同责一岗双责的实施细则》，全面落实党委政府的总体责任、重点部门的监管责任、相关部门的指导责任、协会的自律责任和企业的主体责任。2020年，推进基层食安办、市场监管所规范化建设和网格化管理模式创新，在全省率先实现三星级食安办全覆盖，年内嘉兴市及所辖7个县（市、区）全部获得浙江省食品安全市县的称号。同时，持续推进药品领域专项整治行动，2022年，以严厉打击制售假药劣药、违法生产中药饮片、网络非法销售等为重点，开展药品安全专项整治，累计检查药品生产经营使用单位15171家，检查发现隐患问题86个，责令整改57家，问题整改完成率100%，查处药品违法案件66件。

在生态安全监管方面，2020年，为规范和加强生态环境保护监督工作，嘉兴出台《嘉兴市生态环境保护督查工作方案》，建立了常规督查和专项督查两种督查模式，有效推动解决全市突出生态环境问题。2021年，制定出台《生态环境保护督察嘉兴市整改督导工作方案》，组建9个市级督导检查组，重点对两轮中央生态环保督察和2018年至2019年国家长江经济带生态环境警示片披露问题整改情况开展每月专项督导。2022年，发布全国首个环保公众参与白皮书，做优做强"三大十招"问题发现和"民间河长""民间闻臭师"机制，累计发现并解决问题100余万个，生态环境公众满意度十年连升。

在网络安全监管方面，2017年以来，嘉兴将网络安全工作纳入平安建设、年度工作等考核，逐步形成党委领导、政府管理、部门履职、市县联动的一体化网络安全工作体系。探索建立了集中宣传和常态化宣传结合的宣传机制，连续多年在9月举办网络安全宣传周活动。重点开展打击非法网络共享网站及设备产品、非法境外卫星地面接收设施等专项整治行动，清理整顿网络视频有害信息，网络传播引导、网络舆情管控、网络安全"一分钟应急响应、一小时快速处置、一日内完成整改"等机制不断健全，广播影视和网络安全治理扎实有效。

此外，嘉兴还在经济安全、电信诈骗、社会治安等方面大力推进平安建设。2019年，嘉兴市扫黑除恶领导小组组长升格由各地"一把手"担任，出台《纵深推进扫黑除恶专项斗争，努力实现"嘉兴无黑"的实施意见》，顺利完成中央扫黑除恶专项督导组两次实地督导。2022年，出台护航经济稳进提质助企纾困 15 项举措,以"猎狐"、挂案清理等专项工作为依托,严打破坏经济秩序、危害企业发展、损害市场诚信等涉企案件。并进一步推进反诈"人民战争",发起全国电信网络诈骗领域集群战役 1 次,抓获犯罪嫌疑人 5000 余名,冻结资产 3 亿余元。同时,在全市持续开展平安企业、平安校园、平安医院、平安工地、平安交通、平安旅游、平安食品、平安金融、平安宗教场所和平安家庭等十大系统平安创建,不断迭代完善风险闭环管控大平安机制,以高水平安全服务发展,为嘉兴现代化建设营造安全稳定的社会环境。

平安是民之所盼,稳定是发展之基。20 年来,嘉兴以"大平安"理念为重要遵循,扎实推进"平安嘉兴"建设,全面落实总体国家安全观,坚决守牢高质量发展的安全底线,走出了一条嘉兴特色的平安建设之路。站在新起点,市委将坚决扛起红船起航地的使命担当,持续推动"八八战略"走实走深,加快治理体系和治理能力向现代化标准迈进、向国际级水平提升,全力打造"中国最具安全感城市",为加快建设共同富裕典范城市和社会主义现代化先行市筑牢安全底座,奋力谱写"中国之治"的嘉兴新篇章。

(撰稿人:李伟、唐铁球 统稿人:李伟 审定人:郭保东)

强化"枫桥经验"发源地使命担当，打造"平安绍兴"最美"枫"景

◆ 中共绍兴市委党史研究室 ◆

习近平同志在浙江工作期间，创造性地部署了"平安浙江"建设。20年来，绍兴市委按照习近平同志的指示，强化"枫桥经验"发源地使命担当，不断创新发展"枫桥经验"，积极推进"平安绍兴"建设，努力争创市域治理标杆地。2021年，绍兴成为平安中国建设示范市；2023年，绍兴获评"全国市域社会治理现代化试点"合格城市。

一、强化基层基础，着力构建"大平安"工作格局

平安稳定的社会环境，是经济社会可持续发展的重要前提，是人民群众是最基本、最普遍的愿望。进入21世纪，在经济保持高速增长的同时，各类社会矛盾急剧增加，给党委、政府带来较大的维稳压力。绍兴市委从维护改革发展稳定的大局出发，认真研究新发展阶段影响社会和谐稳定的新情况、新问题，积极开展平安创建，创造性地运用"枫桥经验"，推动绍兴在"平安浙江"建设中、在平安市县创建中走在前列。

（一）部署实施"平安绍兴"建设

作为"枫桥经验"发源地，绍兴在平安建设上大胆探索、先行先试。1995年6月，市委为深化发展"枫桥经验"，决定在全市范围内开展平安社区创建活动。至1999年底，全市建成安全村4285个，安全居委会290个，

安全单位1882个。2002年8月，诸暨市枫桥镇率先开展"平安枫桥"建设，打造"治安秩序良好、矛盾不上交"的平安乡镇（街道），并逐步在全市推广。2003年11月，习近平同志到绍兴考察，对绍兴的平安建设给予充分肯定。

从平安社区建设到"平安枫桥"建设，绍兴早期的平安建设重点在治安领域，属于"小平安"的范畴。2004年5月，省委十一届六次全会作出建设"平安浙江"决策部署，习近平同志在会上提出"大平安"理念。市委高度重视，先后两次召开常委会议传达学习会议精神，多次研究打造"平安绍兴"的工作方案和有关决定。6月，市委召开打造"平安绍兴"专题工作会议，结合经济社会发展中的特点和规律，分析解决社会发展中的矛盾和问题，将"平安绍兴"创建作为一个系统工程进行谋划部署。7月，市委五届三次全会作出《关于建设"平安绍兴"的决定》，提出了建设"平安绍兴"的目标、要求和工作措施，从更宽的视野、更广义的范畴将社会治安管理、安全生产生活、社会公共安全、流动人口管理、市场经济秩序管理、基层精神文明安全等工作全部列入"平安绍兴"建设范畴，涵盖经济、政治、文化和社会多个方面，总体目标是要实现经济更加发展、政治更加稳定、文化更加繁荣、社会更加和谐、人民生活更加安康。同时，市委成立了建设"平安绍兴"领导小组，协调指导全市平安创建工作。

（二）传承发展新时期"枫桥经验"

进入21世纪，浙江处在经济大发展、社会大转型的关键期，新老问题交织叠加，矛盾纠纷增多，"枫桥经验"再次发挥出独特优势。2003年11月，习近平同志在纪念毛泽东同志批示"枫桥经验"40周年暨创新"枫桥经验"大会上指出，"把学习推广新时期'枫桥经验'作为加强社会治安综合治理的总抓手"[①]。2004年8月，习近平同志在绍兴调研时指出，"枫桥经验"虽然诞生在农村，但其强化基层基础、就地解决问题的基本精神具有普遍的指导意义，不仅适用于农村，而且适用于城市，不仅适用于社会治安工作，而

---

① 习近平：《干在实处 走在前列——推进浙江新发展的思考与实践》，中共中央党校出版社2006年版，第276页。

强化"枫桥经验"发源地使命担当,打造"平安绍兴"最美"枫"景

且也完全适用于建设"平安浙江"的其他各项工作①。

市委坚决贯彻落实习近平同志重要指示精神,以传承发展新时期"枫桥经验"为抓手,通过创建"枫桥式平安乡镇(街道)"、推广乡镇(街道)综治工作中心等方式,推进基层基础规范化建设,织密覆盖城乡各领域的平安网,从源头上维护社会稳定。2004年2月,市委出台创新"枫桥经验"、创建"平安绍兴"五年规划,开展创建"枫桥式平安乡镇(街道)"活动。各级党委突出基层基础建设重点,从健全组织网络入手,增强基层疏导、化解、处置矛盾纠纷和治安防控能力,提高人民群众安全感。2006年末,绍兴达到"枫桥式平安乡镇(街道)"标准的乡镇(街道)占比为80%,人民群众对社会治安工作的满意率达85%以上。

在全面建设"枫桥式平安乡镇(街道)"的同时,全市推广乡镇(街道)综治工作中心建设。早在2003年8月,枫桥镇把综治办、司法所、信访办、调节委、警务室、流动人口管理办等多个部门集合在一起办公,整合资源、协调指挥,创立了乡镇综治工作中心。至2005年,绍兴市117个乡镇(街道)全部建立综治工作中心,并构建起"治安联防、矛盾联调、问题联治、事件联处、平安联创、管理联抓"的新机制,共调处矛盾纠纷15.8万起,调处率达99.3%,调处成功率达98.1%;摸排出各种不稳定因素6058件,经过调处,绝大部分得到有效化解,真正做到了"小事不出村、大事不出镇、矛盾不上交"。

全市在传承发展新时期"枫桥经验"过程中,不断推进基层民主自治的探索与实践,创造出一批典型经验。2004年,新昌县儒岙镇石磁村经过全体村民表决通过全国首部"村民自治特别法"——《石磁村典章》,成为村民制度治村的"根本大法";2005年,绍兴县②夏履镇创新"夏履程序",以保障村民知情权、参与权、决策权、监督权为核心,在重大村务决策上设计了出题、议题、筛题、审题、定题、亮题的"六步走";2006年,嵊州市三界

---

① 习近平:《干在实处 走在前列——推进浙江新发展的思考与实践》,中共中央党校出版社2006年版,第506页。
② 2013年撤绍兴县设柯桥区。

镇创新以"八项民主制度、八大工作流程"为主要内容的"八郑规程"①，以相关法律法规为依据，将民主制度、操作程序、规范运作和群众监督有机结合，建立起了一个比较系统、全面、规范的民主治村模式。这些基层民主自治制度，引导广大群众依法有序参与民主选举、民主决策、民主管理和民主监督，有效遏制了群众之间矛盾纠纷产生，为基层营造安定和谐有序的环境奠定了坚实基础。

（三）深化推进社会治安整治

平安不平安，关键看治安。绍兴是浙江经济相对发达的城市，21世纪初期，随着经济高速发展和城市化进程加速，社会管理滞后于经济发展，导致社会矛盾加剧，社会治安面临一系列新的问题。

为此，市委围绕建设"平安绍兴"的总目标，把维护稳定放在首位，严厉打击各类违法犯罪活动，扎实开展各类社会治安专项整治。2004年起，全市深化严打整治斗争，先后组织开展了打黑除恶、命案侦破、反"两抢一盗"、禁毒、禁赌、打击淫秽色情网站、校园周边环境专项整治等系列专项行动，对重点案件实行挂牌督办、领导包案制度，严厉打击各类严重刑事犯罪活动，成功侦破了一批影响较大的恶性重特大案件。例如，在2006年，绍兴先后侦破全省首例银行卡密码系列盗窃案、数据服务器遭非法入侵案、利用互联网介绍卖淫案等案件。

这一时期，随着外来务工人员增多，加强对流动人口的管理成为社会治安工作的新任务。早在2002年，绍兴就颁布了《绍兴市暂住人口管理办法》，将加强流动人口管理作为促一方发展、保一方平安的重要工作。各地因地制宜，结合自身实际先后探索出一批管理经验。其中，绍兴县针对外来人口管理"人户不一致"的问题，采取"以房管人"，开展出租房屋暂住人

---

① "八郑规程"是一种民主村治制度，以"八项民主制度、八大工作流程"为主要内容。"八项制度"是指民主选举制度、村务决策制度、财务管理制度、工程招投标制度、村务公开制度、民主管理监督制度、村干部谈听评制度、村干部工作追究制度；"八大工作流程"是指选举流程、村务决策流程、财务管理流程、招投标工作流程、村务公开流程、村务监督流程、谈听评流程和村干部责任追究流程。

口大排查，落实房屋出租者和租房者参与共同管理；诸暨市店口镇创新"外警协管外口"管理模式，2004年8月，店口派出所外来人口管理警务组建立，由贵州省2名公安民警、江西省3名干部及本地公安民警组成，协助管理在店口的贵州、江西籍外来务工者。2006年，国家公安部在全国推广这一做法。同时，为保障外来劳动者的合法权益，2004年至2007年，全市先后开展了"百日清欠维权、打造'平安绍兴'""零欠薪城市"等专项活动，建立健全解决拖欠工程款和农民工工资的长效机制，获得国家相关部门的充分肯定，也得到了人民群众的拥护。

与此同时，结合"基层基础建设年"活动，全市大力推进社区警务建设。实行警力下沉和警务前移，按照"户数适当、界限明确、配置合理、就近方便"的原则，建立集案件受理、纠纷调处、法制教育、求助服务于一体的村（社区）警务机制，构建联户防范网络、区域连片控管网络、巡逻联勤防范网络和社区联合整治网络，严密社会防控网络，最大限度地挤压犯罪空隙。经过3年整治，全市刑事发案上升势头得到遏制，社会治安环境状况得到明显提升。2007年，群众对公安满意率和安全感升幅分别位列全省第2位和第1位。

（四）切实维护社会安全稳定

维护社会安全稳定是创建"平安绍兴"的重要基础。市委高度重视安全生产工作，坚持"安全第一、预防为主、综合治理"方针，全面落实安全生产目标责任制，深化安全监管。多次组织综合性或专项性安全生产大检查和专项整治，对全市工矿企业和建筑工地的生产安全、文化娱乐场所和市场商场的消防安全、学校消防和卫生安全以及地质灾害的预防等进行统一大检查，整治矿山、危化品、道路交通和重大火灾隐患，及时处理各种突发性事件，确保人民群众生命财产安全。同时，多次开展卫生食品安全、药品药械安全、农贸市场等专项整治，确保食品卫生安全。2004年黄酒"叶万源"假酒案曝光后，相关部门第一时间成立绍兴黄酒打假协作网，开展专项执法行动，并以案为鉴建立长效机制。2004年至2007年，全市各类事故起数、死亡人数、直接经济损失连续4年实现三个"零增长"目标。

生态环境安全至关重要。工业产业快速发展带来经济增长的同时，也造成了日益严重的环境污染问题。2005年，新昌江下游周边的村民与京新制药原料药厂因环境污染问题产生冲突。事件发生后，绍兴市和嵊州市、新昌县党委和政府紧急动员，科学制订处置方案，加强了新昌江环境综合治理，妥善解决了群众生产生活中的实际问题，并推动村、厂建立环境友好型关系，切实保护生态环境安全。市委以此为鉴，正确处理人与自然、经济发展和环境保护的关系，全面推开生态市建设。

意识形态安全是社会公共安全的重要内容。绍兴是"文化之邦"，但伴随经济社会的发展，也受到一些不良风气影响。市委结合"双建设、双整治"活动，就文化市场开展了系统性整治。面对文化和演出市场的乱象，全市常态化开展"反盗版百日行动""校园周边环境专项整治""境外卫星电视传播秩序专项整治行动"等专项行动，加强对娱乐场所、网吧、印刷企业的安全管理，严密监控演出市场，确保全市文化市场、演出市场安全、健康、有序发展。同时，秉持一手抓整治、一手抓繁荣的原则，加强对意识形态阵地建设的领导，弘扬新时期"胆剑精神"，牢牢把握意识形态主动权，以精神文明建设引领社会健康稳定发展；深入实施"文化惠民"工程，满足人民群众日益增长的精神文化需求，为营造安定和谐有序的环境注入精神动能。

二、完善社会管理，深入推进"平安绍兴"建设

随着"平安绍兴"建设的不断深入，"大平安"的理念更加深入人心，社会总体也更加和谐稳定。但在社会逐步进入改革发展机遇期的同时，新的社会矛盾也日益凸显，因利益分配、土地征用、房屋拆迁、环境污染、社会保障等引发的各类矛盾纠纷不断显现，特别是2008年国际金融危机爆发后，绍兴部分企业生产经营面临较多困难，维护社会和谐稳定面临一系列新的挑战。绍兴市委认真贯彻落实中央和省委的部署要求，把发展作为第一要务，把稳定作为第一责任，坚持发展"枫桥经验"，深入推进"平安绍兴"建设，不断创新社会管理的理念思路、体制机制和方法手段，确保社会和谐稳定。

(一) 加强社会稳定风险评估和预警机制

面对新形势新任务,市委积极推进工作思路上的转变,逐步实现以打为主向打防结合、预防为主转变,化被动保稳为主动创稳。

为从源头上预防和减少重大事项决策、执行、实施过程中的隐患,绍兴自2009年开始实施重大事项社会稳定风险评估。2011年,市委市政府制定出台了《绍兴市重大事项社会稳定风险评估实施办法(试行)》和《绍兴市重大事项社会稳定风险评估工作实施细则》等规范性文件,明确按照"谁主管谁负责、谁评估谁负责、谁决策谁负责"和"应评尽评、先评后行"的原则,将重大事项社会稳定风险评估作为出台重大决策的前置程序,从源头上预防和减少不稳定因素。

各类矛盾纠纷是威胁社会稳定的主要源头。市委积极建立社会稳定预警机制,要求各级各部门在作出事关经济社会发展的决定时,要坚持把预测放在决策之前,开展前期调研,召开专题会议,对可能产生的影响和出现的后果进行详细周密的分析,组织职能部门提前介入,最大限度地预防重大决策实施中可能出现的矛盾纠纷。一旦发现矛盾纠纷苗头,立即采取处置措施。上虞于2010年2月建立社会稳定"三色预警"机制,构建"一张图"维稳体系。2012年,全市深化推广该机制,创新和完善预警内容、预警标准及预警途径,健全和完善县(市、区)、乡镇(街道)、村居(社区)三级矛盾纠纷排查网络,推动基层维稳工作关口前移。

绍兴坚持经常性排查与特殊敏感时期集中排查相结合,以经常性排查为主,规范矛盾纠纷排查工作机制。按照"月排月报、随排随报、急排急报"的工作要求,落实常规性的矛盾纠纷排查活动,定期发出评估报告,分析预测社会形势,及时化解矛盾纠纷。分析研究群体性事件的规律和特点,深化和完善预测预警、排查化解、应急处置、责任追究、工作保障等"五项机制",不断提高预防处置群体性事件的能力,尤其对事关群众切身利益、可能引发群体性事件的矛盾纠纷,强化情报信息工作,及时排查化解矛盾,防止矛盾激化。

（二）构建大调解工作体系

针对医患、劳资、交通事故、环境污染、物业、消费等领域矛盾纠纷突出的状况，市委坚持"调解优先"原则，按照"整合资源、健全网络、规范运行、探索创新、整体推进"思路，积极构建党委、政府统一领导的"四级联动、五调对接"矛盾纠纷大调解工作格局。

2007年后，中央有关部门和省委、省政府相继出台了一系列政策、文件，要求进一步加强新形势下人民调解工作。为贯彻落实上级指示精神，2010年和2011年，绍兴先后制定了《关于推进社会矛盾纠纷"大调解"工作体系建设的实施意见》《关于推进大调解工作体系建设的实施意见》等政策文件，确定建立党委、政府领导，各职能部门协调配合，司法行政部门负责具体事务，以人民调解为基础和依托，人民调解与司法调解、治安调解、仲裁调解、信访调处既独立发挥作用又相互衔接，纵向到底、横向到边的大调解工作体系。各县（市、区）也出台相应的配套政策，鼓励基层结合本地实际探索创新。

2008年，诸暨市成立联合人民调解委员会，构建市、乡镇（街道）、村（社区）三级联动，基层人民调解、司法调解、社会组织调解、专业调解"四线组合"的多层次、专业化、全覆盖的"枫桥式"社会矛盾大调解新体系。相关做法和经验受到中央主流媒体关注。在此基础上，2010年，绍兴市人民调解工作中心成立。按照"哪里有人群哪里就有调解组织，哪里有矛盾哪里就有调解工作"的要求，大力加强调解组织、调解员队伍建设，建立健全组织网络。至2012年，绍兴基本建成市、县（市、区）、乡镇（街道）、村（社区）四级矛盾化解网络和调解工作平台，建立各级各行业调委会3833个。

绍兴积极完善考核机制，将大调解工作情况纳入平安建设和综治目标管理，纳入领导干部抓维稳工作考评体系，确保各项工作落到实处、取得实效。同时，绍兴还广泛吸收社会力量参与大调解工作，形成诸如诸暨市的"老杨调解室"、越城区的"306和事佬工作室"等一大批品牌调解经验，发挥了矛盾化解的基础性作用。2012年排查调处社会矛盾纠纷12万余件，成功率达

97.54%，有效消除一批不稳定因素。

（三）打造安心放心舒心社会环境

市委坚持以人民为中心，按照构建和谐社会的目标要求，大力加强社会建设、创新社会管理，为人民群众打造更加安心放心舒心的生产生活环境。

绍兴大力夯实平安创建基层基础。2008年，市委、市政府召开平安建设推进大会，提出要把夯实基层基础作为坚持发展"枫桥经验"的根本措施，发挥基础组织维护社会和谐稳定的战斗堡垒作用。此后，大力推进和谐促进工程和"网格化管理、组团式服务"工作。2012年，全市划分网格11349个，组建服务团队16237个，参加服务人员97326人，形成了服务团队定期走访交流、社情民意研判、服务情况报告反馈等工作机制，把党的工作触角延伸到了社会末梢，覆盖到了各个角落。同时，探索形成了"信息综合化、打击专业化、巡防网格化、管理规范化"的社区警务工作模式，全面推进警源治理、警网协同，构筑起体系比较完备的基层治理"桥头堡"。

在公共安全方面，绍兴全面贯彻落实浙江省《关于进一步加强安全生产工作的意见》，推进安全生产主体责任落实、基层基础建设和"平安绍兴"创建。积极开展安全生产监管模式创新，重点推进安全生产企业分类管理，探索实施中小企业"托管制度"、矿山"周末监管制"等差异化监管模式。高度重视食品药品安全，建立健全部门监管信息共享平台，完善日常抽查检查机制，推行食品药品安全可追溯制度。强化环境保护监督执法，严厉打击各类超排、偷排等不法行为。在做好各项预防、整治工作的同时，强化应急管理，重点加大以农村、社区为重点的基层应急投入，提高突发事件的综合应急和处置能力。

为提升公共服务能力和社会保障水平，绍兴持续加大教育、医疗卫生、文化体育等公共产品供给，努力促进资源共享，加快实现公共服务均等化。完善养老保险和医疗保险制度，推进失业、工伤和生育保险制度，积极探索被征地农民养老保障办法，基本建立起与社会主义市场经济相适应的、覆盖城乡居民的就业、养老、医疗、工伤、生育社会保障体系。随着群众生活水平的持续提升，共建共治共享的社会利益格局的不断形成，平安建设的根基越来越牢固。

三、创新市域治理,全面深化"平安绍兴"建设

党的十八大以来,以习近平同志为核心的党中央高度重视平安中国建设。绍兴市委坚决贯彻习近平总书记重要批示指示精神,坚持"大平安"理念不动摇,与时俱进地坚持好、发展好"枫桥经验",把平安建设放到"五位一体"总体布局中来谋划和推进,积极创新平安建设方法路径,实现平安建设从"社会治安—社会管理—社会治理"的嬗变,努力打造共建共治共享的市域治理新格局。

(一)坚持和发展新时代"枫桥经验"

党的十八大以来,习近平总书记就坚持和发展新时代"枫桥经验"作出一系列重要指示,赋予"枫桥经验"新的时代内涵和历史使命。市委牢牢把握"群众唱主角、干部来引导、德法加智治、有事当地了"的新时代"枫桥经验"实践特征,推动新时代"枫桥经验"从乡村走向城市,从网下走向网上,从平安综治走向经济社会发展各领域。

绍兴以"枫桥经验"持续赋能乡村治理,探索创新基层社会治理模式。2014年11月,市委出台《关于坚持发展"枫桥经验",推进乡村治理现代化的通知》。全市各地形成了各具特色的民主治村模式,例如,诸暨市深化推广"三上三下"民主决策机制,即"一上一下"收集议题,入户采集村民意见,村"两委"会集体研究讨论议题;"二上二下"酝酿方案,村"两委"会集体讨论收集议题、民主恳谈法律顾问专家论证;"三上三下"审议决策,由村"两委"会和党员代表大会审议,村民代表无记名投票表决。将大小矛盾化解在基层,大大提高了乡村综合治理水平。

"枫桥经验"不仅适用于乡村,也适用于城市。绍兴大力推进"枫桥经验"城市版建设,率先在全省开展融合型大社区、大单元治理,建设"红色物业"、"红色业委会"和小区党支部三方协同治理。至2023年,全市建立小区党支部1799个,实现小区党组织覆盖率达100%。依托党建联建机制建设,网格、商圈、楼宇内的共治力量也被充分调动起来,有效实现了社区治理"多方协同"模式。

强化"枫桥经验"发源地使命担当,打造"平安绍兴"最美"枫"景

绍兴积极推进新时代"枫桥式"系列品牌建设,成为推动平安建设的重要抓手。全面开展以"破小案、办小事、解小忧、帮小忙、惠小利"为主要内容的"枫桥警务模式"创建,努力实现警务围着民意转、民警围着百姓转。2019年起,新时代"枫桥警务模式"在全省、全国推广。至2022年,全市成功创建全国"枫桥式公安派出所"2个、浙江省"枫桥式公安派出所"13个。此外,还实施了新时代"枫桥式"法庭、检察室、综合行政执法中队等创建。

在传承发展"枫桥经验"过程中,绍兴还努力探索将党建组织优势转化为基层治理优势,不断勾勒出全域善治好"枫"景。越城区开展党建联建全域深化行动,实现联建领域由城市社区向全域覆盖、联建主体由组织签约向人人签约、联建机制由单项协议向多方联建、联建方式由线下参与向线上组织的"四大转变"。嵊州市传承发展"民情日记",开发"浙里民情"数字化应用,将"小本子"发展到"大数据",全市机关干部结合线上线下"民情大走访",实现平安知识大宣讲、平安底数大起底、平安隐患大排查。

发动和依靠群众是"枫桥经验"的精髓所在、灵魂所在。无论在乡村还是社区,人民群众是最广泛、最活跃的社会治理主体。至2023年,全市共有4412个社会组织参与平安建设,21.5万余名志愿者参与平安建设。其中,形成了诸如"九斤姑娘"调解室、"红枫义警"等各类品牌调解室和平安类社会组织,与基层政府形成协同治理的最大合力,形成了人人参与、人人尽力、人人享有的生动局面。

(二)推行德法加智治的多元治理模式

"枫桥经验"的精髓是不变的,但社会治理的方式方法随着时代的发展在不断变化。以德治润心、以法治为纲、以智治支撑的多元治理模式是"枫桥经验"创新发展的"金钥匙"。

"德治"是先导。道德教化是培育基层社会治理内生动力的重要方式。绍兴积极完善社会、学校、家庭"三位一体"的德育网络,发挥家风家训、生活礼俗的教化作用,通过打造"浙江有礼·德润越地"市域文明新实践品牌,实施身边好人道德工程等措施,积极争创全国文明典范城市。2015年绍

兴首次荣获"全国文明城市"称号,并成功实现文明城市"三连冠"。2020年,颁布实施《绍兴市新时代公民道德建设行动方案》,成为全市践行社会主义核心价值观的行动准则。全市形成道德实践与基层治理的良性互动新模式,在更高水平上促进了社会和谐稳定。

"法治"是保障。深入推进平安建设,必须牢固树立法治理念,善于运用法治方式解决平安建设面临的问题,把平安建设纳入法治化轨道。党的十八大以来,绍兴着力推动基层治理法治化,强调运用法治思维与法治方式化解基层矛盾纠纷。截至2023年,全市共建成"共享法庭"2362个,建成全国民主法治示范村(社区)21个,省级民主法治村(社区)439个,市级以上民主法治村(社区)占比达80%。先后颁布施行了全国首部地方创制性立法《绍兴市"枫桥经验"传承发展条例》以及《绍兴市重大决策社会风险评估实施细则》等地方法律法规,为绍兴更好地坚持和发展好新时代"枫桥经验"提供了制度化、法治化保障。同时,绍兴不断加大全民普法力度,培育和弘扬尊重社会主义法治文化,在全社会倡导公民和组织学法守法用法。深入开展"六五""七五""八五"普法,高质量开展"法润绍兴"行动,积极推进"大综合一体化"行政执法改革,各领域法治化水平持续提升。2022年,绍兴市全市行政机关违法问题处置率满意度全省第一、公民法治素养测评全省第二。

"智治"是支撑。以互联网技术、信息技术为主要特征的科技革命给平安建设注入了新的生机和活力。党的十八大以来,按照省委部署,绍兴先后实施"四张清单一张网"、"最多跑一次"改革、数字化改革等改革,强化智慧治理。全市构建起高效智能的乡镇(街道)—村(社区)—网格协同联动治理体系"浙里兴村治社"平台,创新打造矛盾纠纷全量掌握的"数智枫桥"平台等一系列数字应用,推动更多社情民意在网上了解、更多矛盾纠纷在网上解决。让社会治理更智能、更高效,人民群众的获得感、幸福感、安全感、认同感在科技支撑下不断增强。

(三)构建矛盾化解机制和责任落实机制

国之兴衰系于制,民之安乐皆由治。自2019年11月起,绍兴开始建设县、镇、村三级社会矛盾纠纷调处化解中心。当年12月，诸暨市成立矛调中心，入驻11个部门涉及21项职能，实现信访整体入驻、公检法司常驻、社会组织共驻。2020年3月开始，绍兴全面推进矛调中心建设，至年底，全市三级矛调中心体系建设基本完成。绍兴创造性地推进矛调中心标准化建设，以"一窗受理、调解对接、教育疏导、分层协调、领导接访、督办指导、分析研判、应急处置、建议征集、激励培训"等"十大机制"为牵引提高中心运行效能，并构造了"631"工作机制，旨在按照难易程度分别把占总量约60%、30%、10%的社会矛盾纠纷化解在村级、镇级和县级矛调中心。2023年，全市各类矛盾纠纷化解率达99.92%。

"大平安"内容范围广、层次多，在现实管理中，往往容易出现功能、政策、资源、信息"碎片化"等问题。绍兴加快构建党委统一领导、各部门齐抓共管的"大平安"责任落实机制。党的十八大以来，绍兴充分发挥各级党委（党组）"总揽全局、协调各方"的作用，由市、县（市、区）、乡镇（街道）党委主要领导牵头，政府主要领导和分管政法的领导共同担负领导责任，相关党政职能部门参与，高规格组建三级平安建设领导小组，及时研究化解平安建设中的痛点、堵点、难点问题，确保各项任务落到实处。同时，从横向联动、纵向推动两个维度入手，构筑以责任闭环落实、工作闭环落地、风险闭环管控为主要内容的体制机制，横向推动"党委领导、政府负责、民主协商、社会协同、公众参与、法治保障、科技支撑"要求具体化，纵向完善"市级主导、县级主抓、镇级主战、村级主防、单位主责"的责任体系，形成了政治安全、社会矛盾风险防范化解、社会治安防控、行业监管、网络安全、经济金融等六大安全防范体系，参与部门从平安建设之初的20多个增加到60多个，基本实现了横向与纵向全覆盖。2020年12月，绍兴市社会治理综合指挥中心和四级社会治理综合指挥系统启用，实现了市域即时感知、全域联动、一网统管、一体指挥。

（四）持续夯实平安基底

市委紧紧抓住影响人民群众安全感的突出问题，着眼于标本兼治，以项目化推进、清单式落实的办法，持续开展重点领域专项治理，牢牢守住平安建设底线。精心组织开展针对"套路贷"、电信网络诈骗等违法犯罪和安全生产、道路交通、消防安全、食品药品安全等领域的专项整治行动,取得了实实在在的成效。深入推进扫黑除恶专项斗争,全市共打掉黑社会性质组织26个、恶势力犯罪集团146个、普通恶势力团伙145个,查处涉黑涉恶腐败及其"保护伞"147件405人,人民群众满意率达98.6%。2022年,全市共立刑事案件14289起,同比下降17.33%,现发命案、"五类案件"全部告破。全市黄赌毒警情同比下降14.3%,刑事案件、侵财案件发案同比分别下降23.55%、29.51%。同时,持续提高防灾减灾救灾能力。全市应急管理体系、救援体系逐步构建完善,安全生产治理体系逐步健全,针对绍兴化工印染企业多的特点,全面推进危险化学品生产企业提升改造,有效降低化工企业安全风险。不断提高灾害防治水平,出台防汛防台抗旱、森林防火、地质灾害等应急预案、管理体系,进一步保障人民群众生命财产安全。

20年来,绍兴坚持发展"枫桥经验",着力打造"平安绍兴",经济社会发展取得非凡成就,城乡环境面貌发生深刻变化,人民生活水平得到显著提升,千年古城在新时代绽放夺目光彩。新征程上,市委将深入学习贯彻习近平同志考察浙江重要讲话和考察绍兴重要指示精神,坚持创新深化、改革攻坚、开放提升,着力打造社会治理新范式,推动"枫桥经验"创新发展,建设更高水平"平安绍兴",打造新时代"枫桥经验"创新发展的标志性成果,为平安中国建设增添更多的绍兴"枫"景。

(撰稿人:朱伟明、李登科、钱琦珺

统稿人:朱伟明　审定人:朱全红)

全力推进"平安金华"建设，坚定护航经济社会高质量发展

◆ 中共金华市委党史研究室 ◆

建设"平安浙江"，是习近平同志立足浙江发展转型、体制转轨、社会变革引发矛盾问题早发多发的实际，审时度势作出的重大部署，既是"八八战略"的深化、细化、具体化，又是深入实施"八八战略"的重要保证。20年来，金华市委坚决贯彻"大平安"理念，坚持高站位引领、高水平统筹、高效能治理，自觉把"平安金华"建设置于经济社会发展全局中谋划推进，为金华持续健康发展构筑起坚强保障，为以"浙江之窗"展现"中国之治"贡献金华元素、金华力量。

一、践行"大平安"理念，营造和谐稳定社会环境

21世纪初，金华正处于加快发展的战略机遇期，社会急速转型，社会矛盾凸显。2003年12月，市委四届十一次全会明确提出打造"平安金华"，全面推广新时期"枫桥经验"，建立健全疏导化解、治安防控、经常性严打等机制，及时化解群众矛盾。2004年5月，在省委作出建设"平安浙江"的决定后，市委以高度的政治自觉迅速贯彻落实省委部署，组织开展建设"平安金华"大调研。7月作出建设"平安金华"的决定，要求进一步建立健全

"六大机制",着力营造"六个环境"①。由此,"平安金华"正式向涵盖经济、政治、文化和社会各方面宽领域、大范围、多层次的"大平安"转变。

(一) 加强社会治安综合治理

社会治安是影响群众安全感最直接的因素。随着经济的快速发展,社会开放性、流动性增强,社会治安面临的挑战日益加大,流窜犯罪和流动人口犯罪问题突出,严重刑事犯罪数量增多、危害加剧。市委坚持"什么犯罪突出就重点打击什么犯罪,什么治安问题严重就重点解决什么问题,哪里治安混乱就重点整治哪里"的思路,以打开路、打防结合,全力维护社会治安稳定。结合集中打击、专项整治和经常性打击,健全贯彻严打方针的经常性工作机制,完善挂牌督办、领导包案等措施,持续深入开展治安乱点和治安突出问题集中整治,依法重点打击严重暴力犯罪、黑恶势力犯罪、毒品犯罪和侵财型犯罪,有力遏制刑事案件高发势头。从 2004 年开始,市委深入贯彻"打防结合、预防为主"方针,结合平安乡镇(街道)、平安村(社区)等创建,统筹开展"百镇示范、千村创优"活动,以强化基层综治组织,完善联调、联防、联勤、联治、联创机制为重点,全面推进乡镇(街道)综治工作中心和村社(企业)综治室(站)规范化建设,并以社区群防网、街面巡逻网、重点部位监控网、卡点堵截网为主要内容,点、线、面结合,人、技、物配套,构筑社会治安防控体系。探索形成出租车治安管理、旅馆业治安星级管理、建筑工地外来人口公寓式管理等做法,有效预防和减少违法犯罪。2005 年全市刑事立案数扭转逐年增长态势,2006 年同比继续下降,社会治安状况逐步好转。

---

① 健全"六大机制",着力营造"六个环境",是指建立健全严打经常性工作机制,着力营造安全稳定的政治环境;建立健全治安防控工作机制,着力营造安定祥和的治安环境;建立健全矛盾纠纷疏导化解工作机制,着力营造规范有序的法治环境;建立健全宏观调控工作机制,着力营造健康协调的经济环境;建立健全各种预警和应急工作机制,着力营造安居乐业的生活环境;建立健全精神文明和民主法制建设工作机制,着力营造团结和谐的人文环境。

(二) 防范化解矛盾纠纷

随着利益格局的加快调整,金华信访问题频出,一度被列为全省信访问题重点管理市。市委坚持推广"枫桥经验",健全完善矛盾纠纷疏导化解机制,切实推动矛盾纠纷解决在基层、化解在萌芽。

市委坚持大抓基层,深入实施"先锋工程",全面推行农村基层组织"三有"① 目标管理,建立健全村党组织领导的村民自治运行机制,扎实推进村级民主政治建设,从源头上预防和减少矛盾产生。2004年6月,武义县后陈村为破解长期存在的"村干部的权力缺少监督、村财务不公开不透明、村里的事村民做不了主"的问题,成立全国首个村务监督委员会,实现村务监督由事后监督向事前、事中、事后全过程监督转变,有效减少矛盾发生。2005年6月,习近平同志到后陈村调研时给予充分肯定。在他的关心和指导下,村务监督委员会制度迅速在全省推广。

信访工作是党的群众工作的重要组成部分,是了解社情民意的重要窗口。维护群众合法权益,解决信访突出问题,是信访工作的出发点和落脚点。2003年9月,习近平同志把浦江县作为下基层开展信访工作第一站,率15个省直部门负责人到浦江协调解决群众生产生活中的实际困难和难题。2004年4月,市委、市政府印发《金华市信访工作责任制》,建立健全联席会议、下访约访、包案处理等10项信访工作制度,全面推广领导干部下访接待群众,坚持每年开展两次全市范围矛盾纠纷集中排查调处和领导干部下访接访群众活动。2006年,在落实责任制的同时,进一步加强信访工作基层基础建设,推行"五个一"② 要求,形成信访工作上下贯通的网络体系和切实有效的工作机制,解决了一批带有普遍性的重点、难点信访问题,推动信访形势明显好转。

---

① "三有",是指加快发展有本事、解决困难有办法、化解矛盾有权威。
② "五个一",是指县(市、区)有一套加强基层信访工作的工作机制;乡镇(街道)、村(社区)两级有一套矛盾调处机制和工作制度;乡镇(街道)有一支强有力的信访工作队伍,有一处良好的信访接待场所;村(社区)有一批信访信息员和信访事项调解人员。

建立健全矛盾纠纷社会联动调解机制。金华坚持以人民调解、司法调解、行政调解相结合，建立健全矛盾纠纷社会联动调解机制，鼓励引导社会力量参与，使大量社会矛盾得到及时有效化解。2000年10月，义乌为解决日益突出的劳资矛盾，率先建立义乌市职工法律维权协会（现改名为义乌市职工服务中心），探索以法律法规为基准，以社会化维权为特征，以协商调解、参与仲裁、代理诉讼、法律援助为基本手段，覆盖劳动关系全过程全领域的协调机制，有效保障职工权益。2005年8月，习近平同志到义乌调研时，对工会社会化维权机制给予充分肯定。9月，中华全国总工会在义乌召开工会维权机制建设经验交流会，义乌工会社会化维权机制向全国推广。

（三）持续增强公共安全

公共安全事关人民群众生命财产安全，事关改革发展稳定大局。面对突发事件时有发生的新形势，市委坚持预防与应急并重、常态与非常态相结合，建立健全公共安全应急机制和社会动员机制，切实提高全社会应对突发公共事件的能力。2005年，制定《突发公共事件总体应急预案》和15个专项预案，建成市应急指挥中心并投入使用，实现自然灾害、事故灾难、公共卫生事件、社会安全事件等4大类突发事件处置有章可循。市本级和各县（市、区）相继成立安全生产监督管理局，各乡镇（街道）设立安全监管派出机构或配备专职安全生产监管员，构建起"横向到边、纵向到底"的安全生产责任体系，夯实安全生产责任制。同时，大力推进安全生产设施建设，加强安全生产宣传教育培训，深入开展安全生产专项整治，有力扭转各类事故高发多发状况。针对重点行业、重点领域安全问题，2004年起，金华先后开展道路和水上交通安全、危险化学品安全、民爆物品和烟花爆炸物品安全等专项整治，一批群众反映强烈的公共安全问题和重大隐患得到有效整改。2005年全市安全事故起数同比下降15.2%，2006年同比继续下降11.2%。

（四）护航经济健康协调发展

安全是发展的前提，发展是安全的保障。市委坚持全面协调可持续的发展观，深入实施"提升工业化、加快城市化、推进城乡一体化"发展战略，有效调节各类经济关系，促使经济发展充满活力、富有成效、健康运行。充足的要素供给和资源保障是实现经济安全的重要前提。市委自觉把抓好当前发展与增强长远后劲相结合，全力破解资源、要素保障瓶颈制约，大力发展园区经济、循环经济，优化产业结构，促进经济稳步健康发展。2004年以来，全面实施"双百工业园区"工程①，积极开展资源节约和综合利用、黄土丘陵综合利用等试点工作，强化要素保障。坚持保护与开发相结合，开展土地市场秩序和开发区清理整顿，建立工业用地节约集约利用长效机制，不断提高用地保障水平。电力安全是经济发展的重要支撑。金华坚持开源与节流相结合，科学启动有序用电、自主用电、高价购电，推进浙能兰溪电厂等电源电网建设，2006年全市电力供需矛盾基本缓解。金融安全是经济安全的核心。金华坚持服务与监管相结合，向管理要资金、向效率要资金、向金融创新服务要资金、向外地银行和金融机构要资金，有效缓解资金紧张局面。

规范市场经济秩序，是实现经济安全的重要保证。市委坚持标本兼治，立足治本，大力整顿和规范市场经济秩序，净化经济发展环境。积极发展和规范中介服务机构和各类行业协会、商会等自律性组织，完善行政执法、行业自律、舆论监督、群众参与相结合的市场监管体系。依法重点打击偷税骗税、金融诈骗、制假销售等经济犯罪。2004年起，先后开展加强知识产权保护、打击商业欺诈、打击偷逃税、净化文化（农资）市场等专项行动，成功破获一批重特大案件。同时，大力推进"信用金华"建设，探索建立以企业为主体的社会信用服务体系，建立健全诚信激励机制和失信惩戒机制，营造诚实守信的市场环境。

二、加强社会管理，巩固"平安金华"良好态势

2007年6月，省第十二次党代会对构建社会主义和谐社会作出新部署，要求大力发展社会事业，切实加强社会管理，统筹协调各方面的利益关系，

---

① "双百工业园区"工程，是指2004年至2007年全市新开发工业园区100平方千米，基础设施投入100亿元以上。

让全体人民共享改革发展成果。对此，金华市委坚定贯彻落实省委决策部署，以解决民生问题为重点，以实现全面、动态、可持续的和谐稳定为目标，不断巩固社会和谐稳定的良好局面，使"平安金华"建设更加可感可触。

（一）保障和改善民生

民生问题无小事，关系老百姓的切身利益，同时也是矛盾多发领域。市委始终高度重视民生问题，把全力改善民生作为深化平安建设工作的重要内容。2008年7月市委作出决定，深入实施"创业富民、创新强市"战略，推进"富民、利民、惠民、安民、亲民"五项行动计划，从群众最关心最直接最现实的利益问题入手，量力而行、积极而为，努力让人民群众得到更多实惠。

就业是民生之本。市委坚持实施积极的就业政策，2008年开始全面实施"低收入农户奔小康工程"和"城镇低收入家庭增收工程"，先后出台失业人员自主创业扶持政策和全省首个鼓励全民创业政策，深入开展"充分就业社区"创建活动，努力实现充分就业。2009年，市委启动创建国家级创业型城市，强化创业带动就业。2011年全市城镇登记失业率控制在3%以内。2012年，金华被评为全国创业先进城市。教育是民生之基。市委积极落实教育优先发展战略，推进城市优质教育资源向农村辐射，促进教育均衡发展。2008年启动实施农村中小学新"四项工程"，扎实推进校园改造迁建；2010年，9个县（市、区）全部成为省级教育强县（市、区）；2011年基本完成中小学校舍安全工程，启动学前教育改革与发展三年行动计划，实施省教育现代化达标县创建活动；2012年义务教育实行"零择校"。社会保障是经济社会发展的稳定器。市委不断完善社会保障和社会救助体系，发展社会福利事业，提高社会保障水平。2008年起，深入推进"金保工程"建设，持续完善"五费合征"机制，完善社会最低生活保障、被征地农民基本生活保障等制度，整体推进社保扩面，2009年社会最低保障标准提高10%以上，2012年社会保险一卡通全面推行。同时，大力实施农村安居工程，积极推进"老年福利服务星光计划""残疾人共享小康工程"等，不断加大社会救助力度，推动社会更加安定和谐。

（二）推进创新社会管理

加强和创新社会管理，是发展所需、人民所盼。市委坚持在服务中实施管理，在管理中体现服务，积极推进社会管理机制、制度、方法创新，进一步健全党委领导、政府负责、社会协同、公众参与的社会管理格局。

坚持重心下移，创新和完善基层管理服务机制。2007年起，市委积极探索"网格化"服务管理工作，以乡镇（街道）综治工作中心为平台，整合各方资源、拓展组织网络、完善工作机制，增强保障能力。同年，以婺城区白龙桥镇被确定为省平安建设基层基础创建示范点为契机，总结形成"八位一体"综治组织体制①和重大事项民主决策风险评估、毗邻地区协作联防等工作机制，在全市推广。11月，省委、省政府在金华召开现场会，金华平安基层基础规范化建设经验向全省推广。2008年开始，市委按照分类分批原则，细化乡镇（街道）综治工作中心和村社（企业）综治室（站）建设目标、措施与标准，推动全市广泛开展争创示范综治工作中心（综治室）活动。2009年起，开始大力推广"网格化管理、组团式服务"模式，到2012年，全市实现城乡网格全覆盖，共划分网格13万余个，建立各类服务团队近2.5万支，有效带动社会力量参与社会管理，初步形成集平安建设、社会管理、公共服务于一体的基层社会管理与服务新格局。

坚持源头治理，创新和完善群众权益保障机制。市委坚持关口前移，积极构建矛盾纠纷预防化解机制。2007年5月，印发《关于构建"四位一体、整体联动"社会矛盾纠纷大调解体系的意见》，完善矛盾排查化解长效机制，建立健全群体性事件预防处置机制。2008年起，大力推行重大社会事项社会稳定风险评估化解制度，进一步从源头上预防和减少不稳定因素。积极探索完善信访工作制度，推进"网上信访工作"，深化拓展县委书记大接访活动，总结推广浦江领导干部下访约访、信访积案销号制、律师参与化解信访工作

---

① "八位一体"综治组织体制，是指依托乡镇（街道）综治工作中心有效整合基层综治、信访、司法行政、调解和警务，以及流动人口服务管理、安全生产和公共安全管理、反邪教工作等"单兵种"的优势资源，组建平安建设的"集团军"，形成"合成作战"的工作格局。

等有效做法和经验，信访工作制度化、规范化水平不断提高。市委重点加强对重点人群、社会组织、虚拟社会三大领域的管理创新。2007年起相继推出上门服务、远程申报、公寓化管理等模式，形成"房东联系牌""新居民联谊会""以外管外"等特色做法。

（三）营造安心放心社会环境

和谐稳定的社会环境是人民安居乐业的前提。市委坚持人民利益至上，积极构建主动防控和应急处置相衔接、传统方法和现代手段相结合的公共安全管理体系，不断增强人民群众的安全感和满意度。

社会治安始终是平安建设的重点。2007年，市委在严厉打击违法犯罪活动的同时，加快推进社会治安动态视频监控系统和道路交通智能卡口等建设，广泛开展"平安志愿者"活动，不断完善村社、街面、重点部位和边际地区等十张治安防控网络，到2010年基本形成"打防控一体、点线面结合、人技防配套"的动态防控格局，全市刑事案件发案数保持稳步下降态势。安全生产重如泰山。市委严格落实安全生产责任制，突出抓好重点领域、重点行业和重大危险源的监控管理，有效遏制安全生产事故多发势头。2008年，推进为期3年的"十小"行业质量安全整治与规范工作，进一步理顺食品药品安全监管体制，营造安全放心的消费环境。2009年，创新推行基层安全生产"两化一体"监管模式①，实施基层安全生产网格化监管，进一步提高安全生产应急管理水平和应急救援处置能力，安全生产形势持续好转。突发公共事件安全管理，是维护社会稳定的关键。市委坚持预防预备和应急处突相结合，加强应急管理联动机制建设，努力提高公共安全保障和应急处置水平。2009年，按照"架构一个平台、推行两项机制、建立三级体系、打造四化形象"②

---

① 基层安全生产"两化一体"监管模式，是指在安全生产领域推行规范化建设、网格化监管，落实企业主体责任。
② "架构一个平台、推行两项机制、建立三级体系、打造四化形象"，"一个平台"是指应急指挥作战平台，"两项机制"是指分类处置工作机制、应急联动绩效机制，"三级体系"是指依靠一级联动单位力量、发挥二级联动单位作用、明确三级联动单位职责，"四化形象"是指联动标识统一化、应急指挥网络化、物资保障集约化、现场处置可视化。

总体思路，建立市级应急联动指挥中心，整合公安、消防、交警、卫生等多个部门单位的报警接收平台，构建起以应急联动指挥中心为中枢、以政府各部门为骨干的应急大联动工作体系。到 2012 年，全市先后建立各类应急救援队伍 900 余支，机关企事业单位编制各类应急预案近 3000 个，基本覆盖各类突发事件，有效提升突发事件应急处置能力。

三、创新社会治理，推动平安建设提质增效

2013 年 11 月，党的十八届三中全会通过《关于全面深化改革若干重大问题的决定》。同月，省委作出全面深化改革再创体制机制新优势的决定，要求牢固树立"大平安"理念，创新社会治理体制，确保社会既充满活力又和谐有序。市委迅速贯彻落实党中央、省委决策部署，更加注重联动融合、开放共治，更加注重民主法治、科技创新，改进和创新社会治理方式，奋力建设基础更牢、水平更高、人民群众更满意的"平安金华"。

（一）加强基层社会治理

基层治理是社会和谐稳定的基础。市委把握新形势新需求，大抓基层、夯实基础，大力推进基层社会治理体系和治理能力现代化建设。

加强基层社会治理，需要不断强化基层基础。市委坚持重心下移，深入开展基层党组织"五星争创"、党员"星级管理"和"全科干部、全心服务"活动，扎实推进"两新"领域创新型党组织创建，全力推动人财物向基层倾斜，充分发挥基层党组织战斗堡垒作用。2014 年，市委大力开展"侵害群众利益、增加基层负担、历史遗留问题、不守规矩"等专项整治行动，对软弱涣散村级党组织进行集中整转。2015 年起，按照"整乡推进、整县提升"要求，统筹推进基层各领域党建工作，严密基层工作组织体系，全面加强基层党组织和基层政权建设。

加强基层社会治理，需要不断健全基层群众自治制度。市委坚持和发展"后陈经验"，健全村级重大事务决策机制，深入实施"阳光村务"工程，深化落实"五议两公开"和村务监督制度，完善基层监督网络，促进自治组

织、基层社会良性运行。2015年，出台《金华市村级组织工作规则（试行）》，对村级重大事项议事规则、民主管理与民主监督作出明确规定。同时，全面实施"民主恳谈会""民主听证会""民情沟通日"等制度，深化基层民主协商，加强民事民议、民事民办、民事民管，从源头上减少不和谐因素。

加强基层社会治理，需要不断完善基层社会治理体系。市委持续深化"网格化管理、组团式服务"，2013年推进网格规范化建设，2014年推行"全科网格"治理模式，将党建、公安、民政等涉及基层社会治理的部门工作纳入网格，建立专兼职网格服务管理团队，构建全市统一的社会治理网，实现"多元合一、一员多用、一网联动"。2015年，探索建设乡镇（街道）综治工作、市场监管、综合执法、便民服务4个功能性平台，建成156个乡镇（街道）综合指挥平台、10个县级社会治理信息处理中心，到2016年县乡两级普遍建成社会治理综合指挥平台。"一中心四平台一网格"基层社会治理体系初步成形，乡镇（街道）统筹协调力得到有力提升，网格管理更精准、组团服务更精细。

（二）织密平安建设保障网络

为持续推动"平安金华"建设，金华不断织密平安建设保障网络，夯实平安基底。

法治是平安建设的重要保障。市委坚持以法治思维和法治方式推进平安建设。坚持依法办事，畅通市民问政、来信来访等渠道，健全法律顾问制度。深入推进矛盾纠纷预防化解法治化，完善调解、仲裁、行政裁决、诉讼等有机衔接、相互协调的多元化纠纷解决机制。2013年，永康市在龙山镇、西溪镇试点，将法庭调解纳入乡镇综治范畴，联合公安、检察、司法、劳动等部门，建立诉调裁一体化运作模式，形成了依靠党委领导、法庭职能前移、社会组织和群众力量参与、分层递进多元化解矛盾纠纷的"龙山经验"。市委深化发展"龙山经验"，2014年在全市建立司法确认制度，2015年全面落实"一村一法律顾问"制度，推动更多法治力量向引导和疏导端用力。

金华持续强化精神文明建设，推动平安理念深入人心、让守护平安成为一种行为自觉。市委坚持以社会主义核心价值观为引领，深入挖掘八婺善美文化，深化文明创建活动，引导城乡群众崇德向善、见贤思齐。2014年始，以"信义"建设为载体，启动"全国文明城市"争创工作，广泛开展"八婺好家风"、"最美人物"、道德模范评选等活动，积极传递正能量、大力倡导新风尚。至2017年，全市涌现"中国好人"9名，"浙江好人"117名，全国道德模范2名。

充分依靠群众、发动群众是保障平安建设长久高效的坚实基石。市委高度重视发挥社会组织在平安建设的积极作用，不断加强培育扶持。2014年后，相继出台《关于加快建立现代社会组织体制、规范社会组织发展的意见》《关于加快推进社会组织参与社会治理的实施意见》等文件，到2017年，全市依法登记的社会组织达5084家，在平安建设发挥了重要的作用。志愿服务是人民群众参与社会治理的重要方式。市委坚持以党建引领志愿服务提质增效，在全市建成覆盖城乡、品牌统一的"8890党员志愿服务联盟"，形成"一个平台、四级联动、百支队伍、千个站点"的党员志愿服务体系。2017年，全市注册平安志愿者超过12万人。

（三）推进科技赋能平安建设

科技进步是提高社会治理效能的强大动力，也是平安建设的重要支撑。市委顺应现代科技发展大势，积极推进智辅决策、智防风险、智利服务。

为构建立体化、信息化的治安防控网络，市委以"省平安建设信息系统"、综治视联网、公共安全视频监控建设联网应用"三网"为支撑，以县乡两级社会治理综合指挥平台为枢纽，构建"三网两平台一体系"。2013年起，深入推进"省平安建设信息系统"与"网格化管理、组团式服务"两网融合，推行社会治理信息采集上报"以奖代补"，畅通公众参与社会治理的信息渠道，为社会治理数据分析研判和业务协同应用提供支撑。2017年，积极推进"雪亮工程"建设，加快公共安全视频监控建设联网应用。

为加强全链条、全流程行业监管，市委积极探索"互联网+安全"监管方式，提升安全生产治理能力。2015年起，推广应用寄递业"寄E通"管控系统，推进瓶装燃气信息化管控、"智慧消防""智慧用电"等工作，实施烟花爆竹经营"五统一"管理和流向数字监控等举措，公共安全管控水平明显提升。

2016年推出涉餐平台智慧监管系统，有力规范网络供餐单位网上亮标和加工经营行为。2017年，金华被列为全国工贸行业安全生产标准化市级样板地区。

为提升为民服务质效，市委大力推进办事流程简化优化和服务方式创新。2016年，依托浙江政务服务网平台，率先在行政审批领域大胆探索"淘宝式"政务模式。根据"信息共享、部门协同、群众方便"的要求，创新电子签名、电子证照、快递收发等应用，实现行政审批服务全流程"零现场"网上办理，推出商事登记全程电子化、投资项目审批协同管理、政府非税收入线上线下一体化收缴等特色做法，有力提升了政务效能。

四、推进市域治理现代化，建设更高水平"平安金华"

2017年6月，省第十四次党代会提出要在提升人民群众获得感上更进一步、更快一步，努力建设"平安浙江"，开启了"平安浙江"建设的新阶段。围绕新阶段新要求，金华市委紧紧抓住全国市域社会治理现代化试点契机，坚持统筹发展和安全，探索构建多领域、全方位的"大平安"建设体系，以大党建引领大治理，以大治理实现"大平安"。

（一）迭代升级基层治理体系

聚焦加快建设社会治理共同体，市委坚持党建引领、系统集成、数字赋能、实战实效，分类推进"141"基层治理体系迭代升级。

为强化"中心"辐射牵引作用，2019年起，市委全面推进县级社会治理综合服务中心（县级社会矛盾纠纷调处化解中心）规范化建设，打造信访和矛盾纠纷调处化解、社会治理事件处置、社会风险研判等三大功能平台。2022年，推动各县（市、区）进一步整合县级社会矛盾纠纷调处化解中心、综合指挥中心等资源，迭代组建运行监测、矛盾调处、协同流转、应急指挥、督查考核、分析研判等功能一体联动、闭环管理的县级社会治理中心，建立健全中心运行机制，有效形成基层治理整体作战的优势。

为优化"基层治理四平台"支撑作用，市委大力推进部门派驻、联合执法、数据交换以及协辅人员整合等，依法向乡镇（街道）下放行政执法、行政审批权限，着力解决乡镇（街道）责大权小的问题。2020年起逐步推进基层"一支队伍管执法"；2021年起迭代设置"党建统领、经济生态、平安法治、公共服务"四条跑道，同时加强乡镇（街道）综合信息指挥室建设，健全事项受理、分析、流转等闭环管理机制，基本建成横向联动、纵向贯通的县乡一体综合信息指挥体系。

为夯实全科网格底座作用，市委大力推进"基层党建+红色网格"建设。2018年起实行"一个网格+一个党支部"模式，建立网格党支部"五个一"任务清单制度，引导党员积极参与网格化管理。2022年，全面贯彻落实省委"党建统领网格智治"工作要求，对标"平战一体"，细化网格颗粒、选优配强力量、延伸管理触角，打造"基础力量+专业力量+社会力量+智能感知"的网格团队，优化调整全市网格9371个，配备网格团队力量13.96万人，更好贯通基层治理"最后一公里"。2023年，创新实施网格建设八个"突破口"项目试点，网格上报事项有效率提升16.7%。

通过"141"体系迭代升级，市域社会治理实现从碎片治理向集成治理、被动治理向主动治理、突击治理向成效治理、单向治理向多元治理转变。

（二）创新发展基层平安建设经验

在长期的平安建设实践中，金华探索形成了一批行之有效的成功经验。市委坚持从实践中来到实践中去，与时俱进弘扬践行"三大经验"，畅通和规范群众诉求表达、利益协调、权益保障通道，积极预防、妥善化解各类社会矛盾，持续推进平安建设走深走实。

积极发展基层民主是筑牢基层平安防线的重要内容。市委坚持创新发展新时代"后陈经验"，不断探索完善基层民主的架构、形式和路径，以民主法治促进阳光治理，减少不和谐因素。2020年，出台《关于坚持和深化新时代"后陈经验"的若干意见》，全面推行"五个一"① 工作机制，强化"权

---

① "五个一"，是指选派一批驻村包村的"第一书记"、构建一套村务决策的标准化流程、探索一组简洁管用的公开办法，形成一个"四位一体"的监督方式、健全一套保障落地的有效机制。

力受约束、村务全公开、群众好监督、自我能纠偏"的源头治理。2021年全域推进"后陈式"法治村创建，2022年部署开展基层"五整治五提升"① 专项行动，2023年出台《关于巩固和发展新时代"后陈经验"，深化村（社区）"阳光治理"的若干意见》，聚焦村级班子、基层组织、监督机制等重点关键，持续加强基层党建、抓实基层监督、探索治理创新，推动平安建设向基层前端延伸。

做好信访工作一直是平安建设的重要课题。市委坚持传承弘扬"干部下基层开展信访工作"经验，构建适应新时代要求的信访领导体制、工作机制和考核体系，切实把信访工作做到群众心坎上，更好维护群众合法权益、促进社会安全稳定。2018年，构建"市级领导带头下访、县级领导开门接访、乡镇领导随时接访、村级干部上门走访"的四级联动工作体系，将信访工作纳入党建考核，压实各级书记抓信访责任。2019年，创新推行"民情民访代办"工作机制和首接首办责任制，推动形成"群众点单、干部代办"的新型办事投诉渠道。2020年，积极推进浦江县"下访接访"信访工作国家级综合标准化试点，扎实开展集中治理重复信访、化解信访积案专项工作，持续深化"大家访、大代办、大接访、大化解"活动，促进信访工作高质量发展。2021年，金华全域创成无信访积案县（市、区）。

矛盾纠纷预防化解法治化是平安建设的基础性工作。市委坚持"预防在前、调解优先、运用法治、就地解决"原则，深化拓展"龙山经验"，完善多调衔接联动机制，打造"源头治理、递进负责、逐级兜底"的调处化解新模式，推动案结事了人和。2019年起，创新推行"法官进网格""检察官参与领导干部下访接访""一警情三推送"② 等做法，矛盾纠纷化解"136"工作格局日益明晰。2021年，全面推进"共享法庭"建设，把调解指导、纠纷

---

① "五整治五提升"，是指整治镇村党组织管党治党责任递减、党员干部党性不强纪律松弛以及村务管理、村级"三资"监管、村级工程建设等五大方面问题，着力提升基层党组织政治功能、提升基层党员干部责任意识、规矩意识、服务意识，提升基层治理效能，提升村级"三资"管理精细化水平，提升村级工程建设规范化水平。

② "一警情三推送"，是指警情一推送处警民警，智能研判现场办；二推送责任民警，明晰责任跟进办；三推送综治平台，部门联动合力办，力争隐患清零。

化解、线上诉讼等服务送到群众家门口，矛盾纠纷就地化解率明显提高。2023年，金华"一警情三推送"等9项工作法入选全省新时代"枫桥式工作法"，"以外调外"涉外解纷工作法入选全国"枫桥式工作法"。

（三）构建风险防范化解管控闭环机制

迭代完善风险闭环管控大平安机制是不断巩固和发展平安建设良好态势的必然要求和重大举措。市委坚持以工作确定性应对风险不确定性，健全常态化除险保安机制，提升本质安全水平。

建设大安全大应急框架，是统筹各方力量和资源共同维护公共安全的关键之举。市委坚持系统观念、系统思维，探索完善应急体系协同机制。2019年，推进"基层党建+应急管理标准化"工作，高标准建成市级应急指挥中心，通过"三建、四加、五强化、六个有、七个一"举措①，夯实基层应急管理基础，实现自然灾害防范"乡自为战、村自为战"。2020年，进一步推进"基层党建+安全生产标准化"工作，以标准化示范乡镇、示范园区（小微企业园）创建为抓手，以乡镇（街道）党员干部、企业、企业班组长（或安全员）三级巡查检查工作网格为依托，实现乡镇安全生产"强机构、强监管、强智控、强处置"、企业安全生产"有人管、有投入、有标准、有制度、有预案"，有力提升基层安全生产监管的精细化、社会化水平。

加强重点行业、重点领域安全监管是实现公共安全标本兼治、查险除患的有力举措。市委深入推进安全生产专项整治，2018年部署开展消防安全三年翻身仗行动，2020年启动安全生产专项整治三年行动，2023年在全省率先制定落实"管行业必须管安全、管业务必须管安全、管生产经营必须管安全"实施细则，创新"九法联动"排查整治工作法，规范建立35项安全生

---

① "三建、四加、五强化、六个有、七个一"举措，"三建"是指建组织、建队伍、建机制；"四加"是指加强监测预警、加强巡查排查、加强危险区域人员转移、加强应急自救能力建设；"五强化"是指强化组织动员、强化督促检查、强化基础设施建设、强化综合调度、强化应急救援；"六个有"是指实现乡镇（街道）应急管理工作有组织、有应急预案、有信息化系统、有应急队伍、有物资装备、有宣传培训；"七个一"是指村（社区）避灾自救具备一张责任网格清单、一张人员避险转移图、一套简易监测预警设备、一处避灾安置场所、一批紧急避灾物资、一组警示标识、一次培训演练。

产领域长效管理机制，常态化推进道路交通、消防、建筑施工、工矿、危化品等重点领域安全生产隐患大排查大整治，筑牢安全生产防线，安全生产形势稳定向好。食品安全直接关系人民群众身体健康和生命安全。市委坚持市县两级联动、国家省级联创，统筹开展食品安全示范城市创建，2019年起实施"告知承诺+信用监管+联合惩戒"机制，全面深化食品生产企业"阳光工厂"建设，有力提高食品全链条质量安全保障水平。

自然灾害防治也是公共安全的重要组成部分。市委深入贯彻"以防为主、防抗救相结合"方针，2018年起探索建设"金华防汛大脑"平台，2020年全面开展灾害风险普查及评估应用，2021年启动"千塘百库"除险清零两年行动，2022年全面完成小流域山洪前端感知设备等建设，实现防灾关口更靠前、减灾基础更牢固、救灾机制更灵敏。

维护经济金融安全事关国之大计、人民幸福。市委坚持依法维护社会主义市场经济秩序，积极稳妥处置经济金融领域风险，持续打造最优法治化营商环境。2023年把护航改革攻坚、创新深化、开放提升作为主赛道，出台优化"营商环境23条举措""惠企便民16项举措"，发布全省首部预防性产业合规指引，创新建立助企纾困"输氧玻璃罩"机制，推出平安建设"小切口"模式，推动扫黑除恶、打击电信诈骗、网络治理"清朗"行动等专项治理向常态化制度化转型，依法惩处金融诈骗、侵犯知识产权等破坏经济金融秩序的违法犯罪行为，以高水平法治保障高质量发展。2023年金华首次进入全国地级市营商环境满意度、营商环境口碑"双十强"榜单。

（四）推进市域治理现代化

2019年，市委七届六次全会作出高水平推进市域治理现代化的决定，着力固根基、扬优势、补短板、强弱项，推动实现更高质量的发展、更高水平的平安。

治理体制现代化是推进治理现代化的重要保障。市委牢固树立"平战结合"理念，以党的二十大、杭州亚运会等重点活动和赛事为契机，健全和落实党的全面领导制度体系和法治建设、经济治理、城乡治理、社会治理、生态治理等九大现代化体系。2021年，以"七张问题清单"为牵引，积极构建党建统领整体智治体系，加强党对市域治理各领域各方面各环节的全面领导。社会治理领域，调整完善平安建设领导小组"一办九组"工作体系，成立市级社会治理综合指挥中心，贯通"141"基层治理体系，进一步打开"市级抓统筹、县级负主责、基层强执行"治理格局。生态治理领域，优化美丽金华建设统筹协调机制，全面实行市县乡三级生态环境状况报告制度，打通了生态环保工作的"最后一公里"。市域治理制度体系更加完善。

数字化、智慧化是治理现代化的必然趋势。为提升城市管理效能，保障城市安全稳定运行，2021年以来，市委大力推进"城市大脑"建设，汇聚市县两级96.34万个前端感知设备，打造公共卫生、城市运行安全、重大活动、应急处置等指挥场景，提升预测、预警和战略管理支撑能力。同时，积极实施外国人来华工作许可和居留管理服务、电气焊安全监管服务、"园中园"和"厂中厂"安全监管等"一件事"集成改革，风险管控向整体智治、高效协同迈进。2023年，金华"焊有序"平台全面升级为"浙里焊"平台并全国推广。

迈步新征程，金华市委将坚持以习近平新时代中国特色社会主义思想为指导，深入学习贯彻习近平总书记考察浙江重要讲话精神和考察调研金华重要指示精神，坚定不移推动"八八战略"在金华走深走实，坚定不移深入践行"大平安"理念，一体推进平安建设、法治建设，不断巩固良好发展态势，以高水平安全推动发展更加稳健、更可持续、更有质效。

（撰稿人：蓝诗丽　统稿人：张才　审定人：范卫东）

统筹发展与安全，接续推动"平安衢州"建设笃行致远

◆ 中共衢州市委党史研究室 ◆

平安建设是深入实施"八八战略"的有机组成部分，也是推进经济社会发展的重要载体。在"平安浙江"建设的统一部署下，20年来，历届衢州市委始终坚持"大平安"理念，接续推动"大平安"建设，不断丰富平安建设时代内涵，为高质量跨越式发展保驾护航。

一、树立"大平安"理念，开展"平安衢州"建设

2004年5月，省委十一届六次全会作出了建设"平安浙江"的决定。衢州市委牢固树立"大平安"理念，不断在实践中深化认识。

（一）部署开展"平安衢州"建设

2004年8月，市委作出关于建设"平安衢州"的决定，把"平安衢州"建设的目标确立为经济更加发展、政治更加稳定、文化更加繁荣、社会更加和谐、人民生活更加安康，把衢州建设成为全省最具安全感的城市之一，并就推进民主法制建设、加强社会治安综合治理、推进统筹发展、维护社会公共安全、维护人民根本利益五个方面的工作作了具体部署。市委还成立建设"平安衢州"领导小组，指导协调督促"平安衢州"建设各项工作，并建立健全相应的督导考核等工作机制，确保工作任务层层分解，逐级落实。此外，还建立了全市平安状况统计及通报制度、市级有关领导联系县（市、区）和

开发区制度等一系列制度。

（二）全力化解信访难题

信访工作是维护社会和谐稳定的重要工作。21世纪初，土地征用、城市拆迁、企业改制等工作大规模铺开，引发了关于补偿标准、利益分配、权属纠纷、安置方式、社会保障、村级财务等一系列较为突出的信访诉求，导致全市信访总量大幅度上升，集体访、重复访居高不下，越级访、异常访明显增多。为此，从2004年下半年起，市委在全市范围内分3个阶段开展集中处理信访突出问题及群体性事件工作。至2005年底，一批群众反映强烈的热点、难点信访问题在基层得到了有效化解，全市信访总量大幅度上升的势头得到初步遏制。同时市委注重发挥领导干部作用，开展领导干部下基层下访约访，有重点地对一些重复集体上访和一些信访老户反映的情况进行调研，实行领导包案，仅2004年七八两个月就有27位市级领导参加了下访约访活动，接待群众59批444人次，取得良好效果。

积极预防和依法妥善处置群体性事件是信访工作的重要内容。2004年，出台《衢州市重大群体性事件处置应急预案（试行）》，规定了处置原则、适用范围、组织机构与职责、应急响应、保障措施等方面内容，使全市处置重大群体性事件工作有章可循、有据可依。在此基础上，2006年6月，市委印发《衢州市预防处置群体性事件实施细则》，以"发现得早、化解得了、控制得住、处置得好"为目标，对群体性事件预测预警、排查化解、应急处置、责任追究各环节作了规定。

调处化解矛盾纠纷是从源头上有效减少上访的务实之举。按照"抓早、抓小、抓苗头、抓源头"的基本要求，衢州创新发展"枫桥经验"，加大矛盾纠纷排查调处力度，着力化解社会矛盾。一方面加强信息网络建设，健全完善矛盾纠纷预警机制、排查调处机制、应急预防处置机制、重大工程突破机制、责任追究机制等一系列重要机制；另一方面以系统思维加强源头预防，强化一线调解队伍建设，加大农田水利设施建设，合理确定征地拆迁补偿政策、标准，加大农村普法教育力度，着力解决困难居民最低生活保障问题，扩大就业与再就业，推行政务公开、村务公开。2007年，全市矛盾纠纷调处成功率超99%。

(三) 加强社会治安综合治理

21世纪初，衢州社会治安形势比较严峻，刑事案件高位运行，治安案件反弹明显，外来人口管理缺位。市委始终保持严厉打击刑事犯罪的高压态势，在全省率先开展打黑除恶专项斗争，深入开展"百千万抓基础促平安"活动①，刑事案件发案率逐年下降。坚持以人为本，规范基层基础工作，强化群防群治措施，2005年7月，市委印发《关于加强和规范乡镇（街道）社会治安综合治理工作中心建设的意见》，对乡镇（街道）社会治安综合治理工作中心的职能、机制、制度和建设要求作出了明确规定，将此前各种具有综治工作中心性质的基层综治组织统一更名社会治安综合治理工作中心。同年7月底，全市所有乡镇（街道）完成综治中心对外挂牌，至2006年底，全市所有乡镇（街道）综治中心机构规范、网络健全、运转有序、工作高效。

市委把民营企业作为"平安衢州"建设的重要载体，大力推进"综治进民企"工作。2006年10月，市委下发《关于大力推进民营企业治安综合治理的意见》，把社会治安和综合治理的网络和机制引入民营企业，要求在企业中建立综合治理领导小组，设立企业综治室（站），落实"谁经营、谁负责"的综合治理法人代表责任制，积极为企业内部和周边地区营造良好的发展环境。市委对"综治进民企"工作建立相应的激励和奖惩制度，对获得"市级社会治安先进集体""平安企业"示范点称号的企业给予表彰，并将企业综合治理工作与企业升级、信誉评估等综合性资质资格认定及先进评选结合起来。至2007年，全市83.1%的规模民营企业建立了综治工作室（站）。

(四) 保障安全生产和公共安全

安全生产和公共安全是"平安衢州"建设的重要内容，也是群众感受最

---

① "百千万抓基础促平安"，是指百名政法干部下基层、千名公安民警驻村（社区）、万名综治人员大调处。

直接的平安建设领域。市委按照"大平安"建设理念,加强安全生产责任制考核及责任书签定、工作机构和监管队伍建设,组织开展各类安全生产检查活动,深化矿山、危险化学品、道路交通、公共聚集场所消防安全等专项整治。2006年12月,衢州出台《关于进一步加强安全生产工作的决定》,明确提出要实现全市安全生产事故起数、死亡人数和直接经济损失安全生产三项指标的"零增长"。2007年,全市安全生产三项指标分别下降2.9%、4.3%、1.7%。市委高度重视公共安全工作,建立了传染病疫情和突发公共卫生事件应急处置领导小组及一系列业务小组,层层签订目标管理责任书,组织20多个部门对各项工作预案进行修订,出台34项突发事件和公共危机应急预案,圆满完成重要警卫对象和各类大型活动的安全保卫工作,未发生一起安全事故和意外事件。

2007年,衢州市获评平安市,所属各县(市、区)全部获评平安县(市、区)。

二、丰富"大平安"实践,建设更为全面的"平安衢州"

经过一段时期的平安建设,衢州社会治安环境得到改善,一批突出矛盾难题得以解决,综治工作基层基础得到加强,"大平安"理念逐渐深入人心。2007年之后,市委审时度势,总结运用前一阶段"平安衢州"建设经验,推动"大平安"理念进一步落地实践,建设更为全面的"平安衢州"。

(一) 加快营造安全发展环境

发展是解决我们面临所有社会矛盾问题的基础和关键,是建设"平安衢州"需要统筹兼顾的重要方面。市委带领全市一心一意谋发展、聚精会神搞建设,较好地实现了加快发展与转型发展、绿色发展、和谐发展的有机统一,为建设"平安衢州"打下了坚实的物质基础和群众基础。

2008年下半年开始,国际金融危机爆发蔓延,对经济产生严重冲击,出现部分企业破产倒闭、股市楼市波动以及违规民间借贷、非法集资等问题,引发了一系列不稳定因素。市委密切关注经济形势走向,全面理解和把握中央宏观调控政策，随时掌握社情民意，及时发现解决矛盾问题，完善应急处置机制和预案，做好企业风险预警管理、维护职工合法权益等工作，依法打击违法犯罪活动，最大程度减少金融危机对社会稳定的冲击和影响。市委把保持企业平稳运行、促进经济平稳较快发展作为重要任务，广泛深入企业调研，多次召开财经领导小组会议、金融形势分析会和季度经济形势分析会等，研究对策破解难题。出台城镇土地使用税减免、职工基本养老保险单位缴费率下调等政策，停止和降低170项行政事业性和经营服务性收费，每年为企业减负3000多万元。建立龙头企业资金安全保障专项资金，安排5000万元资金用于企业周转还贷。开通"金融服务110"，建立中小企业信贷绿色通道。由于应对及时且措施有力，金融危机对衢州造成的影响得到了有效缓解。

保障和改善民生，是执政为民的重要体现，也是建设"平安衢州"的重点任务。市委把民生问题置于经济社会发展的核心地位，在做大"蛋糕"的同时分好"蛋糕"，紧紧抓住人民群众最关心、最直接、最现实的利益问题，统筹协调好各方面的利益关系，不断完善保障和改善民生的长效机制，推动公共资源向以民生为重点的社会发展领域倾斜，使全体人民学有所教、劳有所得、病有所医、老有所养、住有所居。"十一五"期间，全市财政民生支出年均增长26.6%，高于全省5.48个百分点，新增财力用于民生支出占比达83.4%，高于全省10.2个百分点。就业和社会保障、教育卫生文化等各项社会事业、低收入群众增收奔小康等都取得突破性进展，取得了"穷财政促富民生""小财政促大民生"的成效。

社会公共安全直接关系着人民群众对平安建设的切实感受。市委把维护社会公共安全作为平安建设的重中之重，坚持人技物相结合、专业部门和群众力量相结合，着力推进以接处警指挥中心为平台，以街面巡防网、村居防控网、内部防范网、卡点堵截网为支撑的社会治安防控体系建设，不断提高动态环境下的社会治安防控能力。全市建设完成5524个动态视频监控点和21个控制中心，路面监控、智能卡口、电子警察、警用地理信息系统等资源进一步整合到位，建立6个省际卡点、7个市际卡点、18个城区卡点和66个平安岗亭，各地建立小区治安巡逻队、护村队、护厂队等群防群治组织2254

个、参与人员近万名，社会治安防范网络进一步织严织密。在市委的坚强领导和全市广大干部群众的共同努力下，圆满完成了护航北京奥运、上海世博会等重大保障任务。

安全生产事关人民群众生命财产安全，事关经济发展和社会稳定大局。2010年8月，市委出台《关于进一步加强安全生产工作的意见》，切实加强基层安全生产监管网络建设。在食品安全领域，衢州以饮用水、食用植物油、腌腊肉制品、黄酒、蜂产品等五类食品为重点，部署开展"533"安全保障行动①，2013年食品省级监督抽查批次合格率达94.13%，五类食品监督抽查批次合格率96.88%。在危化品管控方面，衢州组织全市危化品生产许可证获证企业进行集中约谈，对43家危化品、防爆电器生产企业实施专项检查，发现隐患20项，立案查处违法案件3起。此外，还开展了"强网清源""蓝剑"等系列专项执法行动，2013年立案查处案件188起，其中大要案89起，涉案货值490.2万元，罚没款362.2万元。至2013年，全市安全生产三项指标已连续9年"零增长"。

（二）加强和创新社会管理

社会管理是一个国家、一个地区维护社会运行秩序，实现经济持续发展的重要方式。市委持续加强社会管理工作，着力推动社会管理体制转变。2009年10月，市委印发《关于加强和完善社会管理工作的实施意见》，明确把维护人民群众的根本利益作为社会管理工作的出发点和落脚点，推动社会管理工作从主要依靠政府管理转向政府管理与社会自治相结合，建立由政府主导的多元社会管理主体密切配合、服务优良充分的社会管理体制。

2011年6月，省委十二届九次全会对全省加强和创新社会管理作了系统研究和全面部署。市委高度重视加强和创新社会管理，专门成立课题调研领导小组，组织调研组成员到有关乡镇（街道）、农村（社区）、开发区（企业）开展调研，找出社会管理工作的薄弱环节，认清工作的差距和不足，找

---

① "533"安全保障行动，是指针对婴幼儿配方食品、酒类、食用植物油、包装饮用水、焙烤食品5类重点食品生产企业建立3大体系，分3个阶段开展整治排查提升。

准工作的重心和切入点。同年11月，市委五届十四次全会审议通过《关于加强和创新社会管理的实施意见》，明确了全市加强和创新社会管理的目标任务。随后，市委将2012年作为全市"社会管理创新落实年"，并将市社会治安综合治理委员会更名为社会管理综合治理委员会，以行政村和企业为重点组织开展"两排查一促进"①专项行动。全市共划分1.7万多个网格，配备3万余名网格管理员，涌现出龙游县沐尘乡、常山县后弄村等一批基层先进典型。

（三）强化基层治安综合治理

基层基础工作是"平安衢州"建设的关键环节。建设"平安衢州"必须深化平安综治基层基础建设，把工作网络向末端延伸，推进基层社会管理方式的创新，切实筑牢维护社会和谐稳定的第一道防线。2007年5月，市委印发《关于进一步加强基层社会治安综合治理工作规范化建设的意见》，要求进一步把乡镇（街道）综治工作中心建设成为党委、政府的社情民意收集中心、矛盾纠纷调处中心、群防群治枢纽中心、为民便民服务中心、和谐稳定指挥中心。2008年6月，市委出台《关于进一步加强基层治保会建设的意见》，将"三化、四落实、五好"②作为基层治保组织的建设要求，依靠和动员广大人民，调动一切积极因素，进一步加强治保会建设。2009年，市委在全市开展"平安连万家"活动，突出平安建设向社会化拓展这个重点，在乡镇（街道）建立平安建设联席会议制度，在村（社区）建立"平安促进会"，并将村（社区）所有农（居）民划分为若干网格，设立平安促进员负责所联系网格内的每个农（居）民户，了解民意、调解纠纷、化解矛盾、开展平安建设宣传活动。全市共建立2027个村级"平安促进会"，划分网格

---

① "两排查一促进"，是指深入排查化解矛盾纠纷、深入排查整治社会治安和公共安全突出问题，促进"网格化管理、组团式服务"。
② "三化、四落实、五好"，"三化"是指治保队伍的组织网络化、管理经常化、工作规范化；"四落实"是指组织落实、人员落实、制度落实、报酬落实；"五好"是指组织健全、发挥作用好、消除隐患、安全防范好、化解矛盾、纠纷调处好、典型教育、法制宣传好、维护稳定、服务经济好。

23282个，建成一支近3万人的平安促进员队伍，当年收集掌握民情信息10.1万条，征求意见建议5万余条，帮助群众解决问题4.3万多个。2011年6月，衢州下发《关于深化全市系统平安创建活动的实施意见》，在抓好以块为主的平安县（市、区）、平安乡镇（街道）、平安村（社区）等区域创建的基础上，在全市开展以条为主的各系统、各行业平安创建活动，以预防和减少各类案（事）件的发生，深化"平安衢州"建设。至当年年底，全市部门、系统、行业内参与平安创建活动的覆盖面达到100%。2012年，市社会管理综合治理委员会印发《关于推进"网格化管理、组团式服务"的实施意见》，在完善网格建设、科学组建团队、实现有机对接、有效发挥功能等方面作出具体部署。同年，市委决定在市、县、乡三级开展以"进村入企、助推发展、强化服务"为主要内容的大走访活动，9000名各级干部共走访村（社区）1743个，居民270781户，排查各类问题困难9813个，帮助解决困难37831个；7265名领导干部走访企业6314家，梳理问题4806个，解决2460个；接待来访群众2378批6730人次，排查矛盾纠纷3282件，成功化解3022起，摸排安全隐患5024个、流动人口和特殊人群136480人，进一步完善了基层社会管理综合信息系统数据。2013年6月，市委出台了《全市"走进矛盾排查整治强基促稳共创平安"专项活动实施意见》，在全市范围集中开展为期6个月的"走进矛盾排查整治强基促稳共创平安"专项活动，集中力量排查化解社会矛盾纠纷、排查整治"五大安全"①隐患、排查解决基层基础建设中存在的突出问题和薄弱环节，推进平安联创。

在开展"平安衢州"建设的过程中，衢州各级党组织紧密结合当地实际，在加强农村基层组织建设方面进行了积极探索，大胆实践，取得了明显成效，形成了柯城区的"村情百宝箱"、衢江区的"五步工作法"、龙游县的村干部辞职承诺制度、江山市的乡村干部绩效考核管理制度、常山县的"民情沟通日"制度、开化县的便民服务中心建设等一批典型经验和特色做法。2009年，在各地探索实践的基础上，市委总结提炼各地经验做法，酝酿形成了以"建立民情档案、深化民情沟通、实行为民办事全程服务制度"为主要

---

① "五大安全"，是指政治安全、治安安全、信访安全、生产安全、公共安全。

内容的"三民工程",在全市农村全面推行。"三民工程"寓管理于服务,寓监督于参与,极大拓展了联系群众服务群众的渠道,极大完善了基层治理功能体系,有力推动基层民主政治建设和农村经济社会发展。市委将扎实推进"三民工程"建设作为建立健全学习实践科学发展观长效机制的重要组成部分,不断推进"三民工程"向纵深发展。至2011年,全市1743个行政村、61万户农户全部建立民情档案。此后,按照"低成本、易推广、可持续,群众得实惠"的要求,以"民情档案三张单①、民情沟通三个一②、为民服务三平台③"为主要内容,全面推进"三民工程"标准化建设,打造服务型基层党组织建设的"衢州标准"。

2013年,衢州入选"中国最安全城市"排行榜,名列第23位。

三、聚焦富民强市,推动"平安衢州"建设向纵深发展

2013年之后,在党中央和省委的坚强领导下,衢州市委牢固树立新发展理念,认真学习贯彻习近平总书记关于总体国家安全观的一系列重要论述精神,牢固树立新发展理念,围绕富民强市总目标,重点维护生态安全,创新社会治理,运用"三治融合",推动社会治理重心向基层下移,推动"平安衢州"建设向纵深发展。

(一)保障生态安全

生态安全是经济社会持续健康发展的重要保障。习近平总书记强调:"良好生态环境是最公平的公共产品,是最普惠的民生福祉。"④ 衢州市委深入践行习近平总书记重要指示精神,坚持推动绿色发展、生态富民。根据省委的统一部署,坚决打好"五水共治""三改一拆""四边三化""生猪整规"攻坚战持久战,在全省率先开展"共建生态家园"行动,率先建成智慧

---

① 民情档案三张单,是指村清单、户清单、事清单。
② 民情沟通三个一,是指一日一值班、一周一集中、一月一沟通。
③ 为民服务三平台,是指一条服务热线、一个服务网络、一个服务中心。
④ 《习近平关于社会主义生态文明建设论述摘编》,中央文献出版社2017年版,第4页。

环保平台和环境医院,率先实现全域河流告别劣 V 类,累计拆违 2300 多万平方米,完成"三改"3700 多万平方米,空气质量优良天数逐年上升,位居全省前列。大力发展现代农业,持续抓好"一村一品"、家庭农场、有机农产品培育认证,成功承办全国现代生态循环农业现场会,被列为全国现代生态循环农业试点市。

为使衢州生态环境迈上新台阶,市委较早就提出建立开化国家公园的构想。2016 年,开化钱江源国家公园成功列入全国首批 10 个、长三角地区唯一的国家公园体制试点单位。以开化钱江源国家公园建设为契机,市委着力推进国家公园体制"多规合一"试点、国家现代农业示范区改革、智慧环保执法等工作,探索总结开展山林租赁、加强环境监测、加快生态移民、推进基础设施建设、发展特色产业等做法,逐渐建立起完善的生态管理体制和高效运行机制。

(二) 创新社会治理

2013 年 11 月,党的十八届三中全会作出了创新社会治理体系的部署,提出要"改进社会治理方式,激发社会组织活力,创新有效预防和化解社会矛盾体制,健全公共安全体系"[①]。2014 年,根据党中央、省委全面深化改革的决策部署,衢州制订了《衢州市创新社会治理工作实施方案》,围绕"保衢州一方平安"总目标和"知民情、化民怨、解民忧、帮民富、保民安"工作主线,坚持系统治理、依法治理、综合治理、源头治理,突出机制、人才、设施三方面建设。同年 6 月,衢州印发《关于深化基层平安创建、推进德治法治自治相结合的基层治理机制创新的指导意见》,深入推进基层社会治理创新。做实基层社会治理"一张网",调整优化网格,加强网格员队伍建设;扎实推进县乡两级综合指挥平台规范化建设,加强平安建设信息系统运用,排查录入的事件隐患办理率达到 99.75%。同时,加强群防群治队伍建设,进一步夯实平安稳定的群众基础。源头化解基层矛盾纠纷,完善落实多元化矛盾纠纷化解机制,着力加强基层调解组织、专业调委会和第三方调

---

① 《人民日报》,2013 年 11 月 13 日,第 1 版。

解组织建设，常态化开展社会矛盾纠纷排查化解，排查矛盾纠纷调处率达到97.7%。推进基层平安创建全覆盖。以平安示范乡镇为引领，全面完成平安乡镇、平安社区（村）创建工作，扎实创建平安交通、平安旅游等26个系统平安。

（三）完善社会治安防控体系

市委坚持把提高群众安全感满意度作为"平安衢州"建设的根本目的，紧紧抓住突出问题、难点问题的治理，提升社会治安综合治理整体水平，让老百姓有更多的获得感。规范加强行业安全监管。依法推进重点行业实名制落实，抓好危化品的管理，切实加强安全生产监管，真正做到监管"零盲区"。深度运用治安大数据分析研判，常态化推进社会治安重点地区挂牌整治。2014年4月，市委建设"平安衢州"领导小组印发《全市社会治安重点地区排查整治工作方案》，以治爆缉枪、黄赌毒违法犯罪、重大社会不稳定因素、特殊人群为重点，在全市集中开展为期6个月的排查整治行动。扎实推进立体化社会治安防控体系建设。在省相关部门的支持下，衢州全面完成"天网工程"三年建设任务，启动了全国公共安全视频监控联网运用示范城市建设项目，扎实推进综治视联网建设，探索推进乡镇基层视播结合等治安防控新模式。

至2017年，衢州还圆满完成二十国集团领导人杭州峰会、世界互联网大会等重要节点维稳安保任务。

四、提升治理现代化水平，建设更高水平的"平安衢州"

2017年之后，衢州市委全面加强党的领导，坚持顶层设计、系统设计，打造高效协同、整体智治的基层治理体系，着力完善风险闭环管控大平安机制，提升"平安衢州"建设的数智化治理和网格化服务，以更高的治理现代化水平推动新时代"平安衢州"建设。

（一）推进市域治理体系和治理能力现代化

党的领导是平安建设的根本所在、关键所在、优势所在。市委充分发挥党委"总揽全局、协调各方"的作用，统筹整合各方力量，构建形成"党委领导、政府负责、社会协同、公众参与、法治保障、科技支撑"的"大平安"建设格局。2018年5月，市委七届四次全会确立了"1433"发展战略①，把平安建设纳入其中，提出构建以"四大五加"②为主要内容的体系架构和"主"字型运行架构，加快形成执法管理服务"三位一体"、自治法治德治"三治融合"、人防物防技防"三防齐抓"、共建共治共享"三共并推"的基层治理新格局，不断打实"平安衢州"的根基和底座。2019年10月，党的十九届四中全会对推进国家治理体系和治理能力现代化作出了科学完备的顶层设计。11月，省委十四届六中全会吹响了高水平推进省域治理现代化的冲锋号。同月，市委七届七次全会专题对推动市域治理现代化进行系统部署。衢州深入推进以实施"三大主体工程"、推进"三个全覆盖"、运用"三大指数"为主要内容的"三个三"基层党建工程，制定出台"周二无会日"、"组团联村服务"、村社党员"1+N"联户等10个规范性文件，推动县级资源力量下沉，提升乡镇（街道）统筹协调能力，全面推广"村情通+全民网格"治理模式，大力推广"红色物业联盟"，创新构建基层治理联动指挥体系，初步形成"雪亮工程"+"城市数据大脑2.0"的市域智慧治理体系架构，构建形成"市县大联动中心+乡镇综合信息指挥室+村社综治工作站+村社网格+群众村情通式移动终端"五级贯通的综合指挥平台。市"雪亮工程"建设被评为全国政法智能化建设"雪亮工程十大创新案例"。

（二）防范化解社会风险和矛盾纠纷

市委充分运用新时代"枫桥经验"和重大活动维稳安保成功经验，把防

---

① "1433"发展战略，是指一个战略目标、四大战略定位、三大战略任务、三大战略路径。
② "四大五加"，是指大党建统领、大联动治理、大数据应用、大融合推进，"网络+网格""线上+线下""制度+技术""公转+自转""共性+个性"。

范化解风险作为重中之重来抓,强化顶层设计,提早谋划部署,通过专项攻坚和重点整治,补齐问题短板,切实筑牢防线、守住底线,不断探索和推进维稳安保工作专班、"8+X"会商研判及视频调度等机制建设,深入推进涉稳问题"积案化解",新中国成立70周年大庆、世界互联网大会期间均实现了"零失控、零赴会、零滋事、零聚集"的工作目标。严格落实安全生产责任体系、治理体系、应急体系,狠抓实名制管理落实,专项开展重点行业突出问题排查整治,全市各类生产安全事故起数和死亡人数持续下降。常态开展矛盾纠纷排查化解,建立完善"五个一"①工作机制,制定纠纷化解台账,明确重大矛盾纠纷的牵头人、责任人和化解时间表,通过阶段性督查指导推动相关矛盾纠纷化解,省级挂牌督办重大矛盾纠纷全部得到化解。扎实推进重大项目、重大决策、重大改革的社会稳定风险评估,切实从源头减少涉稳风险隐患。坚持下好先手棋、打好主动仗,持续推进反恐反邪反间谍反渗透专项斗争,坚决守住政治领域绝对安全的底线。每年组织实施破难攻坚专项行动,着力化解涉稳突出问题和信访积案。按照"党建统领、一人一策、个性定制、捆绑施策、标本兼治、常态长效"原则要求,综合施策、分类处置,建立重点人员问题、任务、责任"三张清单",强化属地稳控责任,非访人次大幅度下降。

(三)持续推进突出问题专项整治

市委紧紧围绕中心大局和难点问题,全面落实打击整治防控各项措施,给人民群众更多安全感、获得感。重拳出击扫黑除恶,将扫黑除恶专项斗争纳入市委市政府15项攻坚任务,作为"一把手"工程强力推进。2018年以来,全市共打掉涉黑涉恶团伙85个,其中涉黑组织4个,恶势力犯罪集团15个,恶势力犯罪团伙66个,查封、扣押、冻结非法资产3.46亿元,法院受理审结涉黑涉恶案件50件共计281人,判处财产刑金额1199.6万元。综合整治行业乱象,按照乱象整治、堵疏结合、长效机制三个方面同步推进和

---

① "五个一",是指一件重大矛盾纠纷、一名县级以上包案领导、一个工作专班、一套化解方案、一份工作档案。

"四个一"①要求,扎实推进招投标领域、混凝土行业、农村工程、建筑垃圾(渣土)清运、砂石矿产、农村赌博、"套路贷"、保健品市场、道路运输、房地产等十大领域综合整治,进一步强化涉事部门的行业安全监管责任,从源头处理上堵住安全漏洞,取得了比较明显的效果。推动其他各行业部门动态开展排查和乱象整治工作,确保各种行业在良性轨道发展运营。精准治理突出问题,聚焦群众最恨最怨最烦的问题,按照项目化推进、清单式管理的办法,持续深入开展突出问题集中整治。结合省里工作部署和历年平安考核、暗访扣分情况,每年谋划一个载体抓推进抓落实,先后部署开展"整规扩面强基"六大平安专项行动、深化行业安全监管"百日攻坚"十方面专项治理行动、七大平安突出问题专项整治、平安建设六大集中整治等专项行动,有效治理道路交通、消防、安全生产、食品药品等领域突出问题。

(四)全力保障群众安居乐业

市委坚持抓民生促平安、抓平安保民生的思路,努力使人民群众获得感、幸福感、安全感更加充实、更有保障、更可持续。坚持每年新增财力的3/4以上用于改善民生,完善社会保障体系,加大保障和改善民生力度,统筹推进城乡就业创业,夯实民生基础。全市居民人均可支配收入由2017年的29378元增至2022年的45276元,年均增长为9.04%,城镇和农村居民人均可支配收入比由2017年的1.96下降至2022年的1.83。衢州深入推进"最多跑一次"改革,"无差别受理"全市域推行,"多审合一""测验合一"成为全国样板,工程建设项目审批制度试点改革全省领先,民生事项"一证通办"实现度、网上办事实现率全省最高。全国首张身份证网上功能凭证在衢州诞生,不动产登记在全国率先实现60分钟出证。"最多跑一次"改革实现率、满意率分别位列全省第2位和第1位。营商环境建设走在前列,在全国首个营商环境试评价测评中,衢州在22个试评价城市中排名第4位、地级市中排名第1位。

至2023年,"平安衢州"创建实现"十七连创",衢江区、常山县、开

---

① "四个一",是指一个领域、一套方案、一名副市长、一个专班。

化县摘得"二星平安金鼎"最高荣誉。

平安建设永远在路上。新征程上,衢州市委将坚持以习近平新时代中国特色社会主义思想为指导,深入贯彻总体国家安全观,全面贯彻落实中央、省委部署要求,坚持系统观念、法治思维、强基导向、改革赋能,推进政法平安工作提质增效,加快建设更高水平的"平安衢州",为打造十个"桥头堡"、建设四省边际中心城市创造良好的政治社会环境。

(撰稿人:吕佺、吴云锋、沈乐萍

统稿人:梁国宏　审定人:吴新波、汤烈)

立足海岛实际，守护海域长安，努力打造全国最安全城市

◆ 舟山市史志研究室 ◆

20年来，舟山市委坚定不移地沿着习近平同志开创的"平安浙江"建设道路砥砺前行，牢牢把握统筹发展和安全这一根本要求，从舟山海岛实际出发，注重因地制宜，强化创新意识，不断把具有时代特征、海岛特色的"平安舟山"建设引向深入。

一、树立"大平安"理念，擘画"平安舟山"美好蓝图

平安，是老百姓亘古不变的期盼，也是经济社会发展的基石。21世纪初，浙江经济快速增长，与此同时，因发展转型、体制转型、社会变革导致出现了社会矛盾问题早发多发的现象。针对这一现象，2004年5月，省委作出了建设"平安浙江"的战略部署。舟山市委坚决贯彻落实省委决策部署，在6月召开的市委四届七次全会上作出了建设"平安舟山"的决定。之后，市委围绕"争领先、打头阵、创特色、求实效"的总体要求，把建设"平安舟山"作为发展海洋经济、构建和谐海岛的有效载体。舟山市委牢固树立"大平安"理念，在平安建设奋力先行、创出特色上狠下功夫，"平安舟山"建设开局良好，取得了明显的阶段性成果。2010年舟山捧得"平安铜鼎"，平安建设工作走在了全省前列，全市经济社会呈现出协调发展、统筹发展、和谐发展的良好局面。

（一）深入实施"铁桶工程"

利用海岛特殊的地理条件构筑"铁桶工程"，是市委打造立体化治安防控体系的创新之举。早在2002年，市委就启动"铁桶工程"。在省委"平安浙江"战略部署后，2004年8月，市委出台《关于贯彻落实〈关于建设"平安舟山"，促进社会和谐稳定的决定〉的实施意见》，提出要以"大平安"的理念，深入实施"铁桶工程"，逐步形成全方位、全时空、多层次的防控体系。

市委从海岛实际出发，紧扣舟山环海环境和治安特点，确定全市以边界点、始发点、要害点为中心，合理设置卡点时空布局，优化资源配置，整体联动作战，构筑点上卡、线上堵、面上巡、区上防的社会治安打防控一体化新格局。从2004年起，全市确定了鸭蛋山码头、市长途客运车站等20个市级卡点和19个常设卡点，健全完善卡点启动、警情通报和跨区协作等运行机制，在封住岛际进出口、严防犯罪分子出逃的前提下，主动出击，层层拦截，建立了"大岛半小时、外岛两小时"的堵截缉捕圈，努力堵塞防控漏洞。

舟山跨海大桥通车后，为有效应对流窜作案给社会治安稳定可能带来的冲击，市委提出"铁桶固防"新思路，打造社会治安防控体系升级版。在确保全市治安形势稳定的基础上，完成了新中国成立60周年庆祝活动、北京奥运会等重大维稳安保任务。在防控体系升级中，市委坚持严打方针不动摇，通过组织开展打黑除恶、打击"两抢"、环境专项整治等专项行动，切实解决影响和谐稳定的治安突出问题，以适应大桥时代的社会管理，不断提高动态环境下的治安防控能力。2010年，全市"七类案件"发案数比2004年下降28.6%，其中命案下降58.8%[①]。

市委坚定不移地走海岛特色的科技强警之路，大力推行治安防控城乡一体化建设。在全市中心城区、重点集镇、主要街区、繁华地段、公共场所和交通路口等重点区域和部位，以及治安比较混乱地区，逐步建立完善并用活社会治安动态视频监控系统。2005年，市委全面推广被称为"渔都警眼"的

---

① 《舟山日报》，2024年4月29日，第1版。

普陀城市监控管理系统。2009年舟山开始建立海上船只安全监管平台。信息警务将散落在广阔海域上的各个岛屿打造成一张不受时空限制的"科技铁桶",做到了快速接警、有效处警,给人民群众营造了一个安全的环境,为实现舟山经济跨越发展,全面建设小康社会提供了重要保证。

(二) 积极开展"平安海区"创建活动

舟山以岛建市、向海图强,海上平安历来是平安工作的重点和难点。2006年7月全市建设"平安舟山"工作会议提出,要把"枫桥经验"推广到海上渔场、把平安建设延伸到海区船上,实现海陆并治,开展"平安海区"创建活动。

自此,市委把创建海上平安作为一项重点工作。2006年起,市委、市政府成立了创建"平安海区"指挥部,并整合公安边防、海洋渔政、港航海事等职能部门力量,完善"海上110"社会联动机制,扩大海上管控范围,加大联合执法力度,不断提高对海上治安的实时监控和快速反应能力,及时处置海上各类突发事件。

针对海上安全生产事故多发的态势,从2007年起,市委全面深化"平安海区"建设工作,坚持管理与服务并举,建立以渔船防碰撞、卫星定位、监控指挥为主要内容的渔船安全管理信息服务系统,完善船舶安全动态监管机制,强化水上交通运输隐患专项整治,有效预防和减少了海上撞船、沉船等安全生产事故的发生。此外,市委还通过创建平安航道、平安渔场、平安海岸线、平安星级船等载体,大力推行定人联船、编组生产、动态报告、安全值班、一船一档等管理制度,保障海上生产安全。2009年全市渔业生产事故和死亡人数比2008年分别下降60%和21%[①]。"平安海区"创建成为"平安舟山"建设的亮点工作。

建设"平安海区"的关键是全员参与、人人共创。从2008年起,市委充分调动群众的积极性和创造性,逐步把"平安海区"的创建主体,由渔船、渔民拓展为所有船舶和涉海人员,因船制宜开展各类平安创建活动。同

---

① 舟山市史志办公室:《舟山年鉴(2010)》,中国文史出版社2010年版,第206页。

时，舟山建立健全船头、港口、海上"三位一体"海区群防群治组织网络，引导群众建立695个"渔业生产平安协会""渔情联系船""名老大调解协会""海上娘舅船"等民间自治组织，广泛开展渔民"联心、联谊、联利、联事"结对活动。此外，市委加强对海上船舶防污染的监督管理，健全海事渔事纠纷调处协作机制，依靠群众自身的力量妥善解决海上治安和海区安全生产中的各类问题，落实自防、自治、自救措施，有力维护了海区生产和治安秩序。

（三）首创"网格化管理、组团式服务"

舟山岛屿众多、海域广阔、交通不便、渔民流动性大，传统意义的基层组织管理服务模式无法有效适应舟山经济社会的快速发展，也与广大群众的需求有一定的差距。为此，市委着力探索基层社会治理的长效机制。

从2007年底开始，舟山市在普陀区桃花镇开展"网格化管理、组团式服务"试点工作。整个桃花镇被分成40个管理服务网格，所有居民被纳入单元网格中，每个网格配备一支服务团队，团队里有乡镇干部、社工、民警、教师、医生等。他们进村入户，了解民情，倾听民声，解决问题，实现基层社会管理服务的全覆盖。在此基础上，2008年8月，市委召开全市"网格化管理，组团式服务"工作会议，"网格化管理、组团式服务"工作在舟山全面推开。

"网格化管理、组团式服务"是基层社会治理方式的重大转型，全市推广之初，在原有社区（村）区划不变的前提下，以渔农村社区100—150户家庭为一网格，城区则适当增加，在全市范围内划分了2464个网格。每个网格配备一支由机关干部、社区（村）干部、党员群众骨干组成的服务团队，通过整合公共服务资源，对网格内的居民进行多元化、精细化、个性化服务，实现了基层社会管理服务全覆盖。同时运用现代化数字技术和城市管理网格化技术，开通全市"网格化管理、组团式服务"信息管理系统，将网格上所有居民的家庭状况、住房、就业、计生、优抚救助、党建群团、医疗、教育、土地承包等分散、孤立的信息进行汇总整理，建立数据库，注重信息的日常收集积累和维护更新，使政府及平安建设职能部门及时掌握民生情况和治安动态。此外，网格团队通过经常性走访摸排、平安巡防，能够在第一时间掌握网格内的利益诉求和矛盾纠纷，及时进行社会稳定分析预警或应急处突，努力将矛盾和问题化解在基层、化解在萌芽状态，有效改变了以往群众诉求渠道不畅通、遇事只好上访的状况，从而提升了基层维稳工作的实效。

经过两年多的实践探索，到2010年底，全市参与组团服务的人员达2万余人，共联系服务群众37万户、97万余人，为群众解决问题近5万件，解决率达99%。至此，初步建成了"网格化管理、组团式服务"的基层党建和社会管理体系。

"网格化管理、组团式服务"是基层社会治理的有益探索，也是新时期坚持和发展"枫桥经验"的有益实践。省委高度重视这一基层党建和社会管理服务的创新之举，要求总结完善舟山的改革实践，并在全省推广。"网格化管理、组团式服务"模式先后获评"首届全国基层党建创新最佳案例"、2010年"中国全面小康十大民生决策"、2011年"浙江省公共管理创新案例特别贡献奖"等荣誉。

（四）在全省率先实施重大事项社会稳定风险评估机制

随着一大批海洋开发项目在舟山的落地和加速推进，影响社会和谐稳定的新情况新问题不断显现。为了从源头上预防和减少社会风险隐患，从2008年开始，市委以定海区为试点在全省率先试行重大事项社会稳定风险评估机制。市委五届四次全会上提出要落实重大事项社会稳定风险评估制度，把矛盾化解在萌芽状态。会后，制订出台《舟山市重大事项社会稳定风险评估暂行规定》，在全市推开风险评估工作。2011年市委又出台了《关于深化重大决策社会稳定风险评估工作实施意见》，形成了相对完善的风险评估机制。

推行重大事项社会稳定风险评估，是推进"平安舟山"建设的重大突破，是预防在前、做好风险把控的重要举措。自此，全市各级对直接关系人民群众切实利益且涉及面广、容易引发社会稳定问题的重大事项，在决策前事先都充分听取各方面意见，在此基础上对决策方案的合法性、合理性、可行性和风险可控性进行全面深入、定性定量的分析评估，查找社会稳定风险点。对所有风险点都能做到逐一进行分析，参考相同或类似决策引发的社会稳定风险情况，预测研判风险发生概率、风险等级和可控程度。

市委把重大事项社会稳定风险评估工作摆到创新社会管理的整体格局中来谋划，要求将社会稳定风险评估作为全市各级党委、政府重大决策不可或缺的"必备程序"，从而提高了党委、政府决策的科学性，最大限度地预防和减少了不稳定因素。这一机制实施3年，全市对235项重大事项进行了社会稳定风险评估，其中，群众拥护并准予实施198项，暂缓实施32项，不予实施5项。全市经过评估后的重大决策，没有一项在实施后引发重大涉稳事件，从而从源头上增强了维稳工作实效。在推进重点工程、重点项目社会稳定风险评估的同时，市委也十分注重社会面重大稳定风险评估，如对定海城区中小学学区划分事项进行风险评估后，科学调整学区划分方案，学区划分工作最终得到了群众的认可。

2010年7月，全省重大事项社会稳定风险评估工作现场会在定海召开，舟山的做法和经验得到了省委的肯定。舟山重大事项社会稳定风险评估做法还被评为"浙江省公共管理创新案例优秀奖"。

二、立足新区发展实际，筑牢"平安舟山"治理之基

2011年6月舟山群岛新区设立，使舟山迎来了大开发、大建设的重大机遇，同时也带来了严峻的治安挑战。面对新的形势和任务，市委始终把"平安舟山"建设置于全市工作大局中来谋划。2012年2月，市委在第六次党代会上提出要"深化'平安舟山'建设""基本形成社会和谐稳定"的目标任务。同时将平安建设作为每年市委市政府重点工作、全市重要事项和重点工程来抓，坚持正确处理改革发展稳定的关系，一手抓"经济报表"，一手抓"平安报表"，不断推进"平安舟山"建设理念思路、体制机制、方法手段的创新，为舟山群岛新区建设营造了和谐稳定的社会环境。通过多年不懈的努力，2016年，舟山捧得"平安金鼎"，是全省首批获得"平安金鼎"的3个设区市之一。

（一）打造网格化管理工作升级版

社会治理是一个动态发展、不断探索、持续创新的过程。"网格化管理、

"组团式服务"作为一项创新的工作,尽管成效明显,但随着实践的深入,也存在着网格划分标准不一、人员配置不尽合理、服务内容比较泛化以及考核管理、激励惩戒、走访机制不完善等问题。对此,市委积极深化拓展网格功能,持续推进打造网格化管理的升级版。2010年4月,市委、市政府下发了《关于深化完善城市社区"网格化管理、组团式服务"工作的若干意见》,对城区网格化管理在组织领导、工作内容、任务落实等方面作了深化和完善。2012年5月,市委又专门召开深化"网格化管理、组团式服务"工作会议,推动网格化管理工作跃迁升级。

2013年11月,党的十八届三中全会通过的《关于全面深化改革若干重大问题的决定》中明确提出"创新社会治理体制,以网格化管理、社会化服务为方向,健全基层综合服务管理平台"。舟山认真贯彻党中央精神,借助"网格化管理、组团式服务"的先发优势,积极打造网格化管理升级版。在网格设置上,市委根据产业特点和经济社会发展形态,以"综合网格+专属网格"方式,理顺"村社—网格—微网格"架构,实现全市网格分类管理全覆盖。全市共有综合和专属网格1230个,微网格8205个。在队伍建设上,一盘棋统筹,构建"全网整合、全员参与、全面培养"的管理体系。同时,完善责任清单,在明确网格化管理工作基础信息采集、社情民意收集、安全隐患排查整治、矛盾纠纷排查化解等十大职能22项工作清单的基础上,进一步明确网格长、专兼职网格员、网格服务团队等服务主体职责。全面推进基层综治、警务、司法、流动人口管理等工作与网格化管理相对接,实现基层工作力量上的整合和机制上的融合,提高了基层综治工作实效。

网格化管理的升级和深化,突出体现在运行机制的完善上。全市以市、县(区)社会治理大联动平台为基础,构建"141"社会治理体系框架,推行源头发现、采集建档、分流交办、执行处置、检查督促、结果反馈的闭环工作流程,形成了简单问题网格内服务解决、疑难问题上推至"四平台"联动解决、个别重大事项全市统筹解决的快速精准处置机制,并实现网格事件解决全程网上公开监督。依托大数据技术和全市网格化管理一体化智能化公共数据平台,打造"最强大脑",整合投诉举报、网格平安、"12345"公共服务等10个系统平台功能,建成了一体化综合"数智"的社会治理大联动平台,实现各类事项"一网办理"。全市重大疑难案件调处成功率、协议履行率都达到了100%。

此后,舟山不断寻求突破,推进网格、平安信息系统"两网"深度融合,构建全市基层治理"一张网";开展"全科网格"建设,以网格为单元,通过群众的自治和社会单元的管理,实现网格管理;通过干部上门服务、群众自我服务、社会志愿服务,实现组团服务。全市网格化工作成为基层不会撤离的工作组、基层干部明确的责任田和反应最快的应急机制,成为社区群众家门口的自治和自我服务方式。

(二)扎实开展基层平安创建活动

为了进一步深化"平安舟山"建设工作,提升基层创安工作水平,服务保障浙江舟山群岛新区建设,市委坚持重心下移,把平安建设的重点放在基层,于2013年和2015年分别开展了"基层平安建设年"和"创新基层社会治理推进年"活动,并印发了《全市"基层平安建设年"活动实施方案》和《关于开展"创新基层社会治理推进年"的通知》,细化工作举措,夯实基层基础,以基层创安带动全面创安、以基层平安筑牢全局平安。

在基层平安创建活动中,市委以基层工作机制建设和群防群治队伍建设为重点,以平安社区、平安网格创建为载体,明确目标任务,精心设计活动载体,积极创新工作举措,开展矛盾纠纷滚动排查、组织突出治安问题和安全隐患专项整治、强化特殊群体服务管理等形式多样、内容丰富的创安活动,主动服务保障舟山群岛新区建设。2014年至2016年,市委组织实施"相约平安"专题宣传三年行动,以"贴近实际、贴近生活、贴近群众"为原则,先后推出"平安建设大家谈""平安动漫乡村行""平安春联万家挂"等12项宣传工作载体,整合各种资源,突出手段创新,广泛调动基层群众参与"平安舟山"建设的积极性,形成了"平安建设,人人参与"的良好氛围,确保了全市人民群众平安建设的知晓率和参与率持续走在全省前列。

同时,市委以群众安全感满意率、刑治案件发案率、矛盾纠纷化解率等为考核指标,完善基层平安创建标准,落实工作责任,并加强对基层平安创建工作的督促检查,确保创建活动的有序开展和创建实效。在此前后,舟山还建立"110"与"12345"双平台、双热线互补机制,进一步完善应急救援与公共服务联动体系;全面落实各项防汛防台防旱责任,完善三防应急救援机制、推行防汛管理APP;推行重大项目不稳定问题工单制,主动护航鱼山绿色石化基地等新区国家战略实施;深入开展平安家庭、平安校园、平安交通、平安港区、平安医院、平安企业、平安工地等系列"微平安"创建活动等,以点带面,积"小平安"成"大平安",实现了平安建设的全面覆盖和全民参与。

(三) 建立多元化矛盾纠纷解决机制

多元化矛盾纠纷解决机制具有节约司法资源、便捷、低成本等优势,从2012年起,市委以问题为导向,强化顶层设计,整合各种纠纷化解资源,把建立多元化矛盾纠纷解决机制作为"平安舟山"建设的一项重要工作,制订了《舟山市社会矛盾纠纷大调解体系建设规划(2013—2015年)》,形成了具有舟山地域特色的多元化矛盾纠纷解决机制,为基层社会治理提供了一条高效便捷的纠纷调解途径。

建立矛盾纠纷多元化解机制,是基层社会治理的创新,关键要发挥基层的社会力量。市委根据舟山实际,从2012年起指导推进乡镇(街道)社会服务管理中心规范化建设、定海群众工作中心、普陀海上服务管理中心等试点工作,以点带面,创新完善基层综治工作机制。同时,舟山积极发展壮大平安志愿者、群防群治队伍等社会力量,发挥"名老大调解协会""海上娘舅船"等自治组织的作用,着力开展海上矛盾纠纷专项化解工作。此后,市委还创建了定海交通事故调解模式、嵊泗海上牧场调解模式等一系列品牌调解模式,成立岱山县鱼山绿色石化项目调解工作室、普陀区国际水产城调解委员会等专业委员会,不断摸索新路子,为"平安舟山"建设奠定了坚实的基层基础。

从2013年起,全市建立了市、县(区)、乡镇(街道)、社区(村)四级矛盾纠纷大调解体系,健全了矛盾纠纷处理责任制,完善了多元化矛盾纠纷解决对接机制。对各类社会矛盾纠纷实行统一登记、统一受理、统一调度、统一考核,并在纠纷受理、分流指派、调解处理、检查督办等工作流程上进行优化完善。在此基础上，市委规范多种纠纷解决工作程序，努力实现以人为本，最大限度地方便群众解决纠纷。同时，规范平台构建，在县（区）、乡镇（街道）分别设立了集指导协调及实战功能于一体的社会矛盾排查调处中心，在村（社区）设立了调解组织，在网格配备了网格调解员，实行纵横相连的"网格式"调解布局。此外，舟山健全完善了人民调解、行政调解、司法调解"三调联动"机制，通过落实协同联动、工作对接、责任落实等制度，积极推进"诉调对接""检调对接""警调对接"，提高了调处成功率。2014年，全市排查出各类矛盾纠纷19224件，调处成功19026件，成功率98.97%，省市挂牌督办的25件重大矛盾纠纷全部化解。

2015年，全省矛盾纠纷多元化解机制建设推进会在舟山召开，舟山多主体参与、多手段运用、多方式化解的矛盾多元化解模式，受到了省委的肯定。

三、构建市域社会治理现代化，开创"平安舟山"崭新时代

党的十九大报告提出建设平安中国，加强和创新社会治理，维护社会和谐稳定，确保国家长治久安、人民安居乐业。舟山市委以习近平总书记关于平安中国建设的一系列重要讲话精神为指引，于2018年8月出台《高水平建设"平安舟山"，打造全国最安全城市实施意见》，以打造全国最安全城市为目标，以平安护航杭州亚运会等重大活动为主线，适应社会矛盾新变化，聚焦人民群众新需要，全面提升"平安舟山"建设科学化、社会化、法治化、智能化水平，在更高层次、更广领域、更高水平上推进"平安舟山"建设，为舟山高水平建设现代海洋城市保驾护航。

（一）构建矛盾纠纷化解"舟山"模式

舟山海域辽阔、海岛众多，使得基层治理力量分布分散，发挥效果不明显。市委围绕构建共建共享共治社会治理格局，将省委提出的"最多跑一次"改革理念延伸至基层社会治理。从2017年开始，普陀区以问题为导向，强化部门合成、闭环集成、海陆联动、基层联动，率先打造了实现社会矛盾纠纷"一门受理、一站式解决"的"普陀模式"，极大地方便了办事群众。

市委及时总结普陀相关经验，于2021年初发布落实了全国首个《社会矛盾纠纷调处化解"最多跑一地"工作规范》地方标准。标准的制定实施，填补了国内关于社会矛调"最多跑一地"标准的空白，有助于推动社会矛调"一站式"管理、"一窗式"办理、"一条龙"处理、"一键式"服务，让老百姓真正实现"小事不出村、大事不出镇"。

各县区在原有调解服务的基础上，建立了社会治理综合服务中心，吸收了矛盾纠纷化解量最多的15个部门，联合海事渔事、医疗纠纷、婚姻家庭等12个专业性、行业性调解组织，为诉求群众提供从咨询、调解到仲裁、诉讼的全方位服务，实现碎片化办理向"一条龙"服务转型，确保"群众有诉求，最多跑一地"。

为了进一步实现"不用跑"的目标，舟山将县区社会治理中心建设模式向乡镇（街道）、村（社区）两级延伸覆盖。优化业务流程，推行"一站式"服务，并发挥线上线下联动，大力推广应用在线矛盾纠纷化解平台和"移动微法院"，引导海岛群众"线上调、掌上办"，实现矛盾纠纷闭环处置，推进矛盾化解向着更便捷、更高效的方向发展。舟山矛盾纠纷调处化解"最多跑一地"改革模式获得了最高人民法院和省委、省政府的充分肯定，先后获得全国创新社会治理典型十佳案例和浙江省第五届公共管理创新优秀案例。

（二）践行新时代"海上枫桥"经验

舟山持续探索和实践预防化解社会矛盾、维护社会和谐稳定的新途径、新方法，不断赋予"海上枫桥"新的时代内涵和旺盛的生命力，逐步形成了"海上枫桥"舟山样本。

为化解因海损事故、渔船作业桁地等引发的海上矛盾，切实维护海上平安稳定，2017年，舟山创新思路，针对海上纠纷"动态管理难"问题，利用"瀛洲红帆"船，培育海上纠纷化解"领头雁"。除了"瀛洲红帆"船，舟山还发展壮大"海上老娘舅""名老大调解协会""东海渔嫂调解员"等民间调解组织，形成"红帆船长+党员船员+骨干渔民+东海渔嫂"的自我管理团队，建立海上纠纷化解、安全联防、抢险互助等工作机制，将风险问题第一时间化解在前端、在初始。2019年，舟山"海上枫桥"综合治理与服务创新试点获评全国自由贸易试验区制度创新成果复制推广"最佳实践案例",相关经验被新华社、《人民日报》、中央电视台等中央媒体报道。

针对海上违法违规案件难发现、难举证、执法成本高、执法效率低等难题,舟山整合涉海执法资源,推进体系"大综合"。借助全省"大综合一体化"行政执法改革试点的契机,舟山先行先试,在全国创新开展海洋综合行政执法体制改革。2022年,在《浙江省加快推进"大综合一体化"行政执法改革试点工作方案》获中央批复同意后,舟山成立了海上综合行政执法指挥部和指挥中心,围绕省部协作加强联动"一体化",建立了"网格管控"运行等八大类制度机制,对涉海的执法人员力量进行统一指挥调度,实现证据互认,信息互通,不断凝聚"多跨集成"联防联控合力,全面提升海上发现能力、预防能力、处置能力和监督能力。与此同时,加大巡查巡航和执法力度,坚决打击涉海涉渔违法违规行为,及时应对海上各种突发事件,强化行刑衔接案件移送,形成海上执法闭环。同时,舟山以数字化改革为抓手,将全市海域智能划分为12个管控网格和3个巡航网格,打造态势感知、网格管控、快响指挥和全链监督4大多跨应用场景,提升了海上数字化管控能力,实现了数字化改革与海洋执法的深度融合。

舟山"大综合一体化"海洋行政执法改革已被纳入全省重大改革"一本账",获全省"数字司法"和"数字法治"好应用,为全国海洋行政执法改革提供了"舟山经验"。"大综合一体化"海洋行政执法新范式为海域治理提供了"舟山样板",相关改革成果作为第三批自贸试验区创新实践被商务部推广。

(三)建设社会治理高智能化的现代化城市

为提高"平安舟山"建设的数字化、智能化水平,舟山充分发挥科技对平安建设和社会治理现代化的强大驱动效应,综合运用大数据、云计算、互联网、区块链和人工智能等新兴技术,不断升级完善立体化信息化社会治安防控体系。

舟山整合公安、交通、应急管理、市场监管、海洋渔业等部门的社会治理职能,从2017年开始,建设了综治中心、"雪亮工程"指挥中心、网格服务管理中心、"基层治理四平台",同时建立社会治理工作前置窗口和实战平台,纵向实现与市、县(区)、乡镇(街道)三级综治中心和网格员可视化扁平指挥,横向与10余个指挥中心互联互通,构建了上下一统的全市智慧治理新中枢。2017年,全市各级公安机关依托"雪亮工程"抓获犯罪嫌疑人员36名,其中杀人逃犯2名[①]。从2018年起,舟山按照"前端建设、联网共享、指挥应用、系统管理"的要求,不断拓展"雪亮+"应用,在无人岛屿、捕捞渔船上安装前端感知和智能应用设备,实现了"全域覆盖、全网共享、全时可用、全程可控"的智能治理。2019年,全市"雪亮工程"成果入选全国政法智能化建设十大创新案例。为满足基层实践需求,舟山还创新研发"云方舟—智慧村社"一体化基层智治平台,搭建了电脑端、手机端、电视端"三端融合"智能应用端口,实现了政府与群众、部门和基层线上线下的双向互动。平台正式运行后,多元力量参与基层治理有了明显增强,一大批基层事件点对点得到了有效解决。

2020年,舟山乘捧得"一星平安金鼎"之势而上,成为全国第一期市域社会治理现代化试点城市。为了不断提高市域社会治理系统化、精细化水平,市委对标对表中央政法委关于全国市域社会治理现代化试点城市的创建要求,强化市级统筹协调、县(区)组织实施、乡镇(街道)强基固本的市域社会治理链条,积极探索具有舟山特色、海岛特点、时代特征的社会治理新模式。通过创建"瀛洲红帆船"品牌,推动形成了党建引领的海区治理样板。"网格化管理、组团式服务""红色物业联盟""兼合式党支部"等,成功构建了"小事一格解决、大事全网联动"的基层治理新体系。

为了更好地推进"平安舟山"建设,2021年10月,市委制订了《"平安舟山"建设和市域社会治理现代化"十四五"规划》,将重点从健全风险闭环管控大平安机制、推进"六大体系"建设、促进"五治融合"三方面着手,一体推进平安建设和市域社会治理现代化工作。同时,实施《舟山市推进市域社会治理现代化试点工作三年行动计划(2020—2022年)》,并编印《舟山市市域社会治理指导手册》。截至2022年底,全市试点指引指标完成

[①] 舟山市史志办公室:《舟山年鉴(2018)》,方志出版社2019年版,第244页。

率达100%，经省级评估验收。

2023年3月，舟山捧得"二星平安金鼎"。9月，中央政法委确认舟山市创成"全国市域社会治理现代化试点合格城市"。此外，舟山还荣膺平安中国建设示范市，两次捧得全国综治工作最高奖"长安杯"。

站在"平安浙江"建设20周年的新起点，舟山将始终坚持以习近平新时代中国特色社会主义思想为指导，牢记初心使命，努力推动更高水平"平安舟山"建设向纵深发展，为舟山高水平建设现代海洋城市保驾护航，为浙江高水平建设平安中国示范区贡献舟山力量。

（撰稿人：王辉、陈燕、王璐　统稿人：胡光　审定人：任爱珍）

建设"平安台州",打造幸福之城

◆ 中共台州市委党史研究室 ◆

"平安浙江"建设20年来,台州市委坚决贯彻党中央和省委部署要求,牢固树立"发展是第一要务、稳定是第一责任"理念,以防范化解"平安台州"建设重大风险和难点问题为突破口,全力防风险、保平安、促发展,探索形成"和合善治同心圆"市域社会治理台州模式,人民群众的获得感、安全感、满意度显著提升,走出了一条以平安建设促进经济社会发展、保障人民安居乐业的成功之路。

一、树立"大平安"理念,不断深化"平安台州"建设

作为中国民营经济发祥地、股份合作经济发源地、市场经济先发地,台州较早遇到一些影响经济发展与社会和谐稳定的矛盾问题。因此,市委较早认识到了推进平安建设的重要性和紧迫性。2003年7月,市委二届十次全会提出,要建设"平安台州",为改革和发展创造良好的社会环境。2004年5月,省委十一届六次全会作出了建设"平安浙江"的决定。台州市委切实贯彻落实习近平同志讲话精神,强化"大平安"理念,提出要全力建设"平安台州",切实维护社会和谐稳定,推进台州物质文明、政治文明、精神文明全面协调可持续发展。2004年6月,市委建设"平安台州"领导小组建立。同月,市委印发《关于建设"平安台州"的实施意见》,提出了社会政治稳定、社会治安稳定、经济健康运行、社会公共安全、维护人民群众利益等方面的具体目标。根据市委的部署,台州各级党委政府把平安创建工作纳入全

面推进小康社会与和谐社会建设考核内容,定期分析研究形势和任务,"平安台州"建设扎实有序推进。

(一) 全力维护社会稳定

台州特殊的地理环境、深厚的宗教文化底蕴,带来了价值观念、宗教信仰、风俗习惯等意识形态领域的碰撞交融,导致境内外敌对势力渗透、破坏活动及邪教组织违法犯罪活动较为频繁,隐蔽战线斗争任务艰巨。2005年3月,台州市第三次党代会报告提出,要保持"严打"的高压态势,严厉打击各种危害国家安全和经济、社会安全的犯罪活动。深入研究新形势下人民内部矛盾的规律和特点,尽可能把各种社会矛盾化解在基层和萌芽状态,妥善处置群体性事件。为此,台州全力维护社会政治稳定,主动应对国际国内形势变化,加强隐蔽战线斗争,强化情报信息,严密防范和严厉打击境内外敌对势力,强化对带有较大政治危害性的非法组织的监控与邪教组织的斗争;专门建立防范煽动非法聚集活动应急指挥机制,实行分级戒备制度,严密网络监控并及时封堵有害信息,加强重点人员教育转化和稳控工作。

为了将矛盾化解在基层和萌芽状态,台州积极加强矛盾纠纷调处,落实乡镇(街道)每月集中排查调处、县(市、区)每季集中排查调处制度。2005年起,台州在县(市、区)普遍建立维稳常设机构,建立社会形势分析会制度,制定《台州市预防和处置群体性事件实施办法》和《台州市党政领导班子维护稳定工作责任分工》,建立健全预测预警、排查化解、应急处置、工作保障、责任追究"五项机制",全力提高预防化解矛盾纠纷和预防处置群体性事件的能力。2006年10月,台州在全省率先出台《台州市稳定工作责任制暂行规定(试行)》,明确党政"一把手"为本地本部门维护稳定工作第一责任人。全面深化"大调解"体系建设。2010年9月,出台《关于深入推进社会矛盾大调解工作的意见》,建立健全以县(市、区)社会矛盾调处中心、乡镇(街道)综治工作中心、村居(社区)调委会和专业性行业性调解组织为重点的四级大调解体系,深入推进诉调联动、警调联动、政调联动、访调联动、检调联动"五大"联动机制建设,全市"纵向四级、横向五联"

的大调解格局初步形成。2011年,全市共成功调处各类矛盾纠纷22667件,成功率达到99.5%,没有发生有重大影响的"民转刑"案件和群体性事件①。

(二)强力落实打防措施

随着台州经济社会的快速发展,出现流动人口犯罪率较高、打击"两抢一盗"的力度不足、打防控一体化机制不够健全等问题,对社会治安构成较大挑战,治安问题成为影响台州构建和谐社会的首要问题。为此,台州提出"四个转变"② 理念,严厉打击"两抢一盗"等多发性侵财型犯罪。坚持"标本兼治"原则,深入开展"黑车断油""三电""三车"等专项整治,努力从源头上预防和减少各类犯罪的发生。2012年,全市盗抢骗等侵财案件立案数同比下降10.8%,破案绝对数同比上升20.89%;移送起诉侵财犯罪嫌疑人6392人,绝对数同比上升46.46%③。2012年9月,台州出台流动人口基础信息大排查专项行动考核办法,在全市范围内组织开展流动人口基础信息大排查专项行动,推广村企自主管理模式,提高流动人口精准化管理水平。同时,台州坚持群防群治,深入实施社区和农村警务措施,完善警民联防机制,推进农村治安小区化管理,建成集打防管控于一体的动态治安防控体系网络,实现了打防效益和效能的整体跃升。

(三)营造安全发展环境

进入21世纪以后,台州经济发展面临着征迁难、融资难等影响经济社会发展的难题,为此,2005年,市委每季定期召开县(市、区)委书记、县(市、区)长现场会,推进重点工作,保障重点工程建设。把保障重点工程建设作为优化经济发展环境的重要任务来抓,重点打击地下赌场、娱乐场所、

---

① 《浙江法制报》,2012年8月28日,第1版。
② "四个转变",是指从事后跟踪社会反应向事前倾听群众呼声转变、从片面重视破大案向同时也要破小案转变、从被动破案向主动防案件转变、从强调破案向关注群众满意度和幸福指数转变。
③ 台州市档案馆:《台州年鉴(2013)》,中华书局出版社2015年版,第176页。

专业市场3类涉黑涉恶高危行业，严厉打击本地黑恶犯罪、外来黑恶势力、侵蚀基层政权的农村黑恶势力3类涉黑涉恶重点对象。2012年，全市判决恶势力团伙113伙796人，查处各类涉及村霸、地霸、行霸、市霸案件602起，刑拘473人，逮捕306人，起诉814人，行政拘留410人，保障了37个重点工程顺利推进[1]。同时，台州深入开展整顿和规范市场经济秩序专项斗争，先后开展了打击网络传销犯罪、打击制售假发票和非法代开发票、涉众型经济犯罪等各类专项整治行动，有效维护了市场经济秩序。

在优化经济发展环境的同时，台州严格落实安全监管措施，建立和完善各类公共突发事件应急预案，加强监管机构和队伍建设，实施安全生产分类管理制度和红黄牌警示制度，开展道路交通安全、渔船捕捞作业及运输安全、危险化学品安全等重点行业的专项整治，2010年，台州出台《台州市生产经营单位安全生产主体违法责任追究办法》，建立完善安全生产警示制度和道路安全告诫和问责制度，狠抓安全生产大检查和事故隐患整改，强化安全生产责任制的落实，严肃事故查处和责任追究，安全生产形势稳定。2012年，台州事故起数、死亡人数、受伤人数和直接经济损失4项指标实现全线下降，安全生产各项工作取得了突破性进展。

生态安全是"平安台州"建设的重要内容。2004年1月，市委二届十一次全会明确生态卫生、生态安全、生态景观等各个层面的发展目标。加大对工业"三废"的环保执法力度，坚决整治污染严重企业。然而，仍然有个别环保事件对生态安全及人民群众生命财产安全构成严重挑战，如"血铅事件"[2]。此后，市委、市政府对重污染企业进一步开展专项整治。各县（市、区）制定和实施严厉的整治措施，确保排查到位、整改到位。2011年，全市21家铅酸蓄电池企业均已停产，其中20家关停到位；106家电镀企业，关停23家，整治提升26家，立案处罚29家，取缔非法电镀88家；1198家熔炼企业，关停533家；取缔非法拆解户1100多户[3]。

---

[1] 台州市档案馆：《台州年鉴（2013）》，中华书局出版社2015年版，第175页。
[2] 2011年3月中旬，台州市路桥区峰江街道上陶村等3个村部分村民体检时发现血铅超标，后陆续查出168人血铅含量超标，其中包括53名儿童。
[3] 台州市档案馆：《台州年鉴（2012）》，中华书局出版社2014年版，第399页。

（四）夯实基层平安稳定基础

市委坚持创新和发展"枫桥经验"，把基层基础工作作为"平安台州"建设的保障性工程。2004年，为认真贯彻党中央、省委精神，台州制订下发《关于加强基层综治组织建设的若干意见》，对乡镇（街道）等基层综治组织的机构设置、人员配备、职责任务、工作要求等作了明确规定。2008年，为进一步加强综治基层基础规范化建设，市委政法委牵头开展市级示范乡镇（街道）综治工作中心评选活动，整合基层公安、司法、法庭等资源，进一步推进以乡镇（街道）综治工作中心为龙头的基层政法综治组织规范化建设。2012年，全市所有乡镇（街道）的综治办主任一律由当地党委副书记兼任，全市基层维稳组织体系和工作网络得到进一步完善。

2005年3月和9月，市委两次召开建设"平安台州"领导小组会议，进一步明确各成员单位的职责，分解细化各成员单位的目标任务，提出要突出抓好平安基层创建工作。为有效整合基层综治、信访、法庭、警务、司法等单位力量，市委建立健全治安联防、矛盾联调、问题联治、工作联勤、平安联治的"五联"工作机制。2005年，全市所有乡镇（街道）以及2664个单位、1145所学校、5407个村居（社区）参加了平安创建工作。组织开展了《浙江日报》"平安台州"建设专题宣传活动，编印了1万多册《"平安台州"宣传手册》送进各社区、学校和单位。台州还不断丰富活动载体，大力推进群防群治队伍建设，提升人民群众参与平安基层创建的热情，截至2010年，全市共有专职巡防队伍128支4781人，专业保安队伍2168支10122人，义务巡防队6174支45038人，平安志愿者队伍700多支，形成"党委领导、政府负责、社会协同、公众参与"的平安创建工作格局。

自2004年全面启动"平安台州"建设以来，市委坚决贯彻中央和省委部署，加强平安建设的探索实践，以经济发展和人民群众的平安需求为导向，较好地维护了全市政治社会经济持续稳定。至2013年，全市刑事发案连续8年下降，安全生产4项主要指标连续6年保持"零增长"，临海市、玉环县、天台县、仙居县、三门县连续8年获得平安县（市、区）称号。

二、创新社会治理，扎实推进"平安台州"建设

党的十八届三中全会提出，要改进社会治理方式，激发社会组织活力，创新有效预防和化解社会矛盾体制，健全公共安全体系。习近平总书记指出："坚持源头治理、系统治理、综合治理、依法治理，努力解决深层次问题，着力建设平安中国，确保人民安居乐业、社会安定有序、国家长治久安。"① 遵照党中央及习近平总书记要求，2013年8月，台州市委印发《关于进一步加强"平安台州"建设的意见》，强调要不断深化平安建设，着力解决源头性、根本性、基础性问题，努力建设领域更广、人民群众更满意、实效性更强的"平安台州"，确保人民安居乐业、社会安定有序。

（一）打好维护社会稳定化解社会矛盾主动仗

为推进社会稳定风险评估工作，2013年起，台州进一步建立全市涉稳信息会商中心，实行市每月、县（市、区）每周涉稳信息会商，及时处置。面对世界互联网大会、二十国集团领导人杭州峰会等重大活动维稳工作，台州妥善处置突发敏感案事件，专门制订应急处置预案，加强重点人员、重点区域稳控，强化网络舆情引导，实行全警值班备勤，及时将事件化解在萌芽状态，防止非法聚集事件的发生，维护了社会大局稳定。

为全力化解社会矛盾纠纷，2014年1月，台州市四届三次党代会提出，要切实抓好平安创建，推进"大调解"工作体系建设，综合运用人民调解、行政调解等化解社会矛盾。为此，台州注重矛盾预防，组织开展矛盾纠纷集中排查，健全矛盾纠纷每月会商、重大矛盾包案化解和挂牌督办等制度。为畅通民意诉求表达渠道，2018年5月，台州出台《关于加强县级领导干部定期公开接访群众工作十条规定》，实行领导接访公开制度，确保群众根据不同诉求约访领导，提高针对性。在全国知名媒体测评中，台州"12345"政务咨询投诉举报中心服务质量获2018年度全国335个城市（除直辖市外）总

---

① 《习近平关于协调推进"四个全面"战略布局论述摘编》，中央文献出版社2015年版，第31—32页。

分第 2 名，成为全国唯一一个连续 4 年进入热线测评服务质量前十名的城市。

（二）完善立体化治安防控体系

从 2013 年开始，台州着力抓好村居（社区）防控、街面治安巡防等建设，构建打防管控一体的社会治安立体化动态防控体系。2015 年 12 月，台州印发《关于加强社会治安防控体系建设的实施意见》，着力加强社会面治安防控网、乡镇（街道）和村（社区）治安防控网、重点行业和重点单位治安防控网建设，提高社会治安防控体系建设社会化科技化水平。全市新建视频监控 1.7 万余个，总数达到 4.7 万余个，视频总数和完好率均居全省第 1 位。2018 年，台州公安机关扎实推进以"雪亮工程"为龙头的物联感知体系建设，全市建成视频监控 6.7 万个，其中车辆卡口 2.2 万个，人脸识别卡口 5828 个，公共区域视频监控覆盖率、联网率及重点行业领域、重要部位视频监控覆盖率均达 100%。

（三）强化隐患排查治理维护生产安全

由于历史和现实发展原因，台州一些安全生产监管盲区发生了安全生产事故。2014 年 1 月 14 日，温岭市城北街道杨家渭村台州大东鞋厂发生火灾夺走了 16 人生命。悲剧发生后，市委、市政府坚决贯彻落实中央和省委的重要指示精神，强化隐患排查维护生产安全。当月，市委、市政府先后召开会议专题研究安全生产工作。2 月，又召开全市安全生产工作会议，全面部署落实工作。出台《关于加强安全生产促进安全发展的实施意见》，严格实行安全生产"一票否决"制度，将原来注重死亡人数的考核指标修订为注重安全生产全面情况的考核，并将安全生产网格化建设、企业安全生产标准化创建等内容列入责任制考核重点，增强考核的针对性。同时，在全市统一部署开展道路交通、渔业船舶、液氨制冷、危险化学品等专项整治，继续深化油气输送管道安全专项排查整治。尤其是针对"低小散"企业集中、安全基础条件较差、易引发群死群伤事故的行业领域开展"一地一行业"专项整治工作，以整治倒逼"低小散"企业转型。2014 年，温岭整治企业 6883 家、居住出租房 3693 户，减少"低小散"鞋企 5041 家，安装消防应急水龙头

16852个，火灾发生率同比下降44.6%。路桥整改"手加工"作坊1594家，实施停产停业整顿450家①。此外，2014年初确定的74家（处）省市级安全隐患单位全部完成整改。为提高安全监管水平，台州扎实开展企业安全生产标准化创建工作。2014年，全市高危行业100%达标；规模以上企业达标率97.7%，超额完成省政府下达的安全生产目标责任考核任务和平安创建的考核要求。为巩固成果，台州深入实施统筹发展和安全战略，不断完善安全生产监管机制。2015年2月，出台《台州市安全生产"党政同责、一岗双责"暂行规定》，在制度上进一步明晰各级党委、政府及其工作部门的安全生产工作职责。2016年，市政府出台"1+X"安全监管文件，在市安委会下设各行业专业委员会，形成统分结合的工作机制。2018年2月，台州制订《关于深入推进安全生产领域改革发展的实施意见》，9月制订下发《关于贯彻落实〈浙江省地方党政领导干部安全生产责任制实施细则〉的通知》，进一步明确党委政府、党政"一把手"以及班子成员安全生产职责。

（四）整顿规范市场经济秩序保障经济安全

通过前期深入开展整顿和规范市场秩序，台州经济安全和营商环境得到大幅度改善提升，但产生制假售假犯罪、非法吸收公众存款、集资诈骗等严重经济犯罪活动的土壤仍未根除。为充分发挥平安建设服务于经济发展大局的作用，台州深入开展"打霸拔钉、清障护航"等专项行动，努力营造良好发展环境。2013年，台州以"护商兴台"为主线，开展"打假""打传销、反欺诈、促和谐"等专项行动，共立涉嫌假冒伪劣案件337起，破案333起，捣毁制假窝点187个，缴获假冒伪劣商品2050余万件，抓获犯罪嫌疑人400人，涉案价值约3.88亿元；破获非法传销案件14起②。2014年，台州持续围绕群众反映强烈的突出问题，先后组织开展食品安全、农村食品市场等系列专项行动，严厉打击无证照经营、限制竞争等行为，全市市场监管系统立案查处市场监管领域违法案件4650起，罚没款7200余万元，移送司

---

① 台州市档案馆：《台州年鉴（2015）》，中华书局出版社2017年版，第240页。
② 台州市档案馆：《台州年鉴（2014）》，中华书局出版社2016年版，第171页。

法机关106起,取缔无照经营户8596户,捣毁"黑窝点""黑作坊"56个,使用非法添加和滥用食品添加剂等突出问题得到有效治理①。2015年,台州紧紧围绕保市场秩序、保经济安全,侦破经济犯罪案件421起,挽回经济损失2.84亿元②。2016年,台州组织开展互联网金融犯罪专项整治,组织开展"打假"、发票犯罪整治等专项行动,依法打击地下钱庄、金融诈骗等违法犯罪行为,加大对传销、生产销售伪劣商品等案件查处。台州还深化"打霸拔钉清障护航"专项行动,严厉打击欺行霸市、围堵拦阻、涉黑涉恶等违法犯罪行为,当年共破获"霸钉"案件145起,移送审查起诉394人,判决恶势力团伙135伙969人③。2017年,台州深入开展严打食药环犯罪行为,破获食药环案件412起,抓获犯罪嫌疑人1099人④。2018年台州不断加大市场监管力度,强化风险管控和智慧监管,在全国率先建成投用食品药品安全阳光监督平台,启用食品流通综合监管平台,公众食品安全和药品安全满意度分别达84.05%、83.44%,较上年分别上升6.76个、3.57个百分点。

在全市人民的共同努力下,2013年至2018年台州平安建设各项指标运行良好,多项指标实现历史性突破,其中2014年度、2018年度平安建设考核得分居全省第1名。

三、强化系统思维,推进更高质量、更高水平"平安台州"建设

2019年10月,党的十九届四中全会提出建设更高水平的平安中国的目标。11月,省委提出"完善防范化解各类风险体制机制。着力解决影响国家安全、社会安定、人民安宁的问题,坚决打赢防范化解重大风险攻坚战"⑤。

---

① 台州市档案馆:《台州年鉴(2015)》,中华书局出版社2017年版,第210页。
② 台州市档案馆:《台州年鉴(2016)》,中华书局出版社2018年版,第170页。
③ 台州市档案馆:《台州年鉴(2017)》,中华书局出版社2019年版,第170页。
④ 台州市档案馆:《台州年鉴(2018)》,中华书局出版社2020年版,第175页。
⑤ 《浙江日报》,2019年11月25日,第1版。

根据党中央和省委的部署，2019年4月，台州召开建设"平安台州"动员大会，提出了"奋力建设更高质量、更高水平的'平安台州'"的目标任务。

(一) 健全"平安台州"建设工作体系

平安建设是一项系统工程，健全"平安台州"建设工作体系是推进"平安台州"建设的重要保障。2020年1月，市五届四次党代会报告提出，要毫不动摇地坚持和完善党的领导制度体系，增强各级党组织的政治功能和组织力，充分发挥党委"总揽全局、协调各方"的领导核心作用。在平安建设中，台州加强党委对"平安台州"建设的组织领导、统筹协调，坚持把平安建设作为"一把手"工程，定期召开会议，及时解决重大问题，健全风险共防、难题共破、责任共担的部门协作"大联动"机制。完善市县乡三级平安建设协调机制。坚持和完善平安建设定期通报、重点约谈、挂牌整治等制度，完善常态化平安暗访机制，加大考评结果运用，切实发挥平安考核的指挥棒作用。

为规范提升精准化行业监管体制，2019年2月，市委、市政府印发《关于加强全市基层消防社会共治体系建设实施意见》。台州组织修订完善台州市突发事件总体应急预案及森林火灾应急救援预案、突发地质灾害应急预案等系列专项应急预案，并加强预案实战化演练，确保有序应对突发灾害事故。完善安全监管责任体系，全面摸排危险化学品全链条安全风险，促进多类事故持续下降。同年7月，全省首部规范居住出租房安全管理地方性法规——《台州市居住出租房屋安全管理规定》正式施行。2021年，全市发生各类事故起数和死亡人数，与前两年平均数相比分别下降29.2%、28.5%[①]。

(二) 健全处置高效的社会稳定风险防范化解体系

由于台州市宗教场所数量、从业人员数量居全省前列，意识形态领域风险依然存在，民生热点问题向意识形态领域传导压力较大。为此，台州全力

---

① 中共台州市委党史研究室：《台州年鉴（2022）》，方志出版社2022年版，第172页。

守牢平安稳定底线。坚决防范各类政治安全风险，健全政治安全体系，深入实施"反制""筑墙""净土""攻心"四大工程，打好反颠覆、反渗透、反恐怖、反邪教主动仗。2021年，梳理政治安全、社会治安等7大领域54类风险事项，建立政法、网信、信访、公安、国安以及X家单位的"5+X"涉稳信息会商研判制度，实行市、县（市、区）、乡（街道）、村（社区）四级常态化每周会商；要求涉众型重大政策决策上市委常委会、市政府常务会议讨论研究前，必须进行风险评估，全市全年完成评估846起，其中暂缓实施5起、不予实施1起、中止实施3起。实现全年政治安全风险"零发生"，重大涉稳风险"零发酵"，重大风险评估"零遗漏"。健全社会矛盾纠纷和合化解体系，完善重大决策社会风险评估制度，推动社会风险防范与经济社会发展同步规划、同步实施，实现重大项目、重大政策、重大活动、重大敏感案（事）件"应评尽评"。健全领导干部下访接访机制，实行信访积案和群众合理合法诉求包案化解。深化诉源治理，全力打造调解工作台州品牌。健全经济金融涉稳风险综合治理体系，建立完善监测预警系统，健全涉众型经济犯罪案件风险回溯、打击经济犯罪联席会议等机制，创新推动防控措施向前端治理延伸。严厉打击涉企违法犯罪行为，持续打造一流的营商环境。2021年共破获侵害民企经济犯罪128起，采取刑事强制措施265人，移送起诉326人，涉案金额4.2亿元，帮助企业追回经济损失2.6亿元，追赃挽损率达61.9%，位列全省第1位[1]。2023年，台州公安机关以实施技术"护企"、制度"管企"、政策"扶企"的网络"护企"举措，为全市72家上市公司、48家互联网经济平台、5000多家规上企业等打造安全网络空间，全力护航经济高质量发展。

（三）深化立体化法治化智能化社会治安防控体系建设

为进一步确保全市社会治安良好形势，更好护佑人民群众生命财产安全，2019年，台州将打防管控建触角延伸至社会治安各个领域，全面构建"党建领导、部门联动、公安主抓、群防群治、综合治理"的社会治安立体化智能

---

[1] 中共台州市委党史研究室：《台州年鉴（2022）》，方志出版社2022年版，第175页。

化防控体系。深化社会治安防控体系建设，构建城乡统筹、网上网下融合、人防物防技防结合、打防控一体的"大防控"格局。健全"精密智巡"机制。建立跨区域、跨部门合成作战平台，提高对多发性案件的防范打击能力。仅2019年一季度，全市"盗抢骗"类警情同比下降19.16%，其中，入户盗窃案件同比下降42.41%，电动车盗窃案件同比下降60.01%；全市盗窃类案件破案数同比上升18%，共刑拘盗抢骗违法犯罪人员1456人，"两抢"破案率100%[①]。同时，台州项目化推进扫黑除恶，深入开展行业乱象整治，持续推进"扫黄打非""缉枪治暴""电信网络诈骗犯罪"等专项打击整治活动，社会治安管控能力明显提升。

（四）探索"和合善治同心圆"市域社会治理新模式

自2020年5月创建全国第一批市域社会治理现代化试点城市以来，台州锚定"打造全国市域社会治理标杆市和平安中国示范城"目标，把"和合善治"理念贯穿市域治理全过程，着眼于有效解决一批影响平安建设的痼疾顽疾，不断增强市域社会治理的引领力、统筹力和驱动力，形成了"和合善治同心圆"的台州市域社会治理新模式。

"和合文化"是台州市域社会治理的重要理念。"和合文化"包含了"以和为贵""和而不同"等思想内涵。作为和合文化的重要发祥地，台州把"和合文化"充分运用到基层治理实践，深入实施和合文化影响力提升行动，以立德树人、以文化育人，着力提升市域社会治理的软实力，由此催生了和合调解、和合街区、和合村居等一大批"和合系"社会治理品牌。同时，台州依托四级社会治理中心，融合人民调解、行业性专业性调解等各类调解机制，整合新居民等各种调解资源，构建了"信访打头、调解为主、诉讼断后"的和合多元矛盾纠纷化解模式。2020年至2023年上半年，共化解各类社会矛盾纠纷67万多件，化解率达99.86%。

网格是社会治理的"神经末梢"，也是"和合善治同心圆"的市域社会治理的基础单元。为充分发挥党建引领网格发挥作用，2020年7月，市委出

---

① 《台州公安：创建"无盗抢城市"》，《人民法治》2019年第13期。

台《关于进一步加强基层党建引领网格治理工作的实施意见》，坚持网格党组织设置调整与网格设置调整同步进行，全覆盖建立网格党组织，形成"乡镇（街道）党（工）委—村（社区）党组织—网格党组织"架构，用党建力量夯实网格，形成一张"一呼百应"的组织之网。在夯实党建引领的同时，台州以"网格智治"为要求，推动网格向精细化、智能化发展。2022年初，台州启动建设市级网格运行中心，依托"平安大脑"，综合集成平安法治领域的各项应用、事项、资源和要素，推出网格指数和网格热力图，提升网格运行可视度，综合三大感知体系，构建网格预警、漏排漏报等模型，提升"网格智治"效能，实现了"治理要素一图集成、高频事项一事处置、除险保安一网协同"。

群防群治是"和合善治同心圆"的市域社会治理的重要力量。台州充分发挥城乡居民的自主性、积极性和创造性，依靠广大人民群众，合力推动市域社会治理现代化。人民群众主要通过台州社会组织、民间团体等参与平安创建、社会治理，典型代表如天宜社工组织、三门亭旁女子打更队、仙居猎鹰救援队等。为了更好支持社会组织发展，台州打造了社会组织服务平台"阳益台州"，为初创社会组织提供孵化培育、业务指导、项目对接等服务，并在全国率先成立了社会工作名家工作室。至2023年上半年，台州已有7000多家社会组织、120多万群众、4436支志愿服务队等社会力量参与社会治理。此外，还有9万余名在职党员、1万余名"五老"①党员通过"社区吹哨、党员报到"等活动，参与志愿服务活动。

2024年1月召开的市六届三次党代会强调要开创平安治理新局面，统筹高质量发展与高水平安全。新征程上，台州将以获评"全国市域社会治理现代化试点合格城市"为新契机，坚持专项治理、系统治理、综合治理、依法治理、源头治理相结合，不断提升台州平安建设的社会化、法治化、智能化、专业化水平，为台州聚力"三条路径"②、奋进"三高三新"③，在推进中国

---

① "五老"，是指老干部、老战士、老专家、老教师、老模范。
② "三条路径"，是指创新深化、改革攻坚、开放提升。
③ "三高三新"，是指推动高质量发展、打造高能级城市、促进高水平共富和奋进新征程、再创新辉煌、再上新台阶。

式现代化建设中勇当先行者、谱写新篇章夯实安全基础,为浙江打造平安中国示范区贡献更多台州元素、台州样板、台州经验。

(撰稿人:马井彪、吕永飞 统稿人:张灵红 审定人:吴国超)

坚毅笃行"丽水之干",
打造高水平高质量全域"平安丽水"

◆ 中共丽水市委党史研究室 ◆

2004年,浙江省委作出建设"平安浙江"的重要决策部署,率先开启省域层面"大平安"建设的实践探索。20年来,丽水市委坚决贯彻"平安浙江"建设决策部署,以"丽水之干"的担当、"求是挺进"的精神、"精致极致"的作风,持之以恒推进"平安丽水"建设。

一、贯彻"大平安"理念,打造建设"平安丽水"的"四梁八柱"

丽水市委认真贯彻省委建设"大平安"的各项部署,坚持将抓稳定、促发展作为一项重中之重的工作来部署和推进,狠抓社会治安综合治理、安全生产和社会公共安全等各项工作,逐步实现平安创建全覆盖。

(一) 构建平安社会建设机制

自2000年撤地设市后,丽水经济建设和社会事业加快发展,但在企业改制、征地拆迁、土地承包等工作中的各种矛盾累积和频发,影响丽水社会的安定和稳定。2004年6月,市委积极贯彻落实省委部署,作出《关于建设"平安丽水",促进社会和谐稳定的决定》,全面部署"平安丽水"建设。

2005年,丽水结合实际,创新载体,深入开展"三个一千平安示范工程"① 创建活动,并将其列为当年为全市群众办好十件实事之一。经年度考核,全市有 1286 个村居、1236 个单位、1148 个企业达到平安创建标准,"平安企业"创建活动走在全省前列。2006 年,在此基础上,逐步推出平安乡镇(街道)、平安村(社区)、平安企业、平安校园、平安家庭等平安创建活动,把创建工作进一步延伸到每个角落。

与此同时,丽水市以实现"123456"② 的工作目标和"三靠"③ 工作要求,深化"平安丽水"建设。建立市委常委会每季度社会稳定形势分析、领导包案调处和督办问责等工作制度,落实各项责任制。在全市乡镇(街道)建立综治工作中心,在社区、村、规模企业建立综治工作站,推行乡镇干部"岗位在村、责任到村、服务农民、联系农民"的"住村联心"工作制度,密切党群、干群关系化解矛盾纠纷,以"点上稳定"推动"面上平安",以"大平安"促进"大和谐"。2010 年,丽水人民群众安全感满意率达 97.58%。

(二)加强社会公共安全管理和社会应急管理

为保障人民群众生命财产安全,保障社会政治稳定,市委高度重视并全面提高应对各种突发公共事件的能力和社会公共安全管理的水平。

2004 年 12 月,《丽水市重特大自然灾害救助应急预案(试行)》发布,要求重特大自然灾害发生后,采取一日一报、即时动态呈报等报告制度。2005 年,按照"稳定抓机制"的要求,建立健全维护社会稳定工作预测预

---

① "三个一千平安示范工程",是指 1000 个平安示范村居、1000 个平安示范企业、1000 个平安示范单位。
② "123456","1"是指确保不发生惊天动地的群体性事件;"2"是指绝不让特殊人群形成组织,绝不让群体性事件形成气候;"3"是指防止因个体事件酿成群体事件、松散型问题变成带组织性倾向问题、非对抗性矛盾发展为对抗性矛盾;"4"是指务求源头上发生的矛盾纠纷数量、信访总量、安全生产事故、刑事治安案件不断下降;"5"是指提高初信初访调处率、老信访户息访率、敏感时期敏感问题特殊群体的控制力、群体性事件处置力、群众对安全稳定的满意度;"6"是指确保社会政治稳定、治安状况良好、经济运行稳健、安全生产状况稳定好转、社会公共安全、人民群众安居乐业。
③ "三靠",是指平安靠平时、目标靠措施、共享靠共建。

警、排查调处、应急处置、责任追究、组织保障机制,社会公共安全应急机制逐步健全。2007年,市政府专门成立了突发公共事件应急委员会。之后,丽水市政府应急管理办公室正式成立,从组织上、体制上发挥运转枢纽作用,丽水应急管理工作步入常态化、专业化、日常化渠道。

为加强公共安全管理,市委建立"统一指挥、反应灵敏、协调有序、高效运转"的应急联动机制,对矿山、危险化学品、烟花爆竹、建设施工、民用爆破器材等高危行业实行安全生产许可制度,从源头上把好市场准入关。同时筹建矿山、危险化学品等救援基地和救援队伍,开展应急救援演练。建立企业预案备案管理制度,督促企业做好应急预案编制完善工作。先后组织开展危险化学品安全隐患治理"2006行动"、《烟花爆竹安全管理条例》学习宣传贯彻活动等。

2004年至2010年,丽水社会公共安全管理和社会应急管理工作有序开展,先后处置超强台风"桑美"等自然灾害抗灾自救和禽流感等突发公共事件等工作。2010年全市累计发生各类事故数量、死亡人数、受伤人数、直接经济损失四项指标同比分别下降16.13%、4.19%、15.96%和5.72%[①]。

(三) 坚持打防管控一体推进

进入21世纪,随着城市建设和经济迅猛发展,人财物大流动带来的社会治安问题也日益突出,刑事发案量持续上升,刑事犯罪形势日趋严重。2004年9月,党的十六届四中全会强调要坚持打防结合、预防为主,专群结合、依靠群众。市委将此作为平安建设工作的总体方针,立足最大程度优化发展环境,严惩刑事犯罪,最大限度降低案件发生率,最大幅度提高群众安全感,着力推进社会治安综合治理的承续与深化。

2004年以来,丽水加强构筑治安防控网络,以人防和技防相结合方式对社会治安动态进行主动掌控。一方面,突出人防哨点建设,建立治安卡点25个,依托出租车卡点、检查站、收费站完善卡点管理。组建122支群防群治巡防队伍,广泛开展治安大检查、大巡防活动,特别是在北京奥运会期间,

---

① 丽水市地方志编纂委员会:《丽水年鉴(2011)》,方志出版社2011年版,第58页。

各地由政府牵头开展经常性社会治安大巡逻。另一方面，突出技防效能优势，探索建立以"三防"为依托的城区社会治安防控体系，全市各城区重点部位均安装治安视频监控系统，建立457个视频监控点；在公共治安复杂场所安装617个数字监控点，实现新建住宅小区技防设施安装率100%。

同时，丽水严厉打击各类犯罪活动，破案率明显提升。2004年，全市各级公安机关组织开展为期一年的侦破命案专项行动，全年命案破案率达98.8%，列全省第1位。2005年至2007年，实现了命案发案数下降、命案逃犯数下降、命案破案率上升的"两降一升"阶段性目标。同时，先后组织开展反"两抢一盗"、禁赌禁毒、交通秩序整治和打黑除恶专项斗争，依法从重从快严厉打击各类严重刑事犯罪活动，成功破获银泰房产事件等一批重大经济犯罪案件，维护了市场经济秩序安定和人民群众生命财产安全。

二、加强和创新社会管理，不断提升平安创建水平

随着"平安丽水"建设持续深化，暴露出基础不够扎实、源头性问题未能妥善解决等问题。对此，丽水市委紧紧围绕经济、平安、生态"三张报表"一起抓的总要求，始终坚持把平安建设作为"一把手"工程来抓，提出打造"平安丽水"升级版，组织开展了"平安基层基础建设年"等一系列活动，全面做好抓基层打基础工作。

（一）统筹好发展与安全

安全是发展的重要前提和保障。只有统筹发展与安全，经济社会发展才能持续高效。市委持续加强治安安全、生产安全、生态安全等方面建设，筑牢市域"大平安"基石，为经济社会发展保驾护航。

在治安安全层面，丽水深入开展"打霸拔钉·清障护航""打盗抢保民安""打四黑除四害""打毒害保平安"及打击侵权盗版"剑网行动"等系列专项行动。积极构建街面防控网、社区防控网、单位内部防控网、视频监控网、区域警务协作网、虚拟社会防控网等"六张"防控网络，社会治安动态防控能力不断提升。2013年，全市共发生各类刑事案件15967起，发案数

同比下降1.35%，破案数同比上升2.1%①。

在生产安全层面，丽水在全省率先出台《丽水市生产安全事故报告和调查处理实施办法》《丽水市生产经营单位落实安全生产主体责任规定》等文件，深入开展安全生产大检查和安全生产领域"打非治违"专项行动，围绕事故易发的道路交通、消防安全、食品药品、矿山危化、建筑施工等重点领域开展排查治理，并抓好重大隐患挂牌督办，着力构建安全生产长效机制。2013年，全市共排查生产经营单位56269家，排查隐患68622项，整改率达98%，共发生各类安全生产事故（不含火灾）数量、死亡人数、直接经济损失同比分别下降3.36%、0.35%和24.02%②。

在生态安全层面，丽水坚持绿水青山就是金山银山的理念，深入开展重点领域、重点行业环境污染的专项治理工作。2013年，全市共出动执法人员13746人次，检查企业5457家次，行政处罚84起，依法取缔关闭企业33家，限期整改企业280家，全市生态环境状况指数连续10年列全省第1位③。

（二）提升社会管理能力水平

市委始终把加强和创新社会管理作为关系全局的重大战略任务来抓。2011年7月，审议通过《关于加强和创新社会管理的若干意见》，明确全市社会管理创新构建"六大体系"④、完善"一个格局"⑤的目标任务；持续坚持和发展"枫桥经验"，进一步加大矛盾纠纷排查调处力度，推进社会管理过渡社会治理的规范化、长效化、科学化。

为解决随着工业化、城市化、现代化的发展出现的邻避现象，如市区垃圾中转站、公共厕所等建设项目实施过程中，发生了经过规划、审批，但遇周边群众强烈阻扰后项目被迫停建或调整的冲突和矛盾，市委、市政府全面

---

① 丽水市地方志编纂委员会：《丽水年鉴（2014）》，方志出版社2014年版，第61页。
② 丽水市地方志编纂委员会：《丽水年鉴（2014）》，方志出版社2014年版，第61页。
③ 丽水市地方志编纂委员会：《丽水年鉴（2014）》，方志出版社2014年版，第61页。
④ "六大体系"，是指完善大民生体系、完善大平安体系、完善大信访体系、完善大调解体系、完善大服务体系、完善大诚信体系。
⑤ "一个格局"，是指加强和完善社会管理格局。

推进重大决策社会稳定风险评估工作，建立矛盾纠纷源头化解、就地化解的长效机制，切实保证人民群众对公共事务的知情权、参与权。2012年12月，丽水制订《丽水市重大决策社会稳定风险评估工作实施办法》，开展风险评估工作专项督查，确保重大决策事项和重大项目的顺利实施；加强情报信息互通、分析和研判，并建立电子信息台账，实行数据化动态管理。突出排查整治，深入开展"排查整治、强基促稳"专项行动，推进重大不稳定问题摸排化解、挂牌督办工作，2013年，全市排查各类矛盾纠纷化解率达98.48%。突出难题化解，更多地通过法律引导、司法救助等途径解决涉法涉诉信访问题，建立健全案件评审机制，强化执法监督，从源头上防止和减少涉法涉诉信访问题的发生。其中，青田县"季宅模式"、莲都区"96345"市民服务中心、遂昌县"民事村了"、松阳县"民情地图"等经验做法被广泛推广，取得积极成效。

丽水着重抓好流动人口综合信息平台建设，提高流动人口居住登记、"人户一致"的比例，认真解决流动人口在就业、社保、教育、医疗、住房等方面的问题。组织开展全市社区矫正对象和刑释解教人员安置帮教工作执行情况专项检查活动。加强对有不良行为青少年的教育、管理和矫治，建立完善农村留守儿童、服刑在教人员未成年子女关爱服务救助体系。加强组织开展对东南亚"外籍新娘"婚姻问题的专题调研，制定加强涉外婚姻管理服务的工作意见。

作为拥有分布于世界120多个国家和地区的近26万海外华侨的侨乡大市，丽水在涉侨社会管理方面也面临较大难度和压力，市委高度重视解决华侨信访和历史遗留问题，积极为海外侨胞排忧解难，在认真落实相关法律的基础上，立足侨情实际，提出了"合法权益坚决维护，合理要求基本满足，合情意愿适当照顾"的爱侨护侨三大原则，从2010年开始，加快实施留守侨眷"暖侨工程"，在涉侨乡镇推"同心暖侨工程"，设立6个"华侨留守儿童俱乐部"和全市首家"留守儿童爱心图书室"，为数万名侨属侨眷提供情感沟通、健康照料、困难帮扶等服务，2012年侨务信访案办结率达99%。

（三）开展平安基础基层工作

为更好地抓基层、打基础，丽水积极主动参与全省开展的基层平安创建系列活动，通过把平安建设与各行各业、城乡各类区域的实际情况和群众需求紧密结合，实现平安建设的全面覆盖与全民参与。在平安创建工作中，丽水把人力、物力、财力更多地倾斜至基层，确保基础工作更加扎实，基层大局更加稳定。

2011年11月，市委召开全市平安建设暨系统平安创建推进会，按照"块块抓总、条条抓纵、条块结合"的思路，扎实推进以平安乡镇（街道）、平安村（社区）建设为重点的区域创安和教育卫生等系统创安活动。组织开展平安综治双月宣传、平安建设主题采访、平安建设集中报道等活动，扎实推进平安建设扩面、提升和宣传工作，基层平安创建覆盖面不断扩大。

按照"专群结合"的原则，深入开展综治工作"12345示范工程"创建活动，落实"联调、联防、联勤、联治、联创"工作机制，加强乡镇综治工作中心规范化建设和基层"两所一庭"建设。充分发挥群众主体作用，促进平安共建共享，如云和、龙泉等地实行村（社区）干部到乡镇（街道）综治工作中心挂职等做法。充分发挥民兵应急分队在维稳中的作用，在遂昌试点基础上，全面推行常态化管理，取得明显成效；设置"12355"青少年服务台、治安巡逻、社区阳光矫正、消防安全等8大类志愿者服务队，加强平安志愿服务活动。

根据"点面结合"原则，完善管理服务机制。2011年12月，市委、市政府制订《关于深化"网格化管理、组团式服务"工作的意见》，聚焦管理服务规范化要求，进一步完善健全民情采集机制，党委、政府民意研判机制，惠民服务机制，问题调处机制，市、县（市、区）部门融入网格化工作机制等5大运行机制，探索社会管理新途径新方法。在开展平安乡镇（街道）、平安村（社区）创建活动的基础上，开展平安家庭、平安企业、平安校园、平安医院等系统平安创建活动，形成以"点上稳定"推动"面上平安"，以"大平安"促进"大和谐"的良好局面。

三、夯实综合治理基础，奋力夺取"平安金鼎"

2014年3月，省委召开全省建设"平安浙江"会议暨建设"平安浙江"

10周年纪念大会,提出要"持之以恒地深化'平安浙江'建设,推动治理体系治理能力现代化"。丽水坚持平安建设"抓一把手、一把手抓",紧紧抓住领导责任制这一关键,始终围绕经济、生态、平安、民生、党建"五张报表"同谋划、同部署、同落实,按照"目标化管理、项目化运作、常态化推进"的要求,率先在全省启动实施"夺金鼎"三年平安计划。2017年3月,丽水以980.89全省第1名的考核分数夺得全省首批"平安金鼎";平安建设群众安全感和参与率分别为98.08%和54.9%,均列全省第1位,知晓率为87.1%,排名全省第1位。

(一)率先统一规范"平安体检"报表

丽水紧紧抓住影响群众安全感的突出问题,坚持什么问题突出就重点解决什么问题,哪里问题复杂就集中整治哪里。针对各种平安类报表大家各报各、内容碎片,难以全面反映整个平安建设总体状况的问题,2014年,丽水率先在全省统一规范"平安体检"报表,变"多头报表"为"统一报表",变"单一报表"为"综合报表",变"季度报表"为"月度报表",做到一张报表亮家底,客观真实反映平安主要指标动态完成情况。在主要指标选择上,坚持问题导向,按照"少而精"原则,从平安建设中选择群众最关心、问题最突出、最能反映一个区域平安状况的指标。比如,社会治安、安全生产、信访工作、环境保护等作为"平安体检"报表的主要内容,并根据实际情况进行动态微调,并将红黄绿"三色"预警的做法引入"平安报表",从而更加直观、一目了然地显示平安建设状况。

(二)强化社会公共安全管理

2015年12月,市委、市政府出台《关于加强社会治安防控体系建设的实施意见》,围绕"更快地破大案、更多地破小案、更准地办好案、更好地控发案",坚持专项打击与重点整治相结合,健全对黑恶势力、涉枪涉爆、盗抢骗、黄赌毒等违法犯罪活动的常态化打击整治机制,始终保持对各类违法犯罪的严打高压态势,实现命案、五类恶性案件连续4年全破,"两抢"案件连续4年下降,公安信息化建设走在全省前列。

在安全生产监管方面，丽水进一步强化"党政同责、一岗双责、失职追责"和"三个必须"原则①，常态化开展工贸行业"三场所、两企业"②、危险化学品和易燃易爆物品、重点领域"打非治违"等安全专项整治，组建基层服务队开展过程性考核，进一步加强安全生产基层基础建设，提升安全生产保障能力和事故防控能力，全市安全生产形势总体保持平稳。2017年，全市各类生产安全事故起数、死亡人数同比分别下降30.8%和32.4%③。

丽水还积极突出公共安全防控，深入开展各类社会风险排查化解管控工作，加强食品药品安全监管，切实维护生态安全。重视做好大型群众性活动的风险管控，严格落实"谁主办谁负责""谁主管谁负责"和属地管理责任，切实做好应对突发情况的准备，确保万无一失。市林业局森林公安分局加大执法监管力度，切实加强对森林的保护工作。市环保局进一步加大环境保护执法力度，全市没有发生重特大环境污染和生态破坏事件，没有因环境问题处置不当引发的群体性事件。2017年，丽水生态环境指数状况（EI值）连续14年居全省首位，生态环境质量公众满意度连续10年排名全省第1位。

（三）完善基层矛盾纠纷大调解体系

矛盾纠纷是影响社会和谐稳定的重要因素。市委坚持维权与维稳相统一，治旧与控新相结合，以机制建设为重点，在持续化解矛盾中实现社会动态稳定。

注重以"刚性的制度"预防矛盾，重点健全完善重大决策社会稳定风险评估机制，在制定政策、推进项目时，做到"发展账"和"稳定账"一起算，切实把评估工作作为决策的"前置程序"和"刚性门槛"。扎实推进第三方评估工作，召开第三方评估工作座谈会，培育第三方评估机构9家。同时，坚持矛盾纠纷每月排查分析报告制度，有效防止因决策不当引发矛盾，

---

① "三个必须"原则，是指管行业必须管安全，管业务必须管安全，管生产经营必须管安全。
② "三场所、两企业"，是指有限空间作业场所、涉爆粉尘作业场所、喷涂作业场所和液氨制冷企业、金属冶炼企业。
③ 丽水市地方志编纂委员会：《丽水年鉴2018》，方志出版社2018年版，第65页。

因应对不力积累矛盾、激化矛盾。

注重以"柔性的措施"化解矛盾，在全省率先以市委、市政府名义出台《关于构建"大调解"体系，促进社会和谐稳定的意见》，首创大调解工作"四中心"实体化办事机构，建立健全了"人民调解+""行政调解+""司法调解+""仲裁调解+"等一系列对接机制，着力完善调解、仲裁、行政裁决、行政复议、诉讼等有机衔接、相互协调的多元化纠纷解决机制。2015年11月，全省重大矛盾纠纷排查化解工作现场推进会在丽水召开，总结推广丽水大调解机制建设和重大矛盾纠纷排查化解工作经验。2015年，全市共排查各类矛盾纠纷28884件，调处29025件（含存量），调处成功28617件，调处率和调处成功率分别为95.65%和98.59%。

注重以"法治的办法"破解难题，坚持"法治信访、阳光信访、精准信访"，认真落实省法院、省检察院、省公安厅相关文件精神，强化进京非正常访治理和房地产企业集资户、原电信公司联营站人员等利益诉求群体的教育疏导。

四、高扬"丽水之干"行动旗帜，推动"平安丽水"迈向"丽水长安"

2018年，围绕"创建平安浙江示范区、打造全国最平安城市"目标，丽水率先出台《平安建设2025行动纲要》，坚持以基础更实、机制更全、水平更高、群众更满意为目标，以"十大能力提升行动"[1]为工作重点，谋划"平安丽水"中长期建设方向和路径，为丽水高质量绿色发展和建设更高水平"平安丽水"提供有力保障。2020年3月和2023年3月，丽水又先后夺得全省"一星平安金鼎"和"二星平安金鼎"荣誉称号。

---

[1] "十大能力提升行动"，是指维护社会稳定能力提升行动、护航绿色发展能力提升行动、社会治安防控能力提升行动、矛盾纠纷多元化解能力提升行动、公共安全监管能力提升行动、基层社会治理能力提升行动、重点人群服务管理能力提升行动、科技信息应用能力提升行动、保障社会公平能力提升行动、平安创新创优能力提升行动。

（一）构建风险闭环管控的"大平安"机制

2021年1月，省委要求以完善风险闭环管控的"大平安"机制为着力点，开启高水平建设平安中国示范区新征程。为系统构建"监测、预警、处置、反馈"风险闭环管控"大平安"机制，严格落实平安建设领导责任制，2021年7月，市委成立9个专项小组，党委政府主要领导率先垂范履行"第一责任"，做到发展与稳定、富民与安民并重。健全完善平安建设协调机制，市平安办积极履行职责，具体做到"五个有"①，全面落实平安建设责任清单，明确每个单位的责任清单，确保平安建设每项工作、每个问题、每件事情都有人抓、有人管、有人负责、有具体成效。大力推行重大决策社会风险评估，截至2023年底，累计完成风险评估事项5194件，暂缓实施112件，停止实施22件，有效预防和减少了矛盾的产生。持续推进各县（市、区）"三色预警"和"一体两翼"社会稳定体系工作，全面构建风险隐患"排查、研判、处置、化解"工作闭环。紧紧围绕影响社会和谐稳定和群众安全感的突出问题，部署开展安全生产、社会治安、环境保护、消防安全、食药安全、金融安全、自然灾害防范等重点领域风险隐患专项整治行动，2023年，全市生产安全事故起数、死亡人数实现双下降，生态环境状况指数连续20年列全省第1位，食品安全公众满意率连续15年列全省第1位。

（二）完善基层应急管理体系

2018年在深化党和国家机构改革中，党中央决定组建应急管理部和国家综合性消防救援队伍，对我国应急管理体制进行系统性、整体性重构。对于丽水而言，地处浙西南山区，受"九山半水半分田"独特地貌和经济基础薄弱的影响，自然灾害风险隐患点多，企业安全生产基础弱，应急管理工作存在一定难度。为能够及时应对处置各类灾害事故，防范化解重大安全隐患，必须要完善基层应急管理体系，推进应急管理能力现代化。

---

① "五个有"，是指每日有研判、每周有通报、每月有"体检"、每季有点评、每年有考核。

2023年，为贯彻落实全省"1833"联合指挥体系①及预警叫应工作机制，市防汛防台抗旱指挥部办公室编制全市防汛防台"1833"联合指挥部"1+3+2"体系构建方案和市、县两级防汛防台"1833"联合指挥体系高等级预警叫应工作指引，推动全省工作方案向市、县延伸。完善应急预案体系，大力推动市级各部门和县（市、区）应急预案修订工作，基本完成机构改革后的首轮应急救援预案体系建设。推进体制融合，梳理基层应急管理体系和防汛防台体系标准化在丽水山区建设中的痛点难点，总结预警信息传递、重点风险管控等10个问题，提出具体的解题思路33条，由县（市、区）自主认领破题，形成课题成果，并在全市推广。

聚焦市域严峻复杂的地质灾害防治形势，2023年8月，市防汛防台抗旱指挥部出台《丽水市乡级防汛防台自主应急响应工作制度》，破解山区局地短历时强降雨防范难题，提升"乡自为战、村自为战"工作能力。依托"市—县—乡—村"四级网格，细致排摸老弱妇幼等重点群体底数，分类分级、精准锁定转移区域和人员，通过"临时安置+转移"互补，确保应转尽转、应转早转、应转快转。累计转移地质灾害、小流域山洪、危旧房等危险区域人员1.7万余人。深化市、区联动风险管控机制，进一步强化落实市、区安全生产和消防工作风险防控联动机制，打造市区一体、协同推进的"安全样板"。出台《丽水市生产安全事故"双说明"制度》，倒逼地方属地责任落实，相关做法在《中国应急管理报》刊发。出台《丽水市生产安全事故复盘工作制度》，明确在相关事故现场处置完成后10个工作日内，完成事故复盘，进一步发挥复盘机制防事故、降事故的作用。

（三）推进市域社会治理现代化

2019年10月，党的十九届四中全会作出加快推进市域社会治理现代化的重大部署。同年12月，中央政法委启动试点工作。2020年5月，丽水正

---

① "1833"联合指挥体系，"1"是指1个联合指挥部；"8"是指8个风险研判小组；第一个"3"是指3张单，即风险提示单、预警响应单、管控指令单；第二个"3"是指"3个一"，即一个短信、一个电话、一个视频。

式入选全国首批试点地区之一。丽水以试点创建为统揽，推动社会治理资源变散为聚。以共同体理念构建党建引领的"一核多元、合作共治"社会治理体系，以"数字孪生"理念和方法推进市域整体智治，深化"县乡一体、条抓块统"改革，促进市域治理体系和治理能力现代化。坚持党建铸魂、数字赋能，聚焦"制度设计"与"制度运行"两大关键，总结提炼平台、区域、服务、力量、责任"五个统筹"，推动解决社会治理条块分割、力量分散、责任虚化等问题，培育形成庆元县"十台合一"① 等一批典型经验。

丽水聚焦完善社会治理链条，重点抓好"建、补、延、强"四个环节。重"建链"，推进市级综治中心实体化运作，搭建完成市域社会治理现代化管理驾驶舱。重"补链"，全面推动县级平安办和信访联席办在矛调中心实体化运作，发挥"一线指挥部"功能。重"延链"，建立党员责任区7200余个，优化提升网格体系。重"强链"，推动"基层治理四平台"信息系统迭代升级，建立完善社会治理要素动态更新机制。

丽水聚焦党建引领网格智治，做实最小治理单元，大力实施"党群连心、网格走亲"活动，转作风、访实情、办实事，把机关党的组织优势、资源优势、人才优势转化为基层治理工作效能。同时，2023年丽水集结3.12万名网格专兼联队伍，创新开展"党群连心·网格走亲"温馨敲门行动，累计走访群众102.6万余户，排查居民出租房9.1万间，更新实有人口数据236万余条，化解矛盾纠纷7317件。

市委把预防未成年人犯罪、加强未成年人保护工作摆在突出位置，2023年6月，出台《全市预防未成年人违法犯罪"浙丽守未"三年专项行动工作方案》，建立未成年人"犯罪前预防、犯罪中打击、犯罪后治理"的全环节社会联动体系，从根本上遏制未成年人违法犯罪势头，提升预防未成年人违法犯罪治理能力，努力建设更高水平的"平安丽水"。

平安是百姓之福，也是为政之责。平安建设是一项系统工程，必须以全

---

① "十台合一"，是指庆元县在全省首创的"十台合一"智治中心，整合110指挥中心、120急救指挥中心、应急联动指挥中心、数字城管平台、情报信息中心、防汛抗旱、森林防火、安全生产、地质灾害、无线应急广播等10个平台，同时融合线下矛盾调处力量和基层网格底座，在"141"基层治理体系下，整体跃升为平战一体化平台。

面的观点、系统的思维、整体的理念、强大的合力来共同推进。市委在推进"平安丽水"建设工作过程中，持之以恒做到"五个坚持"①，保持重特大暴力恐怖活动、重特大刑事案件、重特大群体性事件、重特大公共安全事故、重大网络安全事件"零发生"。"平安丽水"20年的生动实践，打造了丽水长治久安的大好局面，也为"中国之治"提供了宝贵的丽水经验。未来，丽水将全力打造全国最平安城市，为平安中国建设提供更多的丽水实践、丽水素材、丽水印记。

(撰稿人：钟春雷、廖依敏、吴昊

统稿人：项啸、饶伟贞　审定人：余群勇)

---

① "五个坚持"，是指坚持一张蓝图绘到底，坚持共建共享聚合力，坚持改革创新有特色，坚持固本培元强基础，坚持打防管控求实效。

"333＋X"联动式治理的实践与启示

◆ 中共杭州市上城区委党史研究室 ◆

基层强则国家强,基层安则天下安。杭州市上城区委坚定不移贯彻省委建设"平安浙江"的重要决策部署,以上羊市街社区被确定为新中国第一个居委会为契机,创建"333＋X"联动式治理体系并持续深化,不断推进"平安上城"迈上更高水平。截至 2023 年,上城区连续 18 年获得平安区称号,获得首批"二星平安金鼎"殊荣。

一、"333＋X"联动式治理的初步探索

根据省委建设"平安浙江"的决策和杭州市委相关工作部署,2007 年,上城区委决定在全区全面推进和谐社区创建工作。在创建过程中,紫阳街道上羊市街居委会积极探索"333＋X"联动式治理,推动社区建设向共建、共享、共治迈进。

(一) 在上羊市街社区试点"333＋X"联动式治理

2004 年 5 月,省委十一届六次全会作出建设"平安浙江"的战略决策,以"大平安"理念为指导,把平安建设贯穿到基层治理的方方面面。上城作为杭州的老城区,人口老龄化加剧、外来流动人口增加、空间布局局促等新的社会治理难题逐渐凸显。同时随着人民群众生活水平的不断提高,人们对社区服务从单一的生存需求向休闲、娱乐、康复等综合需求发展,传统的社区治理模式已无法满足人民群众的需要。2004 年 7 月,上城区委制定《关于

深化创建"平安上城"工作的实施意见》，提出坚持以人为本，扎实推进"平安上城"创建，促进社会和谐稳定。2007年6月，区委出台《关于深化和谐社区建设，推进生活品质示范区建设的实施意见》，要求围绕"居民自治、管理有序、服务完善、治安良好、环境优美、文明祥和、党建有力"等七个方面要求，全面创建和谐社区，夯实"平安上城"之基。

2008年，成立于1949年10月23日的上羊市街居委会被民政部确定为新中国第一个居委会。以此为契机，区委选择上羊市街社区作为试点单位，创建政府支持、社区自主自治、其他社会组织广泛参与的"333+X"联动式治理体系。"333+X"联动式治理体系贯通三大管理理念：服务民生为本、管理复合治理、目标普惠福利；确立三大参与主体：政府、社区和其他社区各类组织；搭建三大服务架构：公共服务工作站提供公共服务、居委会提供公益性服务、社区其他各类组织提供商业服务和便利服务；衍生X服务项目，并形成包括"理念、主体、服务、功能、路径、保障"在内的联动式治理网络体系。

根据区委部署，在"333+X"联动式治理的试点实践中，上羊市街社区成立社区公共服务工作站，通过"一站式"服务方式，将政府公共服务延伸到社区，在社区层面开展社会保障、卫生计生、科教文体、民政福利、维稳综治等服务。建设社区居民参与平台，成立"邻里值班室"，为居民化解矛盾纠纷、反映诉求。2010年，值班员出面调解、化解居民纠纷矛盾250余起，解决率达96%，成功化解"12345"信访件40余件，"邻里值班室"成立后，到社区要求调解的纠纷矛盾明显减少。在社区设立居民联系卡、献言箱，通过楼道自治"楼道大管家"、退休人员"大家庭"式自管小组等组织，加强居民之间的互通与互助，有效调动了社区居民参与社区建设的积极性。通过搭建居民生活服务类平台，扶持和引入专业服务组织，提供商业服务和公益自治性服务，实现功能互补、资源共享。上羊市街社区引入大管家服务社，居民通过"一键通"呼叫器、热线电话、互联网等方式，可以享受物流配送、家政、维修、医疗、城市快运等个性化服务。至此，"333+X"联动式治理的主体架构成形，将政府、社区、社会组织三个治理主体的力量在社区层面协作起来，有机互动、相互补充、各尽所能，充分做到政府推动与社区自治相结合，社区自我管理能力进一步提高，社会广泛参与社区建设的格局得到进一步确立。

（二）在全区推行"333+X"联动式治理

在试点基础上，上城在全区6个街道54个社区全面推广"333+X"联动式治理。搭建公共服务平台，提升政府公共服务水平。2011年，全区所有社区均设立"一站式"服务工作站，通过区、街道、社区三级联动的网络系统为居民提供"一站式"服务，并实施民生项目工程，通过社区民生项目申报评估立项和项目结果居民评议，快速有效地解决社区"老大难"问题。同时对社区工作者实行绩效考核，以职业化、专业化为导向，建立"1211"社区工作体系[①]，开发社工绩效考核系统，培养了一支文化程度高、综合素质好、服务意识强的社区社会工作人才队伍。

搭建社区居民参与平台，培育社区社会组织，提高自助互助服务水平。通过"四会四公开"[②]平台、矛盾纠纷化解平台、民间社团展示平台，扩大居民参与渠道，采取"培育+补贴+奖励+购买"方式，大力扶持一批活动形式较好、居民满意度较高的便民类、事务类、文娱类、维权类、互助类社区社会组织，培育"邻里值班室""湖滨晴雨""和事佬协会"等诸多社区自我服务品牌。通过搭建平台和引入社会组织，将社区居委会从服务的直接提供者逐步转变为社区各类组织和人员服务的平台搭建者，从社区事务的直接操办者逐步转变为发挥组织作用的运作者和协调者，形成"社区主导、多元参与、功能融合、四界互动、共建共享"的社区自治服务格局。

搭建社区服务落地平台，完善信息支撑平台，提升信息化服务水平。在全市率先开通升级版数字电视"社区是我家"频道，开发"生命旅程软件"，一键查看少年、青年、壮年、老年人生四个阶段的政策法规、公共服务等信

---

① "1211"社区工作体系，第一个"1"是指每个社区为一个网格片区，"2"是指社工AB双岗，第二个"1"是指一支民间督导队，第三个"1"是指一套社区管理制度。

② "四会四公开"，"四会"是指社区工作听证会、社区民情恳谈会、社区事务协调会和社区成效评议会，"四公开"是指社区政务、事务、财务、服务向社区成员进行公开公示。

息，深化"5A"社区服务信息化模式，完善"一册二化四网六平台"① 建设，改版升级"e家人"社区事务综合管理网，运用互联网、电话网、电视网将包括政府、社区成员、服务提供商、社会志愿等社区服务的各个方面紧密结合起来，用一个系统实现了社区管理与服务的信息化，打造社区服务闭环系统。2011年，"333+X"联动式治理体系被民政部确定为中国和谐社区建设"上城模式"，并向全国推广。

二、"333+X"联动式治理的深化与发展

党的十八大以后，根据党中央"打造共建共治共享的社会治理格局"的部署要求，在省委、市委领导下，上城区委推动社区治理从"网格化建设"到"三社联动"，再到"五社联动"，持续深化"333+X"联动式治理的创新实践，不断拉高和谐社区建设新标杆，构筑全区"大平安"新格局。

（一）创新推进"网格化建设"

2012年以后，上城区步入加快转型发展的关键时期，但受限于城区"老破小"社区集聚、发展空间受限等，社会治理新矛盾新问题逐渐凸显。面对发展难题，2012年，区委出台《关于推进社会管理网格化建设的实施意见》，决定全面实施网格化建设，实现对社会精细化、常态式管理，努力营造稳定良好的社会环境。

根据区委要求，上羊市街在"333+X"联动式治理的发展基础上，创新推进网格化建设，让治理"触角"延伸到楼栋，打造社区治理基本单元。社区建立"社区党委+网格党支部+楼道党小组"三级架构，社区党委下分16个网格、29个党小组，实行党建网格化分片包干责任制，不留管理死角。通过构建服务型网格化党组织，实现党建工作扩边沉底，党员干部能全时段知

---

① "一册二化四网六平台"，"一册"是指《社区便民服务手册》，"二化"是指社区管理信息化、社区服务信息化，"四网"是指"e家人"社区事务管理网、电脑服务网、电视服务网、电话服务网，"六平台"是指社区事务管理平台、居民互动网络平台、公共服务信息平台、社区志愿服务平台、居家养老服务平台、为民服务联盟平台。

晓民情、全方位破解难题、全过程督查效能；坚持党建引领、党群联动，制定"1+3+N"社会工作服务机制，将社区划分为6大网格，每个网格配备由1名督导+3名社工+N名志愿者组成的网格小组，深入开展有针对性的个案、小组、社会工作，提供精细化社区服务。

上羊市街社区网格化治理的发展为"平安上城"建设积累了更多经验和素材。2012年起，上城区围绕"精细化管理、人性化服务、规范化运行、信息化支撑"的网格化社会服务目标，全面开展"平安365"① 理念的社会治理机制的探索实践。依托公安110平台体系，上城打造以"365智能协作平台"为支撑、以"民情e点通"为延伸的为民服务体系，实现群众矛盾一网兜底；推行社区服务机制改革，实行"四级网格化管理"② 模式，建立基础数据库群、串联电子地图，实现"人进户、户进房、房进网格、网格进图"；科学划分社会服务管理事项为社情民意、安全稳定等7大类47种事项，形成"七步闭环处置规范"③；完善矛盾纠纷联调、社会治安联防、"平安上城"联创等机制，建立实时全面的社情民意采集体系，整合引导社会组织、基层群众投身社会管理。

2013年，全区共收到154个网格及职能单位上报信息32万余条，日均上报893条，办结率达到98.7%。通过网格化治理，有效推动各种党群资源联动合作，辖区内所有社会事件准确纳入党委政府日常管理之中，及时发现率、处理率大幅提高，对社会和谐稳定和群众安居乐业发挥了重要作用。2014年，全区社会治安秩序不断强化，安全生产形势保持平稳，群众安全感

---

① "平安365"，"3"是指加强社会建设、创新社会管理、提升社会文明水平"三位一体"，党委政府领导、社会组织配合、广大群众参与"三管齐下"，区、街道、社区"三级联动"；"6"是指构建"六大机制"：在社会服务管理工作全程中注重建立矛盾纠纷联调机制、社会治安联防机制、社会问题联治机制、管理工作联动机制、"平安上城"联创机制、公共服务联抓机制等六项基层基础工作；"5"是指促进"五化联动"：通过服务化、集成化、标准化、透明化、信息化，实现全区365天平安。
② "四级网格化管理"，是指将区、街道、社区分别作为一级、二级、三级网格，将社区以居民、企业、区域面积、社会管理复杂程度、社会服务资源情况等因素分配为2—5个基础网格（四级网格），另有网格下的基层自治组织及网格工作小组。
③ "七步闭环处置规范"，是指信息收集—案卷建立—任务派遣—任务处理—结果反馈—核查结案—综合评价。

满意度达97%，上城区"平安365"智慧治理机制被评为全国社会治理十佳案例。

（二）探索构建"三社联动"

2015年初，区委进一步提出创建"全国社区治理和服务创新实验区"的目标任务，并把上羊市街社区确立为创建实验区的试点之一，要求进一步探索社区治理和服务创新的有效路径，为促进上城社会稳定和长治久安奠定基础。

按照区委要求，上羊市街社区率先破题，以实现"服务完善、管理民主、充满活力、和谐幸福"的社会生活共同体为目标，因地制宜，探索推动社区、社会组织、社会工作优势互补、协同治理、共享发展的"三社联动"模式，以满足居民需求为导向，引入专业资源和社会力量，提供有针对性的专业服务，向多元主体共同参与社区建设、各类社会资源深度融合的社会治理新格局发展。

社区的协同治理、共享发展首先依托于公共复合空间的构建。2015年，上羊市街社区建成全国首个"三社联动"创意集群中心——"左邻右舍"社区治理创新园和"上城区公益创客空间"三社生态园。园区汇集"一站式"受理的公共服务站、收集民情民意的"邻里值班室"，并打造"邻里学苑"、爱邻社区服务中心、"邻里食堂"等公共服务空间，积极引入亲民社会工作服务中心等10余家知名社会组织，将邻里服务进一步延伸至居民楼院，为社区居民和专业社工、社会组织三方联动开展议事协商、互助服务搭建广阔平台。

"左邻右舍"改变了政府或社区是治理主体和核心的传统治理模式，逐渐成为社区居民议事协商、社会组织创业创新、社会工作实践积累的重要载体，让"三社联动"从理论走向现实，得到中央组织部、民政部及多家主流媒体的广泛关注和高度赞誉。

此外，上羊市街社区不断完善多元共治工作机制，激发各方参与社区治理活力。率先在全区建立"业联体"，统筹居委会、业委会、物业资源协同共治，每月组织一次"书记论坛"，主动听取民情民意；创新社区协商民主共治模式，建立社区发展协会、"邻里圆桌会"等社区成员参与的组织平台，总结形成民提、民议、民决、民筹、民办、民评的"六民工作法"，构建社区协商"345"模式①，实现党委政府、居民群众和社会群体等多方主体的高效互动；搭建安全防护网，建立平安巡防邻里"和事佬"队伍，设立"律师工作室"同"矛盾纠纷会诊室"合署办公，成立由警力、警民、警媒组成的"联调工作室"，协同为居民安全保驾护航。2018年，矛盾调解累计200余件，民事纠纷调解率达到100%，成功率96%。

至2018年，上城已全面实现社区治理和服务"上下联动、三社共融、服务高效、多元共治、群众满意"的目标，并通过第三批"全国社区治理和服务创新实验区"终期评估。

（三）迭代深化"五社联动"

2021年4月，党中央出台《关于加强基层治理体系和治理能力现代化建设的意见》，提出要创新社区与社会组织、社会工作者、社区志愿者、社会慈善资源的联动机制。2022年，杭州决定实施"五社联动"提质增效攻坚行动，打造现代社区建设新样板新高地。

上羊市街社区紧抓创建"浙江省首批现代社区"契机，推进以社区为平台、社会工作者为支撑、社会组织为载体、社区志愿者为辅助、社区公益慈善资源为补充的"五社联动"模式，引领"新中国第一居"联动治理向更高层次发展，构建起精管善治的社区治理新生态。

在深化协商民主方面，推行"邻里圆桌会"民主议事协商新机制，破解各类"急难愁盼"的民生问题。2022年，上羊市街社区在"民意小圆桌"联络点的基础上，进一步升级"邻里圆桌会"协商平台。新增小区"邻里小圆桌"及楼栋"楼道议事组"，完善了组织架构；将社区协商"345"模式优

---

① 社区协商"345"模式，"3"是指突出居民与辖区单位、居民与物业业委会、居民与居民三个层面的协商，"4"是指坚持协商参与多元化、协商程序规范化、协商内容精细化、协商形式多样化"四化"同步，"5"是指建立决策机制、公示机制、众筹机制、督办机制、评议机制等"五项"机制。

化提升为"3456"① 社区邻里圆桌会协商议事运行机制，提升了沟通效率，提高了居民参与积极性。同年11月，上羊被列为省城市社区议事协商试点。2023年，制定"邻里圆桌会"议事协商手册，推进协商民主标准化建设，社区逐渐形成"邻里有事邻里商、邻里有事邻里帮"的居民协商自治氛围。

在完善精细治理方面，实行社区微治理新模式，发挥"五社联动"协同效应解决民生实事。以网格智治为抓手，进一步充实"1+3+N"网格团队力量，将居民骨干、业委会、社会组织等力量新纳入"N"队伍中，创建多元治理主体联盟，最大化凝聚网格治理合力；将社区由6个网格优化调整为7个网格、212个微网格，点对点解决居民大小事，实现联系群众最全覆盖、服务群众更常态化，受益群众达8000余人；深化"邻里值班室"服务机制，设立"1+4+X"邻里值班室运作体系，在原有1个社区总值班室和4个片区分值班室的设置上，新建212个楼道值班点、X项服务项目和X个"邻里帮帮团"，使社区微治理"触角"细化延伸至居民家中，提升了社区治理实效性和精细度；打造"平安小楼"，织密上羊治安防控网，提高群众安全感；在网格设"邻里110"服务站，形成5分钟"步行可达、服务可至"的空间矩阵，让网格成为收集居民呼声的"前哨岗"和化解矛盾纠纷的"服务台"。

在丰富服务资源供给方面，新引入公益慈善服务和社区志愿服务，成为社区治理新的重要推动力量。打造"公益服务+市场运作"相结合的"邻里公益汇"，探索建立"社区公益合伙人"机制，引流社会公益慈善资源，推行公益服务为主、低偿服务和购买服务为辅的服务模式，增添社区居民"幸福筹码"，如成立残疾人民间艺术制作中心等；组建"邻里帮帮团"自治队伍，培育"紫家小哥""红色骑迹"等志愿骨干，形成"1+1+2+N"② 楼栋最小作战单元，引领和团结社区多元力量高效发挥共治作用，实现"邻里

---

① "3456"，是指三级组织架构（邻里圆桌会、邻里小圆桌和楼道议事组）、四项工作机制（社区民情恳谈会制度、事务协调会制度、工作听证会制度和成效评议会制度）、五大委员会（人民调解委员会、环境和物业管理委员会、公共卫生委员会、治安保卫委员会、社会服务委员会）运作、六民工作法（民提、民议、民决、民筹、民办、民评）破题。

② "1+1+2+N"，是指最小作战单元由1名楼栋长（邻里值班室长）、1名社工（网格社工）、2名居民骨干（党员为主）、N名楼栋志愿者组成。

有事邻里帮、邻里有难邻里解"。

在优化社区服务方面，提供"邻里"微服务，建设便民惠民的数智服务圈。组建由40余家优质企事业单位和沿街商家组成的幸福红盟，打造邻里服务一条街，为居民链接资源，提供洗衣理发等家门口更便捷的优质服务；建设"幸福邻里坊"，在党群服务中心设置"一厅共享一岗受理一坊议事"3项基础服务功能和X项为民惠民服务空间，形成"3+X"功能布局；设立"尚小驿"服务驿站，为新业态、新就业群体提供暖心服务；优化"一老一小"服务，增设全市首家智能邻里食堂、婴幼儿驿站等空间，开展"爱心敲敲门""幸福伢儿汇"等活动；打造数字社区，建立社区居民数据库，线上线下串联居民需求，让治理更具"智慧"。

2023年，上羊市街社区通过深化"五社联动"逐渐形成共建共治、邻里守望、和合共融的社区治理新格局，入选浙江首批现代社区名单，为全区提供了"善治首居"基层治理样板。

三、"333+X"联动式治理的时代价值与启示

上城区始终围绕以建立"333+X"联动式治理体系为主线，发扬上羊市街社区"传承历史第一，争创现实第一"的决心与魄力，建立起以"一核多元、居站责清、协商自治、社会联动、智慧共融"为特征的社区治理模式，具有丰富的时代价值和启示意义。

第一，"一核引领"奠定"333+X"联动式治理的制度保障。上城在基层社会治理实践中，充分发挥社区"大党委制"的"一核引领"作用，实现社区党建引领社区治理，率先建成保障"333+X"联动式治理的制度化机制。通过开展社区建设工作体制改革和社区功能优化，打造"和合家园"、社区公共服务工作站等党群服务平台载体，率先在全区建立"业联体"和"金牌管家"物业联合党支部，协同居委会、业委会、物业共治，并建立社区居委会工作清单和公共服务工作站服务项目"两张清单"动态调整机制，进一步厘清理顺社区党委、居委会、公共服务站三者之间的关系和职责边界，建成"一核引领、居站责清"的良性组织生态，强化了党的基层组织社会管

理和公共服务的能力。

第二,"多元共治"成为"333+X"联动式治理的有效路径。坚持"一核"引领"多元",关键是加强居民自治,同步引入社会力量参与,形成多元参与、多方联动的共建共治共享格局。上城在上羊市街社区首创社区议事"六民工作法",顺势推出"民意小圆桌"民主议事协商机制,将社区居民集聚融入社区治理之中,社区居民协商意识、主人翁意识、社区认同感倍增,形成"大事共议、实事共办、要事共商"的良性互动新局面。同时,最广泛联动社会多元主体参与社区治理是满足社区居民多方面服务需求的直接要点。在"五社联动"框架下,上城积极引导和鼓励社会组织、专业社工、社区志愿者、公益慈善组织参与到社区治理中,充分发挥其优势,开展家庭、养老、青少年教育、社会福利等领域专业社会工作服务,破解社区治理的痛点难点,拉近党群"邻"距离。

第三,"善治首居"强化"333+X"联动式治理的内在动力。作为典型的老旧社区,上羊市街社区要实现"善治首居"、建成全省首批现代社区,必然要走精细治理和数智治理的新路径。目前上羊市街社区形成以一个网格的"小和谐""小幸福"联结成整个社区乃至全区"大平安""大稳定"的联动模式。以此为基础,上城区率先实现基层网格智治建设,依靠1360个网格、9201个微网格,建成136万人口数据库,创新上线"楼小通",数智助力"网格走亲·党群融心"大走访工作,不仅全天候守护千家万户平安,还通过"80+"老人、独居的标签精准提供防诈、送餐到家等服务,对特殊群体进行智能研判,真正实现以善治善为筑牢全域幸福平安之基。

(撰稿人:高明明、谷小洁、陈蒙

统稿人:高明明 审定人:曾唯潇)

"数字平安"体系的构建发展与启示

◆ 中共杭州市萧山区委党史研究室 ◆

2004年5月,浙江省委作出"平安浙江"建设战略决策。杭州市萧山区委认真贯彻建设"平安浙江"部署,着力构建"数字平安"体系,积极探索数字赋能"平安萧山"基层治理的路径与方法。20年来,历经实践的反复验证和改进,萧山逐渐形成了以全量数据为底座、预警预测智能判别、镇街部门协同作战、"一站式"基层智治的基层"数字平安"治理体系,"系统集成、大道至简"的大服务、大平安、大治理格局逐步呈现,基层治理能力现代化水平全面提升。

一、"数字平安"体系的构建

改革开放以来,萧山吸引了大量的务工人员,加之常住人口基数庞大、地域辽阔,在享受地广人多这一红利的同时,萧山也面临许多社会治理难题。在省市各级党委的关心支持下,区委、区政府勇于破题,着力推动信息化建设,从社会治安一域着手,逐步构建起以人口、企业数据库为底座,涉平安类事项应用全面发展的萧山"数字平安"体系。

(一)"数字平安"体系建设的背景与起步

在大都市、大流通、大开放的格局下,萧山经济社会发展迅猛,同时也由于流动人口大量增加,社会结构多元、管理层级复杂,导致违法犯罪和社会不稳定因素明显增多,社会管理和控制难度增大。

区委高度重视社会稳定问题，于2002年出台加强社会治安基础防范工作的相关意见，全面加强综治基层基础工作，有效构建起"动静结合，点线面结合，人防、物防、技防多措并举"的治安防控体系。在此基础上，萧山建立了直达基层派出所的三级专网，并成为"警眼搜索引擎"软件的全国研发试点单位。2003年，萧山部署开展创建"平安萧山"活动。2004年，省委作出建设"平安浙江"重大部署后，区委又作出深化创建"平安萧山"工作的决定，从维护社会政治稳定、确保社会治安秩序良好、保持经济持续健康协调有序运行、营造安全有序的生产生活环境、推进民主法制建设等方面作出要求和部署，并提出要努力构建具有萧山特色的社会治安防控体系，还明确了构筑电子监控网络和技防设施的具体创建要求。

以衙前镇为试点，萧山在辖区主要路口和重点部位全部实现电子监控，对违法犯罪分子起到了很大的威慑作用。在此基础上，通过财政投入和社会力量相结合，加快构筑覆盖主城区和临浦、瓜沥、义蓬等中心镇以及主要专业市场、重点场所的电子监控网络系统。与此同时，萧山拓展110区域防盗报警系统和居民住宅单元电控门的覆盖面，新建居民住宅小区必须安装监控设施和报警装置，在已建居民住宅小区、金融要害部门和企事业单位加快建立技防设施，全面提升社会治安技术防范水平。

2005年，作为全省试点，萧山区整合110、119、120、122报警平台，形成"四台合一"接处警指挥系统、治安电子监控网络系统，推进快速反应机制建设，全区基本形成以群防群治为基础、以科技防范为依托、人防物防技防多策并举的全方位、立体化社会治安防控体系，打、防、控整体水平得到全面提升。

（二）"由点到面"推动"大平安"数字体系的初步形成

2007年，萧山区政务信息资源共享和业务协同项目被列入国务院信息化工作办公室试点项目。萧山坚持遵循标准而不死搬标准，建立了全区统一的目录体系、统一的交换平台。在目录体系建设上不但使编目、发布、发现、定位、交换、使用六大环节紧密相连，努力实现"一数一源"，同时创新提出了标准以外的"服务类目录"分类，创新实现了关于政务信息公开内容的自动编目。在交换体系建设上，创新提出了分级交换、区级统一交换的模式，可充分利用电子政务现有网络资源满足上下级数据交换，从而为标准的全国实施探索出了分级交换的模式，而区级交换的统一则使"一对多"的理想交换得以实现。

经过一年多的建设，以公安户籍数据和统计部门的人口普查数据为基准，结合劳动、民政、公积金等部门的数据，建立了人口基础数据库，基本满足与人口相关的各类应用系统的数据需求，共涉及44类、348项数据指标。以工商、民政、技术监督等部门的数据资源为基础，结合全国经济普查数据，建立了法人单位基础数据库，为宏观管理、政策制定、产业研究、社会经济状况分析提供基础数据支持，共涉及46类、267项数据指标。2008年，项目顺利通过国家工业和信息化部的验收。

至此，萧山第一次构建了真正意义上的人口数据库。该项目的成功，为保障居民、企业、社会安全，提供了动态的、鲜活的数据支撑。基础数据底座的初步成型，为"数字平安"体系建设创造了有利条件。

在此基础上，萧山区各涉平安事项的部门纷纷开展信息化建设，"数字平安"由点向面逐步拓展，从社会治安技防，扩充至涵盖食品、药品、企业信用、安全生产、交通、生态等社会生活安全的方方面面。例如：网络化图像监控系统将综合治理图像监控系统和交警部门的"天网工程"有机融合，为维护社会治安、威慑和打击犯罪提供了有力的科技支持；药品安全监管服务信息系统实现了全区镇街卫生院、民营医院、区级医院、药品批发企业、零售连锁企业等涉药单位的联网，极大地提高了用药安全；环保企业排放实时监控系统将排放参数和监控图像有机结合，实现了对污染排放企业的监督和控制，生态安全得以更为有效地保障；萧山区企业信用信息系统项目搭建了企业信用信息系统框架，实现对国税、地税、质监等9个部门企业信用信息数据的联网采集和比对，初步建成企业信用征信基础数据库和信用信息发布网站，为提升企业信用，营造平安和谐的营商环境提供了规制载体；"数字监察"项目较好地满足了萧山区监察局政务实时监督的需要，促进各部门依法行政，提高纪检监察机关查办违纪违法案件的效率和质量；智能交通中心信号控制系统通过改造和建设接入智能交通中心51个路口点的信号灯、车流量信号采集设备等配套设施,协调联动控制各个路口的交通信号有效遏制交通事故的发生,等等。一大批涉平安类数字应用如雨后春笋般拔节生长,形成了庞大的应用矩阵,进一步丰富了"数字平安"的内涵。

二、"数字平安"体系的完善与发展

党的十八大以来,萧山区委紧扣更高水平的平安建设,以国家级和市级试点建设为抓手,强化平台赋能、数据赋能,让数字技术助力提高平安建设的感知、分析、决策能力,不断完善与发展"数字平安"体系,推动平安治理走向"系统集成、大道至简"的萧山模式。

(一)"智慧城市"建设推动"数字平安"智慧化

2013年,萧山成为国家级智慧城市建设试点城市。试点的主要任务是建设和完善城市公共信息平台、城市公共基础数据库等基础设施,整合建设一批智慧应用项目,创新城市管理和服务,充分利用现代信息技术,让城市管理与运营更安全、更高效、更绿色、更惠民、更智慧。

2014年,萧山初步完成区智慧城市总体规划编制和对"萧山区信息资源平台"的调研、初步设计,启动智慧城市重要基础工程建设,并在此平台上搭建完成"全区统一行政审批服务系统"。到当年底,已经接入公安分局(含交警)、城管、园管、运管、公路管理局、公交集团共7185个视频终端和243个社会视频终端,基本搭建完成全区统一视频终端接入和视频资源控制基础平台。

同时,萧山加大现代信息技术在政务服务、城市治理、民生建设等领域的应用力度,大力推广交通、电网、水务、管网、建筑、环保、应急、安防、食品安全、防灾减灾等智慧应用,抓紧实施智慧政务、智慧城管、智慧医疗、地下管线与空间综合管理、城市未来体验馆、智慧社区、智慧健康等项目。各单位深入开展科技信息化建设,整合各种信息资源,实现共享应用,"96266""96520"等投诉举报电话全面并轨"12328"热线,数据的共享互通迎来高光时刻。

2015年4月，萧山区城市公共服务无线应用平台——"智慧萧山"手机门户正式上线。"智慧萧山"手机门户集城市公共信息、视听娱乐和生活服务应用为一体，分期相继推出资讯、政务、公交、车票、天气、号码通、交通诱导、事故快速处理、掌上市民卡、智慧医疗等应用，"数字平安"体系由政府治理的"后台"，走到了与群众的面对面接触的"前台"。

"智慧城市"的全方位建设，不断丰富和拓展萧山"数字平安"体系的边界，并以多领域的智慧化，提升"数字平安"体系建设智能化水平。

（二）"城市大脑"建设推动"数字平安"科学决策

2017年，萧山在全市率先开展"城市数据大脑·交通小脑"建设，开展大数据治堵。区公安分局与10余家企业组成项目合作团队，通过搭建数据资源平台和云计算平台，对自适应信号配时方案实验优选、方案落实，同步推进外场信号灯、电警、监控等设备更新补盲，通过路段试点、区域试点，取得重点车辆主动管控、全域状况动态感知、信号配时常态优化、特种车辆协同优先四大成果。试点区域内平均通行速度提升超过15%，主要道路停车次数下降近40%，高峰时段道路畅通比例提升10%。特种车试验路线车速最高提升超过50%，救援时间缩短7分钟以上。通过试点，充分验证了大数据治堵的可行性和先进性，为建立"用数据说话、用数据决策、用数据管理、用数据创新"的城市治理体系提供宝贵的实践经验。2019年6月，萧山"城市数据大脑——大数据交通综合治理"项目入选首届"中国城市治理创新奖"。

以研发"城市大脑"为抓手，萧山以区公安分局云啸平台为基础，整合交通、公安、环保、城管、平安、旅游、医疗等领域的资源，集成建设"城市大脑·萧山平台"，构建起"一个规划、一个专班、一个智库、一个保障、一个公司、一个总集"的全生态运管体系。"城市大脑"数字驾驶舱接入萧山主要职能部门的条线指挥作战系统，以及各镇街基层指挥平台，驾驶舱实现一图指挥、全域协同的实战功能，实现了"一部手机治理一个城市"，走出了一条数字化为城市社会治理和平安建设赋能的创新路径。与此同时，萧山全面推进社会治理综合信息指挥平台建设，基层治理"一张网"和镇街"四个平台"建设有力推进，线上线下联动的平安建设工作体系逐步形成。

（三）"数字平安"体系走向系统集成

2020年，习近平总书记在杭州考察时指出，"让城市更聪明一些、更智慧一些"[①]。萧山区深入贯彻习近平总书记重要指示精神，以统一地址库为基础，不断发展形成了全量数据底座、智能预警预测、"一站式"基层智治的"数字平安"建设格局。

汇聚人企地事多元数据，构建共享流通框架。2020年以来，基于数字孪生技术，萧山全面建成"社会治理全量信息视图"，实现将地址与人口、房屋、企业、事件等最基本、最重要的社会治理基础数据进行多元汇聚和标准化叠加，形成了全区统一的社会治理数据底座，实现了突发事件的精准定位、精准治理，全面感知城市运行态势。还通过人房企数据与统一地址的关联，精确定位数据到基层最小治理单元，赋能教育、养老等社会民生，助力基层实现对社会问题的精准掌控。截至2022年末，萧山区"社会治理全量信息视图"已归集28万条视频数据、500余万人房企数据、3000余万条事件数据及各类空间数据、社会数据，全面覆盖全区户籍人口、流动人员、出租房和企业法人数据。该应用入选"2021年全国政法智慧化建设智慧治理创新案例"，被列入全省数字赋能社会治理现代化场景应用的揭榜认领项目。

分析安全事故多发隐患，打造风险预警矩阵。从2021年开始，萧山基于"城市大脑+数字驾驶舱"的建设经验，进一步从"城市生命体"全局出发，积极探索建立以"实时、鲜活"的多维、多源、多态数据为基础的"城市生命体征体系"，梳理形成"12345投诉咨询""110报警量"等城市运行指标，至2023年，共接入399个城市运行生命指标和58个区级成熟应用场景，在此基础上，组合挖潜不同数据，先后衍生出"六大领域"[②]的城市生命体征、"城市生命线十大专题"、"即时性指挥屏、过程性督查屏、AI全域智治屏"等一批高效高能、实战实用的数字化应用成果。尤其针对燃气钢瓶、工程车、

---

① 《人民日报》，2020年4月2日，第2版。
② "六大领域"，是指城市安全、城市环境、城市活力、城市经济、公共服务、基础设施。

"三合一"场所等27个社会治理重点场景开发预警预测模型，打造形成了全方位、全时段、全领域分析研判城市运行隐患因素的风险预警矩阵，其中人工智能分析发现并进行预警的风险占比为1/3。重点车辆数据研判模型上线后，2022年，全区工程车交通事故数比上年下降41.9%，死亡人数下降52.4%；"三合一一件事"等安全隐患预警模型累计预警隐患19174起，发现并整治"三合一"场所2500余处，消除燃气安全隐患6188处，被《人民日报》报道。守护群众煤气瓶安全的"数治瓶安"监管平台，已在全国多个省份落地复制。

贯通基层治理多重数据，建立事件流转中枢。2022年，萧山以"党建+数字"为总牵引，开发上线"萧山·红领通"基层智治综合应用，将原有的"村社通""社区矫正""码上工程""平安村社""安心驿站"等31个省市区应用集结于一身，各类任务和事项"一个平台办"，形成省—市—区—镇—村—网格—微网格七级任务贯通协同，具备运行监测、矛盾调处、分析研判、协同流转、应急指挥、督查考核等功能，实现省市区任务的上情下达、社情民意的下情上传、各类业务模块的横向贯通。截至2023年6月，"萧山·红领通"基层智治综合应用已打通110非警务警情等111个系统，集成49个基层应用及3万余名基层社会治理力量。"萧山·红领通"基层智治综合应用上线以来，事件平均办结时长从56小时降到34小时；"综合查一次"平均办结时长从174分钟降到42分钟，缩短了76%；日均可减少辖区4000多名村社干部操作约20万次。2022年，"萧山·红领通"获评中国信息通信研究院评选的"城市数字化转型优秀案例"。

在"数字平安"体系建设推动下，萧山实现了"大平安"体制机制的重塑升级。2024年，印发《萧山区"大平安"工作系统集成运行方案》，以系统集成的工作思路，实现力量集成，搭建形成覆盖全区的"1+26+559+X"① 城市精细化治理体系；实现数据集成，打通省市区三级公共数据平台，全面实现数据三级贯通、一体化运作，从全量事件发现、流转、处置入手，

---

① "1+26+559+X"，"1"是指1个区城市智治中心，"26"是指26个镇街智治分中心，"559"是指559个村社智治工作站，"X"是指X个区级各相关部门联访工作室。

构建高效协同、大成集智的工作闭环管控体系；实现业务集成，探索部门多跨、政企联动、干群互动的基层治理方式和治理手段。以力量集成、数据集成、业务集成等全要素系统集成，为构建"区级强指挥、部门高协同、镇街重实战、村社抓落地、网格快反应"的基层治理新格局奠定重要基础。

自2004年建设"平安浙江"以来，萧山区已经实现平安县（市、区）"十八连冠"，获全省首批"二星平安金鼎"。2023年，萧山区矛盾纠纷、欠薪事件、刑事案件、治安警情、命案数、交通事故死亡人数实现"六个下降"，获评中国社会治理百强县（市、区）十强和浙江省社会治理十佳县（市、区）。

三、"数字平安"体系建设的启示

历经20年，萧山"数字平安"体系逐渐完备和成熟，基层数字治理格局实现了从"零"到"优"的飞跃，平安建设实现了从零碎分离到系统集成的有序发展，走出了萧山特有的数字平安建设道路，成为基层数字治理的样本。

（一）"系统集成、大道至简"的布局理念。从21世纪初，萧山以公安"警眼搜索引擎"软件、电子监控网络系统等专业应用入手，到2008年构建起动态实时的人口、企业数据库，并以此为数据流转共享基础，实现多部门涉平安应用的繁荣发展和交叉协同，无不体现着"系统集成"的思维。2017年启动建设的"城市大脑·萧山平台"和2022年开发上线的"萧山·红领通"，有效整合城市运行管理服务相关信息系统，汇聚共享数据资源，通过系统的、庞大的数据底座，为所有涉平安事项的处理提供了可供提前分析决策的数据支撑，进而简化平安治理，一个平台解决所有平安事，形成了萧山"数字平安"体系的大宏观系统，不仅提高了城市运行效率和风险防控能力，也大幅提升了城市科学化、精细化、智能化治理水平。

（二）"全员参与、多跨协同"的共治理念。"大平安"建设的要求，决定了基层单一部门无法各自为战。特别是对于全省唯一一个常住人口超过250万的区县，萧山在平安建设和社会治理上面临特殊的"大区难题"。萧山

"数字平安"建设,之所以能形成体系,所依赖的就是系统数据的共享与流转,一方面促进了部门间的数据利用,另一方面也增进了各部门间协同办公的工作思维,让部门工作效率大为提升。此外,20余年的系统演进,构建形成的省—市—区—镇—村—网格—微网格七级任务贯通体系,促使全区各部门、各单位纵横联动、多跨协同,进而推动形成工作一起办、有事不推诿扯皮的平安共治格局。

(三)"精准决策、事前预警"的前置理念。社会矛盾多发、社会诉求多元、社会场景多样等都对政府部门及时准确地掌握数据信息并进行分析决策、事前预警提出了更高要求。"城市数据大脑·交通小脑"能一举推动萧山成为杭州"城市大脑"的创新策源地,关键一点就是通过分析决策、事前预警,精准社会治理。"交通小脑"发展至现在,坐在电脑前就可以实现违法行为的自动追踪和实时预警,将各项预警和矛盾纠纷及时化解在基层和萌芽状态,保障萧山250余万群众和10余万落地企业的平安。实践表明,平安建设应当把着眼点放在前置防线、前端控制、前期处置上,围绕重点场景和重点领域开发针对性高、实战性强、精准性优的多维风险监测预警矩阵,把守护百姓安全的防护网织得更密更完善。

(撰稿人:李璐 统稿人:钟丽佳 审定人:徐燕锋)

"365"社区治理工作法的实践历程

◆ 中共宁波市鄞州区委党史研究室 ◆

2003年以来,宁波市鄞州区委认真贯彻落实"八八战略"和"平安浙江"建设要求,创造性开展"平安鄞州"建设。以百丈街道划船社区"365社区服务工作法"为基础,全面提升社区治理的精细化水平和组织化程度,探索出一条从"社区管理"到"社区服务"再到"社区治理"的基层社区治理新路子,成为新时代"枫桥经验"在鄞州的生动实践样本。

一、"365"社区治理工作法的缘起

鄞州区百丈街道划船社区[①]建于20世纪80年代,区域面积0.41平方千米。社区内既有老旧小区,也有高档商品住宅小区。基于社区结构的复杂性,2002年,划船社区积极开展厂居共建、学民共建、军民共建、区域共建等活动,把平安小区、绿化小区、科普示范小区等纳入共建内容。

2003年5月,划船社区成立社区党委,这是宁波市第一个社区党委。2005年,划船社区被省委组织部命名为"浙江省城市社区党建工作示范社区",成为宁波市首批获此殊荣的基层社区。在此基础上,2006年,划船社

---

① 原属宁波市江东区,2016年9月江东区撤销,原江东区管辖的行政区域划归宁波市鄞州区管辖。

区党委建立以"五事准则"①为主要内容的20条正负清单制度,创办党建综合示范区、党员联络大组、党代表工作室、党群服务中心等一系列社区首创的党建工作载体,初步形成了以党建工作引领社区平安建设的管理思路。

在立足党建引领的基础上,划船社区党委还充分动员联合社区党员、社工、志愿者三方力量开展社区工作。2003年,划船社区根据居民需求和志愿者特长,组建"七彩人生"志愿服务队,提供职业介绍、婚介服务、义务会诊等七大类志愿服务,并确定每月8日为"阳光八号"志愿服务日,风雨无阻地为社区居民提供志愿服务。2004年,划船社区首创了"管线包片联户"制度②。2005年,划船社区又创新了两项管理制度。一是实施在册党员"一代四员"制度,把在册党员按照居住区域,编入相应的网格党支部和墙门党小组,安排他们担任墙门代表及墙门宣传员、卫生员、安全员、劝导员。二是实施在职党员"一员双岗"制度,要求在职党员向社区报到,参加党员联络大组,并按照居住区域和党员特长编入联络片组、联络小组,利用闲暇时间参与社区特定工作任务。2006年,划船社区制定《社区包片联户工作规范》,推行社工人员专职化,实现了社区管理的"一人在岗、事务通办"。

在上级党委的指导下,划船社区逐步摸索出一套由社区党委抓总,支部"在职党员"、居委会"社工"、小区"志愿者"通力合作、分工明确的"一个中心""三个联合"③(简称"三联")的社区管理模式。

二、"365"社区治理工作法的创立

随着鄞州经济社会发展进入快车道,大量流动人口涌入,中心城区"新

---

① "五事准则",是指干好本分事、做好身边事、管好家里事、参与公益事、完成组织事。
② "管线包片联户"制度,"管线",就是上面各条业务主线,如党建、民政、社保等;"包片",就是每250户组成一个网格,片内所有人、事、物等都归社工管理;"联户",就是每家每户的具体事情。"管线包片联户"实行"双定"制度。即"任务定标""工作定规",做到"墙上有表、心中有数、手头有事"。
③ "三个联合",是指党员联动、社工联勤、志愿联盟。

鄞州人"急剧增加，给城市管理和社区服务提出了新挑战。划船社区作为中心城区的老旧社区，邻里纠纷、墙门冲突变得更加复杂化、多元化，特别是"新宁波人"的社会融入与老住户的排斥抵触矛盾十分突出，产生的问题更新更多更棘手。为此，划船社区党委认真落实"平安浙江"建设要求，认真分析社区流动人口特点和规律，高度重视社区"新宁波人"利益诉求，积极回馈社区老住户的安全关切，不断强化舆情监管和矛盾源头梳理，创新构建新型矛盾调处机制。在"三联"基础上，划船社区广泛开展区域党建、综合便民、智慧信息、社会公益、特色精细、文化共享等"六大服务"，推动建立民情收集、民情分析、民情处置、民情反馈、民情评议等"五大机制"。通过实施"三联""六大服务""五大机制"，划船社区在落实"中提升"战略①中干在实处、走在前列。

在推行"区域党建服务"方面，划船社区实行社区大党委制，开展"社区建党委、楼群建支部、楼道建小组"，还在辖区楼宇中建立联合党组织，在社会组织中建立功能型党组织，实现社区党建工作的"一呼百应"。2008年，划船社区创新成立"物业—居委会"联合党支部，把居民党员、物业公司党员、社区干部党员一起编入同一个支部，进一步整合党建工作力量，更好发挥社区支部的龙头带动效应，划船社区邻里纠纷大幅下降，相关经验做法被中央电视台《焦点访谈》播出。

在推行"综合便民服务"方面，为方便居民办事，划船社区建起社区综合便民服务站，把党群咨询、社会救助、婚育指导、劳动就业、环境卫生、文化教育、人民调解、流动人口管理等10余类与居民日常生活相关的服务内容纳入其中，做到"一站式"服务和随叫随到的全天候便民服务。

在推行"智慧信息服务"方面，2010年，划船社区加快推进智慧信息服务步伐，社区居民可以通过社区微博、微信平台直接联系社工人员，也可以登录社区网站直接"点单"，甚至还可以通过遥控家里的数字电视直接了解家政便民、物业维修、医疗保健等特色品牌服务。

---

① "中提升"战略，是指宁波市委、市政府在"十一五"时期提出的提升"中心城区"发展水平的战略。

在推行"社会公益服务"方面,2007年,划船社区成立"社区邻里中心",负责培育和管理各类社会组织,并帮助他们开发符合居民需求的公益项目。其中的划船社区"老娘舅协会",由60多位威信较高的志愿者组成,专门调解家庭纠纷、邻里不和、社群矛盾等。

在推行"特色精细服务"方面,2008年以来,划船社区专门为社区中的特殊群体提供一对一上门服务。社区"居家养老服务中心"无偿或低偿为老人提供日托、上门送餐、医疗保健等服务项目。社区成立"助残服务梦工坊",为残疾人提供"庇护性"工作岗位。2010年,由于在解决新宁波人创业、"4050"人员失业、残疾人就业等方面的突出贡献,划船社区被人力资源和社会保障部评为"全国充分就业示范社区"。

在推行"文化共享服务"方面,划船社区大力改善社区文化宫,提炼社区精神,创作社区之歌和社区赋,建立社区文化长廊,每年开展精神文明成果展演,开展特色墙门创建并挂牌命名,制作邻里守望卡,定期组织和睦邻里节,开展"邻里学、邻里情、邻里帮、邻里和、邻里乐、邻里颂"主题活动。2009年11月,宁波市首届"和睦邻里节"在划船社区启动,划船社区党委介绍了和谐社区建设经验和做法。2013年5月,划船社区被科技部、全国科协授予"全国科普示范社区"。

在积极探索开展"六大服务"的同时,"五大机制"建设也在划船社区扎实推进。

民情收集是社区治理政策的立足点和各项工作开展的基础。划船社区沿用在21世纪初就实行的"一日两巡五访五问"工作制度①,并在此基础上不断丰富和完善,成为民情收集的常规方法。对民情的分析是否细致系统是社区治理能否到位的关键前提。2007年以后,划船社区建立了完善的"日碰头、周研析、月会商、季恳谈"的动态听证工作机制。"日碰头"就是每天由社区书记(主任)召集社工,讨论分析寻访中发现的问题;"周研析"就

---

① "一日两巡五访五问"工作制度,"一日两巡"是指每天早晚去社区的主干道和各包片区域进行巡查。"五访五问",是指新迁入家庭必访、困难居民必问;重大变故家庭必访、独居老人必问;上访群众家庭必访、失业人员必问;新近失业居民必访、退休人员必问;生病住院居民必访、矫正人员必问。

是在每周五的例会上,支部、社工、志愿者把每周分管片区内发现的问题进行聚类归因分析并研讨确定拟解决的先后事项;"月会商"就是每月底召开"两委"联席会共同商议安排社区事务;"季恳谈"就是每季度召开党建共建联席会对难点问题进行集体讨论、民主恳谈。对于重大事项,社区"两委"召开专题民主听证会,进行必要性和可行性评估,集体讨论通过后方可实施,通过这些方法增强了民情分析的全面性。

民情处置是基于民情收集和分析后采取的针对性举措。为保证社区治理中存在的以及居民实时反映的问题得到高效且有效的解决,2009年以后,划船社区在工作实践中有针对性地进行分类处置:对可以马上办好的事情,由包片社工及时处理;对经过分析讨论需要跟进办理的事项,划分综合服务、突发紧急、矛盾调处、基础建设等四类情况处理;对需多方协调解决的民事纠纷、利益冲突等,社区党委牵头成立"社区事务协调会",召集当事人、包片社工、社区民警、法律志愿者等协商调解,研究提出解决方案。在此基础上逐步建立了"限时办结""归口办理""多方协调"三种民情处置机制。

有效的民情反馈机制是信息在社区和居民之间畅通的有力保障。2011年,经过不断探索总结,划船社区党委研究建立了包括五种反馈方式的民情反馈机制。动态反馈是对经"两委"联席会通过的事项,通过社务公开栏实时公示办理时限、进度和结果。专项反馈是对经民主听证会通过的决议事项,通过社务公开栏、社区通报会等全程专题公开。跟踪反馈是对需延期办理的事项,向当事人报告延期原因和进展情况,并持续跟踪了解。预约反馈是对行动不便的当事人,进行上门告知。网络反馈是社区建立"社区网络发言人"制度,通过微博、微信、QQ群等及时回应居民关切。

民情评议是社区治理的重要环节。划船社区在此前形成的社区居民评价监督社区"两委"和社工工作这一优良传统的基础上,进一步规范居民对社区工作进行评议的流程。每办完一件重大事项,都会把当事人请来,询问对办事过程、办理结果和服务态度是否满意。每季度末,社区都会组织党员代表、居民代表和驻区单位代表,召开社区工作评议会,通报工作完成情况、存在问题等。每年年底,社区召开成员代表大会,每个社工都要上台述职,报告一年来的工作情况,由社区居民打分,对社区工作进行综合评价。通过民情评议机制,社区倾听到最真实的群众心声,征集第一手意见,了解社区工作中的不足之处及时加以改进,也使为民服务更为精准。

通过不断的探索实践,秉持全年365天时时处处为民办实事的服务宗旨,以"三联""六大服务""五大机制"为主体的社区治理工作法在划船社区逐渐形成。2013年7月,鄞州区委系统总结了划船社区多年来的创建工作经验,认为"三联"社区管理模式和"六大服务""五大机制"工作方法,前后连贯、密不可分、环环相扣,实现了从"工作思路"到"服务内容"再到"机制保障"的完美闭环。为便于在更大范围和领域复制推广这一工作方法,提高其辨识度和影响力,将该方法命名为"365社区服务工作法"。

依托"365社区服务工作法",划船社区全面推行居家养老、助残助困、就业帮扶、墙门文化等多个全天候"十分钟服务圈",相继涌现出"阳光八号""七彩人生""助残服务梦工坊""俞复玲名师工作室""集美共享花园""最美放学回家路""公益跑起来,由我来接力"等一批特色社区服务品牌。2018年,"365社区服务工作法"入选民政部遴选的全国100个优秀社区工作法。

三、推动"365社区服务工作法"在全区落地走实

2020年7月,划船社区党委在贯彻落实区委相关要求的过程中,进一步规范完善了"365社区服务工作法",将其创新升级为"365社区治理工作规程"[①],经区委审定正式发布,并于当年获评全国"创新社会治理典型案例"最佳案例,同时入围浙江省新时代"枫桥经验"标志性成果案例。

以"365社区治理工作规程"为示范引领,区委在实践中进一步深化和

---

① "365社区治理工作规程","3"即"三联":党员联动治、社工联勤治、志愿联盟治;"6"即"六服务":推行区域化党建服务强政治、推行常态化协商服务强自治、推行源头化平安服务强法治、推行多元化文化服务强德治、推行智慧化信息服务强智治、推行优质化民生服务强善治;"5"即"五机制":健全组织齐抓共管机制、民情闭环共解机制、队伍双向共建机制、资源联动共享机制、两网融合共治机制。

创新发展"三联合"工作模式、细化完善"六大服务"内容、规范健全"五大机制",全面提升社区治理的精细化水平和组织化程度,引导全区社区治理进入高质量发展新阶段。

在推广"三联"工作模式的过程中,区委着力建强治理队伍、激活治理主体,坚持党员带头上、社工唱主角、志愿者广发动,将居民组织起来,充分释放治理活力。2022年,鄞州以推进"基层治理提升年"专项行动为契机,实施"进格联群众",即针对社区治理薄弱点,把社区全体党员编组建立网格党支部,每名党员重点与5户周边户、重点户和外来户等居民结对联系,带头落实"五事法则",织密治理网格。推行源头治理,在全区的社区服务大厅设置"首席服务官""首席社工",全面推行服务事项"一窗受理、一网通办",同时实施首问责任制、工作A/B岗制等制度,实现社区"一人在岗、事务通办",培育了"红蚂蚁""楼小二""小棉袄"等品牌团队300余支,"有事找志愿者、有时间做志愿者"蔚然成风。

在拓展"六大服务"内容和内涵的过程中,区委坚持"最好的服务就是最好的治理"理念,以"六大服务"牵引"六治"① 融合,将治理任务落实到服务群众的每一个环节、每一处细节。在划船社区墙门建小组的基础上,区委推广网格建支部、楼宇建总支,积极建设党建综合示范区和区域党建联盟。截至2022年,建设党建综合示范区和区域党建联盟30余个,实现40余个红色基地开放共享。同时推行常态化协商服务强自治,主要实行居民群众来说事、代表委员来协商、专家学者来论证等三种协商方式,加强合作。推行源头化平安服务强法治,通过矛盾联调、安全联防、平安联创等措施,实现"矛盾不上交、服务零距离",全区刑事案件发案数、信访总量等呈断崖式下降,群众安全感满意度逐年上升。推行多元化文化服务强德治,通过立家规、传家训、扬家风,举办睦邻文化节、开展邻里串串门、打造特色文化墙门等活动,浓郁社区人文气息,培育出一批先进典型,打造了戎家惇叙文化、和丰工人文化等一批特色文化长廊,社区的文化底蕴日益增强。推行智

---

① "六治",是指区域化党建服务强政治、常态化协商服务强自治、源头化平安服务强法治、多元化文化服务强德治、智慧化信息服务强智治、优质化民生服务强善治。

慧化信息服务强智治，打造"一库一线一系统"智慧服务平台①。比如，宜家社区组建"e"微信群，开展"有事请@我"活动，每年受理各类问题3000多条。推行优质化民生服务强善治，开展社区"最多跑一次"服务，编制《民生事务一本通》，创新提供慈善服务、养老服务、公益服务等多样化服务，兜住民生服务底线。

在完善社区治理"五大机制"的过程中，2022年，区委通过一系列制度化安排，构建完善组织共管、民情共解、队伍共建、资源共享、网格共治的社区治理共同体。健全党组织领导、多元参与机制，坚持党组织牵头抓总、居委会执行、居监会监督、居民广泛参与，广泛推行社区"大党委"、兼职委员制，建立健全"民情收集—民情分析—民情处置—民情反馈—民情评议"全链条处置机制，实现群众的事"马上就办、办就办好"，深入开展"五夜六送"② 等服务基层活动，健全社区枢纽平台、社会组织培育制度、社会工作保障制度，截至2022年已成立区、街道（镇）、社区三级社会组织服务中心190个，每年投入公益创投资金200余万元，成立区社会组织创新园、实验园，累积孵化培育社区社会组织30余家，吸引600名社会工作专业人才在鄞州开展社会创业、引入近70个社会工作机构扎根社区。通过对"365"社区治理工作法的拓展和推广，2022年，鄞州区委推动基层党建网和社会治理网"两网融合"，推动"人在格中走、事在格中办、心在格中联"。截至2022年，鄞州建立网格党支部或党小组近1300个，统筹调配或吸收4000名党员担任骨干网格员，有效推动组织力量融合。

区委通过对"365"社区治理工作法的拓展和推广，进一步实化了三大治理主体、细化了六大治理任务、强化了五大治理机制，形成了社区治理的"鄞州解法"，有效带动鄞州社区治理工作迈上新台阶。鄞州先后创新形成丹顶鹤社区"赋能式治理"、和丰社区"五圈工作法"、九曲社区"九曲九功"特色党建工作法等一批具有影响力的治理经验。2019年，鄞州区首次入选

---

① "一库一线一系统"智慧服务平台，"一库"是指服务需求信息库；"一线"是指"书记一点通"服务热线；"一系统"是指服务需求收集处置智能系统。
② "五夜六送"，"五夜"是指夜学、夜访、夜巡、夜谈、夜议；"六送"是指送信心、送政策、送服务、送措施、送点子、送关爱。

"中国最具幸福感城市",荣获"最具幸福感城市"全域治理优秀案例。2023年,鄞州区成功捧得"一星平安金鼎"。

(撰稿人:章步颖 统稿人:应建炳 审定人:杨学余)

"和谐促进会"的发展历程与启示

◆ 中共慈溪市委党史研究室 ◆

"和谐促进会"是慈溪市在全国首创的一项共建共治共享基层治理模式。21世纪以来,在"八八战略"和"平安浙江"建设指引下,慈溪市委聚焦破解流动人口基数大、新老市民融合难带来的基层治理困境,于2006年建立全国第一个村级"和谐促进会",之后逐步形成市、乡镇(街道)、村(社区)、企业层面贯通的"和谐促进会"组织网络及制度体系,走出一条基层组织和社会组织协同、新老市民融合融洽的治理创新之路,为促进慈溪平安建设发挥了重要作用。

一、"和谐促进会"的建立与发展

改革开放以来,慈溪民营经济异军突起,吸引了大量务工者到慈溪发展。外来务工群体在创造财富、为当地发展作出重大贡献的同时,也给城乡社会治理和平安建设带来极大的考验。按照省委"大平安"建设部署要求,市委直面问题破局探索,创造出以"和谐促进会"助力基层治理、增进社会协同、促进平安和谐的成功模式。

(一)"和谐促进会"的建立

2004年,慈溪以务工为主的流动人口达50万人,约占本地户籍人口的50%,且以年均10万人左右的趋势递增。在此过程中,由于流动人口与本地居民在经济获得、思想观念、风俗习惯等方面存在较大差异,同时在公共服务、民生福利、社会地位等领域也具有不少差别,由此带来大量社会矛盾和治安纠纷,直接影响着社会和谐稳定,导致慈溪社会治安中凸显"两个80%"①现象。

市委深刻认识到,妥善有效解决问题、维护社会和谐稳定、创造良好发展环境,迫切需要走出一条社会治理创新之路。2005年下半年起,慈溪专门组织调研,特别注重从部分村调动新老村民共同融入"平安村"创建中梳理经验和做法,于2006年初创造性提出"和谐促进会"建设的设想,决定建立一个旨在促进新老市民融合的社会组织,并选择2个村先行试点。2006年4月,坎墩街道五塘新村成立首个村级"和谐促进会",并将其定性为受村党组织领导的民间性、共建性、互助性、服务性社会组织,由村书记任会长,新市民优秀骨干任专职副会长,设立理事会、监事会及若干专门工作委员会、片组长等组织架构。首批个人会员有村干部、房东、房客、企业主等78人,其中外来务工人员占比80%以上,同时有5家重点企业加入团体会员。当年5月,第二个村级"和谐促进会"在掌起镇陈家村成立,该"和谐促进会"还创设"小墙热线"工作室,面向全市外来务工者提供中介咨询、维权调解、就业介绍等服务。

两个村"和谐促进会"成立后,以"融合新老居民,促进和谐相处"为目的,协同配合基层组织,参与村级社会事务管理以及矛盾调处、平安创建等工作,组织开展志愿服务和多项文体活动,增强了流动人口对当地社会的认同感和归属感,使村居人际关系、文明风尚、环境面貌等方面得到了较好改善,迅速展现出试点成效。

2006年6月起,"和谐促进会"试点向市级现代化建设示范村推广。至10月,共组建47个村级"和谐促进会",吸纳个人会员2671名、团体会员319家,其中新市民会员1375名,募集爱心资金110多万元,帮扶新市民困难人员120余名,帮助740名外来务工人员联系落实就业,协助调处矛盾纠纷170余起,展现出促进新老村民融洽、助益基层治理的积极功效。有困难

---

① "两个80%",是指打击处理的犯罪分子有80%是流动人口、侵财型案件80%的受害者是流动人口。

找"和谐促进会"成为属地流动人口的共识,最早试点的五塘新村更由原先治安案件高发一举转为"零发生"。

(二) 全面推行"和谐促进会"建设

2006年10月,党的十六届六中全会对构建社会主义和谐社会进行全面部署,为慈溪探索建设"和谐促进会"起到了重要的引领作用。当月,市委召开全市村级"和谐促进会"建设工作会议,总结推广试点经验,动员全面建设村级"和谐促进会"。之后又出台《关于加强村级和谐促进会管理指导工作的若干意见》等文件,持续加大推动力度。

在推进村级"和谐促进会"建设过程中,慈溪建立健全了"党委领导、依法规范、共建共享、促进融合"的制度体系。在组织性质上,村级"和谐促进会"按社团组织要求依法登记,在属地乡镇(街道)党(工)委指导下,由村党组织、村民委员会、村经济合作社管理协调,进行自我组织、自我教育、自我服务、自我管理。在内部架构上,会员主要由村干部、优秀外来务工人员、社区保安、村民代表、出租私房房东、私营企业主等组成,村民和外来务工人员数量各占一半,由全体会员大会或会员代表大会选举产生理事会,村党组织书记任会长,具有一定组织管理能力的新市民任副会长等职,内设会员组织、矛盾调处等7个工作委员会,划分网格设立片组长。在运作模式上,制定相关章程,按照"自愿入会、自选领导、自聘人员、自筹经费、自理会务"办会准则,建立健全民主选举制度、民主决策制度、财务管理制度和重大事项报告制度,会费采取乡镇(街道)出一部分、有条件的村(社区)补一部分、辖区企业按团体会员资助一部分的方式筹集。在制度保障上,成立全市村级"和谐促进会"建设工作指导委员会并下设办公室,办公室与同期设立的市暂住人口服务管理局合并挂牌,建立"和谐促进会"星级评定、考核评比等制度。至2007年底,全市110个村(社区)建立"和谐促进会",吸引1100家单位、2.58万名个人成为会员,有近700名新市民担任会内职务。

在此基础上,慈溪持续深化创新,不断赋予"和谐促进会"新的内涵和功能。2008年4月起,在试点基础上,全面推广"新市民需求服务站"建设,各村(社区)按照流动人口1000:1比例、100人以上至少建有1个的要求,选择外来建设者所开店铺设立服务站,提供政策宣传、书报阅览、权益维护、就业介绍、就学信息等服务,当年建成服务站504个。同年,组建了百名村级"和谐促进会"联谊员队伍,联谊员集共建和谐传播员、法制政策宣传员、矛盾纠纷调解员、社情民意信息员"四员一体",从新市民中推荐产生,使之发挥骨干带动作用。

至2008年底,村级"和谐促进会"共为5000多名新市民帮助解决就业、就学、就医等方面的困难,募集爱心资金500多万元,帮扶困难人员3000多名,协助调处矛盾纠纷2000多起,组织各类培训1620批次、文体活动4400场次、志愿者行动8.8万人次。当年,村级"和谐促进会"获评全省创新"枫桥经验"优秀成果。

(三)以和谐促进工程打开基层协同治理新局面

2008年9月,宁波市委在全市范围推行基层和谐促进工程。以此为契机,慈溪致力打造"和谐促进会"升级版,10月组织开展和谐促进工程试点,次年4月出台《关于全面推进基层和谐促进工程的意见》,2010年又出台《关于创建示范基层和谐促进工程的意见》等文件,按照"网络延伸、功能拓展、作用提升"的思路,将"和谐促进会"由村级层面覆盖转向基层全面覆盖,由单体运作、促进融合为主转向多元兼容、系统参与治理,开辟基层组织和社会组织协同治理新格局。

在整体架构上,慈溪构建"全方位覆盖、网格化管理、互助式服务"的组织体系。各村(社区)、建有外来务工人员公寓的规上企业均建立"和谐促进会",其他规上企业、商务楼宇等建立和谐促进小组,划分片组及网格,选聘村民小组长、小区楼道长、企业班组长、保安队员、退休干部、优秀党团员、外来务工人员等组建和谐促进员队伍,各片组长、网格员及和谐促进员承担宣传员、联络员、信息员、调解员、陪访员、协管员"六大员"职责,明确"有婚丧嫁娶必访,有生活困难必访,有思想情绪必访,有生病住院必访,有矛盾纠纷必访,有征地拆迁必访"等必访要求。同时,成立由市委主要领导同志任组长的基层和谐促进工程领导小组,各乡镇(街道)建立和谐促进联合会，健全工作考核评价、督促激励机制。至 2011 年，全市 347 个村（社区）和 328 家企业建立"和谐促进会"，拥有个人会员 3.4 万余名、团体会员 1786 家，和谐促进员 1.3 万人。

为有效促进共治，慈溪丰富"以服务促融合、以感情促和谐、以参与促管理、以活动促交流"的治理机制。将村级综治工作室、社区服务中心与"和谐促进会"功能全面对接，构建"矛盾联调、治安联防、问题联治、工作联动、平安联创、实事联办"工作协同机制。结合"和谐促进会"建设，培育一批热心公益、愿于服务的外来"新乡贤""老娘舅"，发挥他们与同类人群"地位相同、语言相通、感情相融"身份优势，创造出"特聘外来调解员""乡音讲师团""新市民志愿服务站"等特色品牌，并有针对性地对新市民开展慈溪市情、道德素养、法制意识、安全常识、科普知识等教育活动。同时，建立"志愿行动、村企共建、信息沟通、文体活动、政治工作"五大工作平台，拓展服务领域，丰富服务功能。

2009 年至 2011 年，全市"和谐促进会"组织开展文体活动 5100 余场次、各类培训 6900 余批次，协助调处矛盾纠纷 8800 多起，发动会员参加平安夜巡、环境整治、扶贫帮困、文明劝导等志愿者行动 16.8 万人次，帮助 5 万多名新市民解决就业、求学、就医等方面的困难，获评 2010 年度浙江省社会公共管理创新优秀案例。

二、持续推动新时代"和谐促进会"创新演进

党的十八大以来，慈溪市委紧扣更高水平加强平安建设、构建共建共治共享的社会治理格局、推进社会治理体系和治理能力现代化等要求，与时俱进将"和谐促进会"建设引向深入。

（一）不断做深做实、巩固提升"和谐促进会"

进入新时代，慈溪流动人口总量向逾 100 万人递进，与本地户籍人口各据"半壁江山"，市委坚持不懈把"和谐促进会"巩固好、发展好。

聚焦组织体系的巩固完善，2012 年起，市委明确各村（社区）按实有人

口 4% 的比例充实"和谐促进会"会员，次年对企业"和谐促进会"提出会员不少于 20 人、占员工比例不低于 4% 的要求，扩充建立全市约 200 名、各乡镇（街道）约 50 名的市镇两级和谐促进联谊员队伍。健全完善村级"和谐促进会"驻会专职副会长制度，要求总人口 5000 人以上、流动人口超过 4000 人的村（社区）配备落实。2017 年起，将村级"和谐促进会"内设工作委员会明确为"8+1"组成，包括会员组织和党团工作、矛盾调处和权益维护、志愿服务和文体活动、公共服务和计生工作、新村（居）民议事、文明建设和环境整治、新生代农民工和未成年人教育引导、出租房屋安全等八个统类，并视需增设新市民工商人士委员会。其间，重视典型培育、示范带动，完善建立"百名优秀和谐促进员"、星级"和谐促进会"、星级需求服务站等评选制度，连年开展"和谐促进工程十大典型事例及十大典型人物"季度评选。

致力功能作用的拓展提升，慈溪深入推动"和谐促进会"与网格的双向融合，把和谐促进员纳入网格"一格多员"范畴，重视培养优秀新市民担任专兼职网格员。推行乡镇（街道）社会服务管理中心与和谐促进联合会"政社共治"机制，建立双向"社情民意联通、重大矛盾联调、特殊人群联帮、民生问题联助、文体活动联办、乡土人才联享、'和谐促进会'联推、平安法治联创"八联工作制度。同时，积极推动"和谐促进会"参与基层"议事"，特别于 2017 年在各村（社区）建立新村（居）民议事委员会制度，定期开展事务协商、建言献策等活动，助力基层治理、乡村振兴和地方发展，至 2019 年共组织议事 1000 余次，提供意见建议 2750 条次，列席村民代表大会 600 余人次。

此外，为更好营造共建共促共融格局，慈溪于 2013 年创设"4·20 和谐促进服务日"制度，将首个村级"和谐促进会"成立日确定为每年党政组织、社会组织共同开展服务的活动日。积极发挥流动人口中党团员、志愿者、文艺爱好者、专业技术人员等作用，广泛开展以"热爱新家乡、建设新慈溪"为主题的志愿服务和文体活动。同时，深入实施新市民素质提升工程，加强新市民教育培训，每年开展"百名优秀新慈溪人"评选，注重提高新市民在各类评先评优以及担任党代表、人大代表、政协委员、社区民意代表中的比例，引导促进流动人口更好融入"第二故乡"。

2012年，慈溪"和谐促进会"做法获评第六届中国地方政府创新奖。从2012年至2019年，全市"和谐促进会"组织志愿者行动45.6万人次、文体活动2.35万场次，参与调处矛盾纠纷2.1万余起，常态化吸引了10万多名新市民活跃于基层治理一线。

（二）叠加打造"和谐促进会＋慈溪群治分"社会治理共同体

党的十九届四中全会提出要建设人人有责、人人尽责、人人享有的社会治理共同体，慈溪以此为理念导向和行动指南，2020年以来持续深化提升"和谐促进会"，同时以"慈溪群治分"叠加赋能社会共治。

2020年慈溪出台全面深化提升融合性社会组织建设的实施意见，重点从强化党建引领、创新管理模式、深化共建共享入手，鼓励创设流动党员先锋驿站、新市民综合服务站，完善构建乡音调解团、乡音讲师团、新市民人才库"两团一库"队伍，当年还选聘新市民兼职网格员1118人、专职网格员17人，聘用"乡音调解员"入驻乡镇（街道）、村（社区）矛调中心。多年来，积极培养"和谐促进会"骨干向各级党组织、人大、政协和工青妇等群团组织靠拢，其中2021年换届新任的市级党代表、人大代表、政协委员中有新市民63名，占到总数的6%以上。2023年，慈溪将"和谐促进会"赋名"新时代和谐促进会"进行提升打造，明确新市民1000人以上的村（社区）设1名驻会专职副会长、1000人以下的设1名驻会联络员，要求由代表性较强的新市民担任，列席村（社区）"两委"班子相关会议，同时对新市民100人以上的企业设"新时代和谐促进会"分会、100人以下的设相应联络员，鼓励将"和谐促进会"会员吸纳入行风监督员、法院陪审员等队伍。当年，慈溪"新时代和谐促进会"获评全国新时代"枫桥经验"优秀案例。

鉴于"和谐促进会"虽覆盖全体新老市民，但主要参与对象一定程度上囿于新市民中的热心人士及优秀骨干，为更广泛、更深入地激励群众参与社会共治，2020年起慈溪创设"群治分"数字应用，双向串联打造社会治理共同体。"群治分"利用云计算、大数据等技术，以"信用＋基层治理"为手段，先期在桥头镇上线运行。2022年12月，市委、市政府召开会议进行全面推广，次年 1 月出台"慈溪群治分"全市推广建设方案。具体应用上，以"两分机制"为核心，市民参与在线学习、志愿服务及其他公共事务等，获得积分和信用分，积分可按规则兑换相应商品或服务，信用分可纳入普惠金融、就业招聘、房屋租赁、评优评先等领域"信用画像"；以"多元场景"为依托，搭建组织发动、宣传教育、服务惠民、积分激励、管理评价等五大核心业务板块，将公共事务场景分类创建于数字空间，镇村两级还可自主开发嵌入个性化特色子项，帮助党政机关、广大群众、社会组织等各类主体在确定公共议题、解决公共问题中一体化线上线下互动；以"社会协同"为助力，创设共治账户，吸纳公益基金、辖区企业和社会组织参与，协助承担积分兑换、志愿活动等工作。"慈溪群治分"填补了"和谐促进会"线上平台的空白，更好拓宽了新老市民参与社会共治的渠道，2023 年全市激活用户58.5 万人，其中新市民 15.8 万人，当年入选全国社会治理创新案例。

截至 2023 年，慈溪"新时代和谐促进会"共有个人会员 6.6 万多名、团体会员 2500 余家，拥有 1.8 万余名和谐促进员和 103 名乡音调解团成员、264 名乡音讲师团成员，建成流动党员先锋驿站 48 家、新市民综合服务站 67家；当年，"慈溪群治分"日均活跃用户近 4 万人，市民应用该平台参与平安巡防、反诈宣传、志愿服务、青年大学习等各类活动的有 378 万余人次。

三、"和谐促进会"建设的经验启示

慈溪"和谐促进会"建设，有效破解了基层治理中的痛点难点，展现出良好社会效应，对推进基层治理体系和治理能力现代化，更高水平加强基层平安建设，具有积极启示价值。

（一）创新社群共治机制。利用好、发挥好社群组织和社群机制的作用，是社会治理共同体建设的题中之义。"和谐促进会"本质是社会协同、公众参与的一项社群治理创新，以创设民间性、融合性的社群组织为依托，架起本地居民与流动人口互信包容、平等对话、和谐相处的桥梁，有机嵌入基层治理协同功能，促进政府管理与群众自治有效衔接、良性互动。实践表明，创新社群共治机制，活用善用社群载体，使之在畅达社情民意、融洽社会关系、动员社会力量中发挥充沛作用，对加强基层治理、化解社会矛盾、增进和谐稳定极具意义。

（二）寓服务于治理之中。服务群众、造福群众，是平安建设和社会治理的根本出发点及落脚点。"和谐促进会"源于社会治安、流动人口管理等考量，但自创立之初就以服务为核心和前提，特别是从满足流动人口社会需求、为他们提供服务帮助入手，体现到整体制度设计及各项载体举措之中，并贯穿打造"互助式服务"，后续不断深化、丰富拓展，较好展现了民生温度、幸福厚度。实践表明，服务是最好的治理，全方位、深层次寓服务于治理，倾力解决群众的揪心事、烦心事、操心事，提升平安建设和社会治理的效能。

（三）变被动管理为主动靠前。改进社会治理方式，贵在主动识变应变求变，特别是要重心下移、关口前移变"被动"为"主动"。"和谐促进会"彰显基层治理中应变局、破困局的驭势革新，且使治理末梢真正扎根到基层、落脚到群众，打通民情表达、沟通、反馈的渠道，开辟流动人口融入社会主流、参与社会事务的通道，并把全体新老市民调动起来，既破解了流动人口管理难题，更成为慈溪建设新型基层社会治理体系的一项重要制度平台。实践表明，顺应新时代社会治理变革与重塑，下沉健全民意疏导、矛盾化解及共治参与机制，有利于从被动治理更好地向政府与群众互为主动、靠前互动转变。

（四）集成贯通多元合力。平安建设、社会治理是一项系统工程，必须贯通多元力量，集成综合施治。"和谐促进会"具有体系健全、功能丰富、一体融合的特征，以之为串连，动员整合政府部门、村居社区、企业单位、新老市民等各层面各领域的力量，相互之间延伸触角、有机衔接、紧密协同，汇集多方联动、相辅相成的共治合力。实践表明，运用系统思维，加强统筹整合，打破条块制约，建立形成纵向贯通、横向联通、多元融通的基层治理良性生态，对完善构建共建共治共享的社会治理格局具有重要意义。

（撰稿人：方湘敏　统稿人：蔡迪　审定人：胡黎洲）

"瓯海的一天"闭环智治模式的创新发展

◆ 中共温州市瓯海区委党史研究室 ◆

温州市瓯海区委坚持以人民为中心的发展理念,从维护和回应群众合法利益诉求这个"源头"推动社会治理实践,推动县域基层社会治理体系迭代升级、贯通落地,形成"瓯海的一天"闭环智治模式,实现基层矛盾化解"最多跑一地",创新打造新时代基层治理现代化的新范式。

一、"大调解"体系和"平安瓯海"综合体的建立

瓯海为适应经济社会发展的新形势,以建设"平安瓯海"为载体,着力推进"大调解"体系建设,做好社会风险的预防和化解,探索建立"平安瓯海"综合体,完善矛盾调处化解机制,将矛盾纠纷化解在基层,努力营造有利于发展的和谐环境。

(一)推进"大调解"体系建设

预防化解矛盾纠纷,是维护社会和谐稳定的前提。瓯海经过多年的快速发展,在经济转型、管理转型、社会转型过程中暴露出的一些深层次矛盾日益加剧,导致刑事犯罪居高不下、安全生产隐患增多等,给社会稳定带来许多不利因素。为此,区委积极落实"平安浙江"建设要求,把维护社会稳定放在重中之重的位置,提出深化社会矛盾纠纷疏导化解工作,及时化解和处理各类人民内部矛盾,减少群体性事件。在具体实践中,瓯海立足预防和源头治理,创新推动了人民调解部门协作机制的形成。从2009年开始,瓯海率

先在瓯海法院梧田、三溪人民法庭设立人民调解工作室,开展"诉调对接"试点工作,并在景山、梧田和泽雅三个基层派出所推出"警调衔接"工作机制。区委还成立"警调衔接"工作领导小组,出台联席会议制度、联合管理机制、考核奖惩机制和前移司法援助机制等,并部署全面开展"警调衔接"工作,进一步完善和规范矛盾纠纷的受理、分流、调处等机制程序,实现治安行政调解与人民调解的衔接联动。同时,温州市政法系统"诉调衔接、警调衔接、交调衔接"的"大调解"机制建设试点工作也在瓯海展开,通过积极探索人民调解与法院民事诉讼、公安行政调解之间的衔接途径,建立健全"双衔接、三模式"① 工作新机制,试点工作取得了明显成效。2010 年,诉调室受理案件 432 件,调解成功 430 件;警调室受理案件 2070 件,调解成功 2068 件;交调室受理案件 1592 件,调解成功 1589 件②。基层警力负担、群众信访、"民转刑"案件明显下降,矛盾纠纷调处成功率、群众满意率和党委政府公信力明显上升。《浙江法制报》《温州日报》等媒体相继报道了瓯海区"大调解"工作,经验很快在全市得到推广。

为推动社会矛盾纠纷"大调解"工作向纵深发展,形成维护稳定的工作合力,2011 年 12 月,区委出台《关于全面构建社会矛盾纠纷"大调解"体系的意见》,提出全面构建起人民调解、行政调解、司法调解充分发挥作用又相互衔接配合的社会矛盾纠纷"大调解"体系。之后,瓯海积极推动社会矛盾纠纷"大调解"工作发展。2013 年 9 月,出台《温州市瓯海区"两代表一委员"担任特邀人民调解员参与人民调解工作实施方案》,推行"两代表一委员"担任特邀人民调解员参与调解工作,充分发挥党代表、人大代表、政协委员等第三方在矛盾纠纷化解中的独特作用。2016 年,瓯海在村居(社区)试行"3 + X"模式③,做到便民利民,切实提高了村居矛盾纠纷化解

---

① "双衔接、三模式","双衔接"是指诉调衔接、警调衔接,"三模式"是指驻法庭调解室工作模式、驻派出所调解室工作模式、公安派出所移送模式。
② 瓯海区地方志编纂委员会:《瓯海区志》,浙江人民出版社 2019 年版,第 616 页。
③ "3 + X"模式,是指口头调解、专职调解员指导调解和法律顾问参与调解 3 种调解形式和 X 种保障机制,包括建立信息传递机制、信息采集机制、长效激励机制、通报机制等。

率。经过多年努力，瓯海通过发动社会组织参与基层治理，发展行业性、区域性特色调解组织，建立和完善矛盾纠纷排查工作机制、衔接配合机制、依法调解机制、规范调解运行机制、人民调解队伍建设保障机制、矛盾纠纷调解组织机制等，发挥各种矛盾化解方式的优势，形成了以区、乡镇（街道）调委会为主导，村（居）、企（事）业为基础，区域性、行业性、专业性调委会为补充的多层次、宽领域、全覆盖的人民调解组织大网络体系。截至2016年，全区各级人民调解组织共化解各类矛盾纠纷7373件，协议涉及金额2.2亿元，为推进"平安瓯海"建设和全区经济社会发展营造了更加稳定的社会环境。

在社会矛盾纠纷"大调解"工作的持续推动下，瓯海基层治理工作合力和整体效能进一步提升，荣获"省创建法制县（市、区）工作示范单位""全国法治县（市、区）创建活动先进单位""全省法治建设先进区"等称号。

（二）探索"平安瓯海"综合体建设

作为温州都市核心区，随着经济社会的快速发展，瓯海遇到了如何从"快速发展"向"全面高质量发展"转变的难题。为加快推进城乡一体化，瓯海把城市化作为转型发展的主平台，从2016年开始，实施城中村改造。因推进城镇化和旧城改造，农村土地征用和城镇拆迁安置所引发的群众上访急剧增多。原先地处城郊接合部的"村民"也迅速向"市民"转变，百姓的利益诉求更加多样，矛盾纠纷逐渐从传统的婚姻家庭、继承、赡养、邻里等民间纠纷扩展到征地拆迁、土地承包、劳动争议等。各类矛盾纠纷集中爆发以及不断增多的涉安、涉稳风险隐患使得原有的社会治理体系中资源整合不到位、联动机制不顺畅、群众参与路径狭窄等短板问题日益凸显，传统社会治理模式已难以为继。

为此，2017年7月，区委九届三次全会提出，深化"大调解"体系建设，健全基层人民调解制度，努力做到"小事不出村、大事不出镇（街道）、矛盾不上交"。2018年1月，区委九届四次全会再次强调要推行"互联网＋社会治理"，健全协调联动的多元化"大调解"体系，把矛盾纠纷化解在萌芽阶段。2018年7月,瓯海根据习近平总书记指出的社会治理体系"零敲碎打调整不行,碎片化修补也不行,必须是全面的系统的改革和改进"①的要求,在省、市委指导下,紧紧围绕推动社会治理社会化、法治化、智能化、专业化有关要求,创新思维、大胆探索,在全省率先在区级层面成功打造"一站式"社会矛盾纠纷调处化解中心,即"平安瓯海"综合体。综合体由区委政法委主导,区法院、综治、维稳、信访、卫计、团区委等8个区属部门主体负责,其他业务部门、社会组织入驻中心,紧密配合。通过搭建诉讼服务、"大调解"(速裁)、社会帮扶、社会心理服务、社会治理综合指挥、维稳作战指挥六大工作平台,集成了诉讼、调解、社会帮扶、心理服务、综治指挥、维稳作战"六位一体"功能,形成具有地方特色的纠纷调解工作体系。综合体有行业调解、律师调解、退休法官调解、知名人士工作室调解等8种方式,使解决矛盾纠纷问题的方式从"单科门诊"变为"专家会诊"。如果调解不成就进入司法裁判通道,司法裁判后仍未能化解或确有困难的,再由社会组织提供帮扶救助或心理服务,从而将社会风险隐患化解在基层。截至2018年12月,"平安瓯海"综合体接待群众5100余人次,化解矛盾纠纷650件,提前介入、消除社会风险隐患184处②。涉稳事件发生数同比下降35%,涉稳事件应急响应时间从原平均30分钟压缩到5分钟内,越级访人数、诉讼案件明显下降。

瓯海的先行实践为全省加强县级社会矛盾纠纷调处化解中心规范化建设提供了优秀经验支撑。综合体先后作为全国人民调解工作现场会、浙江省"一体两翼"工作现场会、温州市社会心理服务体系建设现场会和温州市矛盾纠纷多元化解工作现场会参观点进行经验展示。2018年,瓯海被列入温州市"社会心理服务体系"建设试点先行区。

二、"瓯海的一天"闭环智治模式的建立和实践

为高水平推进区域治理现代化,瓯海创新实践"社会风险全生命周期管

---

① 习近平:《论坚持人民当家作主》,中央文献出版社2021年版,第664页。
② 温州市瓯海区地方志研究室:《瓯海年鉴(2019)》,线装书局2019年版,第103页。

理"，聚焦社会治理和城市运行中突发的各类问题，数字赋能新时代"枫桥经验"实践，探索形成"瓯海的一天"闭环智治模式，实现"平安瓯海"视域下基层治理体系和治理能力的新跃升。

（一）创新实践"全生命周期"调处化解机制

面对突出的新旧问题以及盘根错节的利益藩篱，瓯海需要在更高起点、重点领域先行先试，实现从传统社会治理模式往适应社会主义现代化城市构建的治理模式转型。为此，区委坚持和发展新时代"枫桥经验"，进一步创新社会矛盾纠纷调处化解理念、方法，着眼于社会矛盾纠纷化解"事前、事中、事后"全过程，坚持"未病先防、既病快治、愈后防复"，探索构建起社会矛盾纠纷"全生命周期"调处化解新模式。

2019年10月，区委出台《瓯海区"平安瓯海"综合体"全生命周期"现代化社会治理模式改革方案》，提出建立"前端智慧预警、中端多元化解、末端快速处置"的瓯海特色"全生命周期"社会治理工作模式。2020年8月，制定《瓯海区区域社会治理现代化三年行动计划（2020—2022年）》，提出以"社会矛盾纠纷调处化解阵地"打造社会治理中枢。区委提出以"温州最好、全省标杆"为目标，进一步整合资源、完善机制、再造流程，在原"平安瓯海"综合体的基础上新增联合接访、公共法律服务、劳动人事争议化解等平台，推动社会治理工作由"多地多中心"向"一阵地多平台"的良性转变。2020年10月，瓯海区社会矛盾纠纷调处化解中心正式启用，集司法服务、诉讼服务、纠纷调解、联合接访、劳资调裁、社会帮扶、心理服务、政务热线、综治指挥与维稳作战等功能"十位一体"。中心以"全生命周期"为理念，针对社会矛盾纠纷、涉稳风险隐患等问题，由多部门、多平台协同进行全过程有效干预。聚焦问题隐患产生的前端源头，建立基于大数据背景下"未病先治"的预测预警机制，运用智慧分析，对社会风险进行及时有效的预测、预警、预判。探索建立"多类调解在前，社会帮扶、心理服务、法律援助、司法救济等协同参与，诉讼在后兜底保障"的多元调处工作模式，破解纠纷发展、激化的中端环节。把治理工作延伸至矛盾纠纷、紧急事件完毕后的平息阶段，主动对暂时平息的事件、问题进行干预，形成"愈后防复、举一反三"的社会治理工作循环。

瓯海区探索构建矛盾纠纷"全生命周期"调处化解新模式成为全省典范，相关做法入选中央政法委优秀案例。

（二）全力打造"瓯海的一天"闭环智治模式

2021年12月，区委第十次党代会明确提出，要聚焦聚力"整体智治"，以数字化、法治化、人本化推进治理现代化。为此，区委主动融入省市社会治理、数字化改革、"县乡一体、条抓块统"改革等系列决策部署，承接温州市城市治理"一网统管"综合试点，改革基层管理体制，将瓯海区社会矛盾纠纷调处化解中心迭代升级为瓯海区社会治理中心，把社会治理、城市运行两个中心合二为一、双向贯通，做到一个中心归口、一个平台智治、一套体系运行，在全省首创"两个中心"一体运行模式。

2022年5月，瓯海区社会治理（城市运行）中心正式启用，成为温州市率先挂牌运行的县级社会治理（城市运行）中心之一。中心设置了综合受理、联合接访、大调解、诉讼服务、心理服务、应急指挥等功能区块，入驻涉及社会治理、城市管理、应急指挥等18个中心、25个职能部门，实现运行监测、矛盾调处、分析研判、协同流转、应急指挥、督查考核等六大职能。在运作流程上，以"两个中心"为枢纽，通过向上贯通"民呼我为"等省市平台、向下归集基层受理事项，实时掌握广大群众的诉求是什么。在此基础上，建立指挥长制度，由区级领导轮值牵头复杂事项，部门协同负责多跨纠纷，一般问题则由基层联动落实，依托指挥中枢，区级指令一键直达网格最小单元、基层处置一表反馈"141"平台，实现对瓯海一天发生的事情进行全周期闭环管理。从矛调中心到社会治理中心再到"两个中心"融合，实现了工作理念、方式、体系和职能全方位的迭代升级，构成了瓯海从矛盾调处向智慧城市发展的改革历程，也意味着瓯海数字化改革聚焦社会治理和城市运行取得标志性阶段成果。

"瓯海的一天"闭环智治模式运行以来，事项办结时限平均缩短40%，综合分析与指挥调度时间缩短近一半，事件处置效率提高30%，群众办事满意率达99.25%，实现问题处置效率、平安管控效能、社会治理效果的有效提升。"瓯海的一天"闭环智治模式改革跻身全省基层治理新范式。

三、主要经验

在推进共同富裕和中国式现代化建设中,瓯海逐步完善平安建设的体制机制,为市域社会治理现代化先行探路,积累了丰富的实践经验。

(一)聚力整合资源要素,完善城市治理一体运行机制。坚持多维融合,通过阵地打通、数据融通、指令畅通,实现城市治理各类要素"应统尽统"。一是打破物理隔阂,让多中心融在一起。将原先散落在各部门纠纷投诉窗口和处置中心"搬到一起",实现问题"一窗式受理、一揽子调处、全链条解决",做到人员更加精简、空间更加集约、协同更加紧密、工作更加高效。二是跨越数据鸿沟,让多系统融在一起。依托省基层智治平台,发挥中国数安港数据要素改革效益,贯通"安监云"等15个区级平台和"民呼我为"等45个重大应用,打通"雪亮工程"等9类物联感知设备,实现安全基础上的数据融通共享。三是打破行政边界,让多层级融在一起。依托"城市治理一张图",将"人、房、企、事、物"等城市治理要素精准匹配至网格最小单元,实现"一键调用"。打破区、街、社区行政边界,做到"指令一键直达、队伍一体下沉、处置一步到位"。将三防应急管理、维稳作战、智慧城管、舆情监测等工作融入"两个中心",实行平战结合,平时总分有序,战时统一指挥,实现"一地管治理",从而提高了基层维护稳定的能力和水平。

(二)聚力破除管理碎片,完善城市治理一体协同机制。深度融合力量,在治理单元、执法力量、指挥体系等维度发力,变"单打独斗"为"团体作战"。一是网格变"碎片管理"为"精准管一域"。打造193个基层作战单元、942个网格、5173个微网格,试行专职网格"社工化"、专职社工"入网格",建立网格事项准入清单,设立网格"金哨奖"。二是执法变"碎片监管"为"综合查一次"。推行"一地共商""场站融合"等6种"大综合一体化"执法改革特色模式,重塑殡葬管理、餐饮监管等65个执法"一件事",推进"一支队伍管执法",破解"权责交叉、多头执法"问题。三是指挥变"碎片处置"为"调度融一体"。聚焦"疑难、多跨、突发、敏感"四类重点事件，建立指挥长制。依托平台指挥长驾驶舱，高效调度管理力量一张图、物联设备一张网、物资配备一张表，实现可视化高位协同指挥。

（三）聚力打通流程梗阻，完善城市治理一体处置机制。深度重塑流程，打造城市治理闭环管控体系，实现风险感知"一个屏"、处置过程"一张网"、处置绩效"一幅图"。一是全天候智能闭环感知。依托"两个中心"归集的各类数据，搭建37个智能算法模型，构建16类100多个维度2099项城市运行和社会治理指标体系，"一屏感知"城市社会运行状态。精准锁定一事多诉、一人多访、一地多发等高频事项，把隐性问题提前显性处理、消除隐患。二是全链条精细闭环处置。运用基层智治综合应用，将处置引入免费高德地图，形成"作战一张图"，精准定位网格员直接派单，结果反馈线上留痕，实现"天地人网"全链条闭环处置。三是全过程立体闭环画像。以解决实际问题为目标效果导向，联动区督考系统实行全过程跟踪督导，对社会治理事件从"感知（监测）—预警—研判—处置—跟踪—评价"实行全周期闭环管控。紧扣事前上报按实、事中处置按规、事后反馈按期，构建98项绩效指标体系，实时生成城市管理"三色图"、平安建设"五色图"，实现社会治理和城市运行事务的高度融合、高速处置和高效管理，成功筑牢基层维稳防线。

（撰稿人：郑祥斌　统稿人：郑祥斌　审定人：任洪武）

"海上枫桥"基层治理的实践与启示

◆ 中共温州市洞头区委党史研究室 ◆

2004年5月,省委十一届六次全会作出建设"平安浙江"的决定。20年来,洞头党委认真探索"海上枫桥"基层治理方式,通过建立"船老大"调解模式,率先推出"渔小二"自助办证系统,设立海上共享法庭,打造"无诉海岛",逐步形成了具有洞头海岛区域特色的基层治理模式。

一、"海上枫桥"基层治理的探索与建立

为贯彻落实省委关于建设"平安浙江"的决定,2004年7月,洞头县委八届四次会议作出建设"平安洞头"决定,全面启动平安创建活动。

(一)"平安海区"创建

作为全国14个海岛县(区)之一的洞头,海区众多,渔业资源丰富,在渔业生产快速发展的同时也产生了诸如生产安全、防台防汛等问题。为解决这些问题,2005年7月,洞头渔业重点镇东屏镇开展"平安海区"创建试点,发布《平安海区创建活动实施意见》,把"联控、联调、联动、联心"作为抓手,创建"治安秩序良好、纠纷化解有力、防灾应急及时、生产生活提高"的"平安海区"工作机制。

当年7月开始,东屏镇制定完善渔船防台抗台应急预案,建立灾害天气通报制度。成立"平安海区"治安巡防队,集中开展"伏季百日创安"行动,重点在港口渔村夜间巡防,巡查纠正治安隐患。各村在镇综治中心牵头

协调下，成立羊栖菜海区治安联防队，全天候轮流巡逻值班，群防群治，严防偷盗羊栖菜的行为。成立镇级海渔事调解委员会，负责全镇海事、渔事纠纷的调处。各渔业村建立海渔事调解小组，推选威望高的船老大为调解小组成员，按渔船小组划分确定调解船，把调解网络延伸到海上。同时，镇政府同其他渔业乡镇以及县外一些渔业乡镇建立了跨乡镇、跨区域协作调解机制。把全镇渔船分成不同作业小组，配备电台，保持与出海船只的通信联络。开捕期之前，镇政府集中进行渔业安全生产专题培训和教育，全面检查渔业安全生产、救生设备情况。建立镇领导班子成员结对挂钩制度，联系领导每周至少要到联系渔村一次，深入了解"平安海区"创建过程中存在的问题，帮助渔民办证，联系解决以船只检修、机械维修、渔具整修为主要内容的"三修"资金贷款等。东屏镇探索创建"平安海区"，为"海上枫桥"基层治理提供了初步经验。

（二）"海上枫桥"基层治理的形成

从2006年开始，县委把深化"平安洞头"建设纳入经济社会发展战略，加强"平安海区"等单元建设，打击违法犯罪，加强社会组织协作，建立海上和谐网、海上安全网、海上保障网（简称"三张网"）。2006年温州至洞头半岛工程建成通车，洞头由海岛变半岛，随着外来人口的逐渐增加，各类违法犯罪问题也不断增多。当年4月开始，洞头实施"闸门工程"，在灵霓大堤霓屿入口处设立警务查报站，2007年4月，正式成立通道控制中心，由治安缉查大队24小时值守。同年，在所有社区建立警务室、"社区法律援助站"、"派出所调解室"等基层警务平台，整合社区民警、社区干部、企业保安等多方力量，建立挂钩联系走访制度，把命案防控工作融入日常社区警务工作之中，实现"让犯罪分子不敢来，来了不敢作案，作了案逃不了"。

2008年1月，洞头实行全民大巡防，培育各类社会组织，建立一街道（乡镇）一品牌，参与社会管理和服务领域的方方面面。加强社会组织协作，2009年成立"海霞妈妈"志愿者服务队，开展治安巡逻、法制宣传、矛盾调处等工作。同时，配合洞头相关部门开展平安知识宣传和法律知识、禁毒知识进社区、进学校、进机关、进企业活动。2010年3月，县委下发《关于坚持和发展"枫桥经验"，深化"综治基层基础建设年"活动的实施方案》，推进群防群治队伍建设。大门镇的"老师伯"、元觉街道的"老娘舅"、东屏街道①的"好厝边"、霓屿街道的"管事公婆"、鹿西乡的"红老大"等志愿者队伍也相继建立，参与纠纷调解，服务居家的老弱病残和空巢老人，开通"一键通"电话，提供家政、理发、医保、家电维修、超市购物等服务，共同推进社会和谐稳定。

2011年，洞头把综治网格延伸到海上，建立海上养殖网格、渔轮生产网格，依托海上党小组、党员"红老大"和党员先锋示范船，实现渔养民自我管理，完善海上"三张网"。2011年8月，洞头区司法局同宁波海事法院温州法庭联合出台相关意见，在全省率先建立海渔事纠纷诉调衔接机制。通过资源整合，海岛渔民足不出"岛"就能化解纠纷；洞头整合边防、海事、渔政、渔监等海上管理力量，常态化开展海上联合巡逻、联合执法，打击海上违法犯罪行为，规范海上作业秩序，维护了海区的稳定。2015年7月，洞头开展"打击非法采砂"专项执法行动。洞头十分注重对渔港、码头和渔船安全设施的投入，每年汛期所有渔船都可实现就近避风。在执法救助上，开通海上统一报警电话，建立渔政、海监、海事等联动执法机制，创成了温州唯一的"省级平安渔业示范县"。

2011年至2012年，洞头连续两年平安考核成绩全省第一，2013年被中央综治办授予"全国平安建设先进县"称号。"海上枫桥"基层治理品牌在"平安洞头"建设逐步形成。

二、完善丰富"海上枫桥"基层治理

2017年开始，面对新形势，洞头区委丰富"海上枫桥"基层治理内涵，用智慧数字化推进"平安洞头"建设。

---

① 2011年4月，东屏镇撤镇设立东屏街道。

(一) 创新"船老大"调解模式

洞头围绕海岛区域治理现代化精细化目标,通过完善"船老大"调解模式,实现涉渔海上矛盾纠纷"群众自治、原地解决、自我消化"。针对海上矛盾纠纷,"船老大"调解工作室结合渔船编组生产,利用卫星无线电建立起横向的信息互联互通机制和信息快报平台。简易矛盾纠纷由船老大在海上进行口头直接调处化解,登岸后再另行上报;复杂疑难案件由船老大出面先行平稳态势,第一时间掌握情况动态,提前备好调解力量随时跟进。实行涉渔纠纷排查登记、会商交办、调解处置、回访建档四步走调处模式,针对复杂案件涉及金额较大,引导当事人双方进行司法确认,协议执行一周后上门或电话回访、评估建档。发挥在线矛盾纠纷多元化解平台在涉渔纠纷调解中的运用,建立"互联网+"调解工作模式,针对案情复杂的疑难海渔事调解案件,"船老大"调解工作室主动借助腾讯、微信平台,共同探讨分析调解案件,并借助区、街镇两级司法行政视频会议系统和法院"共享法庭"开展远程调解。

(二) 推进"大综合一体化"改革

2022年,洞头结合涉海部门执法力量分散、职能交叉、效能偏弱等难题,推进"大综合一体化"改革,逐步完善涉海执法联动、案件移送、执法支持等体制机制,形成一个口子对外、一个口径指挥、一支队伍运行的"海洋一支队伍管执法"洞头样板。洞头完善涉海执法清单,按照"一清单、一平台、一机制、一队伍"运行模式,梳理明晰涉海监管职责和执法事项,形成了部门间、区域间、层级间一体联动的综合行政执法体系。划转涉海自然资源、生态环保等68项事项,梳理交通综合执法中涉及海上港口、航道、水运三大块207项执法事项,统一划转至海洋联合执法队行使。梳理集成涉海治理事项,开展小型休闲船艇管理、航道航线码头岸线、海上渣土倾倒监管等海上治理"一件事"。成立洞头区海洋联合执法队,与区海洋与渔业行政执法队合署办公,把近岸水域救援专业队成建制划转到区海洋与渔业行政执法队,推动涉海涉渔部门联合办公、联合执法。实施"智能巡查+联合执法"方式,通过协同事项清单、关联案件清单和监管协同计划,梳理入库监管对象,做到监管对象应入全入。实施"综合查一次",规范行政检查和处罚,实现批后监管和罚前监管互联互动互助。截至2023年12月,"海洋一支队伍管执法"已整合涉海执法事项435项。

(三)搭好海上预警救援平台

为解决海洋灾害缺乏专项预警、公众海上防灾意识和避险自救能力不足等问题,洞头在海上防灾减灾方面做到监测精密、预报精准、服务精细,在灾害防范应对、重大保障服务、省级减灾示范社区创建等工作中均取得了显著成效,较好发挥了海洋防灾减灾第一道防线的作用。

洞头以健全应急搜救指挥、强化应急管理基础和提高突发事件处置能力为重点,积极完善海上安全应急体系,推进应急管理体系和能力现代化。2022年11月,洞头挂牌成立洞头区水上搜救中心,建设"海陆空"救援队伍、"远中近"海上救援梯队,全区应急救援队伍达32支、670人。此外,针对海岛地区普遍面临的"海事近不了礁,消防下不了海"等难题,洞头率先组建消防近海救援中队,专职承担近岸人员搜救、安全巡查等任务,提升近岸救援能力。为用好社会救援力量,洞头还聚焦民间救援资源,成立海上救援应急志愿者、赤潮上报志愿者等队伍,加强海洋灾情信息员力量,切实提高海洋灾害预防和应对能力。落实岛际交通安全管理,强化对区内渡口渡船的安全检查,加大渡船违法行为查处力度。强化渔船动态安全监管,加强涉水工程安全监管,履行海港口岸查验安全职责,支持海上休闲旅游产业发展。

2022年,洞头建设"浙海安康"海洋灾害智防应用,利用已建成的自动观测站、海洋浮标等设施,监控范围从单一海域扩大到无居民海岛、航道等区域,实现洞头海域全覆盖。在此基础上,打通部门信息壁垒,贯通国家部委、省、市、区等11个部门的67项数据,实现涉海数据的实时归集,结合海洋灾害评估区划模型、海洋灾害风险普查数据等,提供分层分级的海洋灾害预警预报服务。洞头将突发事件预警信息发布系统与应急广播平台对接,印发相关实施方案。落实叫应制度,整理应急响应期间工作要点,完善内部重大突发事件处置应急预案。每周在"防汛防台一屏指令"更新天气趋势预报和风险提示。每月开展集中学习,加强业务人员对业务规范、技术规定的掌握和执行,以及省、市部署的新业务平台本地化应用。定期进行灾害性天气过程和历史个例的总结复盘,总结本地大风、暴雨、强对流天气预报方法,提高业务能力。积极申报地方科技项目,加强新技术、新方法、新设备在气象预报服务中的转化应用,2023年初,洞头沿海海雾预报方法研究成功立项。

(四)推进"海上枫桥"基层治理智慧数字化

洞头积极引进新型智慧化科技成果,以科技为引领,推动"海上枫桥"推进平安工作。

洞头积极探索信息技术与调解工作的深度融合,构建集在线申请、在线咨询、在线取证、在线调解、在线阅卷、在线联调等模块于一体的海上智调模式,即"船老大"2.0智调平台。该平台依托浙江解纷码、人民调解大数据管理平台、温州"海上斑马线"精密智控等系统,将调解资源向一线倾斜。如运用"共享法庭"、浙江解纷码、"移动微法院"等,通过"连线指导+云上确认"方式,实现网上受理、在线点单、视频联调"一站式"服务。自平台上线以来,联调率达50%,化解成功率达98%以上。此外,洞头还积极打造大数据分析链、供应链和服务链,通过大数据为调解当事人提供精准筛选、智能匹配服务,实现调解需求与调解供应资源精准对接,打造纠纷精准排查、全面上报、深度调处、大众参与的工作新模式。

执法部门对船舶实现高精度动态快速识别和智能监管。除"多船一码"外,平台能有效识别17种海上违法行为。基于大数据、人工智能、遥感遥测等信息技术,洞头公安部门融合视频数据、雷达数据、船舶自动识别系统数据和北斗数据,以算法模型为引擎,实现线索智能发现,有效甄别出异常船只,实现对船舶的高精度动态快速识别和智能分析。截至2023年8月,平台已接通省、市、区、乡镇(街道)、村(社区)五级信息化资源,接入300万多条数据。以往案件线索需要执法人员在码头蹲守和海上搜索,现在则做到提前发现,及时定位处理。通过后台数据比对和智能分析,可远程掌握船舶存在的可疑动态，对存在航行危险的各类船只提前预警，实时跟踪、在线判断可能的事故状态。

三、主要启示

洞头"海上枫桥"基层治理日趋完善，为洞头全面创建"海上花园"奠定平安基础。2020年，洞头获得全省首批"一星平安金鼎"。2021年获得全国平安工作最高荣誉"长安杯"。至2023年，洞头成为温州全市唯一获得首批"二星平安金鼎"的区（市、县）。

（一）坚持陆海联动，围绕洞头海岛特色，做好海上平安文章。陆海联动即将海岛陆域治理模式与海上渔业、旅游、交通等平安风险相结合。针对洞头多海岛，人民群众与外来游客多海上活动的现实，将平安网络覆盖陆海，确保平安无死角。洞头"平安海区"工作的探索与完善，从最初的围绕渔民海洋捕捞、海水养殖、应急救灾、配套更新渔用基础设施等角度，到现在的主动划定海区工作网格，将基层村网格治理模式向海上延伸，形成了事前划定平安责任归属机制，将"平安海区"工作衍生出了深挖海上平安隐患的这一特色分支。这启示我们：要因地制宜，立足洞头地方特色地理环境与生活习惯，将海上平安工作做实、做深、做细，才能形成洞头如今陆域治理模式推进海上平安工作，海上平安工作倒逼陆域治理模式更新完善、与时俱进的良性循环局面。

（二）坚持基层自治，发挥好民间志愿、救援、调解等团体力量，党委政府做好引导配套服务工作。洞头"海上枫桥"基层治理的核心，即坚持发动和依靠群众，坚持矛盾不上交，就地解决，实现捕人少、治安好的管理方式。洞头在对"枫桥经验"的借鉴中，充分学习了发动和依靠群众的核心特点，以洞头民间平安志愿队伍为主，通过平安宣传，提升人民群众的平安意识，同时注重借助民间救援队伍力量，积极打响洞头民间救援队伍品牌，最后以人民调解员、船老大等群众力量，发挥好群众调解内部矛盾的作用。洞头党委则是引导民间力量，善于捕捉民间平安队伍萌芽趋势，做好帮扶壮大的工作。同时，洞头党委坚持服务群众，为群众平安队伍做好各方面的配套工作。这启示我们：要充分借鉴"海上枫桥"的核心经验来源，依靠基层群众自治，发挥好民间志愿、救援、调解队伍的力量，引导群众积极性，同时党委政府做好服务配套，为群众自治分忧解难，形成互帮互助的"海上枫桥"基层治理。

（三）坚持系统优化，巩固特色优秀做法，不断创新工作机制，结合最新科技成果，做好事前预防预警、事中及时处理、事后复盘归类工作。"平安洞头"建设以来，"海上枫桥"基层治理与时俱进，不断进行自我更新，坚持系统优化，将多年来经过实践产生优秀成效的做法，不断加深巩固，对部分不符合时代发展形势的做法进行优化或替换，从"海上枫桥"基层治理的要点来看，优秀做法呈现越来越多的趋势，各方面的工作成果都可以与平安工作联动，产生平安效益。同时洞头坚持引进最新科技力量，在"海上枫桥"平安建设过程中，打造"船老大"2.0智调平台，对海上纠纷、海上违法行为、船舶风险异常点都能进行及时有效的解决。从"海上枫桥"整体的模式来看，符合事前预防预警、事中及时处理、事后复盘归类这三个工作阶段模式。前期的平安宣传、巡逻、基础设施建设等工作，都在对平安风险点进行预防预警；中期的救援、调解、执法等工作，都能做到及时处理；借助着高新科技与系统梳理，同时能对单一的平安事件进行复盘归类，又能对事件应对解决的方式方法进行系统定位，不断更新完善"海上枫桥"基层治理。

（撰稿人：谢健健、谢海燕　统稿人：曾焕定

审定人：童王平、郑祥飞）

"织里经验"的形成发展与实践启示

中共湖州市委党史研究室
中共吴兴区委党史研究室

2004年,浙江省委作出建设"平安浙江"的重要决策部署。湖州市吴兴区织里镇认真贯彻落实要求,跳出"小治安",建设"大平安",把平安建设贯穿社会治理的方方面面,积极探索基层治理的有效途径,推动基层治理体制机制创新,真正实现从"治安"上升为"治理"的蝶变,在实践中逐步形成了镇域由乱到治的"织里经验",走出了一条独具中国特色的镇域平安建设路子。

一、"织里经验"的萌发与产生

改革开放初期,织里抓住机遇加快发展,从农民创业到产业创新,再到产城融合,迅速成长为"童装之都"。到了21世纪初,织里在生产安全、城市管理、公共服务等方面出现了诸多问题。按照建设"平安浙江"的部署要求,织里以平安建设为抓手,以破解具体矛盾为目标,持续加强镇域治理工作。

(一)"织里经验"产生的时代背景

织里自古以织造闻名。改革开放初期,织里人凭借"一根扁担打天下"的信念,走南闯北销售纺织和刺绣产品。20世纪80年代中后期,织里人开始较为集中地转向童装产业,并迅速将其发展成为主导产业。

1992年8月,湖州市批准成立织里经济开发区,并将包括土地、规划等多项审批权限下放。1995年6月，织里被国家体改委等11个部委批准为全国小城镇综合改革试点单位，赋予部分县级经济管理权限。这两项改革举措的实施，让织里人看到了发展的契机。在织里镇党委号召下，很多走南闯北的织里人纷纷还乡创业。这一阶段，织里童装的家庭型生产加工户明显增多，生产设备也纷纷更新，形成了"生产在一家一户，规模在千家万户"的业态。与此同时，为适应童装产业的集聚发展，织里建设了"中国织里商城"，很快发展成为全国面料集散交易中心。1997年，织里又建立"中国织里童装市场"，推动了童装产业迎来快速发展的黄金期。2000年前后，织里童装企业达到7000多家。2002年，织里被命名为"中国童装名镇"，全镇生产总值超过25亿元。"织里童装"区域品牌逐步走向全国。

伴随着童装经营产业规模扩大、劳动力市场和联托运市场等相继升级，外来人口大量涌入织里镇。面对这种情况，织里的社会治理经验欠缺、力度不足等问题开始凸显。比如，对于流动人口的管理仍停留在人口登记层面，主要以手工登记为主，效率不高，且核实身份困难，以致人口登记率和信息准确率较低。同时，社会治安防控观念较为落后，警力配备严重失衡，街面巡控缺乏。另外，外来务工人员因工资被拖欠而引发的矛盾纠纷也时有发生。总之，大量外地务工人员以新居民身份集聚织里，但公共服务却供给不足、矛盾纠纷化解手段不多，这直接影响童装产业健康发展和社会和谐稳定，迫切需要加强社会治理体系机制创新，提升基层社会治理能力和水平。

（二）"由乱到治"催生"织里经验"

根据吴兴区委的部署，织里镇很早就着手创新社会治理体制机制的探索尝试。2002年4月，织里镇成立矛盾纠纷调处中心。该中心由镇党委、政府牵头，司法、公安、信访、城建、农经、计生、土管、工商、税务等部门共同参与，下设民间纠纷、治安纠纷、劳务纠纷、城建土管纠纷、计生妇女维权及综合等6个调处小组。为推动工作有效开展，中心还建立了纠纷转办制度、来信来访登记制度、档案管理制度、调处回访制度等工作制度。

织里镇矛盾纠纷调处中心的建立，有效整合了各方面力量，实现了"进一个口，解千百难"。截至2004年4月，仅两年时间里，调处中心累计受理各类纠纷3186件，其中劳资纠纷2657件，民事纠纷340件，治安纠纷189件，累计清欠外来务工人员工资723万元，为2万多名务工人员解决了劳资纠纷问题。同年6月2日，习近平同志到织里镇矛盾调解中心调研，听取负责人有关纠纷情况的汇报，详细了解中心的工作职责、受理范围以及调解纠纷程序等。他指出："人民调解为人民，化解纠纷促稳定，这是一项基础性工作，你们做得好，很有意义。"① 为贯彻习近平同志重要指示精神，2005年，织里镇推广调处网络建设，全镇46个村全部建立调解委员会，1/3以上的自然村配有矛盾纠纷信息员，每家童装企业普遍有1人担任治保调解员。

安全生产是社会治理的又一个重点领域。前期织里由于产业急剧发展，出于最大限度节约成本目的，童装业的家庭式作坊普遍采取"三合一"的生产模式，安全生产存在极大隐患。2006年9月和10月，织里连续发生两次重大火灾，造成人员伤亡。两次火灾发生后，湖州市委认真研究分析，提出"生产生活分离、根治火灾隐患、确保社会稳定"的目标，依法对织里镇"三合一"生产经营单位进行全面整改。根据市委部署，在第二次火灾发生的当天，吴兴区发出通告，7000多家"三合一"童装企业全面实行停产整顿。随后，市级机关各部门、吴兴区以及其他各县区抽调2321人组成9个整改推进组和综合协调、执法验收、技术指导、督查检查、社会稳定、权益保障、组织督查7个专项工作组，进驻织里开展整治。在各项举措的强力推动下，"三合一"企业采取生产生活物理隔离、员工附近租房居住、迁移至已建好的标准厂房等措施，至11月底，基本实现了"生活与生产分离"的目标。据统计，此次列入整改范围的企业共计7546家，通过验收恢复正常生产的6487家，关闭停产的1059家。在初步完成全面整改的基础上，2006年底，织里镇迅速规划启动总建筑面积73万平方米、总投资约9亿元的标准厂房建设项目。2007年8月，第一期标准厂房建成，1000多家企业正式入驻。

之后，织里认真贯彻落实平安建设的部署要求，建立健全矛盾纠纷排查化解、重大社会不稳定因素领导包案督办、公共安全应急和维稳处理、打防

---

① 《干在实处　勇立潮头——习近平浙江足迹》，浙江人民出版社、人民出版社2022年版，第182—183页。

控一体化等维稳工作机制；全面开展领导干部大接访活动，把许多不稳定因素和矛盾纠纷及时化解在基层，处置在萌芽状态。通过一系列政策措施，织里破解安全、生产、人口、管理等社会治理难题，实现了"由乱到治"。

在此过程中，织里始终遵循"平安浙江"建设的原则方向，坚持以创新治理模式为抓手，重点围绕基层纠纷和安全生产两大领域，探索了基层纠纷调解、外来人口管理、安全生产监管等新经验，构建起了镇域平安建设的稳固根基，标志着以劳资调解、工伤调解、新居民调解为主要内容，警调联合、访调联合、警律联合等调解机制为创新举措，政府部门和社会组织共治共享的镇域治理"织里经验"诞生。

二、"织里经验"的深化推广

党的十八大以来，根据党中央打造共建共治共享的社会治理格局的部署要求，在市委、区委的领导下，织里镇党委、政府结合实际、主动作为、积极探索，构建起运行顺畅、充满活力的工作体系，推动"织里经验"持续深化发展。

（一）党建引领"织里经验"深化发展

2012 年前后，根据吴兴区委的统一部署，织里以服务型基层党组织建设为主线，探索"四全工作法"，建设"基层党建引领社会管理创新示范区"，建立起全面引领的社会管理格局。

一是突出全领域覆盖，健全组织体系，完善社会管理格局。全镇层面建立"两新"组织党委（党总支）和镇商会党委，加强"两新"组织党建覆盖，在童装商会基础上组建羊绒等行业商会党委。村企层面巩固行政村、社区、企业三种传统党建模式，探索"四新"[①]领域党建新模式。外来流动党员较多的新居民集聚区，实行"双向党建模式"，建立流动党员党支部，实现流出地与流入地"双向共管"。

---

① "四新"，是指新领域、新业态、新阶层、新群体。

二是突出全方位提升,加强培养锻炼,增强社会管理能力。在基层培养中提升做群众工作的能力,建立年轻干部基层一线培养机制,组织各级干部联系服务重点企业、重大项目和村(社区)。在化解矛盾中提升做群众工作的能力,结合中心工作,抽调干部参与企业消防安全整治、征地拆迁、信访维稳及各类突发事件应对处置等工作。

三是突出全过程服务,打造惠民平台,拓展社会管理功能。建立村(社区)综合服务中心,实现便民服务、医疗卫生、文体活动等功能合一,为群众提供政策咨询、医疗保健、就业指导、文艺活动组织等7大类53项服务。同时,建立"12349"热线电话、"12349"网站和手机短信平台等,提供生活服务、政策咨询、投诉转办、公益服务等4大类200多项便民服务,让群众诉求得到快捷响应。

四是突出全责任体系,推动力量下沉,形成社会管理合力。实行"干部包片",镇机关干部按照"一人一村"或"多人一村"模式,联系服务全镇46个村和各社区居委会。在村(社区)干部中,开展亮身份、亮承诺、亮工作、亮区域、亮奉献的"五亮"活动,并将干部承诺内容、责任区域、联系方式等信息汇编成册,发放到户,接受监督。

在全面推行"四全工作法"的基础上,织里镇迭代提升矛盾纠纷调处机制,构建网格化治理体系。从2015年开始,全镇划分为343个全科网格,每个网格配备1名网格长与1名网格警长、3名网格员,实现公安、消防、案件、环卫、市政等职能全部"入格"。同时,依托网格化治理体系,构建多层次调解组织网络。以织里镇矛盾纠纷调处化解中心为龙头,下设织南和织北两个调处分中心,以及6个社会矛盾调处工作站;在19个社区和34个行政村分别设立社会矛盾调处工作室;在全科网格内,发现和识别风险、解决矛盾。群众有难处时,通过来访、来电、举报等多种方式反映,由网格上报,第一时间把问题解决在基层,化解在萌芽状态。

与此同时,织里镇公安分局实施警务改革,增加一线警力,基层派出所警力占比由改革前的45%提高到76.7%。随着一线警力的增加,社区民警实现专职化,在明确社区民警行业场所管理、消防安全监管、矛盾纠纷调处等工作职责的基础上,实行"一格多警、六员五联"警务网格工作机制。

2016年，织里镇以东盛社区为试点，针对城镇管理顽疾重点突破，加快基层社会治理体制改革，全面推行"四个平台社区化"基层社会治理体制改革，以社区作为基层治理单位，将行政执法、安全监管、市场监管、交通管理、市政维护、环境卫生6个方面的职能权限全部下放，同步下沉工作力量，实行扁平化管理，实现管理职能与全科网格的无缝对接，将服务深入一线，将矛盾化解在一线，做到"化解小事不出网格，解决大事不出社区"。

至2019年，织里镇全镇共建有17个社区343个网格，社区网格管理人员509名，行政执法人员420多名，形成"镇社共管、居民自治、全科网格、扁平治理"的社会治理模式。

（二）"三治融合"构建现代治理体系

2019年10月，党的十九届四中全会提出"建设人人有责、人人尽责、人人享有的社会治理共同体"①。2020年3月30日，习近平总书记亲临湖州视察，在考察安吉县社会矛盾纠纷调处化解中心时强调："基层是社会和谐稳定的基础。要完善社会矛盾纠纷多元预防调处化解综合机制，把党员干部下访和群众上访结合起来，把群众矛盾纠纷调处化解工作规范起来，让老百姓遇到问题能有地方'找个说法'，切实把矛盾解决在萌芽状态、化解在基层。"②

为贯彻习近平总书记重要讲话精神，织里镇牢牢遵循现代社会治理规律，以社会治理现代化为指引，用自治夯基础，用法治强保障，以德治扬正气，构建了"三治融合"的现代治理体系。

自治是基层社会治理的稳定基础，织里镇充分发挥自治的基础作用，筑牢维护织里社会稳定的第一道防线。通过搭建"阳光议事厅"等群众议事平台，畅通利益诉求表达渠道，让人民群众广泛参与社会事务的决策、管理和监督，形成民事民议、民事民办、民事民管的多层次基层协商格局。通过村规民约、社区公约等激发社会活力，促进居民自治。发挥织里镇新居民和谐

---

① 《人民日报》，2019年11月6日，第6版。
② 《人民日报》，2020年4月2日，第1版。

促进会等志愿团体力量，促进新老居民自我管理、自我服务、自我教育、自我监督。织里镇先后成立了吴美丽工作室、"平安大姐"工作室、平安公益联盟、自媒体联合会、"老兵驿站"等社会组织，充分调动社会组织自主自治的积极性。

法治是基层社会治理的重要保障，织里镇党委始终秉持公平、公正的执政理念，扎实推进基层法治工作走深走实。依托社会组织等力量，整合法学专家、律师等资源广泛开展普法教育宣传，引导社会公众培育和形成自觉守法、遇事找法、解决问题靠法的法治思维。紧扣童装小微企业多、法治需求多样化的特点，创新探索"组团共享"模式，组建织里镇"法治亲清团"，持续深化织里司法所、织里法庭、劳动监察中队、律师事务所的"211"联动机制，营造良好的法治营商环境，维护企业合法权益。深化警源治理工作，探索构建"e企安365"工作体系，打造"枫桥经验"企业版。同时，织里公安引导企业成立安全巡防队、宣传引导队、矛盾调处队等，吸纳"平安大姐"工作室、"老兵驿站"、平安公益联盟等社会力量不定期入驻，实现矛盾就地化解、不出企业、不出园区。

德治是基层社会治理的柔性约束，织里镇创新"以评立德、以文养德、以规促德"的方式方法，发挥道德在规范人们行为、调节社会关系中的重要作用，用崇德向善的力量预防和化解社会矛盾。围绕社会公德、家庭美德、村风民俗、邻里关系等方面，制定无诈村（社）、智安乡村创建等村规民约。不断深化"织里·知礼"品牌建设，成立"创二代好人基金"，为好人添底气，为社会添正气。以各级融媒体为抓手，做好"宣传+"工作，传播社会主义核心价值观和"织里精神"，用好"织里城事""织里警事"微信公众号和"爱在织里"抖音等新媒体，诉说织里故事，提升织里城市温度。

三、"织里经验"的实践启示

织里实现由"乱"到"治"，构建起运行顺畅、充满活力的工作体系，开创了镇域治理的新局面，成为当代中国基层治理的微观样本。织里在社会治理中的探索与成效，对于推动基层治理体系与治理能力现代化，深化基层平安建设，具有重要启示意义。

（一）坚持深化改革，完善"执政末梢"。回顾织里镇社会治理发展历程，"小马拉大车"式的体制掣肘一直贯穿其中。如果按行政级别来界定政府管理权限和职能，织里镇以往只有乡镇政府权限，管理和审批权限严重不足，极大地影响了基层党组织的建设水平和基层社会治理的质量。2014年1月，湖州市、吴兴区两级党委经深入调研，决定在织里镇推行行政管理体制机制改革，重点承担城市管理、新居民服务等职能。同时，实行强镇扩权，公安、环保、税务、执法等9个市、区部门分别在织里镇设立分局或派出机构，给予县级管理权限与相应配备。另外，织里镇将镇域划分为6个片区，设立6个办事处，同步下沉公安、执法等力量，推动社会治理和服务力量下沉。2017年起，织里镇试点推进社区综合改革，600余名乡镇工作人员下沉至片区，全镇3720名党员划入全科网格。织里镇还探索实施"一村一品"，串联滨湖溇港党建示范带，启动流动党员管理试点工作和召开年度村党组织书记年终述职评议会等。这些举措旨在破除基层治理中条线分明的问题，通过深化改革，把资源、服务、管理放到基层，把基层治理同基层党建结合起来，完善基层治理的"执政末梢"，充分发挥党建对基层治理的引领功能，提高基层社会治理水平。

（二）坚持力量统筹，打造"多元治理"。织里镇社会治理发展历程证明，社会治理不是"单行道"，更不是"一条路走到底"，而是要采用治理机制和工具综合运用的方式，贯通基层治理力量。20年来，织里镇紧盯问题、化解矛盾，以重大问题为导向，明晰社会治理创新发展的思路，建立自治、法治、德治、智治一体化的多元化治理机制，并借助行政、技术、宣教、民间团体等多种推动力量，创新建立了社会矛盾纠纷调处化解体系和"一站式"的矛盾化解中心，推行网格化管理和服务，发挥群团组织、社会组织作用，发挥行业协会商会自律功能，实现政府治理、社会调解、居民自治的良性互动。这些都说明，社会治理的变革涉及基层经济、政治、文化、社会、生态各个领域，必须坚持力量统筹和创新思维，不断推进相关配套改革，才能真正推动社会治理不断向前发展。

（三）坚持发动群众，凝聚"同心合力"。织里镇人口众多、结构复杂，是湖州市人口密度最大的乡镇。同时，社会治理涉及每位居民的切身利益，社会矛盾错综复杂。面对这样的社会背景，快速有效地安排好外来人口、流动人口，帮助群众解决难题、处理矛盾、调解纠纷，是织里平安建设的基础所在。镇党委认真落实新时代"枫桥经验"，增强群众观念，将发动群众、依靠群众、服务群众落实到基层治理之中，让人民群众成为基层治理的直接参与者、最大受益者、坚定支持者，使群众从单纯个体受益向同步参与社会事务转变；从群众最关心最直接最现实的利益出发，化解社会矛盾，维护社会稳定。同时，注重协调企业主、外来务工人员等各利益主体的关系，避免社会分化。在党委、政府领导下，织里构建多元化社会矛盾调处机制，加强村社自治功能，大力发展志愿者队伍，引导企业发挥力量履行社会责任，号召人人参与、层层参与、每个组织都参与，共同绘就社会治理的最大"同心圆"，在实现社会稳定和谐的同时，增强群众的获得感、幸福感、安全感。

（撰稿人：蒋晓逸　统稿人：张守刚、孟胜炜　审定人：沈凯风）

新时代乡村治理"余村经验"的实践与启示

◆ 中共安吉县委党史研究室 ◆

乡村治理是平安建设的重要支撑。安吉县委在推进"平安浙江"建设过程中,十分重视提升乡村治理能力。余村是绿水青山就是金山银山理念发源地。余村乡村治理的实践,坚持生态文明与社会治理同步推进、美丽乡村与善治乡村一体建设,探索出一套自治、法治、德治、智治相结合,生产、生活、生态齐发展的治村之道,并总结形成以"支部带村、发展强村、民主管村、依法治村、道德润村、生态美村、平安护村、清廉正村"为主要特点和核心内涵的"余村经验",成为浙江乡村善治的典型。

一、"余村经验"的形成

(一) 在实践中不断提升治理能力

20世纪80年代,为摆脱贫困,安吉走上了工业快速扩张的道路。余村也通过炸山开矿办厂卖资源等粗放发展方式迅速提振了经济,村集体经济显著增强,村民的钱袋子也鼓了起来,余村成为远近闻名的富裕村。但粗放发展导致生态环境遭到严重破坏,人员伤亡事故也有发生。同时,也引发了一系列的劳动争议、土地纠纷、邻里矛盾等社会问题。

为有针对性地化解快速发展带来的社会矛盾,稳固和提升村庄秩序,20世纪90年代,余村在全县率先实行村聘法律顾问的做法,让村民在家门口就能享受到专业的法律服务。进入 21 世纪后，余村以"民主法治村"建设等为抓手，充分发挥村民群众主体作用，逐步实现村务民主管理的制度化、规范化。其主要内容概括起来为"四民主、两公开"，即民主选举、民主决策、民主管理、民主监督，村务公开、财务公开。

民主选举为村民自治奠定了组织基础，余村村委会采取"公推直选"方式进行换届选举，村民参选率极高。民主决策为村民自治提供了畅通渠道，余村先后建立了党员议事制度、村民委员会会议制度、村民代表会议制度等，为民主决策提供保证。民主管理为村民自治提供了制度依据，余村按照国家法律法规，结合地方实际，经全体村民讨论制定了村民自治章程，包括社会管理制度、经济管理制度，并以村规民约的形式告知村民，使全村的各项活动有章可循，逐步实现规范化法制化的管理。民主监督为村民自治提供了有力保障，全村公开推选了 30 名村民代表，选举产生 3 名村务监督、民主理财小组成员，村委会的每一件工作事务，包括财务开支都自觉接受村民监督。余村始终坚持村务公开，并在此基础上推行村级财务质询制度，保证了全体村民的知情权，有效密切了党群关系，促进了社会稳定。在"四民主、两公开"机制下，余村通过"三个步骤一个结合"[①] 的民主决策办法，果断关停矿山和水泥厂，修复环境，发展乡村旅游，实现由"卖资源"向"卖风景"的转型发展。

2005 年 8 月，时任浙江省委书记习近平同志到安吉调研民主法治建设，对余村推进民主选举、民主决策、民主管理、民主监督的做法予以充分肯定，称赞余村民主决策关停矿山是"高明之举"[②]，并首次提出了"绿水青山就是金山银山"的科学论断。

[①] "三个步骤一个结合"，"三个步骤"是指第一步村支部、村委会以民主恳谈会的形式，充分征求村民代表的意见，综合汇总村民小组或村民代表联名提出的议案，提交党员大会讨论，以保证党支部和党员代表大会的领导核心作用；第二步村民代表会议研究讨论议案；第三步村民表决通过。"一个结合"是指分散议事和集体议事相结合，村民代表先在所在村民中充分酝酿、交换意见后，再在村民代表会议上反映民意参加决策。

[②] 《干在实处 勇立潮头——习近平浙江足迹》，浙江人民出版社、人民出版社 2022 年版，第 282 页。

在绿水青山就是金山银山理念指引下，余村继续发挥村民主体作用和村级各组织在乡村治理中的积极作用，坚持把协商民主贯穿深化绿水青山就是金山银山理念实践的全过程，逐步形成"民主恳谈"、村"两委"商议、党员审议、村民代表决议的议事平台，探索出一套"自主提事、按需议事、约请参事、民主评事、跟踪监事"的议事机制。2017年初，这套机制和平台被正式命名为"两山议事会"。"两山议事会"下设由退职干部、村民组长、党员代表等组成的村民议事会、道德评议会、健康生活会、红白理事会等"四会"组织，统筹负责村民生产生活行为管理与监督。通过"两山议事会"，全体村民议定通过了村级公共服务项目、绿道建设、村规民约修订等涉及村民权益的重大事项，提升了村民幸福度和满意度，促进了村庄的和谐稳定。

（二）总结提炼乡村治理经验

余村的治村之道受到了广泛关注。2017年，司法部派员到余村专题调研，形成关于安吉余村推进乡村治理等相关内容的调研报告。2018年5月，中宣部调研组赴浙江及安吉专题调研余村乡村治理的经验做法，形成了关于"余村经验"的调研报告。

"余村经验"的主要内容包括"支部带村、发展强村、民主管村、依法治村、道德润村、生态美村、平安护村、清廉正村"。具体而言，"支部带村"就是配强村级领导班子，充分发挥党支部的引领作用。带领和感召全村党员干部群众，积极投身于各项义工服务，以党风促民风，形成良好村风。"发展强村"就是在绿水青山就是金山银山理念指引下，将原有高污染、高能耗发展模式转变为绿色发展模式，打通"绿水青山"与"金山银山"的转化通道，让村民就近致富增收，实现经济发展与生态保护双赢。"民主管村"就是不断完善基层民主制度，形成一套民主商议体系，使民主权利充分发挥，村民的主体地位越来越突出。"依法治村"就是通过持续宣传法制活动不断提升村民法治意识，依法多元调处村民纠纷，就地化解矛盾，促进乡村治理规范有序。"道德润村"就是积极引导村民认同和践行社会主义核心价值观、提高思想道德素养，以家风促村风带民风，破陋习树新风，移风易俗，选树道德典型，以身边人教育村里人，形成学模范、当模范的热潮。"生态美村"就是将生态文明建设融入村级经济、文化、社会等各类建设之中，乡村建设、经营生态化，美化村容，洁化环境，绿化村庄，着力优化人居环境，发展绿色休闲经济。"平安护村"就是建设好社会治安防控机制，打造村级综合信息平台，使村里发生的问题能始终第一时间发现、处置和回应，确保问题及时解决在村里。"清廉正村"就是不断推进民主监督和重点监督，及时掌握廉政风险，做出分类处置，并在乡村文化发展中大力弘扬崇尚廉洁的新风正气，构筑清廉乡村廉洁屏障。"余村经验"在乡村治理方面除了具有上述八个方面的特点外，还突出体现了"生态引领、党建为核、四治融合"的治理精髓。

"余村经验"的实践，实现了乡村治理有效、发展充满活力、百姓安居乐业，为推进新时代乡村治理提供了示范样本，在全国产生了广泛影响。

二、打造新时代乡村善治的余村样板

（一）"余村经验"在县域全面推广

为推进乡村治理现代化，安吉县委对推广"余村经验"作了专题部署。2018年9月，根据"余村经验"制定发布了全国首部《乡村治理工作规范》，为开展乡村治理提供了接地气、重实操、规范化的标准指导。2019年3月，湖州市委在全市范围内全面推广"余村经验"。7月，"余村经验"入选中组部《贯彻落实习近平新时代中国特色社会主义思想、在改革发展稳定中攻坚克难案例》。12月，安吉入选首批全国乡村治理体系建设试点县。

安吉从"余村经验"出发，努力推动乡村治理现代化从"点上发力"向"花开满园"转变。县委明确要求参照学习"余村经验"，因地制宜、因地创新，形成更多具有很强实践性的乡村治理经验。在县委的推动下，各村（社区）结合自身特点，将"余村经验"用于自身建设，探索出适合本村（社区)的治理模式。高禹村以"五个所有"[①]构建党建引领乡村治理新格局,横溪坞村以"四个不出村"[②]探索乡村治理新样板,洛四房村"四规联动"[③]打造"无法不美"美丽乡村样板。

乡村治理的一大难题在于化解基层社会矛盾,维护社会平安稳定。安吉各乡镇(街道)针对当地风俗民情等实际情况,因地制宜,积极探索人民调解有效举措,从"末端治理"向"源头治理"转变。递铺街道作为全县经济、面积和人口第一大区域,将辖区划分四个片区,推行调解片区责任化、人员专业化、流程规范化和防调信息化的"四化"机制,基本实现矛盾不上交。梅溪镇针对矛盾纠纷成因复杂、历史遗留问题较多情况,创新推出了以首调、合调、联调为主的"三三制"模式,建立了全市首家矛盾联调中心。孝丰镇主打孝文化打造的"谈鲁鲁"调解品牌和"三长一顾问"纠纷化解机制,成效显著,孝丰司法所还获得"全国先进司法所"称号。

(二)创新性推进乡村善治

在乡镇(街道)、村(社区)因地制宜学习借鉴"余村经验",推进乡村善治的同时,县委着眼于县域层面的社会治理,创新性地探索推进信访"一站式管理、一条龙处理"模式,从"一元主体"向"多元共治"转变。2019年3月,安吉综合县级综治中心、人民来访接待中心、诉讼服务中心、公共法律服务中心、"12345"统一政务咨询投诉举报平台等线下线上工作平台,成立县社会矛盾纠纷调处化解中心,整合纪委监委、政法委、信访、法院、检察院、公安、司法等18个部门(单位)力量进驻,并吸收行业性专业调委会、法律咨询、心理服务、社会帮扶、仲裁、鉴定、公证、评估、保险、公益服务等社会力量,为群众提供全覆盖、全领域、全过程的优质服务。安吉还建立县、乡、村三级信访代办平台,为群众提供委托代办、主动代办、指定代办等服务。全面推广"掌上矛调"App,有效推动数字赋能乡村治理。

---

① "五个所有",是指所有工作党领导、所有村务都讨论、所有决策都留痕、所有财务都公开、所有干部不碰钱。
② "四个不出村",是指大事不出村、办事不出村、创业不出村、垃圾不出村。
③ "四规联动",是指开展党规引领、法规筑基、村规自治、家规弘扬四项工作。

安吉在各村（社区）形成"重点人员有人管、矛盾纠纷有人调、村庄街巷有人巡、问题困难有人帮"治理格局，营造出村民有序参与基层治理的乡村自治新风貌。

2020年3月30日，习近平总书记再次到安吉视察。在安吉县社会矛盾纠纷调处化解中心，他指出，基层是社会和谐稳定的基础。要完善社会矛盾纠纷多元预防调处化解综合机制，把党员、干部下访和群众上访结合起来，把群众矛盾纠纷调处化解工作规范起来，让老百姓遇到问题能有地方"找个说法"，切实把矛盾解决在萌芽状态、化解在基层。[①]

加强和创新基层社会治理，打造共建共治共享的基层社会治理共同体，对于推动建设共同富裕基本单元意义重大。为落实习近平总书记重要指示精神，县委持续深化和推广新时代乡村治理"余村经验"，不断推动县域社会治理现代化建设，为全市全省乃至全国积累了经验、提供了样板。2021年4月，安吉成为首批法治浙江（法治政府）建设示范县。2022年5月，被中组部列为党建引领乡村治理试点县。截至2023年底，安吉累计建成全国民主法治示范村7个、省级民主法治村102个、"浙江省善治示范村"109个。安吉基本形成了"治理体制现代化、治理布局现代化、治理方式现代化"的"三位一体"现代化建设格局，绘就出人与自然和谐、人与社会和谐、人与人和谐的安吉画卷。安吉连续3次被评为平安中国建设示范县，于2021年成功捧回"长安杯"，获得全省首批"二星平安金鼎"。连续5年被评为省级无信访积案县，2022年、2023年连续获评全国信访工作示范县。

三、主要启示

（一）要发挥村级党组织引领作用。村级党组织是基层的战斗堡垒，是引领基层治理、乡村振兴、平安建设的领导力量。完善乡村治理体系的核心在于党建引领。余村发展得好，根本在于党建工作抓得好，协同推进党的建设和从严治党，充分发挥了把方向、定战略、作决策、聚人心的引领作用。

---

① 《人民日报》，2020年4月2日，第1版。

村"两委"特别是村党支部坚强有力,在群众中有威望、有号召力,在乡村发展的关键节点敢于引导群众作出关停矿山的举措,并在乡村产业转型的阵痛期通过向村民宣传、讲道理取得村民的理解和支持,对维护阵痛期的乡村社会稳定发挥了巨大作用;在发展新的产业方面,余村党员干部引导群众大胆创业,最终推动余村乡村旅游等产业的发展;同时发挥矛盾调解能力,主动化解基层矛盾,最终使基层政治稳定,人民安居乐业。实践证明,加强村级党组织建设、发挥村级党组织在村庄治理中的领导核心作用,是乡村治理的根本要求、共性要求。

(二)要健全村民知情参与机制。余村蓬勃发展,治理有序有效,关键在于大家的事大家参与、众人的事众人商量,形成和发展了一整套村民自治、民主参与的制度。余村较早实现了民主选举、民主决策、民主管理和民主监督,并坚持把协商民主贯穿日常的村民自治全过程。有了公平公正和民主协商,许多矛盾就失去了爆发的源头。"两山议事会"充分继承传统乡村治理的合理内核,一批能人、贤人、明白人、热心人脱颖而出,民主选举、决策、管理和监督都力求充分酝酿、讨论协商,提升了基层民主的质量,增强了群众民主参与的积极性。实施村务公开和财务公开,出台村级权力清单,并依据现有涉农法规政策,对涉及农村重大决策和民生问题的权力事项进行流程公开和全面规范。在全省较早建立村务监督委员会,严格落实"账前审核权",改变了村"两委"干部既是"运动员"又是"裁判员"的状况,形成了事前、事中和事后监督机制。实践证明,村民参与乡村治理越充分,村庄治理就越有活力,矛盾就越难产生,基层社会就越和谐。

(三)要以改善环境为基础发展乡村。发展始终是解决一切问题和矛盾的"总钥匙"。余村在绿水青山就是金山银山理念的指引下,开展美丽乡村建设,通过优美的村庄面貌吸引游客,带动农家乐等旅游产业发展和农民增收,同时又借助旅游业的发展吸引了多项外部投资,打造新的绿色产业,发展村集体经济,实现美丽环境与美丽经济相辅相成、相得益彰。村庄环境持续改善,收入持续增加,"绿水青山"源源不断转化为"金山银山",给人民群众带来满足感、幸福感、获得感。多年来,余村实现"零上访""零诉讼""零事故""零刑案",以及村"两委"干部"零违纪"。实践证明,只有抓住发展不放松、围绕发展做文章，把村庄基础设施建设好、公共服务搞上去，帮助农民群众把口袋富起来，乡村治理中的很多难题才能迎刃而解。

（撰稿人：胡江伟　统稿人：查道胜　审定人：杨盛）

"西山经验"的发展历程与启示

◆ 海宁市史志研究室 ◆

城乡社区是社会治理的基本单元。海宁市硖石街道西山社区坚持问题导向、需求导向和效果导向,把握社区需求、社区资源、社区干部、群众自治、群众评价等撬动点,打造形成了以"谋事想着群众、干事发动群众、成事依靠群众"为核心的"西山经验"。"西山经验"为海宁市深化平安建设、加强基层社会治理提供了可复制的样本。2023年,"西山经验"入选浙江省新时代"枫桥经验"标志性成果。

一、"西山经验"的探索与形成

进入21世纪,为在加快城市化进程中持续维护社会稳定,海宁市委以创建省级文明城市和推进"平安海宁"建设为契机,不断健全社区工作机制,强化社区服务功能,推进社区建设。在市委的领导下,硖石街道西山社区率先开始了社区平安建设的探索实践。

(一)探索城市社区平安建设的新路径

社区处于社会治理体系最前沿,是平安"金字塔"的基石。2003年8月,市委在开展创建"平安海宁"活动时提出,要用3年时间实现"社会政治稳定,治安秩序良好,经济环境优良,人民安居乐业"的目标。同时提出实现平安乡镇、平安社区、治安安全村、治安安全单位、无毒社区基层等系列创安创建达标率90%以上的目标。2004年6月,市委出台《关于进一步加强城市社区建设的若干意见》，提出要进一步加强城市社区民主建设，推进社区自治。

西山社区位于海宁市火车站区块，面积1.19平方千米，全社区有9个老旧小区。2004年，社区有2573户、5999人。随着海宁皮革业的兴起，地处皮革城商圈的西山社区，聚集有300多家皮件小作坊，外来新居民也不断增多，致使社区矛盾纠纷、偷盗案件频发，又加上环境卫生差等原因，社区治理逐渐成为"老大难"，一度被列为海宁城市治理黑榜。

根据"平安海宁"建设部署，西山社区开始探索城市社区平安建设的新路径。龙城商圈是西山社区辖区许多新居民的工作区域，商圈内有一家娱乐会所因经营不善导致大量新居民员工拿不到工资。在多次交涉无果后，新居民员工就到西山社区请求帮助。经过几次调解，劳资双方仍未达成一致。为打破僵局，社区提出找个同乡当中间人参与调解。在一位外省籍新居民的参与下，新居民员工的工资问题得到顺利解决。正是这次调解，让西山社区开始深入思考新居民自治问题。如何打破新居民地域圈子壁垒，让新居民和本地人一样享受同等的权利，从而真正融入当地社会？经过不断的探索实践，是年，西山社区以"关爱+服务"为理念，创办海宁市首个新居民管理服务中心——温馨港湾服务中心，率先在海宁建立新居民党组织，首次尝试让社会力量参与社区治理。之后，又牵头成立全市新居民发展联合会，通过"以新带新、以新联新、以新化新"方式，发挥乡情、乡音、乡俗优势，做到矛盾就地化解。从此，新居民从"有事找老乡"转变为"凡事找社区"。2006年，西山社区成功创建海宁市平安社区。

（二）建立城市和谐社区建设的新机制

怎样打造一个平安、幸福的和谐家园，是摆在"平安海宁"建设面前的一个重大课题。2006年，市委提出，要以创建和谐社区为载体，以服务居民为重点，以强化社区功能为核心，以规范社区建设为基础，切实提高城市社区工作水平。

西山社区以"一居一品"和谐社区创建为重点，不断探索社区发展的新路子。面对居民的各种需求，社区提出"老百姓想什么，我们就干什么"。

通过社工走访、"红管家驿站"、"楼道议事会"等不同形式倾听居民的意见和呼声，把居民有事"上门找"，变成社区随时"主动问"。为提高办事效率，社区将收集到的居民群众的意见和需求进行分类梳理，列出了爱心民生、综合服务、公益慈善、支持保障等各类需求清单。

做好新居民工作是西山社区平安建设和和谐社区建设的重要一环。西山社区新居民占总人数的四分之一，为此，社区采取凡是社区举办活动必定邀请新居民参加等举措，让新居民感受到"第二故乡"的温暖。2007年，西山社区的"新海宁人服务项目"被评为浙江省十佳优秀服务项目。针对社区有很多新居民子女，且大部分孩子放学后无人看管的情况，2010年，西山社区设立了"爱心教室"项目。"爱心教室"不仅拉近了社区和新居民、社区干部和新居民的距离，也让参与公益的新老居民得到了融合，新居民也逐渐成为新的公益力量。

2011年，西山社区从构建外来人员保障平台、服务平台和开发平台入手，依托"新海宁人"温馨港湾，通过实施网络化、便民维权、亲情牵手、素质提升、心灵花园、小城大爱等"六大工程"，增强新居民协会组织的向心力和战斗力。平台的创建，使广大群众参与到矛盾化解、参事议事、公益服务、社会帮扶等各方面，融合推进社区平安建设和社会治理，并逐渐形成和谐社区建设的新机制，为"西山经验"的形成打下了扎实基础。

(三)"西山经验"的形成

新时代以来，市委通过加强基层基础建设、强化区域化党建、开展多种形式的居民自治，不断增强社区治理能力。西山社区围绕"谋事想着群众、干事发动群众、成事依靠群众"这一治理主题，找准需求清单、社会组织整合资源、干部带头聚合力、居民群众齐参与、群众评价验效能的五大工作理念，通过主动问需法、项目运作法、头雁带领法、居民众筹法、群众评议法等13种工作路径，探索形成了凝聚服务群众，促进社区治理共建共治共享新模式的一系列做法，逐步形成了城市社区治理的"西山经验"。

找准群众需求，解决群众的所思所想所盼，是社区工作的首要任务。西山社区通过设置"楼道议事会""居民会客厅"以及"网格三级微信群"等平台，向社区居民问需问计，并系统建立爱心民生、综合服务、公益慈善、支持保障、特殊群体关爱等5大类112项需求清单。

聚焦"缺人、缺钱、缺资源"治理难题，西山社区探索"以社会组织带动群众参与基层治理"实践路径。2013年成立全市最大的枢纽型社会组织——"爱心联盟"，2016年成立公益型社会组织综合党委——"爱心联盟"综合党委。社会组织多、服务项目多、特色资源多，成为西山社区服务居民最牢固的支撑、最强大的底气和最鲜明的标识。

完善矛盾纠纷多元化解机制，是创新社会治理、深化平安建设的重要内容。西山社区从"以新化新""以新管新"到"新老融合""新反哺老"，"新老居民一家亲"的共同体意识开始萌发，新居民从社区重点管理对象逐步成为社区重要治理力量。2021年组建"潮乡家园"新居民服务中心，成立"潮乡家园"人民调解委员会，建立"乡帮宁"新娘舅帮帮团调解品牌，为新居民营造"他乡亦有家温暖"的良好氛围。

"西山经验"的精髓就是"平时有呼必应、战时一呼百应、时时未呼先应"，其理念就是坚持以人民为中心，其本质就是践行党的群众路线，其关键就是以党建为引领，其落脚点就是用心用情用力解决群众忧心事烦心事，不断增强群众获得感幸福感安全感，是新时代"枫桥经验"城市版的创新实践。"西山经验"的形成，为新时代现代社区治理探索出新路径、新机制、新模式。

二、"西山经验"的发展与推广

随着中国式现代化的不断推进，海宁在推进基层治理体系和治理能力现代化实践中，不断发展和推广"西山经验"，努力在高标准推进现代社区建设中打造"潮城样本"。

（一）"西山经验"的不断深化

2021年5月，党中央赋予浙江高质量发展建设共同富裕示范区的光荣使命。西山社区紧扣"社会治理共富跑道"，以社会组织助力共同富裕为切入点，聚焦"老、小、新"三大群体需求，通过"共建共治"实现"共享共富"，同时也拓展了"西山经验"的丰富内涵。

在市委的领导下，西山社区党委联合"爱心联盟"综合党委共同构建"双核四驱"① 党建工作法，共同开展一系列推动共同富裕的活动和项目。为破解新居民就业创业难题，2021年，西山社区启动实施"创业扶助法"。针对辖区不少经营户面临产品销售难的困境，启动开展"流动人口妇女共富赋能"项目，依托各类社会组织，开设了直播带货、育婴师培训等课程，帮助妇女解决实际困难。同年还启动"三色助力"新居民共富项目，为拓展新居民创业视野，常态化提供职业规划、法律咨询等服务，助力新居民创业就业。至 2023 年，社区开展新居民共富赋能培训 22 场、新居民融入活动 12 场，帮助解决就业难题 55 人，受益人数 500 多人，有 200 余人分别获得职业培训师、育婴师、企业人力资源管理师等证书。

与此同时，针对失独家庭、残疾人、困难居民，在发起设立"公益公积金"和"919爱心基金"的基础上，2023年又成立西山社区发展基金，由三项资金共护共富之路，旨在为社区内的困难群体提供社区救助服务、资助社区公益项目、扶持社会组织志愿者发展，确保爱心项目的开展和延续，使共同富裕之路走得更稳更快。

（二）总结推广"西山经验"

经过 20 多年基层治理实践，西山社区已从一个列入治理黑榜的老旧城市社区，发展为如今的全省未来社区试点、"五无"② 社区示范点，居民群众的安全感、满意度稳定在98%以上。西山社区的工作经验也逐渐辐射到海宁全市。海宁的长安镇、黄湾镇、马桥街道等地，复制了西山社区"爱心教室"。针对失能、独居老人的"121爱回家"项目，发展成海宁市"益呼应"数字化志愿服务平台，受益对象从最初的 40 人扩大到全市 12 个乡镇（街道）

---

① "双核四驱"，"双核"是指社区党委、爱心联盟综合党委，"四驱"是指"组织融合""资源融合""服务融合""治理融合"四轮驱动。
② "五无"，是指无讼、无访、无案、无骗、无毒。

1000多名老人。

2023年3月，省委主要领导同志对西山社区用心用情用力，真心实意为社区居民服务，解决群众忧心事、烦心事的做法给予充分肯定。海宁市委以此为契机，全面放大"西山经验"示范效应、群像效应、乘数效应，努力提升全市基层社会治理质效。如针对物业管理服务领域矛盾易发多发问题，编制《"潮城红"三方协同共治工作指引》。针对网格治理基础不够扎实问题，推进社会治理领域基础设施、基层底座、基本能力、基层智治、基层队伍"五基建设"行动，推进"枫桥式基层单元"系列创建工作，扎实推进博儒桥村、城北村、民利村农村网格治理试点工作，"西山经验"和"四共四筹"入选第一批嘉兴市级"枫桥式"工作法培育项目，19个村（社区）获评嘉兴市级"四治融合"示范村社。针对社区经济发展缺乏有效路径难题，在硖石街道、海洲街道试点成立社企合股型（国资）、街社联合型等"抱团式"强社公司，盘活社区闲置资源，增强社区造血功能。同时，推进社区应急体系改革，完成规范化建设29处、提标改造34处，全市规范化避灾安置场所实现全覆盖。

2023年9月，海宁出台《深化推广"西山经验"、推动党建引领基层治理方案》，在全市创新开展"千企百村、平安共建"和社会治理揭榜领办活动，从社区向企业、园区、市场、工地、校园等多领域拓展，深入开展"枫桥式"基层单元创建。同时，以西山社区"三张清单"和"社区社会组织带动群众参与基层治理"为基础架构，迭代升级"社会治理e图智汇"，全面启用市镇村三级驾驶舱和网格员应用端，形成"有呼必应"的闭环处置机制、"一呼百应"的动员参与机制和"未呼先应"的研判预警机制。围绕聚焦矛盾纠纷化解、新居民服务管理等重点难点，针对城市、集镇、农村三种区域形态和旧改社区、新建社区、飞地社区、近郊社区、产业社区五大类社区形态，发布《新时代党建引领基层治理"西山经验"工作指引》。为有效链接社会资源，汇聚起解决群众"急难愁盼"的更大力量，在全省率先发布《社区社会组织参与社会治理规范》地方标准，出台《社会组织服务中心建设管理规范》，建立市社会组织培育中心。

与此同时，不同村（社）结合实际进行创新发展"西山经验"，推动形成既全域落地又各具特色的生动实践，持续丰富拓展实践成果。比如，海洲社区深耕培育"一起聊吧（1768）"社会组织，打造"一起乐帮"治理机制，通过聊天等形式掌握民情民意，化解邻里纠纷。桐溪社区"七微共治"工作法等 15 个社区工作法成为首批"潮城治社工作法"等。

三、"西山经验"的启示

"西山经验"在探索城市社区治理体系和治理能力现代化中，依靠和发动群众，把矛盾化解在基层。在城市治理中，西山社区紧紧抓住新居民这一关键群体，让新居民全面融入城市，同时充分发挥城市社区"能人多""资源多"的特点，激发居民的公共意识和共同体意识，培育共同的价值观，实现新老居民一家亲，带领大家共建共治共享家园，为基层治理体系和城市治理现代化建设，提供了有益借鉴和众多启示。

（一）以"同商共管"加大社区管理的"参与力"。依靠群众、发动群众是社区做好基层工作最强大的支撑，只有让居民成为社区治理的主人翁，居民才会主动为社区筹智、筹力、筹资，才能更加团结、深度凝聚，真正成为"一家人"。西山社区为把服务群众工作做到极致，以"汇聚四面八方力量、共联共建共富"为目标，打造"红色四方联盟"。以党组织牵线实施"红色家园"计划，与辖区单位、社区组织订立联建意向书，建立议事协调机制。同时，围绕"爱、心、家"三大系列主题，通过"楼道议事会""居民会客厅""协商驿站""民情茶吧"等形式，形成社区党委统领、社会组织协同、社区居民参与的共建共治共享新格局，全面增强了基层治理的强大动能。

（二）以"五社联动"优化社区管理的"服务力"。只有不断增强社会组织的公共服务能力，促进资源联动、实现多元共治，形成"滚雪球"效应，才能为基层治理注入更强大的力量。西山社区打破传统思维，整合社区、社会组织、社工、社区志愿者、社会慈善资源等社会力量，通过实施"五社联动"，实现社区治理的专业化、精细化，让社区居民生活更有质感，幸福指数得到提升。正是通过充分抓住"联"和"动"这一灵魂，通过"火红党建""乡音治理""港湾服务"的实施，实现了新居民"服务管理的核心点、资源统筹的着力点、人民群众的需求点、工作推进的关键点、常态运作的基本点"多点合一全面推进，成为了抓好新居民服务管理的有效载体和有力抓手，为新形势下打造新居民美好、平安、幸福家园打下了扎实的基础，有效助力了共同富裕示范先行和区域现代化先行，走出了一条"五社联动"下社区治理的新路径。

（三）以"众管微治"提升社区管理的"智治力"。社区是党和政府联系、服务居民群众的"最后一公里"，坚持网格智治，以变革思维做好网格系统性重塑，以数字化改革推进社区的更高治理，通过数字赋能基层治理实现快响激活，才能不断提升现代化社区治理水平。西山社区党委不断完善四级联动治理体系，将全社区划分微网格，配强网格治理力量，建立社区、网格、微网格三级微信群，通过包网入户、包楼联户、包组到户等形式，找准群众需求的关注点，动态排摸网格信息、社情民意、服务需求和重点人群等情况。同时统筹西山幸福家园党群服务综合体，启用"社区大管家"数字驾驶舱，将辖区所有居民户、人员信息进行全流程采集，并按照"红黄绿"三色对居民情况进行精准分类，实时掌握住户动态，大大提高社区干部的工作效率。

（撰稿人：姚倩　统稿人：滕辉　审定人：杜玉峰）

"三治融合"桐乡经验的发展
历程与实践启示

◆ 中共桐乡市委史志研究室 ◆

20年来,桐乡市委全面贯彻"平安浙江"建设重要决策部署,不断探索创新基层社会治理方式,逐步形成和推广"三治融合"的桐乡经验。自治增活力,法治强保障,德治扬正气,桐乡充分发挥自治、法治、德治三种治理方式的独特作用,并相互融合、相互促进,极大提升基层治理效能,系统重塑基层社会治理生态。"三治融合"的基层社会治理方式具有深远的理论价值和重大的现实意义。

一、"三治融合"的探索形成

21世纪初,随着桐乡经济社会快速发展,各类社会矛盾也日益凸显。"平安浙江"建设战略为桐乡解决自身问题提供了重要指引。桐乡市委系统整合社会各方力量,大力推进"平安桐乡"建设,在基层治理方面作出了先行探索。

(一)"三治融合"的初步探索

2003年,桐乡在全市开展"民主法制村(社区)"创建活动,各村(社区)积极开展"法律咨询早市"等活动,在这其中,涌现了"依托'文化示范户'开展农村法制宣传"的先进经验。在此基础上,桐乡"办事依法,遇事靠法"的法治氛围愈渐浓厚。至2006年,全市村(社区)民主法治建设创建面达到100%。在此前后,以换届选举为契机,桐乡先后出台关于"村级组织换届选举""村务公开和民主管理"等一揽子文件,实现了村(社区)法律顾问制度从"初步建成"深化至"配强建好",基层组织的公信力和治理威望得到了提升。为着力发挥道德的教化约束作用,桐乡积极推进德育建设。2005年,凤鸣街道西牛桥村建立了首个道德评议会,围绕邻里团结等5个方面评选文明家庭。同时,广泛开展"邻里节""人文桐乡、和谐家庭"等主题活动,评选出一大批道德模范,邻里团结互助、家庭和谐温馨、乡村和睦兴旺的"细流"汇聚成为桐乡"主流"。

同时,从2005年起,桐乡运用巩固"五联"工作机制,推动综治工作中心(站)全覆盖并实现规范化建设,组织群防群治队伍织密"防治网络"。2008年,聚焦重点领域矛盾,桐乡以"一站式"为目标重塑机制流程,健全调解网络。2009年,桐乡又引入专业力量,先后成立医患、劳动、交通等领域的专业调委会,推行"以奖代补"鼓励发展民间调解组织。通过积极发挥百姓的力量,人民群众在维护社会和谐稳定中发挥了重要的基础性作用。

桐乡的基层民主法治建设以及在平安建设中充分发挥群众力量的做法,为探索"三治融合"治理方式夯实了民意和法治底座。

(二)"三治融合"的形成

2010年,随着沪杭高铁桐乡站建成运营,桐乡区位优势持续放大,重大项目纷纷落地,大量新就业群体主动涌入。在区位红利快速释放之时,一些难度较大的社会问题也伴随而来。在这种情况下,传统大包大揽式的政府管理模式面临治理效能低下的窘境。2011年底,桐乡第十三次党代会将"社会管理一流"确立为奋斗目标。高桥镇越丰村是高铁站所在地,沪杭高铁穿境而过,社会矛盾突出且具有典型性。于是,在2013年,桐乡正式选定越丰村作为试点,开展自治、法治、德治相互融合的社会治理新方式探索。

如何构筑能消减矛盾纠纷、增进民生福祉的平台载体,成为"破题"关键。在充分调研和征求民意基础上,越丰村按需搭建根植于基层的"三团"善治平台,即百姓参政团、百事服务团和道德评判团。百姓参政团由各利益相关方组成,村民广泛参与包括集体"三资"管理、宅基地征迁等公共事务治理，政府从中听取基层意见和专业建议，有利于凝聚各方共识、推进重大项目实施。百事服务团整合管理各义工服务队，协助解决村民对法律援助、水电安装等高频生活服务需求。道德评判团吸纳村民代表、道德模范等，评议村内事务和村民行为，调解家庭邻里矛盾纠纷，塑造崇德和睦的家风民风。"三团"善治平台扩大了群众对公共决策的参与，实现"自己的事自己说了算、自己参与干；干得怎么样自己参与评判"，基层治理的效率和效果大为改善。如在桐斜线扩建征迁过程中，因个别沿街店主提出超出征迁政策的过高诉求，项目处于停滞状态，百姓参政团组织集体商讨，拉家常、讲利弊，形成熟人圈里的舆论声势，店主方最终同意拆迁，项目得以顺利推进。通过开展"三治融合"试点，越丰村和睦崇德的民风乡风得以重塑，和谐稳定的社会环境得以维护，"大事一起干、好坏大家判、事事有人管"基层治理新格局逐步形成。

二、"三治融合"的发展推广

基层强则国家强，基层安则天下安。党的十八大以来，党和国家高度重视基层治理理念、治理方式的转变，加速推动社会管理向社会治理迈进。桐乡市委认真贯彻党中央精神和部署，积极构建完善"三治融合"体系，总结凝练"三治融合"桐乡经验并在更大范围得到推广，为"中国之治"贡献智慧力量。

（一）构建完善"三治融合"体系

在越丰村试点后，市委开始积极健全"三治融合"平台体系，对原本众多零散的平台载体进行筛选、打散，重构推出"一约两会三团"新平台架构。村规民约作为核心支柱，以"村言村语"明确了基层民主、移风易俗等内容；百姓议事会和参事会引导村民对村务重大事项"听、议、评、论"，集中体现自治精神；百事服务团为群众提供生活服务需求，同时道德评判团让德高望重之人"评理劝和"，法律服务团让专业律师"指底线、画红圈"，为实现有效自治锁上德治和法治"双保险"。如针对婚丧嫁娶中的铺张浪费问题，2017年，崇福镇上莫村修订村规民约，建议酒席菜品价格标准，辅以道德评判团监督和农村厨师自律承诺，"攀比之风"及时刹停、"简约开席"渐成风气。

从2014年起，桐乡积极完善"三治融合"支撑体系。开展数轮基层组织"去机关化"行动，实行工作准入制度，划清"行政权力"与"自治权利"界限，梳理出"需依法履行的36项事项"和"需协助政府工作的40项事项"两份清单，帮助基层组织更好聚焦自治职能；通过承接政府购买服务项目和简化社会组织创设等方式，大力扶持纠纷调解、慈善公益等类型的社会组织，推进多元共治。扎实强化法治保障。建立法律顾问机制和市、乡镇（街道）、村（社区）三级法律服务团体系，实行专家咨询、社会听证等制度，提高各级决策法治化水平；提升法治供给水平，深入开展普法工作，全面建设"村民法治驿站"、帮助解决各类法律问题。2015年至2017年，法律服务团为各级政府包括基层组织提供法律意见等2500余件，提供法律咨询服务6.8万余人次。常态弘扬德治文化。以评立德，成立妇女议事会等群众性组织评议身边小事，常态化开展"桐乡好人"等正向培树，凝聚基层道德共同体；以文养德，打造"风雅桐乡"人文品牌，挖掘盘活历史名人等地方文脉中的道德价值，建设农村文化礼堂等基层德治阵地，厚植崇德沃土。2015年，制定出台关于道德模范保障相关规定，全面保障对道德模范的关爱奖励，释放崇德向善、见贤思齐的强烈信号。

制度是构建"三治融合"的基础和保障。2015年，市委制定出台相关实施意见，把"三治"建设细分为18个任务机制，极大增强基层推广的可操作性。2018年5月，桐乡连续发布四个方案，在建设平台体系和支撑体系方面明确标准和要求；在此基础上，嘉兴市和桐乡市于同年9月联合发布《自治、法治、德治"三治融合"建设规范》，对基层党组织等14大项60多小项作了规范。2019年，桐乡实施"三治融合"提升行动，明确"党建＋治理""人本＋治理""问题＋治理""数字＋治理"四大赋能模式。至2019年底，桐乡已累计制定出台"三治融合"相关文件40余个，形成较完备的制度体系。

(二)"三治融合"在桐乡全面推广

2013年8月,在初步试点基础上,高桥镇成立领导小组,出台第一版建设方案,总结越丰村试点经验,部署全镇实施计划。同年9月,桐乡制定出台《关于推进社会管理"德治、法治、自治"建设的实施意见》及其工作方案,明确了"党委领导、政府负责、社会协同、公众参与、法治保障"的治理目标,指明了"德治扬正气、法治强保障、自治添活力"的治理方向。随即市委要求在全市范围内推广开展"三治融合"建设。通过多年实践证明,"三治融合"模式能有效解决基层深层次问题、突破基层治理短板、激发基层内在治理活力。

乡镇(街道)、村(社区)一级是基层最末梢,是基层社会治理实践的主战场。村(社区)积极搭建治理平台、引入治理资源,着重激活自治活力、解决现实紧迫问题。如屠甸镇汇丰村首创"板凳法庭"模式,法官、律师、网格长和调解员等一道进家门、下地头,打包调解、普法等工作,推动解决了类似榨菜作坊污染等长期得不到妥善处置的疑难问题。乡镇(街道)结合当地实际,把脉本地区核心难点堵点,以"三治融合"推进民生服务、旅游开发、市场提档、峰会保障。自2014年起,世界互联网大会永久落户乌镇,为保障峰会安全,乌镇统筹推出"乌镇管家"模式,按网格化方式组织4000余人的群众队伍,发挥人熟、地熟、情况熟的优势,用"指尖"与"脚头"共同构筑"平安堡垒"。各部门(单位)结合主责主业,服务保障发展大局,以"三治融合"推进简政放权、提高行政效能、优化营商环境。各社会组织也积极投身"三治融合"创新实践,围绕基本服务需求,从"三治融合"切入,提供文明劝导、慈善公益、爱心帮扶等优质社会服务。如梧桐义工联合会以积分管理机制创新搭建"义工时间银行"平台,通过义工时间兑换所需商品或服务,引导义工参与治安巡逻、文明创导等公益服务,打造有口皆碑的"梧桐义工"品牌。

(三)"三治融合"上升为治国之策

2013年11月,嘉兴市委明确在全市推广"三治融合"建设。2014年,

"三治融合"建设被列入省委工作要点并成为省创新社会治理的六大机制之一，开始在全省推广。2015年7月，浙江创新基层社会治理提升社会风险防控能力现场推进会在桐乡举行，进一步推动"三治融合"提质提效。2017年10月，"健全自治、法治、德治相结合的乡村治理体系"写入党的十九大报告。此外，桐乡"三治融合"模式相关实践案例先后获得首届"中国城市治理创新奖优胜奖"、全国首批乡村治理典型案例等荣誉。

三、"三治融合"的迭代提升

数字技术的高速发展，不仅深刻地改变了生产和生活方式，更推动着社会治理方式发生重大变革。桐乡紧紧把握时代新要求，积极发挥世界互联网大会永久举办地"主场"优势，以数字技术重构治理场景，以"智治"提升扩大"三治融合"效能。

（一）智治赋能"三治融合"提升新质效

数字技术推动"三治融合"进入智慧化精细化时代。2020年，新冠疫情防控客观上催生了新需求新场景，不少基层治理数字平台应运而生。矛盾纠纷网络化解应用通过智能分滤、"五色"管理等机制，在线上重塑矛盾纠纷化解流程，推动实现矛盾纠纷"最多跑一地"；便民通行软件实现返桐来桐人员全轨迹闭环管理、在桐人员以码报备，为疫情防控、复工复产复学等多个场景的精密智控提供了技术支撑。安保数字化平台融合贯通"健康码"数据，集成试验BIM三维扫描建模、5G警用装备等新技术，以数字智慧手段顺利办好疫情防控背景下的世界互联网大会。

2021年，桐乡紧抓数字化改革契机，聚焦全贯通要求，打造浙里基层治理"四治融合"综合应用，汇集"人事房"全量数据，与"基层治理四平台"建立双向流转机制，以"党建、自治、法治、德治"四大板块创新整合各类基层治理场景，形成小、中、大三个治理闭环，率先构建起整体智治的"四治融合"新模式。应用上线以后，桐乡基层智治活力被充分激发，民商事案件等多项指标大幅下降，获评平安中国建设示范县、全国党建引领乡村治理试点县。2022年8月,"四治融合"应用入选一地创新、全省共享"一本账"。

2023年,桐乡创新落实"民声一键办"模式,在线上,将"110""12345"和基层智治综合应用平台三方打通,建立"12310"快速响应机制①,提升第一时间掌握流转矛盾纠纷的感知能力;在线下,铺开建设片区"三治联动中心",整合导入公安司法、综合执法、市场监管等专业力量以及人民调解、社会组织等各类治理资源,以服务保障基层群众自治,增强第一现场联动解决基层问题的实战能力。

(二)以智治为依托开拓"三治融合"新领域

2020年,桐乡主动对接金融机构,以"四治"信用积分作为主要参考依据,首创"信用+四治融合"新模式,推出"四治信用贷"应用,解决农户、商户等基层融资难融资贵问题。2022年,桐乡探索"四治融合+协商治理"新模式,打响"麻花议事""平安贤话"等协商品牌,发布《城乡社区议事协商规范》,借助"浙里网格连心"应用重塑线上议事协商流程。2022年,桐乡纵深推进"四治融合"文明创建,打造"无忧慈善""志桐享"等场景应用,系统重塑思政宣传、慈善志愿等流程链条,推动精神文明建设。2023年,桐乡以护航杭州亚运会为契机,整合多套体系为"智安边界",以社会治理中心为脑、标杆工程为眼、网格化管理为耳,牢牢守好安全底线。

四、"三治融合"的经验启示

在"八八战略"指引下,桐乡持续强化平安建设,引领带动"三治融合"创新实践和蓬勃发展,为"中国之治"贡献出成熟智慧的"桐乡方案"。

(一)坚持一张蓝图绘到底。"三治融合"不会立竿见影、一融就灵,需要久久为功、不断积累,难点是要克服"人走政息""运动式创新"和"治

---

① "12310"快速响应机制,是指1分钟内签收、2分钟内联系、3分钟内指挥、10分钟内到达。

理资源悬浮空转"等现实问题。"三治融合"从试点探索到推广发展的10年间，市委始终把"三治融合"作为中心工作或重要议程进行推动，连续多年列为党建工作重点和市委重要工作，推动落实党建引领基层治理等重点工程，形成高位长期谋划、各级始终创新"三治融合"的良好势头。同时坚持把治理重心向基层下移、治理资源向一线倾斜，依托基层党组织"整乡推进、整县提升"建设，在全市建立733个网格支部和432个党员先锋站，借助"平安桐乡日"等活动调动4万余名党员深度参与到村（社）"三治"工作中。

（二）汇聚多元力量协同参与。如何发挥"三治"最大的治理效能，重点是吸引多元力量参与其中。为此，桐乡根据基层群众、社会组织、律师等特点深入分析其定位诉求，设计运用不同的激励机制并在实践中不断调整，最大限度激发多元力量参与"三治融合"的热情。如针对基层群众，桐乡首创"三治融合"积分制度，将基层群众对"三治融合"的参与度贡献度进行量化赋分，通过积分与相应物品或服务兑换、无抵押信用贷款申请等切身权益挂钩，引导鼓励基层群众加强自我管理、参与公共事务、增进邻里互助。针对社会组织，桐乡积极探索社会组织发展新路径，成立市社会服务发展中心并成立发展基金，出台专项奖励政策、优化登记备案流程、加强购买服务力度，多措并举培育社团、商会等各类社会组织，10年间社会组织数量翻一番，持证社工翻三番，极大发挥了三社联动作用。

（三）持续深化理论总结。如何将桐乡"三治融合"探索产生的实践案例上升为制度性的规范标准，用以指导新的创新实践，这是一个重要课题，需不断深入研究、总结提炼。2016年以来，桐乡联合高校成立浙江基层社会治理学院和嘉兴"三治融合"研究中心，成功举办4届"三治融合"高峰论坛，专家学者们以桐乡"三治融合"为样本进行全景式剖析，逐步厘清了"三治融合"的内涵、关系与顺序等基本问题，解答了长期困扰基层工作者的疑惑，指明了持续深化"三治融合"建设的路径和议程，有力发挥了大院名校、专家学者的智库参谋作用，助力桐乡"三治融合"持续创新走在时代前列。

（撰稿人：王江良　统稿人：庄永明　审定人：李晓鹏）

坚持和发展新时代"枫桥经验"的诸暨实践

◆ 诸暨市党史和地方志研究室 ◆

"平安浙江"建设20年来,诸暨市委深入贯彻习近平同志对"枫桥经验"的指示批示精神,始终牢记"枫桥经验"发源地的使命担当,积极探索"枫桥经验"引领下的基层社会治理新模式,不断提升基层治理体系和治理能力现代化水平,推动诸暨经济社会发展实现全面跃升。诸暨先后创成全国首批信访工作示范县(市)、全国法治政府建设示范县(市),获评全国公安机关执法示范单位,入选省信访工作现代化示范县试点,实现政法领域国家级最高荣誉"大满贯"。2021年,诸暨市获评平安中国示范县和全国基层治理示范区;2023年,诸暨市成功实现全省平安县市"十八连冠",荣获全省首批"二星平安金鼎"。

一、"枫桥经验"的产生与发展

20世纪60年代初,浙江诸暨枫桥干部群众在社会主义教育运动中创造了"发动和依靠群众,坚持矛盾不上交,就地解决,实现捕人少、治安好"的"枫桥经验"。1963年11月,毛泽东同志批示"要各地仿效,经过试点,推广去做",[①] 全国掀起了学习推广"枫桥经验"的热潮。改革开放后,随着

---

① 《毛泽东年谱》(一九四九——一九七六)第五卷,中央文献出版社2013年版,第283页。

经济社会不断发展，也伴随着一些新问题的产生。"枫桥经验"坚持就地化解矛盾的基本精神，与时俱进，通过制度创新、机制创新、形式创新，不断丰富充实新鲜内涵，形成了"小事不出村、大事不出镇、矛盾不上交"的做法，成为新形势下维护社会稳定的典范。

习近平同志在浙江工作期间，十分重视坚持和发展"枫桥经验"。2003年11月，他在纪念毛泽东同志批示"枫桥经验"40周年暨创新"枫桥经验"大会上强调要充分珍惜"枫桥经验"，大力推广"枫桥经验"，不断创新"枫桥经验"，使"枫桥经验"在维护社会稳定中显示出更强的生命力。[1] 正是在习近平同志的亲自部署、亲自推动下，"枫桥经验"才有了前所未有的发展机遇，得到了全面提升发展，在促进浙江经济社会发展和维护社会稳定中发挥了重要作用。

（一）建立基层群防群治组织

"枫桥经验"最显著的特点就是矛盾不上交，关键在于发动和依靠群众，抓早、抓小，把矛盾化解在萌芽状态。2002年，枫桥镇开始建立多元化基层群防群治队伍，包括治安信息员、法制宣传员、平安协管员、护村（厂）队、老年协会、禁赌协会等。2003年，枫桥镇率先建立综治工作中心，形成综治、司法、调解、信访、应急"五位一体"的工作机制，并在基层社区建立集警务室、司法室、调解室于一体的综治分中心，在各行政村和重点企业、单位、学校建立综治工作站，形成覆盖全镇的综治工作网络。之后，在"四前工作法"[2]的基础上，进一步提升为以预警在先、矛盾问题早消化，教育在先、重点对象早转化，控制在先、敏感时期早防范，工作在先、矛盾纠纷早处理为主要内容的"四先四早"工作法，对有可能引发社会不稳定的重点对象、重点群体、重点事件，起到了有效的预警预防作用，为化解基层矛盾、提前做好应急处理提供了保障。2007年之后，运用网格化管理等模式，实现

---

[1] 《干在实处 勇立潮头——习近平浙江足迹》，浙江人民出版社、人民出版社2022年版，第181—182页。

[2] "四前工作法"，是指组织建设走在工作前，预测工作走在预防前，预防工作走在调解前，调解工作走在激化前。

"组织架构在网格、力量充实在网格、问题解决在网格",构建基层社会治理新格局。如枫桥镇枫源村开展综治网格化管理模式,建立了8个网格长、36个小网格,形成"村两委统筹抓总、党员干部联网管理、村民代表联系农户"三级综治网格化格局,将矛盾隐患化解在萌芽状态。在城市社区形成"小区党支部+业委会+物业企业"协同治理格局,通过社会网格化管理和社区精细化服务,打通服务群众的"最后一公里",真正让居民成为治理主人翁。

(二) 不断完善社会矛盾大调解体系

市委不断完善人民调解、行政调解、司法调解联动工作体系,努力把问题解决在基层,把矛盾化解在萌芽状态。2003年以来,枫桥镇率先成立镇级人民调解委员会,并延伸至社区、村(居)及企业,发挥人民调解基础性、前端性优势,创新完善矛盾纠纷多元化解机制。至2007年,全市所有村(社区)和职工100人以上企业均已建立综治工作站,有4个被命名为绍兴市级示范综治工作中心。之后,诸暨着力构建市、镇、村"三级联动"大调解格局,打造基层人民调解、司法调解、社会组织调解、专业调解"四线组合",形成多层次、专业化、全覆盖的社会矛盾大调解新体系。2008年,成立诸暨市联合人民调解委员会,创设人民调解与民事诉讼优势互补的大调解平台。至2012年,诸暨先后成立医疗纠纷、婚姻家庭纠纷、劳动争议纠纷、交通事故纠纷等九大专业性的人民调解委员会,推动人民调解、行政调解、司法调解联动工作体系有效衔接。"老杨调解工作室""老朱调解工作室""江大姐调解室"等群众信得过的"老娘舅"式品牌调解室先后创建,及时回应群众的反映,妥善解决群众的困难。

(三) 探索完善村民自治方式

市委坚持发展"枫桥经验",充分发挥基层政权的作用,依靠群众民主自治,就地处理好基层治安问题。2006年,枫桥镇陈家村制定村民自治章程,形成指导村民生活的10余项村规民约,并在实施过程中不断扩充和完善。之后,诸暨全面推广陈家村的做法,村规民约得到进一步完善,直至全市520余个行政村、社区（居民区）实现"一村一规""一居一约"。2008年，枫桥镇枫源村探索村级事务"三上三下"民主决策机制，制定治村手册，形成"村策村民定、村务村民理、村事村民管"的民主自治理念。枫桥镇发动全镇各村进行推广，提高村民对村级事务管理的知情权、决策权和监督权，形成了村务公开流程图、重大事项民主决策流程图等10项"民主治村规程"。2012年，诸暨在"三上三下"等民主治村机制的基础上，全面抓好"村级管理五件事"，即坚持建规矩、促规范，严抓"三资"管理零违规，村里的资产、资金、资源上墙（网）公开，村民可以随时查询；"四不"承诺零突破，全市村干部公开承诺"不承包承建涉及本村的所有项目、不违规干预和插手本村工程建设、不违规发展党员、不履职就辞职"；"四违"现象零容忍，对村里违法用地、违法开矿、违法轧洗砂、违法建坟墓等行为，发现一起处理一起；村级工程零投诉，全部到镇里公开招投标，有效遏制围标串标行为；村级公务零招待。

（四）深化基层平安建设

市委坚持创新发展"枫桥经验"，大力推进平安建设，对基层社会治安综合治理工作进行了有益的探索。2002年，枫桥镇率先开展"平安枫桥"建设，打造了"治安秩序良好、矛盾不上交"的平安乡镇。2003年，市委在枫桥镇召开"枫桥式"平安乡镇建设工作现场会，总结枫桥"机制好、防范早、矛盾少，民安民乐民富"的成功做法，作出创新"枫桥经验"、创建"枫桥式"平安乡镇的决定。2004年之后，绍兴市委先后作出建设"平安绍兴"、开展平安创建规范化建设等决定，以"八进社区""八个创建"①（简称"八创八进"）为载体，推进平安建设的基层基础工作，形成了"安防联治、矛盾联调、问题联治、事件联处、平安联创、管理联抓"的联动机制。2005年起，推广"八创八进"、推动平安建设的做法在全省逐步推广。2008

---

① "八进社区""八个创建"，"八进社区"是指调解工作进社区、治安防控进社区、流动人口管理服务教育进社区、法律服务进社区、安置帮教进社区、保障救助进社区、公共安全进社区和平安宣传进社区；"八个创建"是指创建平安村、平安社区、平安企业、平安校园、平安市场、平安医院和平安路段。

年之后，随着全省平安建设的不断深化，群众知晓率不断提高，公众参与载体不断创新，平安创建的覆盖面不断拓宽，形成了以县（市、区）为区域、以乡镇（街道）为重点、以村（社区）为基础，上下联动、条块结合的整体格局，营造平安共建、和谐共享的浓厚氛围。

二、创新发展新时代"枫桥经验"

党的十八大以来，以习近平同志为核心的党中央着眼于人民安居乐业、社会安定有序、国家长治久安，着眼于建设更高水平的平安中国，推动"枫桥经验"在新时代伟大变革中丰富发展，形成了特色鲜明的新时代"枫桥经验"。2013年，习近平总书记对坚持发展"枫桥经验"作出重要指示，强调要把"枫桥经验"坚持好、发展好，把党的群众路线坚持好、贯彻好。之后，习近平总书记多次就坚持和发展新时代"枫桥经验"作出重要指示，提出了一系列新理念新思想新挑战，为推进基层社会治理现代化提供了根本遵循。

2017年之后，新时代"枫桥经验"被接连写入党的十九大报告、十九届四中全会决定、五中全会建议、六中全会决议和党的二十大报告。"枫桥经验"在传承中不断发展，在发展中不断创新，由基层社会治安综合治理经验上升为党治国理政的重要方法。2023年9月，习近平总书记在参观枫桥经验陈列馆时再次强调，要坚持好、发展好新时代"枫桥经验"，坚持党的群众路线，正确处理人民内部矛盾，紧紧依靠人民群众，把问题解决在基层、化解在萌芽状态。①

（一）创新推进基层网格化治理模式

市委坚持创新发展新时代"枫桥经验"，在综治"五位一体"的基础上，全面推进综治网格化管理模式，建立了基层群防群治网、农村社区警务网和乡镇综治工作网"三张网"，逐步形成"党政主导、公众参与、社会协同、

---

① 《人民日报》，2023年9月26日，第1版。

上下联动"的综治工作新格局。2012年，根据省委关于推进"网格化管理、组团式服务"工作的要求，以基层网格为管理单位，以多元参与为组织形式，以信息化手段为技术支撑，创新基层社会管理服务新模式，统筹推进城乡社区服务平台建设。2016年起，又全面推进全科网格建设，在原有工作的基础上将分散的社会管理服务事项同意纳入"一张网"工程，打破部门职权壁垒，统筹整合信息、力量、资源，进一步增强了综合管理服务能力。

（二）共同构筑矛盾纠纷多元化解平台

市委根据全国人民调解工作会议提出的积极拓展人民调解领域的要求，不断完善基层矛盾纠纷多元化解机制，全面推进社会矛盾纠纷"大调解"工作体系建设。2012年，成立诸暨市调解总会，对全市各大调解组织开展工作起到桥梁和纽带作用。同年，以枫桥镇社会服务中心为试点，实行矛盾纠纷"一站式受理、签单式办理"等工作模式，实施"工作日门诊、不定期会诊、双休日出诊"三诊工作法，运用领导包案调处、指令调处、直接调处和联合调处等方法，确保90%以上信访矛盾得到化解。2019年，诸暨成立社会矛盾纠纷调处化解中心（简称"矛调中心"），入驻11个部门，涉及21项职能，实现"信访整体入驻、公检法司常驻、社会组织共驻"的大调解工作平台，全市27个镇乡（街道）均建立"矛调中心"。同年，省委提出把"最多跑一次"改革延伸至社会治理领域，把县级"矛调中心"建设作为推进社会治理领域"最多跑一地"改革的重要抓手。诸暨成为绍兴开展信访矛盾化解标准化建设试点县市，推进建设县、镇、村三级"矛调中心"标准化建设，形成审核矛盾纠纷"一窗口"全受理、"一站式"全解决、"一揽子"大调处、"一体化"齐联动，依托"基层治理四平台"，实现"矛调中心"全覆盖，构筑起矛盾纠纷多元化解大平台。

（三）与时俱进创新基层民主自治机制

市委始终坚持"枫桥经验"以人为本的核心理念，尊重人民群众的主体地位，注重发挥群众自治组织的自我管理、自我服务、自我监督优势，不断创新基层群众民主自治的方式方法，真正实现"民事民议、民事民办、民事民管"。

2012年，诸暨迭代完善党建引领下的行政村（社区）"1+X"①自治模式，推动群众"说事、议事、管事"，通过民主议事决策机制，充分调动广大群众的积极性、主动性和创造性，让群众成为基层民主治理的参与者、支持者和受益者。2015年，枫桥镇印发《村级权力清单手册》，提升民主治村的标准，规范村级党务、村务、财务运行。并重新修订推广村规民约，制定"红黑榜"进行表彰公告和批评公示，通过正面引导、反面教育，实现村民自我教育、自我管理、自我约束。2020年，在"三上三下"民主治村的基础上，又增加了"三公开"②制度，实施村级重大事务决策"三上三下三公开"细则，进一步深化基层民主自治，把管理权决策权交给群众，有效破解"村务行政化、干部说了算、群众靠边站"的村级管理顽疾。2022年，市委出台推动基层党建聚力赋能城市社区治理的十条措施，全面推行"支部建在小区上"，织密党建引领"一张网"，打好城市社区协同治理"一手牌"，形成"小区党支部+业委会+物业企业"协同治理格局。至年底，全市32个城市社区建立党支部208个，单建党组织的小区占比超过70%，实现"支部建在小区上"全覆盖。

（四）创新构建"互联网+"社会治理新模式

市委坚持以科技信息技术为支撑，推动治理手段向信息化、数据化转变，致力打造"网上枫桥经验"，丰富了新时代"枫桥经验"的时代内涵。2012年，诸暨开展全国"智慧安居"建设试点，探索实践社会管理智能化建设，构建行政审批服务平台、应急联动指挥平台、社会管理服务平台和信息网络管理平台等4个平台，实现了"枫桥经验"信息化、技防报警社会化、应急联动合作化、打击犯罪平台化，推动了信息技术与经济社会发展、社会和谐稳定的深度融合。之后，聚焦数字化改革和现代化治理"双向融合"，依托"智慧安居"建设，扎实推进"雪亮工程"等建设，探索走出"互联网+"社会治理新路径，构建监测、预警、处置、反馈风险管控闭环，使智能化建设成果真正转化为社会治理的核心战斗力。2018年，全省在线矛盾纠纷多元

---

① "1+X"，"1"是指基层党组织，"X"是指各村（社区）自治组织。
② "三公开"，是指表决结果公开、实施方案公开、测评情况公开。

化解平台正式上线，打造了"24小时不下班的网上政府"，切实将风险化解在源头、把矛盾消解于未然，实现"数据多跑路、群众少跑腿"。同年，由市委网信办牵头打造"1963法润"直播平台，立足"法安天下，德润人心"，创新践行网上"枫桥经验"，在2021年入选为全省10个网络普法基地。2021年，市委在法治指数评估模型基础上，构建基层社会治理评价指数，通过对新时代"枫桥经验"定性定量分析，设计科学、客观的指标与量化标准，推动"枫桥经验"标准化、精准化和数字化。之后，"枫桥指数"评价体系成为创建"枫桥式公安派出所"的重要载体，实现"一个中心统筹、一个口子到底、一张清单管控、一个平台评价、一套机制保障"的闭环管控体系，有效破解基层治理落地难的问题，群众安全感、满意度持续保持在97%以上。

三、坚持和发展新时代"枫桥经验"的启示

诸暨市委始终把坚持和发展新时代"枫桥经验"作为深入实施"八八战略"的重要保证，创新发展"小事不出村，大事不出镇，矛盾不上交"的基层治理经验，着力强化"群众唱主角、干部来引导、德法加智治、有事当地了"新时代实践特征，全力打造社会治理现代化县域典范，以诸暨实践全面展示浙江之治、中国之治风采。

（一）突出"群众唱主角"。坚持群众路线是"枫桥经验"的根本立场，市委坚持好、贯彻好党的群众路线，尊重群众主体地位、发挥群众主体作用，发展全过程人民民主，深化发展村务监督、"三上三下三公开"民主治村等做法，健全基层党组织领导下的群众自治机制和为民办实事的服务机制，让人民群众成为社会治理的直接参与者、最大受益者和坚定支持者。如暨阳街道东盛社区坚持"党建引领、服务零距离"的工作理念，秉承发扬新时代"枫桥经验"，探索"党建＋社区＋物业＋智慧"的城市社区治理现代化模式，构建社区生命体、治理共同体和生活综合体"三位一体"的共享社区格局，成为深化党建引领社区共建典型代表，为更高水平推进市域社会治理现代化打造"诸暨社区样板"。

（二）突出"干部来引导"。强化基层基础是就地解决问题的基本精神，市委坚持党建引领基层治理，把党的领导与群众自治有机统一起来，推动各级党员干部主动靠前一步，把群众诉求和矛盾纠纷解决在当时当地。把握党建引领基层治理的工作主动，推广运用"党建＋市域治理""党建＋网格"等做法，全面推行"村级管理五件事""支部建在小区上"等机制，不断培育和引导更多的社会组织参与基层治理，建立以基层群众自治组织为主体、社会各方广泛参与的新型城乡社会治理体系。如枫桥派出所确立"警务围着民意转、民警围着百姓转"的工作理念，实施"破小案、办小事、解小忧、帮小忙、惠小利"为民服务，组建"红枫义警"等平安公益类社会组织，做到"矛盾不上交、平安不出事、服务不缺位"，探索形成了"警务往前靠、风险精准防、平安联手创"的枫桥警务模式。

（三）突出"德法加智治"。突出"德法加智治"，坚持人防、物防、技防、心防并举，是坚持和发展"枫桥经验"的重要路径。市委坚持德治润化，增强道德教化的引领作用，大力弘扬社会主义核心价值观，组织实施"善行暨阳"等活动，持续开展"最美诸暨人""最美家庭"评选，选树一批道德榜样、家风典范和文明示范，唱响向美向善的诸暨"好声音"。扎实推进新时代文明实践中心建设，全力打造文明之城、活力之城、和谐之城，实现优秀传统文化与现代治理元素的有机融合，德润人心、教化群众、减少矛盾，让群众成为最大受益者和参与者。强化法治保障，坚持以法治思维和法治方式化解社会矛盾，探索形成多层次、社会化、全覆盖的"枫桥式"矛盾纠纷大调解体系。全面开展"法润诸暨"专项行动，持续推进基层民主法治实践，探索实施信访法治化处置机制，营造公平正义的法治环境。诸暨推进大数据运用、互联网法院等数字化科技支撑，创新构建"141"基层治理体系，持续提升基层治理的社会化、法治化、智能化、专业化水平。

（四）突出"有事当地了"。"小事不出村、大事不出镇、矛盾不上交"是"枫桥经验"的精髓和原则。市委强化见事于早、就地化解矛盾的担当作为，建立完善"四先四早"工作机制，加快推进"枫桥式站所"和社会治理中心建设，构建矛盾纠纷分层过滤体系，有效提升预测预防预警能力，最大限度把各类风险化解在基层、消灭在萌芽状态。以人民调解为基础，衔接司法调解、治安调解、仲裁调解、信访调处等，建立矛盾纠纷多元化解机制，打造纵向到边、横向到底的大调解工作体系，实现"一站式"化解矛盾、"一扇门"为民解忧。如由"老杨调解工作室"升级而来的"老杨调解中心"，配备了专职调解员和特约调解员10多人，及时有效地化解社会矛盾，调处成功率在98%以上，群众满意率达100%。

（撰稿人：谢卫星、王琪琦　统稿人：占志锋　审定人：周鹏飞）

浦江深入践行干部下基层
开展信访工作的实践与启示

◆ 中共浦江县委党史研究室 ◆

习近平同志在浙江工作时亲自推动建立领导干部下访接待群众制度，变群众上访为领导下访。20 年来，浦江深入践行干部下基层开展信访工作，将其作为扎实推进"平安浦江"建设的重要抓手，不断创新社会矛盾源头治理方式，持续推动社会基层治理现代化，为浦江在奋力推进中国式现代化新征程上勇当先行者、谱写新篇章提供有力支撑和坚实保障。

一、部署开展领导干部下访接访工作

21 世纪初，全省各地在经济社会快速发展的同时，也由于社会矛盾激化，导致越级访、重复访、集体访增多，信访热点问题十分突出。浦江群众上访的情况比较严峻，是全省 8 个信访重点管理县（市）之一。2003 年，习近平同志决定在全省开展领导干部下访接访工作，并将亲自下基层开展信访工作的第一站选择在浦江，开创了省委书记下基层开展信访工作的先河。

（一）配合省委开展领导干部下访接访

习近平同志指出："领导下访接待群众，是深入贯彻'立党为公、执政为民'本质要求，认真解决事关群众切身利益的信访问题的生动实践，是按照中央的统一部署，集中处理信访突出问题及群体性事件的具体体现，是从源头上化解各类矛盾，促进社会和谐稳定的有力举措"①。浦江县委高度重视省领导下访接待群众工作，提前10天发布预公告，提前3天发布正式公告，对接待点进行精心选择和设置。根据习近平同志"候访区要大些，容纳量大，秩序较好"②的要求，接待点最终确定在浦江中学，现场设置登记咨询点、休息区、候访区和15个接待室，充分考虑到了群众信访的需求。

2003年9月18日，习近平同志率领10余家省级机关负责同志和金华市、浦江县相关负责人到浦江中学接待群众来访。在第一接访室，习近平同志耐心接待处理群众来访。如面对城市拆迁上访的群众，习近平同志诚恳地与他们交流、解释和答复，心平气和地帮助群众解决问题。在这一天里，省市县领导共接待436批667人次，当场解决91个问题。

习近平同志亲自倡导推动的领导干部下访接待群众制度，蕴含着他对信访工作和社会治理的深邃思考和系统谋划，与习近平新时代中国特色社会主义思想一脉相承，为习近平总书记关于加强和改进人民信访及社会治理重要思想的形成奠定了基础。

（二）学习领会省委开展领导干部下访接访精神

习近平同志下基层开展信访工作引起了强烈的反响。浦江县委抓住契机，全面贯彻落实领导干部下访接访精神。9月22日，县委召开常委扩大会议，认真传达学习了习近平同志在浦江下基层开展信访工作的重要讲话精神，并就后续工作作了专题研讨，认为随着改革的深化、发展的加速、利益的调整，新的矛盾问题还会不断出现。因此，思想上、工作上丝毫不能松懈，要一鼓作气、迎难而上，切实做好省市领导下基层开展信访期间所交办的各类信访问题的调处、解决、落实工作。

继县委常委扩大会议后，县委召开省市县领导在浦江开展信访工作信访件交办会。会议对下访接待的信访件分为群访、老访户、专项访、个访4个

---

① 习近平：《之江新语》，浙江人民出版社2007版，第77页。
② 《干在实处 勇立潮头——习近平浙江足迹》，浙江人民出版社、人民出版社2022年版，第186页。

类别,逐一落实责任单位和责任(包案)领导,落实办理责任和办理时间。同时加大督查,确保工作实效。县委还定期组织力量开展专项督查,推动全县信访交办件办理。此后,全县抽调百余名干部组成指导组下到乡镇(街道),深入农村(社区)解难题、办实事、保稳定,在两个月内全部完成了信访交办件的办理任务。

(三) 以干部下基层开展信访工作开辟信访工作新局面

以习近平同志在浦江下基层开展信访工作时的重要讲话精神为指引,浦江县委着力加强信访工作制度建设,加强领导干部下沉力度,加强信访基层基础建设,推动信访工作呈现新局面。

2004年,县委以干部下基层开展信访工作为重点,开始着手完善各项信访制度和机制。同年2月,建立分片下访和固定下访制度,明确县委、县人大、县政府、县政协、县纪委班子成员每年下基层开展信访不少于4次,每月15日为固定下访接待日。随后县委制订工作规范,对来信来访的受理、交办、调处、报结、控制、奖惩作出明确规定,为规范化开展信访工作提供依据。同时,率先在全省建立信访事项听证评议会制度。同年9月,建立集中处理信访突出问题及群体事件联席会议制度,设立了农村土地征用、城镇房屋拆迁、国企改制、涉法涉诉、企业军转干、民办教师、其他问题等7个专项小组。全面实施干部下基层开展信访工作后,浦江信访形势得到明显改观,不仅重复访、越级访、集体访减少了,信访总量也大幅减少。

为实现信访问题解决在基层、信访人员稳定在当地的目标,县委持续强化信访基层基础建设。2006年,推行乡镇(街道)信访工作"六个有"[①]制度;出台关于实行县领导包案处理疑难信访事项的实施意见,将跨乡镇(街道)和跨部门的疑难信访事项列为县级领导班子成员包案处理的对象,并明确考核奖励办法;下发关于建立解决初信初访长效工作机制的实施意见,强调重心下移、关口前移,健全基层信访工作网络,逐步在村和社区设立"一

---

① "六个有",是指有一套体制、一个接待场所、一支队伍、一批村社信访事项调解员、一套调处机制、一笔业务经费。

室三员"①，在乡镇（街道）建好综合治理中心，形成政法、综治、司法、信访"四位一体"联动机制。2008年，出台关于实行全员维稳责任制的实施意见，建立"矛盾纠纷大排查工作机制""群众信访诉求导访工作机制""矛盾纠纷大调解工作机制"，要求县、部门、乡镇（街道）、村（社区）建立矛盾纠纷排查信息网络；建立各级导访队伍，引导群众合理、合法、有序反映诉求；实行分级调处，矛盾纠纷逐件交办、销号制度。2009年，下发关于开展信访积案化解专项活动的通知，要求包案领导参与案件调查、谈话、处理、结案等各个环节，在限期内做到案结事了，并对领导包案采取挂牌销号制度，不符合结案条件的重新调处。同年，县委又明确要求建立村级信访工作领导小组，设立民情接待室，设立信访员、信访联络员、信访代理员，实施民情接待日制度和助信助访制度。

通过扎实工作，县委推进干部下基层开展信访工作取得明显成效。信访总量从2003年的10485件次减少到2010年的4610件次，并连续5年获全省信访工作考评优秀。

二、持续推动干部下基层开展信访工作在浦江走深走实

浦江县委始终牢记习近平同志在浦江下基层开展信访工作时的重要讲话和指示精神，深入践行和弘扬干部下基层开展信访工作，逐步把信访工作融入基层社会治理体系，形成了党建引领、群众参与、共建共治共享的信访工作新格局。

（一）干部下基层开展信访工作在浦江的深入推广与践行

县委着力加强信访工作制度建设，以干部下基层开展信访工作为重点，逐步建立和完善信访工作责任制。建立由主要领导负总责、分管领导具体抓、其他领导"一岗双责"，一级抓一级、层层抓落实的信访工作责任体系。在领导责任方面，成立了县委主要领导同志任组长的信访工作领导小组，负责

---

① "一室三员"，是指信访室和调解员、信息员、联络员。

全县信访工作的安排部署；县委、县政府主要领导同志每年与乡镇（街道）和县直部门"一把手"签订责任书，细化信访工作考核指标；县委、县政府其他负责同志执行分管领域的信访工作与业务工作一并研究、一并落实、同步推进。在部门责任方面，坚持谁主管谁负责的原则，进一步强化有关单位的责任，形成"谁引发问题谁负责解决，谁化解不力谁受到追究"的机制。在乡镇（街道）责任方面，要求提高信访事项一次性办结率，规范首接首办工作环节，把化解责任落实到具体责任人，促使乡镇干部守土有责，人人尽职。在村（居）责任方面，把排查化解的责任落实到每个村干部身上，做到"千斤重担大家挑、人人身上有指标"。

2011年2月，习近平同志对浙江浦江等地建立健全信访工作责任制作出重要批示，提出这一经验做法可供借鉴①。此后，中央有关部门到浦江开展调研。5月，中央电视台、《人民日报》、《法制日报》等媒体集中到浦江进行采访报道。浦江弘扬践行干部下基层开展信访工作的经验，在全国层面得到宣传推广。

以此为契机，县委再接再厉，持续深入践行干部下基层开展信访工作。2012年2月，县委建立了县信访联合接待中心（县群众工作中心），整合了各单位资源，让职能部门进中心，使信访诉求第一时间能受理；让相关业务进中心，使法律咨询、交办转办、调解仲裁、督查协调等业务都能在中心完成；让领导干部进中心，使党政领导能接访办案、现场调处，确保合理诉求"一揽子"解决。此后，按照"多层次受理、零距离沟通、无障碍交流、全方位服务"的要求，充分利用信访局门户网站、市民热线、网上信访等渠道，建立和完善"信、访、网、电""四位一体"的诉求表达平台，畅通群众信访诉求。2014年，县委推进依法分流信访事项，下发《县领导协调解决信访事项和约谈信访群众工作办法》，明确应由法定途径解决的信访事项或属于国家权力机关、司法机关职权范围的信访事项，不列入县领导协调解决范围。2015年，县委建立社会组织参与信访工作制度，采取政府购买服务方

---

① 《感恩奋进再出发 实干争先再突破 推动"浦江经验"绽放更加夺目光彩》，《今日浙江》2023年第14期。

式，引入律师、心理咨询师、社会工作师、人民调解员参与信访工作，用社会力量从法、理、情多个层面引导群众依法文明信访。县委还围绕转变政府职能，创新基层社会治理模式，把政务投诉举报、网上信访统一整合到政务投诉举报平台，依托政务网，整合群众投诉举报受理的网络渠道，并将网络延伸到乡镇（街道）、各部门，使网上信访从统一接收、按责转办、统一督办到限时办结、考核问责，顺畅地闭环运行。此后，县委提出"阳光信访""法治信访"，出台《初次信访事项快速办结和依法规范审核制度》等文件，进一步推进信访工作的规范、透明、高效、及时，着力于抓早、抓小、抓苗头，力求以最快时间、最低成本、最好效果解决信访问题。

2016年，浦江信访总量下降至700件次以下，连续两年实现进京非访归零、初次信访事项办理归零。

（二）以践行弘扬干部下基层开展信访工作推进信访工作现代化

县委在不断践行干部下基层开展信访工作过程中，努力统筹社会力量进入信访工作，提升基层社会治理能力，强调从源头解决社会问题，以数字化赋能助力信访工作高质量发展。

2017年，县委利用郑宅"江南第一家"传统美德资源，探索建立并在全县推广"好家风评价体系"，注重以党建引领社会治理，促进村民自治、德治、法治"三治融合"，让全体村民参与乡村治理和"信访源治理"。"好家风评价体系"有效地调动群众参与积极性，从源头激活乡村治理，引导群众走进公共文明时代。"好家风评价体系"推广后，在全县构建起村事共议、共商、共治全链条善治网络，真正实现好党风引领好民风，好民风带动好乡风，促进了基层治理。2019年，县委在全县开展民情民访代办工作，建立县乡村三级代办服务场所260个，并实施"县领导带头下访、乡镇（街道）领导随时接访、村（社区）干部上门走访、'4+2'联心服务团①包村息访"

---

① "4+2"联心服务团，是指由县机关领导、机关干部、政法干部、纪检干部和乡镇街道班子领导、驻村干部组成；县机关领导担任团长，职责是指导、督促、协助和落实派驻村（社区）服务团做好责任清单中各项工作；其他团员的职责是当好政策宣传员、民情民访代办员、矛盾调解员以及基层党建工作指导员。

的四级联动工作机制。为了进一步实现信访矛盾化解"最多跑一地",县委打造了"全科受理、一站化解"的"信访超市"——大调解中心,做到一般矛盾纠纷就地化解,重大矛盾纠纷专案化解,疑难复杂矛盾联合化解,使该中心成为了矛盾纠纷化解的终点站。

浦江信访工作经过持续的制度化、规范化、体系化和法治化建设,取得显著成效。2019年,成功创建全省无信访积案县,2020年,获省平安建设"一星平安金鼎",2021年,荣膺平安中国建设示范县。践行干部下基层开展信访工作经验也逐步形成了一套可以复制的程式。2022年11月,浦江信访工作标准化试点通过终审验收,形成"下访接访"信访管理与服务规范、民情民访代办服务规范、社会矛盾纠纷调处化解中心(站)建设与管理规范、"好家风"评价规范、"4+2"联心服务团工作规范等5个方面标准。

与此同时,2021年起,县委全面推进数字化改革,信访工作得到新的赋能。县委开发了"下访解民忧"综合数字应用系统,建立了三大应用场景,构建了"1234"信访数字化体系①。"下访解民忧"综合数字应用系统的建设,重构重塑了干部下基层开展信访工作流程,做到"信访诉求、信访经过、接访过程、接访意见"有据可查,推动干部下基层开展信访工作不断深化,进一步推动职能部门线上协同解决群众矛盾纠纷和问题,大大提升了信访工作效率。

20年来,历届浦江县委始终不忘习近平总书记嘱托,坚持以人民为中心的发展思想,一任接着一任干,与时俱进传承弘扬干部下基层开展信访工作经验,得到了广大群众的衷心拥护。2022年,县委出台了《传承弘扬践行"干部下基层开展信访工作",持续深化领导干部下访接访工作方案》,着力提升源头治理成效,保持信访积案清零,不断推动新时代信访工作高质量发展。

---

① "1234"信访数字化体系,"1"是指一舱,即浦江县领导下访接访数字驾驶舱;"2"是指两端,即浙里办、浙政钉两端协同;"3"是指三大场景,即"接访直通车""主官领办""督查督办"三大场景;"4"是指四大工作指数,即领导工作指数、镇街工作指数、村社工作指数、全域下访指数。

三、干部下基层开展信访工作的现实启示

干部下基层开展信访工作经验在传承弘扬中发展,在新时代熠熠生辉,彰显出历久弥新、弥足珍贵的时代价值,需要准确把握其深刻内涵,结合新的时代条件进一步传承好、弘扬好、践行好。

(一)面对面下访接访。这是干部下基层开展信访工作的核心要义。领导干部下访接待群众,面对面提供服务,倾听群众真实想法,给群众解疑释惑,为群众依法办事,实现了群众工作与信访工作的有机融合。面对面下访接访,体现的是党对群众的真心真情,体现的是领导干部与群众的真心交流、为民办实事的真心实意。浦江迭代升级每月15日领导干部接待群众来访、每周六开门接访制度,并通过带案下访、重点约访、上门走访等形式,面对面听民声、察民情、纾民困、解民忧,进一步畅通群众面对面反映情况的渠道,确保群众信访问题能够被及时受理、及时处置。

(二)硬碰硬敢于担当。这是干部下基层开展信访工作的坚定品质。信访问题是社会稳定的"晴雨表"。以领导干部下访接访破解信访难题,是习近平同志敢于硬碰硬、勇于担当、直面挑战的集中体现。提前10天大范围发布下访公告,提前3天发布正式公告,集中信访问题,毕其功于一役,体现的正是敢于硬碰硬的决心和勇气。坚定不移做好干部下基层开展信访工作,领导干部要带头往矛盾"窝"里钻、往困难"堆"里走,将领导干部牵头负责信访化解工作纳入县领导"六个一"工作机制。在信访问题处置过程中,要坚持做到公开公正,顶住各方压力,勇于担当、善于作为、敢于拍板,切实维护好群众的切身利益,坚决防止问题"积重难返"。

(三)实打实解决问题。这是干部下基层开展信访工作的目标方向。"事要解决"是检验信访工作成效最直接的体现,"群众满意"则是信访工作最终的价值追求。必须始终坚持把推动案结事了心解作为信访工作的出发点和落脚点,尤其是对事关经济建设、改革发展全局和政策性、倾向性、群体性的重大信访问题和疑难信访事项,进一步完善"领导包案+专班化解"工作制,优化"一件信访积案、一名包案领导、一个工作专班、一套化解方案、一份工作档案"的"五个一"机制,规范"访前调查准备+访中会商研究+

访后限期办结"的信访流程,依法依规、规范有序,全力推动信访积案限期化解、动态清零,确保群众合法权益得到有效保障。

(四)心连心服务群众。这是干部下基层开展信访工作的本质特征。信访是送上门来的群众工作,干部下基层开展信访工作经验归根到底是党的群众工作经验。领导干部必须与人民群众心连心,站稳人民立场,把信访工作作为联系群众的桥梁纽带和服务群众的有效抓手,把群众来信当家书、把来访群众当家人,用心用情用力处理好每一件信访事项,并举一反三,通过具体个案的调处化解,推动群众面上共性问题的有效解决,从而实现常态长效。

(撰稿人:赵就平 统稿人:吴雪清 审定人:黄鹰)

"村情百宝箱"制度的形成发展与经验启示

◆ 中共衢州市柯城区委党史研究室 ◆

平安是社会和谐稳定的基本前提,是人民幸福感、获得感、安全感的重要保障。20年来,衢州市柯城区委深入学习贯彻落实习近平同志关于平安建设的重要论述精神,把"平安柯城"建设作为推进社会治理现代化的总抓手,从"小本子"到"大数据",持续推进"村情百宝箱"制度,谱写了经济持续健康发展、社会持续安全稳定的柯城篇章。

一、"村情百宝箱"制度的形成

2004年5月,省委十一届六次全会提出建设"平安浙江"的决策部署后,柯城区委积极响应,在2005年1月的区委五届六次全会上作出举全区之力打造"平安柯城"的决定,以矛盾多发的农村为工作重点,创新发展"枫桥经验",创立"村情百宝箱"制度,全面编织真实、持续、动态的"平安柯城""一张网",主动把问题解决在基层,把不稳定因素化解在萌芽状态,大力营造和谐稳定的社会环境,为"平安浙江"建设贡献柯城力量。

(一)探索建立"村情百宝箱"制度

进入21世纪,柯城在经济高速增长的同时,社会治安、公共安全不断出现新情况,由各类矛盾纠纷引发的群体性事件呈多发态势。自"平安浙江"建设伊始,区委发动广大党员干部沉入田间地头一线,下大力气对辖区矛盾频发的农村地区进行逐一摸排，听实话、摸实情、办实事、求实效。2007年9月，区委专门就村务公开民主管理的19个"难点村"情况进行充分调研。通过调研发现，部分村干部存在对村务公开民主管理工作重要性认识不到位等问题，同时发现，由于制约机制不够有力，村"两委"班子不健全，导致农村基层党组织凝聚力战斗力有所弱化，党群干群关系有所疏远。

2008年初，为激发基层干部勤进村（居）、勤访群众、勤解民忧，推进基层民主建设，夯实基层组织基础，柯城区双港街道探索建立"村情百宝箱"制度，主要是通过干部进村入户进行全面排查摸底，并在此基础上规范建档，整理村情村况，掌握村情民意，推进基层民主建设并促进强村富民。该制度一经推出便收到了良好的效果，特别是在"后进村"整转、村务公开"难点村"化解和2008年村级组织换届工作中更是发挥了明显作用。

为进一步增强基层组织的凝聚力和战斗力，在2009年1月的区委六届六次全会上，区委提出要在全区推广"村情百宝箱"制度。2009年2月，全区98%的行政村达到村务公开民主管理规范化建设要求，柯城区被评为全国村务公开民主管理示范区。同月，柯城区作为全国县（市、区）唯一代表，在全国村务公开和民主管理"难点村"治理工作电视电话会议北京主会场，对"村情百宝箱"制度作了经验介绍。

2009年4月，区委出台了相关实施意见，要求全区乡镇（街道）干部进村入户开展村情民意调查，通过一家一户地与村民面对面的交流，详细了解每村每户的基本情况，并进行梳理汇总、集中建档，按照"一村一册、一户一页、一事一表"的要求，建立"村情百宝箱"台账。

2009年8月，区委以推进"村情百宝箱"工作为抓手，积极探索综治维稳责任考核等维稳工作机制，深入开展"信访积案化解年"活动。建立完善了领导下访约访和基层矛盾纠纷大排查大调处等制度，进一步完善信访工作各项机制，深入推进"平安连万家"综治网格化管理，切实加大基层矛盾纠纷的排查和调处力度，成功化解了一批影响社会稳定的信访问题和突出矛盾，"传销"等治安突出问题得到专项整治，综治工作室（站）行政村覆盖面达100%，社会总体保持和谐稳定。

2009年，全区有416名乡镇（街道）干部和大学生村官参与"村情百宝箱"的调查工作，走访农户6.6万户，走访率100%，共收集、登记村情信息8700多条，撰写村情反映200多份，系统全面地掌握了村情村况。对于群众反映的问题，坚持"重点问题跟踪办、一般问题即时办、难点问题合力办"的原则，共解决热点、难点问题507个，帮助群众解决生产生活难题203件，群众回访满意率达到96.1%。随着"村情百宝箱"工作的深入开展，农村社会矛盾纠纷明显减少，基层组织基础得到加强，经济社会平稳健康发展。

（二）总结推广"村情百宝箱"制度

为了更好地推进基层社会治安综合治理，夯实基层组织基础，柯城区委在实践中不断完善机制、创新举措，在全区总结推广"村情百宝箱"制度，适时推出"居情百宝箱""企情百宝箱"制度。

2009年4月开始，区委在各街道、社区探索建立"居情百宝箱"制度，组织发动各街道通过调查摸底、梳理汇总，围绕居情户情、干部队伍、经济发展、百业榜样、创业典型、扶贫帮困、"光荣之家"、历史人文、社会事业、热点焦点、居情民情综述等11个方面，做好一居一册"居情百宝箱"台账，并因地制宜创新"居情百宝箱"举措，如府山街道推出"一事一议一方案"的矛盾化解网格化责任运行机制，做到每个信访个案基本情况要明，基本矛盾找准，解决办法对头，相关人员责任要清。

同月，为深化推进"三服务"活动，进一步转变各级干部工作作风，区委、区政府决定在区联系企业部门建立推行"企情百宝箱"制度，全面加强对重点企业的服务工作，进而推进柯城区经济又好又快发展。通过强制性的记载企情和帮扶企业工作动态这一平台，组织发动干部经常性地进企走访调研，全面实时了解和掌握企业特别是规模企业的生产经营情况和存在的实际困难，执行"一月一分析、一季一报告、半年一总结"的企情分析，及时帮助企业解决实际问题，促进企业稳定运行、加快发展，通过区、工业园区、部门3个企情分析平台，定时给全区企业进行"体检"，查找问题，帮助企业健康发展。

为提升柯城"村（居、企）情百宝箱"制度和基层平安创建活动的广度、深度和力度，区委决定从 2009 年下半年开始，用 1 年半的时间，在全区开展"平安连万家"活动。按照"党政统一领导、部门各负其责、综治机构联动、群众民主参与"的总体思路，以综治工作向末端化延伸为导向，进一步规范基层综治组织网络，在加强综治"一中心、两员、三室"① 建设的同时，结合"村（居、企）情百宝箱"制度建设，突出以平安建设向社会化拓展这个重点，建立村（社区、市场）平安促进会，加强基层平安综治工作和基层民主政治建设。

2010 年，为进一步完善"企情百宝箱"服务平台，柯城在经贸局设置了一个办公室和工业、项目、外贸、三产、综合等 5 个操作组，专门开通了"企情百宝箱"区级平台服务热线。1 年内，区级平台就完成辖区内所有"一企一册"台账 306 份，了解掌握 136 个企业难点问题，收集企业反映问题 150 多件，帮助解决 110 件，问题解决率达 73.3%，赢得企业一致好评。

二、迭代升级"村情百宝箱"制度，推动基层治理现代化

2009 年 8 月起，衢州市以柯城区"村情百宝箱"为基础，按照省委推行的"网格化管理、组团式服务"要求，在全市农村基层推行以"建立民情档案、深化民情沟通、实行为民办事全程服务制度"为内容的"三民工程"。柯城区委在市区一体的统一谋划下，把加强城市基层党建、创新基层治理作为"一号课题"，在市域范围内率先构建"党建统领＋智慧治理"体系，创新"邻礼通"举措，迭代深化"村情百宝箱"制度 2.0 版及其相关经验做法，并运用到"三民工程"标准化建设的创新实践之中，推动柯城以数字赋能基层治理现代化建设驶进"快车道"。

（一）编织城市治理"一张网"

党的十八大以后，柯城区委深刻领会习近平总书记重要讲话精神，全面

---

① "一中心、两员、三室"，是指乡镇街道综治工作中心、乡镇信访员、综治薄弱村特派员及村、社区、民企综治工作室。

落地"网格化管理、组团式服务",持续推进基层治理体系建设,在市域范围内率先通过构建"党建引领+智慧治理"体系,在"村情百宝箱"制度形成的数字民情档案基础上,创建编织了以大党建引领大联动、大服务保障大平安为核心的城市治理"一张网",推进基层治理信息化、智能化、精准化,探索形成党建引领现代社区智治新路径。

区委不断创新深化城市基层党建,大力整合条块力量,齐抓共推基层治理。推行乡镇街道党建工作联席会议,探索"街企合作""村居结对"模式。2014年至2015年,先后建设了"乐淘党员之家""紫荆花联盟"等一批区域党建综合体,总结提升"红手印""红色物业联盟"等经验做法,加快形成标准化规范,促进资源对接、阵地共享,协调推动基层党建工作。同时,全面实施社区多元共治,成立社区"大党委",吸收市区两级部门单位和党组织、社会资源参与共建,做到大事共同商量、要事共同决策、难事共同办理。

在加强党建引领的同时,区委扎实推进网格标准化、规范化、体系化建设,把全区科学划定579个网格,选配2863名网格员,进一步完善区、乡(街道)、村(社区)、网格四级作战体系,推动重心下移、人员下沉,充分发挥"网格+专班"联动作战功能。全面推广网格智慧管理系统,推动网格地图、网格巡查、任务交办、网格员管理等全覆盖、全融通,实现网格治理信息化、智能化、精准化。

柯城以党建引领群众自治,最大限度发动群众、组织群众参与基层治理,全区96.5%以上矛盾纠纷在城乡社区就地化解,近80%事件在网格内就地解决。在2017年10月召开的全省城市基层党建工作推进会上,柯城"党建引领+网格智治"的经验做法得到省委肯定。

(二)打造"邻礼通·三民工程"应用场景

2017年,党的十九大报告中指出,要加强和创新社会治理,打造共建共治共享的社会治理格局。省委十四届六次全会提出,要高水平推进省域治理现代化。

区委深入学习贯彻党中央和省委平安建设要求,并充分认识到数智化是创新社会治理、推进城乡社区治理现代化的重要手段。区委立足"村情百宝箱"积累的民情账本和经验做法，充分发挥"四治"融合作用，不断加大数字化转型力度，从"小本子"到"大数据"，迭代更新"三民工程"社会治理模式，为满足群众需求提供"一站式"服务，不断提升平安建设数智化水平。

2019年7月，以解决小区"物业病"为突破口，聚焦基层智治和现代社区治理，柯城在信安街道开发了"邻礼通"特色应用。该小程序以之前纸质版的"村情百宝箱"内容为基础，建立数字化、组织化、动态化的数字民情档案，形成了"一房一户一人"精准"画像"，为基层社区治理工作提供了可靠的数据支撑。应用一经推出，便极大提升了社区和网格工作质效，深受广大干部群众的欢迎。

在不断的实践检验和迭代升级中，"邻礼通"特色应用功能不断完善。"邻礼通"数字民情档案，动态归集人、房、户、车、场所5大类全量信息，涵盖居民的身份信息、工作信息、政治面貌和房屋的业主、居住人员、物业费缴纳情况等40余项信息，打通公安、卫健、人社等11个部门2200万余条数据，生成"一户一档"城市居民档案15.6万份。通过"邻礼通"，全区党员进社区报到"亮身份"，平时联楼联户、排忧解难，战时快速响应、随时集结。"邻礼通"也成了服务群众的"工具集"，集成招工就业、"e充停"、医保到家、"老来伴"智慧养老等特色场景，形成为民服务的有效机制。

为了给人民群众提供矛盾纠纷"一站式接受、一揽子调处、全链条解决"的集成服务，"邻里通"拓展了矛盾纠纷信息来源，实现区、街道（乡镇）、村（社区）三级矛盾纠纷信息"一个口子进、一个口子出"，全链条、全周期掌握辖区矛盾纠纷动态。"邻礼通"逐步打造成为覆盖社区治理全过程，实现"141"基层治理体系在柯城落地的重要载体。"邻礼通"应用获评2022年度浙江改革突破奖银奖和全省数字化改革最佳应用。

"邻礼通"应用的成功实践，进一步坚定了柯城加快形成基层社会治理新格局的信心和决心。2022年以来，在高质量发展建设共同富裕示范区的大背景下，区委坚持和发展新时代"枫桥经验"，持续推进"县乡一体、条抓块统"改革破难攻坚，以基层党建为引领、政府治理为主导、居民需求为导向、数字化改革为牵引，统筹推进城乡社区工作，着力构建共建共治共享的社区生活共同体，使人民群众幸福感、获得感、安全感不断增强。例如，为构建和谐"邻礼"关系，区委以未来社区建设全覆盖为目标，按照"一统三化九场景"理念，创新打造"邻礼汇"社区服务综合体，形成可复制的"一站式"未来社区服务模式。社区治理过程中，依托"邻礼通"线上交流、邻里信息查询等功能，对社情民意"全量收集"并整合各类服务资源，对重点人群进行分类管理，提供个性化服务，将优质高效的服务精准送达到最需要关爱的群体。

三、"村情百宝箱"制度的经验启示

20年来，柯城区委深入贯彻"平安浙江"战略部署，始终聚焦知民情、解民忧、办民事，迭代升级"村情百宝箱"制度，探索创新"三民工程"建设，率先开发上线"邻礼通·三民工程"应用，打造线上线下集成的管理服务体系，为探索形成新时代党建引领现代社区智治提供新路径。

（一）做实民情档案，网格服务优治理。社区治理的基础是充分了解民情。充分了解民情是迭代升级"村情百宝箱"制度不变的底座，实现了对村（居）民的精准"画像"。无论是归集11项板块内容的一村一册的纸质版"村情百宝箱"村情信息库，还是一户一档的"邻礼通"民情数据库，都是为了实现对民情的充分掌握。在数据收集的手段上，区委创新"线下信息摸排＋线上数据归集"的数据整合维护机制，有效改变过去社区工作者"单打独斗"的采集模式。线下依托网格治理力量，线上依托一体化智能化公共数据平台，在做实民情档案的基础上，对残疾人、空巢老人、涉外防疫等14类重点人群进行"红黄绿"三色分类管理，提供个性化服务，既体现了基层治理的力度，又彰显了以民生促民安的温度。

（二）做畅民情沟通，化解矛盾解民忧。社区治理的重点是回应群众的"急难愁盼"问题，把矛盾化解在基层。无论是"村情百宝箱"1.0版还是2.0版，目的都是解决群众的"所思、所想、所盼"。矛盾解决的端口从线下转移到"线下＋线上"，不变的是为民服务的初心。通过"邻礼通·社情民意"专区，收集解决各类事件1.9万件，有效缓解基层矛盾。为满足邻里情感交流需要，线下在社区开辟"邻里互动"空间，定期组织各类文体活动和志愿服务，线上开辟"邻礼通"互动交流功能，有效满足不同群体需要。为激发居民参与社区事物积极性，柯城率先探索建立楼栋（道）户主会、小区议事会、社区联席会三级议事机制，开通"线上选举""线上议事""线上表决"等自治功能，实现三级议事"全员参与"，有效激发居民参与社区事物积极性。

（三）做优为民服务，改善民生促和谐。社区治理的关键是不断为群众提供优质的便民服务。无论是传统的村（居、企）百宝箱还是如今的"邻里通""邻里汇"，都秉持着整合各类服务资源，为广大居民提供精准优质服务。"邻礼通"服务端集成"医保通""南孔助残""物业缴费"等40余项服务应用和功能，使居民足不出户即可"一键办理"各类服务。柯城以未来社区全覆盖为载体，打造"邻礼汇"，形成"15分钟便民服务圈"，实现线下服务"一站可享"。在服务力量配置上，柯城以社区大党委为龙头，推动部门组团、网格团队、楼栋红管家、党员志愿者四方力量互相协作，形成社区管理服务强大合力，有效提升便民服务质效。

（撰稿人：梅记周　统稿人：葛浏强、周誉　审定人：徐珍宏）

"民情沟通日"制度的发展
历程及经验启示

◆ 中共常山县委党史研究室 ◆

2004年5月,省委十一届六次全会作出建设"平安浙江"的重要决策,推动"平安浙江"建设落地生根。20年来,常山县委秉承"一切为了U"①理念,力抓"平安常山"建设,创新推出"民情沟通日"制度,并持续迭代升级、巩固拓展,促进常山经济社会持续健康稳定发展。

一、探索实施"民情沟通日"制度,全力保障社会大平安

2004年,常山县委积极贯彻落实省委部署,作出建设"平安常山"的重要决定。在"平安常山"建设过程中,探索实施"民情沟通日"制度,密切了党群干群关系,化解了社会风险,实现了由"小平安"向"大平安"转变。

(一)"民情沟通日"制度的初步探索

进入21世纪,随着经济社会快速发展,常山工业化、城市化进程加快,与此同时农村党组织作用和功能有所弱化,部分基层干部服务意识淡薄、服务水平偏低,谋发展、促和谐的能力不强,在群众中产生了对基层党组织和

---

① "一切为了U",是指"ALL FOR U","U"既是常山"胡柚""香柚",又是"茶油""旅游";"U"也是你,一切为了你,一切为了人民。

基层干部不信任和不放心等问题。同时，农村经济社会利益关系日益多元化、复杂化，矛盾纠纷不断增多，部分基层干部化解矛盾方法不多，遇事能避则避、推诿扯皮的心理突出，容易激化群众不满情绪和矛盾冲突，这大大增加了维护社会稳定的成本和困难。

为适应农村社会形势变化，有效化解农村矛盾，县委决定从干群之间的"互动沟通"入手，2005年11月首创"民情沟通日"制度。以每月10日为"民情沟通日"，在15个村、1个社区先行开展"民情沟通日"活动试点，以"听民声、察民意、知民情、解民忧、帮民富"为主题，以行政村为单位组织，要求乡镇干部、乡驻村干部、村干部这一天应在村固定场所接待来访群众，与群众沟通，宣传党的方针政策、倾听群众意见和建议、协调处理群众反映的各类问题、共同商讨村级发展计划。"民情沟通日"活动前，通过发放"民情联系卡"、在村民集中地设立"民情信箱"、聘请"民情信息员"、召开"民情分析会"等举措，收集、研究、处理群众意见和建议。"民情沟通日"活动中，对于群众反映的问题、意见和建议，能当场答复的当场答复，不能当场答复的填入《民情记录单》，进行再分析、再梳理、再交办，并承诺简单事项3个工作日办结，一般事项7个工作日办结，重大事项1个月办结。针对难度较大、解决需要时间而群众反响强烈的疑难信访事项，实行领导包案、部门挂联、限期解决，实现"件件有着落、事事有回音"。

2005年，常山试点"民情沟通日"制度取得了初步成效。当年，群众共提出涉及基础设施、历史遗留问题等7个方面的问题和建议441个，当场答复和解决了115个。"民情沟通日"逐渐成为政策宣传、村务公开、交流沟通、民主管理、化解矛盾、为民办事的平台。常山以"民情沟通日"平台为依托，缩短干群距离，促进干群彼此了解、彼此信任，从源头上消除风险隐患，把问题消灭在最底层，促进了社会和谐稳定。

（二）"民情沟通日"制度全面铺开

2006年3月，在试点经验的基础上，县委决定在全县铺开实施"民情沟通日"制度，342个行政村、7个社区全部按照要求推进"民情沟通日"活动。同年7月，县委从探索建立服务群众长效机制入手，配套建立"民情沟通日"活动问题交办制度。此后又建立部门联席会议制度、民情（维稳）分析例会制度、"评驻村干部、评村干部、评民情沟通日活动满意度"（简称"三评"）制度。多项配套制度的层层保障，推动常山"民情沟通日"活动进一步巩固深化，大量矛盾、问题被解决在农村、消灭在萌芽状态。"民情沟通日"制度逐渐成为了常山干群之间的"连心桥"、矛盾纠纷调处的"减震器"，在衢州市平安建设领域产生了一定的知名度和影响力。2006年6月，衢州市委决定在全市推广"民情沟通日"制度。

2007年，常山持续推动"民情沟通日"制度深化发展。县委通过创新载体、扩大外延、丰富内容等手段，推动该制度向深层次、特色化方向拓展。同年4月，县委开展"百村万户访民情"活动，283名乡镇、单位部门领导干部，365名普通干部、驻村干部和农村工作指导员，分3批次在317个行政村开展为期一周的蹲点，共帮助解决了793件群众生产生活中的困难事项，指导各村制定好新农村建设方案，与蹲点村建立了帮扶长效机制，大大转变了干部作风，密切了党群干群关系。同年11月，"中国常山民情沟通网"正式上线，十大板块涵盖了"民情沟通日"制度的各项工作，开辟了快速反映交流民情信息的"绿色通道"。与此同时，"医患沟通""警民沟通""家校沟通""税情沟通"等民情沟通新形式也接踵而至、应运而生。

依托"民情沟通日"，县委建立党政领导干部下访工作制度，规定每年县四大班子领导下访约访不少于2次，乡镇、单位部门领导下访约访每季度不少于1次，实地了解上访人情况与信访诉求间的关联，以化解信访处理难度。2007年上半年，全县受理群众信访350件（人次），与上年同比大幅下降40%，"民情沟通日"活动群众满意率达98.8%，很多群众从"冤家"变成"亲家"、从"上访户"变成"示范户"，有力强化了基层执政基础。

（三）"民情沟通日"制度在全省推广

2008年，县委继续深化和完善"民情沟通日"制度，深入推进党政领导干部下访约访接访。同年7月，全县开展"县委书记大接访活动"，接待群众60批223人次。全年共接待群众38.2万人次，累计受理各类问题30695个，解决28716个。群众合理合法诉求基本得到满足，"化解矛盾早沟通、解决问题先沟通、为民办事善沟通、协调利益靠沟通"理念进一步深入人心。

"民情沟通日"制度的影响力同时不断攀升。2008年4月，在省委十二届三次全会上，"民情沟通日"制度被作为改善民生促进和谐的重要经验，在全省推广。同年11月，《人民日报》、新华社、中央电视台等中央媒体深入常山开展"民情沟通日"活动采风。12月，常山县"民情沟通日"制度北京高层论坛召开，与会领导、专家对"民情沟通日"制度予以高度评价。2009年8月，衢州市委在充分借鉴吸收常山"民情沟通日"制度所包含的为民办实事、化解矛盾纠纷、处理信访问题等方面的先进经验和其他县（市、区）相关做法的基础上，推出以"建立民情档案、定期沟通民情、为民办事全程服务"为内容的"三民工程"。

二、迭代升级"民情沟通日"制度，深化平安建设成果

自衢州市委推出"三民工程"以来，常山县委根据市委统一部署，将"民情沟通日"制度融入"三民工程"实施全过程，集成创新，调动各种资源，制定各种沟通服务制度，探索各种沟通服务举措，"以民主促民生"，解决群众合理合法诉求，从源头上解决信访维稳和矛盾纠纷化解等领域的"疑难杂症"，推动党的基层组织更加坚实，基层干部沟通民情、为民服务的能力更加过硬、党群干群关系更加融洽、社会更加和谐稳定。

（一）借势"三民工程"之力推动"民情沟通日"制度效能化规范化

2009年之后，在深入实施"三民工程"过程中，县委推动"民情沟通日"制度向效能化、规范化转变。

民情沟通是"三民工程"的关键一环，民情档案是民情沟通的数据底座。2009年，县委将"民情沟通日"制度形成的"民情联系卡""民情信箱"等好做法加以总结运用，按照"一村一册、一户一档、一事一表"的要求建好"民情档案"。在各乡镇建立"便民服务中心"，条件成熟的村（社区）建立"便民服务代办点"，深入推进为民办事、疏导群众情绪工作，使

"民情沟通日"制度底数更清、对策更实。

2010年,县委推行村干部工作承诺和轮流坐班制度、民情联系走访制度,发放"便民服务卡",推进为民办实事服务"全网通",280个行政村建成"便民服务代办点"。开展以"普查民情转作风、推进统筹促发展"为主题的"民情普查"活动,784名县乡机关干部深入农村访农户、摸实情、解难题、办实事。

2012年,在"三民工程"标准化建设过程中,县委进一步发挥好"民情沟通日"的作用,例如,通过施行"三民工程"的"三个三"标准体系①,实行"周二固定下村服务日",规定乡镇干部坚持每周二下村走访农户,每周下村不少于3天,帮助农户解决困难与问题。全年受理群众信访事项1735件(人次),比2011年下降了4.3%。

2013年,县委在推行"三民工程"标准化扩面提升工程的过程中,在总结前期民情信息员、农村工作指导员的做法经验基础上,进一步夯实组织基础,建强人才队伍,试行"专职村务员"制度,建立健全选聘、培养、考核、管理等机制,大力提升为民办事服务效能、信访纠纷化解效率。全年受理群众信访1706件(人次),党政领导共接访、下访、约访群众440批999人次,批示交办事项419件,100%按期办结,3300多名党员干部通过"党员进社区""结对帮扶"等活动,排查矛盾纠纷347件,及时化解282件。

总之,"民情沟通日"制度既为衢州在全市推行"三民工程"贡献了常山特色的实践基础和经验素材,又为日后常山在实施"三民工程"过程中,更加与时俱进丰富了"民情沟通日"制度的内涵,取得了较好的工作成效,也让"民情沟通日"制度历久弥新、熠熠生辉。

(二)在打造"三民工程"升级版中创新民情沟通举措

从2014年开始,县委在落实"三民工程"标准化建设基础上,进一步

---

① "三个三"标准体系,是指民情档案三张单(村情单、户情单、事情单)、民情沟通三个一(一日一值班、一周一集中、一月一沟通)、为民服务三平台(服务热线、服务网络、服务中心)。

深化民情沟通和精准服务,推出许多创新举措,打通服务群众"最后一公里",维护社会稳定"基本盘"。

2014年,结合市委部署安排,县委大力推行党员亲情服务,针对"三民工程"档案筛选出的信访户,实施党员分片联户制度,要求联信访户的党员每月抽取1天时间入户走访掌握信访对象思想、生活、工作等各方面动态,为信访户提供暖心帮助,第一时间解决信访户反映的问题,消除思想隔阂。县委陆续推出了"村务质询会""民情连心手册""民情导航图"等典型做法,推行了"无假日预约服务""我为乡亲跑个腿"等服务群众好制度,做优代办服务,全力化解矛盾纠纷、信访风险。

2015年,县委着重巩固"民情档案三张单",不断完善民情档案。在全市率先试点,开发"三民工程E掌通",将民生诉求、政府服务、社会治理等融为一体,确保民事沟通数据随时调阅,民情信息实时更新,力促干部下村定位考勤、领导工作定向交办、任务完成定时记录,实现民情民意直接上传、公共服务和民生诉求无缝对接、机关效能改进提升。结合"三民工程",县委开展"矛盾纠纷调处百日会战行动",排查出各类问题1129件,实现矛盾早发现、问题早化解,将重点涉稳群体吸附在当地。

在"三民工程"推进过程中,全县乡镇(街道)、村(社区)结合辖区实际,谋划出极具创新、极富特色的民情沟通思路。例如,白石镇依托各村文化礼堂、活动室,创设"民情茶馆"沟通服务模式,7个行政村设立了12个"民情茶馆",收集、整理并解决群众意见、建议和各类求助信息,联村领导、驻村干部、村务员、生态指导员、"民情沟通员"坚持每月10日在"民情茶馆"开展"民情沟通日"活动,对群众反映的问题承诺1个月内办理、1个月内答复,并在"民情回音壁"公示,大大促进了干群沟通、干群互信;天马街道文峰社区搭建了"135"① "智慧文峰"民情系统,首创

---

① "135","1"是指建立社区民情档案管理系统;"3"是指社区党支部网格沟通、社区工作人员分片包干和以楼组长邻里守望制度的社区三重沟通机制;"5"是指社区五种服务载体:"1+N"共建组团合约、"红岩先锋"义工在线、"幸福邻里·微茶楼"居家养老服务、"爱心储蓄银行"积分服务、在职党员进社区"点亮微心愿",努力为居民提供社区民生、居家养老、社会保障、邻里互助、突发事件维稳等多项服务。

"135"民情导航图智慧型党建服务平台,建设"智慧文峰"党建网和"智慧社区"民情管理系统,以民情地图为背景,打造出"三民工程"社区升级版。

(三)以民情沟通为纽带部署实施"三联工程"

2018年5月,衢州市委提出要坚持大党建引领大联动治理,实现党建、治理"一张皮",抓实抓好"三个三"基层党建工程①,并正式启动实施"三联工程"②。

在"三联工程"中,民情沟通是打通服务群众"最后一公里"的强有力抓手,是连接党员干部和人民群众的桥梁和纽带。县委进一步优化"民情沟通日"的方式和载体,推动组团联村成员真心下沉、真抓实干,切实解决群众最急最忧的要事难事,增强群众获得感、幸福感、安全感。

例如,2018年,县委将"三联工程"与基层组织、基层政权、基层基础、基层治理充分融合,在原先实行"周二固定下村服务日"基础上,又提出落实"周二无会日",推行网格问效,由群众当考官提诉求、干部给方案抓落实,力求"问题不出网格、矛盾不上交"。县委推进"党员1+N"联户,9524名党员参与党员联户,108个机关党组织与46个网格103个小区长期结对,1150名党员担任楼长,实现"真联村、真联格、真联户"。

2019年7月,县社会矛盾纠纷调处化解中心成立,推动矛盾纠纷化解"一站式"管理、"一窗式"办理、"一条龙"处理;在乡村层面,组建"一长三员+联户党员+N"的网格调解联队,实现矛盾纠纷就地解决。县委依托该中心,深化"三联工程",落实干部下访接访工作制度,大力开展党员赋权、信访代办,以干部代跑形式,为群众提供全程"零跑腿"代办服务,

---

① "三个三"基层党建工程,是指实施"三大主体工程",即落实乡镇(街道)主体责任、发挥村(社)组织主体作用、激发党员群众主体意识;推进"三个全覆盖",即组团联村全覆盖、网格支部全覆盖、党员联户全覆盖,就是"三个联",组团联村、两委联格、党员联户;运用"三大指数",即乡镇(街道)党(工)委的服务指数、村(社)党组织的堡垒指数、党员的先锋指数。

② "三联工程",是指组团联村、两委联格、党员联户。

进一步畅通与群众沟通渠道，研判化解纠纷矛盾，解决信访问题。至2020年11月，全县共组建网格调解联队491支、选配专职调解员22名，调解矛盾纠纷4146件，调解成功率达99.7%；代办信访事项173件（人次），破解了一批突出难题。

2021年7月，县社会矛盾纠纷调处化解中心升格为县社会治理中心，广泛吸收行业性专业调委会、县级调解专家、民间应急救援队伍、志愿者等社会力量进驻。县委依托该中心，进一步做优做细"三联工程"，探索"红细胞"党建联盟、"微事快办"、"村情报告会"等机制，"红细胞"党建联盟助力复工复产的做法成功入选全省助力复工复产百佳案例。

在"三联工程"的助推下，常山基层治理工作取得了重大突破。2022年，初步完成基层智治"大脑"应用建设，创新"136"调解机制，即10%的矛盾纠纷化解在县级，30%的矛盾纠纷化解在乡镇，60%的矛盾纠纷化解在村（社区），调解矛盾纠纷4451件，全县信访事项满意率达96.5%，并成功创建省级"无信访积案县"。

（四）在打造新时代"三民工程"示范高地中丰富完善民情沟通服务机制

2023年7月，衢州市委统一部署新时代"三民工程"工作。常山县委以打造新时代"三民工程"示范高地为目标，立足县情，拉高标杆，将"三民工程"重要发源地的先发优势转化为领跑者态势，切实增强基层治理效能。

当年，县委迭代升级基层智治"大脑"应用，开发"跨省网格智慧管理系统"，创建16个新时代"三民工程"标准化示范点，依托党群服务中心，积极推动群众自治创新，健全"民情茶馆""微事快办""村情报告会"等沟通服务机制。全年收集、办理群众诉求和建议2200余条；排查矛盾纠纷2238件，化解率96.29%；受理办结矛盾纠纷5890批9625人次，办结率99.24%，真正实现了"小事不出格、大事不出村、矛盾不上交"。

三、"民情沟通日"制度的现实启示

20年来,"平安常山"取得丰硕建设成果。2023年3月底,常山勇夺全省首批"二星平安金鼎",实现平安建设"十八连冠"。这份高分报表的背后,"民情沟通日"制度是"重要功臣"。实践证明,"民情沟通日"制度对于解决基层治理工作中干群联动不够、群众自治作用尚未完全发挥、干部素质跟不上治理需求、处理信访矛盾办法不够精准等问题,切实发挥了重要作用。归结起来,具有四个方面的启示意义。

(一)主动沟通对话实现基层治理创新。"民情沟通日"制度贵在"沟通",实在"息事",情在"维稳",利在"为民",功在"发展"。通过主动沟通对话,基层干部能够及时掌握民情民意,为群众释疑解惑、纾困解难,实现矛盾纠纷调处、信访问题解决从"被动应付"向"主动服务"转变,前移了信访关口,把握了维稳主动权,基层矛盾冲突、风险隐患得到了无形化解。"民情沟通日"制度让基层治理由"治"到"理"、变"堵"为"疏",理顺了群众情绪,疏通了群众心结,增进了基层干部与群众之间的感情联络、互信互利,消灭了矛盾苗头,提高了基层党组织战斗力,增强了社会发展凝聚力。

(二)群众广泛参与推动基层民主政治建设。民主政治是基层协调好群众利益关系的重要抓手,关系基层社会和谐与稳定。"民情沟通日"制度要求全体群众广泛参与其中,搭建了群众参与村务决策、村务管理、村庄建设、项目谋划等的有效平台,扩大了群众对村务的知情权、选择权、表达权、监督权等合法权益,最大程度地反映民意、集中民智、顺应民心,推动了基层决策的科学化、民主化,真真切切实现了群众自治、人民民主,并且增强了人民群众主人翁意识和基层自治组织的自我管理、自我教育、自我服务、自我监督功能,化解了矛盾风险,改善了社会民生,筑牢了基层平安。

(三)吸收先进经验打造基层治理典型。"民情沟通日"制度在形成与发展过程中,结合"县乡一体、条抓块统"改革、"大综合一体化"行政执法改革等工作,不断与时俱进,大大丰富了其形式与内容,逐步吸收了新时代"枫桥经验"等其他地方先进经验,实现"他山之石,为我所用"。在这一过程中，还涌现出了诸多基层治理典型，成为"枫桥经验"的常山招牌，提升了"平安常山"的感受度、知名度、美誉度。

（四）深入农村一线改进基层干部作风。在"民情沟通日"活动中，党有许多方针政策需要宣传，群众会有许多"急难愁盼"问题需要解决，农村会有许多利益关系需要理顺，这就对基层干部的组织能力、协调能力、沟通能力等提出了更高要求。"民情沟通日"制度在加压中倒逼基层干部增强学习自觉性和紧迫性，促使基层干部主动去提高自身的政策水平和工作能力，鞭策基层干部主动去了解群众所想、所盼、所怨。由此，基层干部的宗旨意识得到了强化，基层干部为民服务的本领得到了增强。

（撰稿人：郑海兵　统稿人：李媛媛　审定人：刘利忠）

"网格化管理、组团式服务"社会治理模式的探索与实践

◆ 舟山市普陀区史志研究室 ◆

舟山市普陀区委立足海岛实际，创造性地探索出了通过把乡镇（街道）、城市社区划分为若干个单元网格，组建相应服务团队，点对点、面对面地为群众提供服务的"网格化管理、组团式服务"基层社会治理模式。经过实践检验，"网格化管理、组团式服务"基层社会治理模式在密切党群干群关系、提高服务效率、转变干部作风、促进社会稳定等方面取得了显著成效，成为全省乃至全国基层社会治理的一项品牌工程。

一、"网格化管理、组团式服务"的探索实践

2004年5月，浙江省委十一届六次全会作出了建设"平安浙江"的战略部署。以此为引领，普陀区委立足普陀海岛实际，创立"网格化管理、组团式服务"社会治理新模式，有效推动了普陀经济社会和谐稳定发展。

（一）在"平安普陀"建设中探索"网格化管理、组团式服务"

长期以来，由于海域面积广阔、岛屿众多、交通不便、人口分散、渔民流动性大等客观因素，普陀存在社会管理体系不完善、管理服务主体缺位等问题。特别是进入21世纪，随着经济社会快速发展，原有基层组织的管理服务模式逐渐无法有效满足广大群众的现实需要。

2004年6月，区委十届四次全会召开，通过《关于建设"平安普陀"，

促进社会和谐稳定的决定》，全面启动建设"平安普陀"工作。区委结合普陀实际，因地制宜推广和发展新时期"枫桥经验"，建立健全预防化解矛盾纠纷机制，切实把各类矛盾、问题解决在基层和萌芽状态，有效提高了群众的安全感和满意度。

2007年，立足"平安普陀"建设所取得的经验，区委从创新基层党建和基层治理模式、加强和提升基层组织建设及社会管理服务水平出发，对"民情日记"、"民情恳谈会"、党员联系服务群众等多种成功做法和经验进行了总结提炼，创造性地提出了"网格化管理、组团式服务"工作思路，并以桃花镇为试点进行探索。

2008年2月，在区委的指导下，桃花镇成立"网格化管理、组团式服务"工作领导小组及办公室，印发工作实施方案，将全镇5665户居民分为40个网格，以网格为单位进行社会管理和服务，明确了服务管理的内容和要求。此后，桃花镇"网格化管理、组团式服务"工作全面铺开。在半年时间里共帮助群众解决各类问题587件，一些长期得不到解决的疑难问题得到化解或缓解，未发生一起区级以上的信访事件。根据调查问卷显示，群众对此项工作的满意率达到99.5%，参与工作的机关干部认同率达97.3%。

（二）推进"网格化管理、组团式服务"体系建设

2008年4月，在桃花镇试点的基础上，区委召开全区基层"网格化管理、组团式服务"体系建设工作会议，印发《关于在全区基层组织开展"网格化管理、组团式服务"体系建设的意见》。7月，成立区基层组织"网格化管理、组团式服务"工作领导小组。自此，"网格化管理、组团式服务"工作在全区范围全面推行。

全区推广之初，在乡镇（街道）、村（社区）行政区划不变的前提下，以渔农村100—150户家庭为一网格，城市社区300户左右家庭为一网格，把全区12个乡镇（街道）划分成652个单元网格，组建相应的由机关干部、村（社区）干部、党员群众骨干等组成的652个服务团队，点对点、面对面地为群众提供服务。同时运用现代化数字技术和城市管理网格化技术，开通全区"网格化管理、组团式服务"信息管理系统，将网格上所有居民的家庭状

况、住房、就业、计生、优抚救助、党建群团、医疗、教育、土地承包等分散、孤立的信息进行汇总整理，建立数据库，注重信息的日常收集积累和维护更新，有效提升了政府管理服务的精细化、动态化水平。

"网格化管理、组团式服务"机制成为普陀矛盾纠纷化解、平安巡防、安全隐患排查等社会治安综合治理方面的强有力载体和抓手。依托这一机制，基层网格团队能够在第一时间掌握社会各方面情况，并采取及时有效的措施防止险情、矛盾、隐患的激化，避免不稳定因素的积压。2008年，全区各网格团队成员累计下村走访群众103213户，入户率达81.35%，征集到各类意见1798条，解决实际问题1470项，妥善处置了征地拆迁、房屋质量、劳资环保等引发的不稳定因素，在信访调解、流动人口管理、消防安全监管、禁毒、反邪教等方面发挥了重大作用。

"网格化管理、组团式服务"是普陀区委在基层社会治理方面的一个创举，强化了党的基层组织社会管理和公共服务的能力，筑牢了党的执政根基，密切了党群干群联系，有效促进了普陀社会的和谐稳定。

（三）总结推广"网格化管理、组团式服务"模式

2008年8月，舟山市委召开"网格化管理，组团式服务"工作会议，随后要求全市各地学习借鉴普陀区推行"网格化管理，组团式服务"的主要做法，结合实际抓好落实。2009年7月，省委主要领导专程赴普陀调研指导"网格化管理、组团式服务"工作。8月，全省"网格化管理、组团式服务"工作推进会在舟山召开。10月，省委十二届六次全会通过了《关于认真贯彻〈中共中央关于加强和改进新形势下党的建设若干重大问题的决定〉的实施意见》，其中明确提出要"创新基层党组织的活动内容方式，推行和完善'网格化管理、组团式服务'工作模式"。自此，发源于普陀的"网格化管理、组团式服务"新时期基层社会治理新模式在全省范围强力推进。

在此基础上，"网格化管理、组团式服务"模式迅速走向全国，在全国基层社会治理中持续发挥重要作用。2010年，"网格化管理、组团式服务"案例获评"2010中国全面小康十大民生决策"。同年，普陀区被表彰为全国法治县（市、区）创建活动先进单位。2011年，"网格化管理、组团式服

务"又获"浙江省公共管理创新案例特别贡献奖"。2013年11月，党的十八届三中全会通过《关于全面深化改革若干重大问题的决定》，指出要"坚持源头治理，标本兼治、重在治本，以'网格化管理、社会化服务'为方向，健全基层综合服务管理平台，及时反映和协调人民群众各方面各层次利益诉求"。

二、"网格化管理、组团式服务"模式的创新发展

在"网格化管理、组团式服务"社会治理新模式在全市、全省乃至全国的推广过程中，普陀区委持续不断探索该模式的理念创新、机制创新、内涵创新，各类更加务实有效的创新举措不断涌现，成为普陀基层社会治理的金字招牌。

（一）突出多元治理、共建共享

党的十八大以来，区委紧扣中央和省委关于加强社会治理新的决策部署，充分发挥首创优势，对"网格化管理、组团式服务"模式进行持续探索创新，全面加强网格整合，夯实网格底座，拓展网格功能，推动上下贯通、左右协同，服务功能更加完善，不断擦亮基层社会治理体系的普陀"金名片"。

党的十八届三中全会指出，以"网格化管理、社会化服务"为方向，健全基层综合服务管理平台。党的十八届四中全会强调，坚持系统治理、依法治理、综合治理、源头治理，提高社会治理法治化水平。为贯彻党中央决策部署，深入推进"平安浙江"建设，省委提出建立健全"141"基层治理体系，深化全科网格建设，推动社会治理和服务重心向基层下移。

作为基层社会治理的重要抓手和创新社会治理方式的有力举措，区委依托首创优势，积极适应社会治理新形势新情况，在深化"网格化管理、组团式服务"工作机制方面开展先行先试探索，为省域、市域治理体系和治理能力现代化创新积累了许多宝贵经验。例如，先后成立普陀"8189090"公共服务中心，建立网格民情恳谈（通报）会制度、"5+3"群

众问题调处机制①等，逐步构建起全区多元化、多层次的网格自治工作架构，突出共建共治共享，切实帮助解决企业、群众诉求和问题。至2015年，普陀"8189090"公共服务中心累计接听群众热线近16万件，当场回复率均达85%以上，群众满意率均达98%以上；至2017年，通过"5+3"群众问题调处机制解决群众问题约3.5万件次，解决群众问题成功率全部保持在98%以上。

与此同时，区委推动部门主动融入网格服务，组建网格专业服务团队，持续完善全科网格建设，自2013年起，深化形成具有普陀特色的"一网五中心"②基层治理体系，构建多层次多领域共同参与基层治理的良好格局。

在这一体系下，普陀全科网格建设走出了一条新路子。在"网格化管理、组团式服务"体系建设方面，探索发挥公民素质讲习所作用，创造性地运用组织、党建和文化引领三种模式，激发群众潜能，推进群众领导骨干自治、行业协会自治、业余团队自治等十大类型建设工作。大力推动乡土人才培育工程，将优秀乡土人才培养成党员、网格成员、网格党小组组长，成为"网格化管理、组团式服务"工作的有力支撑和基层组织建设的后备力量；在社会矛盾化解方面，将矛盾纠纷调处指导服务中心作为化解社会矛盾的"解压器"，内设法律服务中心、医患纠纷调委会、劳资纠纷调委会、海事渔事调委会等15个专业调解部门，由法院、劳动、渔事等单位40余名工作人员入驻，矛盾纠纷调处成功率始终保持在98%以上；在公共服务方面，集约利用政府服务资源、市场资源和社会资源，成立集信息咨询、家政服务、投诉建议、审批服务于一体的普陀区社会公共服务中心。区属有关部门全部成立行政审批科，并建制进驻中心；在新社会组织培育方面，以普陀区新社会

---

① "5+3"群众问题调处机制，是指乡镇职权范围内的诉求信息必须在5个工作日内解决或答复，超越职权范围的要在3个工作日内提交有关职能部门；群众问题调处机制乡镇职权范围内的诉求信息必须在5个工作日内解决或答复，超越职权范围的要在3个工作日内提交有关职能部门。

② "一网五中心"，是指"网格化管理、组团式服务"和矛盾纠纷调处指导服务中心、社会公共服务中心、新社会组织培育服务中心、应急联动智慧中心、社情警情舆情研判中心。

组织培育服务中心为载体,坚持"扶持"和"创新"双轮驱动,有效激发社会组织参与社会建设和管理热情;在应急联动方面,在原有公安、消防、交警"三台合一"的基础上,将卫生、工商、供电、供水、供气等全区所有接警平台链接,合并为新的"110"应急管理平台,成立区应急联动指挥中心,并将具有应急处置和紧急救援职能的65个部门全部纳入应急联动体系,实现社会管理资源的最优化组合和最大化利用;在社会舆情处置方面,区社会舆情研判会办中心通过建立三级社会舆情受理、重大社会舆情联席会议处置、社会舆情督办反馈和社会舆情考核问责四大工作机制,发挥舆情导控、公安网警搜索以及网格三大平台作用,全天候、全时段监测掌握舆情信息,收集社情民意,实现网上与网下联动、虚拟与现实互动,形成集舆情采集、分析、研判、交办、督办、引导于一体的工作格局。

截至2017年,全区建立了570个网格、4659名服务团队成员,网格服务团队累计走访群众近280万户次,全区群众安全感满意率97.97%。

(二) 突出数字赋能、整体智治

党的十九大之后,区委推动数字化、智能化与"平安普陀"建设赋能贯通,以"数字化+社会治理"手段,积极探索基于"网格化管理、组团式服务"模式的社会治理创新体系,城乡、海岛治理智能化、精细化、法治化水平进一步提升。

党的十九届五中全会提出,"加强数字社会、数字政府建设,提升公共服务、社会治理等数字化智能化水平"。党的二十大报告强调,"完善网格化管理、精细化服务、信息化支撑的基层治理平台,健全城乡社区治理体系"。与此同时,省委与时俱进深化社会治理领域"最多跑一次"改革和数字化改革,构建"数字赋能、整体智治"的基层治理新模式,为普陀升级迭代"网格化管理、组团式服务"指明了新的方向,焕发了新的活力。

区委以网格作为城乡社区的基础治理单元,进一步优化网格设置,依托经过多年形成发展的服务管理较为完善、参与主体多元的网格化服务管理体系,将政务服务、维稳、应急、信访、矛盾调解等功能归集在网格内,不断强化信息化支撑,推动制度重构、流程再造、系统重塑,打造平安建设大数据系统和信息平台的升级版。

2017年,区委将"最多跑一次"理念延伸至基层社会治理领域,创立集矛盾化解、信息指挥、诉讼服务"三位一体"的社会治理综合服务中心(后更名为"普陀区社会治理中心"),中心设有诉讼服务、医患纠纷、劳动纠纷等10余个受理窗口,群众可享受"一个门受理、一站式解决、一条龙服务"。区社会治理综合服务中心成立一年内,共解决群众各类诉求4.4万件,按时办结率100%、群众满意率99.6%,民商事案件下降15%,2018年获评全省公共管理创新优秀案例,并逐步在全省推广。2020年,社会治理"普陀模式"被写入2020年最高人民法院工作报告,《人民日报》头版进行专题报道。

2018年开始,区委进一步加强顶层设计,整合资源,加速推进数字赋能社会治理,创新推动矛盾化解"一件事"和"最多跑一地"改革,形成点、线、面全方位海陆治理合力。2018年,在全市率先建成区级中心内部协同平台,对矛盾纠纷实行"一窗受理、网上派单、云上作战",运行3年来共化解纠纷19916起,之后平稳过渡至全省县级矛盾调解协同系统。针对金融领域案件数量逐年递增的问题,2020年11月,普陀在全市率先成立专业性金融纠纷人民调解组织——普陀区金融纠纷人民调解委员会,同时开展金融纠纷"线上调",通过"浙江解纷码"平台进行在线调解、在线司法确认,实现"一次不用跑",金融类案件诉讼立案数与往年同期相比降低27.45%。

针对海上纠纷预防预警难、海上取证难、部门协调难等痛点堵点,区委积极探索新时期"枫桥经验"向海上延伸,2022年4月,"海上枫桥"矛盾化解一件事应用在"浙里办"上线,至2023年底,累计受理海上矛盾纠纷378起,线上化解率97.3%,群众满意率100%。并成功入选2022年第5批全省数字法治系统好应用,获评全国政法智能化优秀案例和2022年度省级县乡法治政府最佳实践。2023年12月,区委探索建立普陀区"海上融治理中心",成为全省首个实体化"一站式"海上矛盾纠纷解纷站。与此同时,普陀还推进"大数据+人民调解"机制,贯通"浙江解纷码""海上枫桥""浙里矛调"等线上调解全业务链条,为涉海企业化解矛盾纠纷361起,线上化解率达 97.2%，企业端、群众端满意率均达 100%。

三、"网格化管理、组团式服务"的时代价值

"网格化管理、组团式服务"模式寓管理于服务之中，体现了以人为本、人民至上的理念，为创新党在基层的执政方式、推动基层党建与社会治理深度融合、统筹发展和安全、促进社会和谐稳定提供了生动的实践经验，具有突出的历史意义和时代价值。

（一）首创了"党建+网格"基层治理新模式。"网格化管理、组团式服务"是一种在公民本位、社会本位理念指导下创造的新的基层社会治理模式，实现了基层社会治理模式从传统的政府"管制型"向"服务型"的转变。在理念上，"网格化管理、组团式服务"摒弃了"管制型"政府的"权力本位"导向，从传统的行政命令思维转向"寓管理于服务之中"，从政府包揽一切转向注重运用社会力量，从习惯于"治标难治本"转向强调源头治理，从习惯于使用单一的行政手段转向综合运用经济、行政、道德、科技等手段开展治理。在社会管理模式上，过去的"上面千条线，基层一根针"转变为"上面千条线，基层一张网"，使党的声音和政府服务延伸至整个社会每一个角落。以服务代替管控，不仅在很大程度上消弭了政府与民众间客观存在的隔阂，也使基层群众的困难和问题能够及时地在源头得以解决，又有效避免矛盾积压和激化。

（二）构建了"网络+网格"的基层治理新格局。传统的基层社会治理模式受限于行政区划的隔阂和较低的信息化程度，往往缺乏对各类资源的整合，政府与社会组织间、政府各职能部门间缺乏紧密联系，在很大程度上限制了公共服务的深度与广度。而"网格化管理、组团式服务"是在乡镇（街道）、村（社区）行政区划不变的前提下，把乡镇（街道）划分成若干个单元网格，注重运用统筹方法，把党政、社会组织等资源进行有效的配置和整合，为群众提供更为直接、高效的服务。一方面，整合了党政机关不同职能部门间的工作与信息平台，把现代的信息网络技术和传统的行政包干联系制度有效结合起来，将"条块"公共服务资源进行整合，实现了信息化管理和

行政化管理的对接。另一方面,积极鼓励社会力量参与到公共服务中来,因地制宜引导各类社会组织建立特色网格、特色党支部,逐步开辟普陀特色的十大自治途径,初步形成了党政主导、城乡统筹、上下联动、条块结合、社会协同、公众参与的基层社会治理新格局。

(三)开辟了"小网格+大平安"的基层治理新路径。在"网格化管理、组团式服务"探索实践中,始终坚持"大平安"建设理念,把"大平安"建设贯穿经济社会各领域,真正从"治安"上升为"治理",走出了一条独具特色的平安建设新路径。一是强调"源头治理",将"网格化管理、组团式服务"融入经济社会发展全局,统筹社会治理与经济发展和公共服务,积极推动解决人民群众的基本民生问题,不断打牢和巩固社会和谐稳定的物质基础,从源头上预防和减少社会矛盾的产生;二是强调共建共治共享,创新基层民主自治的方式方法,把社会治理变成人民群众共同参与的生动实践,让人民群众成为社会治理的最广参与者、最大受益者、最终评判者;三是强调促进经济发展和社会进步。"网格化管理、组团式服务"倡导民本理念、公仆意识、服务意识,推动政府着力改变自身定位,推进政府职能转变和"放管服",改革优化营商环境,经济的活力、创造力不断增强。着力提升政府办事效率,"一网通办"向海岛延伸,将公共教育、劳动就业、社会保险、医疗卫生、养老服务、社会服务、户籍管理等领域的高频政务服务事项下沉至基层便民服务中心(站)办理,真正实现"办事不出岛"。

(撰稿人:胡孟波 统稿人:胡孟波 审定人:袁海轮)

守护未成年人平安健康成长的临海实践与启示

◆ 中共临海市委党史研究室 ◆

保护未成年人合法权益和平安健康成长，促进未成年人的全面发展，是一项事关未来发展、事关社会稳定、事关民生福祉的大事。20年来，临海市委始终坚持人民至上的理念，以建设"平安临海"为依托，坚持预防、惩治和教育并举，创新深化"联建、联动、联教"等机制，逐步建立健全"党委领导、政府负责、社会协同、公众参与、法治保障"的守护未成年人平安健康成长的工作格局，牢牢守护未成年人的平安健康成长，既维护了社会和谐稳定，又增进了家庭平安幸福，为奋力谱写中国式现代化临海篇章筑牢平安根基。临海先后被列入全国青年中心建设工作先进县（市、区）、全国首批"安全教育实验区"试点县（市、区），实现了平安建设的"十九连创"。

一、守护未成年人平安健康成长的早期探索

21世纪以来，随着社会经济的发展，未成年人违法犯罪和伤害事故频发等问题逐渐成为社会关注的焦点。2004年5月，省委作出建设"平安浙江"的战略部署，临海市委迅速采取行动，于6月出台《关于深化"平安临海"建设，促进社会和谐稳定的决定》。这其中，守护未成年人平安健康成长，减少和预防未成年人犯罪，保障未成年人合法权益是"平安临海"建设的重要组成部分。

（一）初步开展未成年人维权和犯罪预防工作

临海作为台州的千年府治所在地，素有"小邹鲁"的美誉，有着崇文厚德、重教循道的优良传统。然而，随着经济社会发展，一些不良社会现象和思想风气对青少年的毒害日渐增多。为此，市委赓续文教传统，在社区、学校等开展青少年儿童普法教育、安全意识教育，着力做好未成年人违法犯罪的预防和挽救工作。

法制是未成年人违法犯罪预防和教育工作的鲜活教材和坚实屏障。2004年，市委、市政府出台《关于进一步加强和改进未成年人思想道德建设的实施意见》，积极实施以青少年健康上网、文明上网为主要内容的"绿网工程"，以"扫黄""打非"为主要内容的"净化工程"，以加强法治教育、防治未成年人犯罪、帮助未成年人健康成长为主要内容的"帮护工程"。2006年至2007年，市委又先后组织开展"家庭学法""春苗学法""不让毒品进校园""百万学生食品配送工程"等活动，重点对交通安全、食品卫生、溺水等方面开展安全隐患排查治理专项行动。与此同时，市直相关单位也结合各自实际，开展形式多样的未成年人法制教育和违法犯罪预防工作。例如，市关工委、市委组织部、市委老干部局等部门倡导开展"十个一"活动①，动员更多老同志为维护青少年合法权益贡献力量；市法院建立少年刑事审判庭圆桌审判和社会调查员制度，落实"庭前三走访，庭中三教育，庭后三帮教"工作制度。

通过各项举措，全市青少年儿童的法律意识、安全知识素养得到提升，未成年人的自控能力和自我保护能力有所增强，未成年人犯罪行为得到有效控制，交通安全、食品卫生等环境状况得到改善。

---

① "十个一"活动，是指为青少年作一次教育辅导报告，为青少年健康成长的教育问题参与一次专题调查，帮助一名城镇待业青年就业，向农村青年传递一条科技信息、帮助走科技致富道路，为弱势青少年的助学、助困、助残方面提供一点资助，与青少年进行一次谈心活动，帮助教育感化一名失足青少年，参与一项中小学校外教育活动，参与一项组织青少年树新风、除陋习的文艺宣传活动，为维护青少年合法权益做一件事。

（二）常态化守护未成年人平安健康成长

随着互联网的兴起，一些不健康的网络文化和社会风气不断侵蚀未成年人。对此，市委坚持源头治理，转治标为治本，增强未成年人的安全意识和法制观念。同时，联合各方力量，在全社会开展普法教育，加强心理健康、健康上网等平安教育，不断推动未成年人平安守护工作常态化、长效化。

从 2009 年开始，临海将每年 5 月定为"法制关爱工作月"，组织法制宣讲团、巡回报告团等到学校宣讲校园安全、交通安全、财物保护等方面的法律常识和预防措施，创办"明德讲堂"，引导学生树立正确价值观。

2010 年，市委以"联建、联动、联教"机制为抓手深入实施"春泥计划"。健全"联建"机制，组织由市教育局、市文明办等相关部门以及乡镇（街道）、学校共同参与的"春泥关爱"行动网络，建立积极互助、高效互动、全面互补的"联动护花"机制和"多媒助推"宣传机制；构建"联动"网络，依托社区、家长、学校、青少年活动中心（室）等阵地，深入开展"快乐绽放在校园"等活动，建立健全青少年校外教育联席会和家长委员会制度，促进家庭教育与学校教育、社会教育的有效衔接；落实"联教"内容，成立"青少年健康上网联席会议"，开展"网络蓝天"综合治理活动，加强对"黑网吧"和网络非法经营行为的监督检查。

2011 年，市委持续推进"春泥计划"。7 月，市委宣传部、市文明办等单位启动未成年人暑期"春泥学法"法制宣传教育活动，以"学法、知法、守法"为主旨，组织农村青少年实施以"上一堂法制课，开展一次'远离网吧、拒绝毒品、拒绝赌博'大讨论，组织一次法律知识问答，参观一次爱国主义教育场所，办好一期法制宣传专栏"为主要内容的"五个一"活动。与此同时，市委支持部分乡镇（街道）开展"五色春泥"主题教育系列活动，着力提升未成年人的思想道德素质，着重解决未成年人进入网吧、沉溺网络游戏、不道德网络聊天、违法犯罪、自我保护意识弱以及暑期安全等问题，着手成立未成年人心理生理知识辅导站，开展心理健康教育咨询，保护未成年人的生理和心理健康。"春泥计划"的实施加强和改进了未成年人的思想道德建设、优化了未成年人的成长环境。

市委秉持惩教并举的原则，以法制关爱工作月、"春泥计划"等为载体，营造了全覆盖、多视角、多元化的未成年人法制德育宣教环境，初步形成了党委统一领导、党政群齐抓共管、各有关部门积极配合、全社会参与的良好局面。

二、守护未成年人平安健康成长的深入实践

党的十八大以来，党中央对未成年人保护工作提出一系列新要求，未成年人保护法律体系日臻完善。临海市委、市政府坚决贯彻落实党中央和浙江省委、台州市委要求，切实承担党委领导下的政府主体责任，在守护未成年人平安健康成长早期探索取得成功经验的基础上，全面统筹各方守护力量，全方位构建未成年人平安守护体系，织牢织密守护未成年人的网络。

（一）全方位构建未成年人平安守护体系

2012年以来，市委进一步提升未成年人平安守护工作的主动性和前瞻性，结合各部门以及乡镇（街道）、学校在全域开展未成年人平安守护工作的实践经验，总结形成规律性认识，完善党委领导、多方合力、协同联动的工作格局。同时开展一系列建章立制的举措，推动未成年人平安守护工作精细化、专业化、制度化、法治化，逐步形成综合性、多维度的预防和惩治侵害未成年人违法犯罪工作体系。

2012年，在市委的领导下，市委政法委、市公安局等多部门以及各乡镇（街道）共同构建起了上下联动、多方参与的工作体系。市检察院、市关工委等部门出台了《关于建立被相对不起诉未成年人帮教制度的具体规定》，并在全市各乡镇（街道）聘请了39名未成年人犯罪帮教社会调查员，负责对特定未成年犯罪嫌疑人进行社会调查，并将调查结果作为未成年人刑事犯罪处理参考。同年，市普法教育维权基地成立，并试行配备"12355"服务热线。

2013年5月，临海成为全国首个"安全教育实验区"试点县级市。市委聘请老干部为"未成年人保护组织"成员，担任未成年犯罪嫌疑人的"代理

监护人"。同年10月，市检察院未成年人刑事检察科成立，专门办理未成年人刑事案件的"捕、诉、监、防"一体化工作。同时，临海开始实行"三三"模式①关爱留守儿童机制。

2014年，临海制定《临海市中小学校学生人身伤害事故处理办法》，构建"学生—家长"互联、"学校—社会"共管的校内外安全防护体系。随后，市检察院组建了"心雨"法制宣讲团，与市关工委共同设立4家"观护帮教基地"，加强失足未成年人监管教育；联合市妇联、市教育局启动"春苗G行动"项目，预防未成年人犯罪和意外伤害事件的发生。

2020年，市委政法委、市公安局等单位出台了《关于建立涉性侵害违法犯罪人员从业限制制度的意见（试行）》《妇女儿童权益保护十条协同工作机制》等文件，建立健全法制副校长进校园、"绿色篱笆"校园周边整治、预防和惩治性侵害未成年人工作协同等机制。其间，还建立"强制亲职教育"线上平台、妇女儿童权益保护协同站，强制对教育失当的父母及遗弃、虐待未成年子女的父母进行亲职教育，共同守护未成年人平安健康成长。

在总结各部门工作经验的基础上，市委建立市预防和惩治侵害未成年人违法犯罪工作体系，坚持"最低限度容忍"和"最高限度保护"原则。加强相关人员从业管理、预防侵害校园管理、流动人口服务管理、"异常人员"评估管理、未成年人（重点留守儿童）的监护管理、公共场所行业管理、市场环境监管力度、舆情应对管理等。完善"一站式"取证流程，实施检察机关提前介入、心理专家评估及时介入、法律援助及时介入的"一提前、两及

---

① "三三"模式，一是建立留守儿童信息库，做到"三掌握"，即掌握留守儿童在校成长情况，家庭、学习、生活情况，外地打工的父母去向和联系方式；二是经常开展关爱活动，做到"三沟通"，即开展"爱心助成长"志愿服务，定期与留守儿童的在读学校、家庭监护人、在外务工的父母沟通；三是确保关爱落到实处，形成"三结对"，即组织机关干部与留守儿童实行结对，负责承担对留守儿童的教育、监护责任，帮扶留守儿童家庭生产、生活；组织村（社区）两委干部、志愿者与留守儿童实行结对，担负起对留守儿童学习帮助、行为纠偏和价值观念矫正等责任，并协助解决留守儿童的学习和生活困难；组织在校的老师、社会的热心人与留守儿童结对，做留守儿童的"代理家长"，弥补留守儿童亲情缺失。

时"介入机制,提升办案专业化水平。同时建立健全宣传教育、安全管理、综合治理、打击惩治、救助关护等全流程、一体化工作机制,形成党委政府主导、职能部门联动、专业组织参与、社会力量配合的工作格局,最大限度保护未成年人的合法权益。各相关部门以及未成年被害人所在地的乡镇(街道)加强协作,从医疗救治、心理关护、法律援助、司法救助、监护救助、隐私保护等六方面提供关护,建立未成年被害人联合关护机制,构建起社会化关护体系。

(二) 全领域扩展未成年人平安守护覆盖面

近年来,由于各方面原因,青少年儿童抑郁、焦虑、烦躁、厌学、网络成瘾等心理健康问题增多。面对新形势新情况,市委以"等不起、坐不住、慢不得"的责任感和紧迫感,整合资源、创新实践,营造清朗网络空间,关爱呵护未成年人身心健康成长,努力把未成年人平安守护工作打造成为"平安临海"的暖色风景。

为了进一步呵护青少年儿童的心理健康,2021年1月,市委、市政府印发《临海市青少年儿童"心灵守护行动"实施方案(2021—2022年)》,探索建立青少年儿童心理健康"一个中心、两套机制、三大阵地、四支团队"的保护体系,即建立市青少年儿童心理健康守护中心;建立家庭、学校以及其他社会主体的"1+1+X"责任落实机制和全域评估干预机制;规范化搭建基层工作阵地、标准化推进校园教育阵地、全天候开放线上疏导阵地;打造多层级心理治疗专家团队、壮大专兼职心理辅导教师团队、培育社会化心理健康服务团队、集结各领域心理帮扶志愿团队。同步召开青少年儿童"心灵守护行动"部署会,开通专为青少年儿童与家长提供24小时免费心理服务的"12355"热线、为青少年儿童提供全方位心理健康微信服务的"心灵驿站"公益平台、相关部门会同三甲精神科医院开展心理健康疏导服务的"心晴驿站"电话亭三大平台,逐步完善市、镇、村三级"守护网络",健全教育培训、监测预警、帮扶助困、干预调适、治疗跟踪等"五道防线"的防范体系。截至2021年11月底,"12355"热线共接到求助电话1000余通;"心灵驿站"公益平台已拥有注册用户3.7万余人;"心晴驿站"电话亭已拨出倾诉热线590余通，视频咨询150余通；两期青少年心理健康相关主题的"家庭教育时空对话"系列线上直播活动点击率超75万次。该行动健全了责任体系、防范体系、服务体系、保障体系，形成平安与教育、医疗等领域的互通互融、共享共建，为广大青少年儿童提供多种心理疏导与求助途径，最大限度降低未成年人心理健康问题所带来的各类风险，先后被《中国青年报》、新华网、中央电视台中文国际频道《中国新闻》和《今日环球》栏目等国家级媒体平台报道。

市委还组织协调相关部门引导未成年人安全上网、文明上网，动员社会各界共同呵护未成年人网络空间安全和网络合法权益。2021年10月，市委网信办以"国家网络安全宣传周"为契机，开展市青少年网络素养教育活动，向未成年人及其家人普及网络安全知识。2022年9月，市教育局深入贯彻《临海市电信网络新型违法犯罪专项整治"百日行动"工作方案》，全面落实学生防电诈宣传教育工作。

2022年至2023年，市委、市政府组织市场监管局、教育局等部门以及各中小学共同守护未成年人食品卫生安全。开展"亮剑2022—春雷"专项执法行动、"开学第一课·护航第一餐"沉浸式直播活动等，加强未成年人食品卫生安全知识科普和监督检查整改力度。先后出台《临海市中小学校食品配送管理办法（试行）》《临海市学校食堂托管机构管理办法》等文件，明确主体责任，从源头上加强校园食品安全管理，完善食品安全应急处置方案。同时，利用校园食堂"红黑榜"，倒逼学校食堂重视食品安全问题；通过"阳光厨房""众食安""浙食链"等系统开展网上云巡查，实现对学校食堂食品采购、烹饪、餐具清洗消毒等全过程实时监管。

（三）全社会共创关爱未成年人"双手行动"

随着预防和惩治侵害未成年人违法犯罪工作体系和市、乡镇（街道）、村（社区）三级"守护网络"逐步构建，未成年人平安守护相关的规章制度建立健全以及全社会关心关爱未成年人平安健康成长形成浓厚氛围，市委、市政府进一步总结经验，乘势而上，不断完善党委、政府主导的社会化关护体制机制，推动临海未成年人平安守护探索新路径、开创新局面。

2023年3月,台州市青少年大维权一体化改革试点暨临海市关爱未成年人"双手行动"在临海启动。"双手行动"包含"联手,联众人之手""拉手,大手拉小手""左右手,一手软、一手硬"三层含义,坚持"一手抓预防和惩治侵害未成年人的违法犯罪,一手抓预防未成年人违法犯罪"。同时,市委出台《临海市关爱未成年人"双手行动"实施方案(2023—2024年)》,构建起市级、乡镇(街道)、村(社区)、学校四位一体的工作阵地,成立临海市未成年人救助保护中心(临海市青少年发展服务中心),建立"一门受理、协同办理"的多部门联动、社会各方参与的工作机制,设立思政教育中心、权益保护中心、司法社会服务中心、心理健康守护中心、志愿服务中心五大中心区块,打造全省首家为青少年提供权益维护、司法保护、心理辅导等功能和服务于一体的综合性平台;不断优化家庭监护、学校保护、社会成长、网络使用等"四维"成长环境;建立了风险监测、分级负责、四色评估、转介处置、干预帮扶等"全链条"预警处置机制,确保涉未成年人问题发现在早、介入在早、化解在早;常态开展阳光救助、司法关护、"心灵守护行动",让更多未成年人感受到社会温暖、得到社会帮助。同年,重点聚焦未成年人违法犯罪问题,本着"提前干预、以教代刑"为特点采取保护措施,着力破解"家长管不了、学校管不好、公安管不住"难题,先行先试,有序推动筹建专门学校工作。

临海关爱未成年人"双手行动"积极探索特色做法,如市妇联推出家庭教育主体责任人积分服务体系,推动亲子参与学习实践,强化家庭教育的双向提升,截至2024年3月,市妇女儿童服务中心通过家庭教育主体责任人积分服务体系吸纳5000余个家庭参与,开展"百业童萌·成长计划"等主题亲子实践活动60余场,开设家庭教育指导课程200余场,提供个案咨询服务100余人次,赢得了社会各界的好评。

在市委的有力推动下,全市未成年人心理问题得到有效预防和解决,食品卫生安全实现"全周期管控、全链条贯通、全过程防控、全社会共治",风清气正的互联网生态正在形成,社会更加和谐稳定。临海先行推进儿童友好城市建设的相关实践经验被全国儿童中心向全国推荐,市关爱未成年人"双手行动"获得省委领导点赞,被《新华每日电讯》、《中国妇女报》、新华社客户端等国家级媒体广泛报道。

三、现实启示

临海守护未成年人平安健康成长的实践经验历久弥新、弥足珍贵。要继续用心用情做好这项工作，着力打造未成年人平安健康成长的良好生态环境。

（一）党委领航，严密筑防。在未成年人平安健康成长的道路上，党委的领航作用至关重要。临海市委不仅高度重视，把未成年人的需求和利益放在首位，时刻关注他们在成长过程中的身心健康和心声诉求；更是制定和实施了严密的防护措施，做到家庭保护、学校保护、社会保护、网络保护、政府保护、司法保护"六大保护"相互融合、协同发力，充分保障未成年人的合法权益，不断提升未成年人的安全感、幸福感、获得感，为未成年人的平安健康成长创造更加和谐稳定的社会环境。

（二）多方协同，共护未来。未成年人平安守护工作是一项全社会的系统工程，需要集聚众力、汇聚众智。临海市委全力构建党政主导、社会治理、学校教育、家庭防范的多维保护体系，做到市、乡镇（街道）、村（社区）三级联动，在市级层面建立青少年发展服务中心，在19个乡镇（街道）建立未成年人保护工作站，在662个村（社区）成立未成年人保护委员会，在106个学校建立未成年人保护工作室，实现家庭、学校、社会、网络、政府、司法等全方位保护，共同营造全社会守护未成年人平安健康成长的良好氛围，为全市未成年人撑起一片晴朗天空。

（三）标本兼治，护苗成长。未成年人平安守护工作要坚持"双手行动"。一要"硬手"治标。临海市委通过制约、强制、惩戒等手段预防和惩治针对未成年人的侵害行为，对于已经面临风险或遭受伤害的未成年人，在医疗、法律等多方面提供帮助和保护。二要"软手"治本。市委通过安全知识与技能培训、德育与普法教育、心理健康咨询与辅导等常态化宣教工作，提高未成年人及其监护人的安全意识、法治意识和自我保护的能力。三要"软硬"兼治。引导未成年人树立正确的世界观、人生观、价值观，在思想源头上筑牢未成年人平安健康成长的防护屏障；要从外围环境减少未成年人受到伤害的风险，避免未成年人因外界的不良诱惑而误入歧途，让已经违法犯罪的未成年人迷途知返。

（撰稿人：周靖倩　统稿人：詹维强　审定人：蔡照）

流动人口居住管理的玉环探索与实践

◆ 中共玉环市委党史研究室 ◆

20年来,玉环市委认真贯彻省委"平安浙江"建设重要决策部署,沿着习近平同志开创的"平安浙江"道路砥砺前行,坚持一张蓝图绘到底,不断完善平安建设工作机制,不断坚持和发展新时代"枫桥经验"。针对流动人口管理难题,玉环市委从流动人口居住管理出发,探索出一条"以房管人"的治理路子,营造出和谐安定的社会环境,推进玉环经济健康发展和社会和谐安定。

一、流动人口居住管理问题的初步探索

21世纪初,玉环民营经济迅速发展,汽摩配、水暖阀门、机床、眼镜、家具等行业蓬勃兴起,吸引大量劳动力流入。流动人口为玉环发展带来了强大动能,同时由于原有公共资源配置不足,导致流动人口面临居住环境脏乱差、安全隐患突出等问题,使得社会治理难度不断加大。当时的玉环县委①认识到,只有安居才能乐业,如果流动人口问题不及时解决,必然会影响本地区经济发展和社会长治久安。

2004年5月,省委召开十一届六次全会,作出建设"平安浙江"的决定。根据省委部署,当时的玉环县委着力打造"平安玉环",以全面加强流动人口社会整合工作为总抓手,坚持"打防结合、标本兼治"方针,大力推进基层综治规范化建设。自此之后,流动人口管理成为"平安玉环"建设的重中之重。

---

① 2017年4月,撤销玉环县,建立县级玉环市。

（一）推动流动人口集中居住点建设

玉环是全国较早开展流动人口集中居住的县（市、区）之一。早在1993年，玉环就在全省首创"福山外来人员之家"，实行外来人员集中居住模式。1994年建立暂住人口卡片检索制度。2004年初，玉环政府工作报告首次提及加强流动人口集中居住点建设，并成立领导小组，组建联席会议制度。4月，县政府印发《关于外来人口集中居住点建设若干规定》，明确外来人员达300人以上的村居（社区），原则上要创办一所居住点，房屋一般在2层以上，并能住宿200人以上，还应配置管理服务房、文体活动室、食堂和公厕等设施。2005年3月，当时的玉环县十二届三次党代会提出，要加快新民小区建设步伐，并印发《关于规模工业企业外来员工宿舍楼建设若干规定》，鼓励各类主体建设新民小区，改善外来员工的居住条件。同时要求将新民小区建设纳入县对乡镇年度考核目标体系，并把流动人口居住点建设作为县百强企业评比的前置条件，促使企业主动承担社会责任。2008年，新民小区建设相关经验被国务院办公厅《要情》登载，并在全省推广。截至2013年，全县共建成新民小区33家，总建筑面积25.16万平方米，56家企业建有外来员工宿舍楼，为流动人口在玉环生活工作创造安定有序的居住环境。

（二）开展居住出租房屋管理

玉环在抓集中居住建设的同时，也大力开展居住出租房屋管理。2004年初，县委提出探索加强流动人口管理，并开展流动人口管理"百日大整治"活动，健全流动人员登记、发证、发函、建档制度，全县登记在册暂住人口共179998人，发证178693人，设立村居暂住人口管理登记站212个。2005年3月，县十二届三次党代会提出，要强化外来人口和出租私房管理。同年，在珠港镇环礁村与清港镇徐都村开展试点，对房屋和流动人口实行"ABC"分层管理①，由党员、村民代表和村"两委"班子实行包干管理，分别落实跟进服务、侧

---

① "ABC"分层管理，是指出租房分房东自住主房A、主房旁配房B和其余老房子C类，并编号分组、一户一档；流动人口分为放心人群A、怀疑人群B和高危人群C三类。

重管理、实时防控等措施；压实房东责任，实行"契约式"管理，在村民公约里要求房东了解并上报承租流动人口基本情况和人员变更，并制定相应惩戒措施。经此举措，流动人口人户一致率达95%以上。2008年，县委持续强化流动人口"以房管人、以业控人"做法，推广环礁村和徐都村流动人口居住管理经验，确定22个村居为流动人口"人户一致"试点。通过严格控制流动人口居住地，各试点地区治安状况呈现良好态势。

（三）建立聚居地专职管理机构

为加强对流动人员的管理，玉环坚持和发展"枫桥经验"，在流动人口聚居地探索建立专职管理机构。2003年，选取流动人口聚居较典型的楚门镇马山村为试点，整合村级治保、调解、帮教、巡防、外来人口管理等组织资源，建设村级外来人口管理服务站（后更名为村级综合治理工作站）。

马山村外来人口管理服务站成立后，人员工资及管理所需经费由村辖区内企业主和私房出租户按一定比例出资，不足部分由村集体解决，筹到资金全部纳入村级财务管理。专职管理人员从流动人口和本村村民中公开选聘，并分组每月排查、登记流动人口情况，做到人来登记、人走注销，督促流动人口与用工单位签订劳动合同，调解流动人口和企业、村民之间的纠纷，开展夜间巡逻。制定管理服务站相关规章制度，并将出租房屋信息上墙，对流动人口进行个人信息卡片登记，还动态更新反映流动人口分布情况。2003年11月，玉环召开加强外来人口社会整合工作现场会，总结推广马山村外来人口社会化管理经验。

2005年3月，玉环县十二届三次党代会提出，全面推进村级综治工作站建设。同年，县委、县政府印发《关于加强和规范村级综治工作站建设的意见》和《村级综治工作站等级评定办法》，在流动人口聚居300人以上的112个村（社区）开展村级综治站规范化建设。对流动人员登记发证，对出租私房实行登记备案管理和网上申报，全面掌握出租私房承租人基本情况及3天内变动情况，出租私房登记备案率达100%。对无管理能力和管理责任落实不到位的出租私房实行委托管理。对新民小区实行封闭式物业管理，由专人对进出外来车辆、人员进行登记，小区内流动保安24小时不间断巡查。同时村级综治站加大巡防力度，居民安全感不断提高。楚门镇龙王村综治站建站仅1年，刑事案发同比下降71.4%，并协助派出所抓获各类违法犯罪嫌疑人员83人，协助抓获网上逃犯2人。

（四）探索"以外管外"新模式

为增强聚居地流动人口的凝聚力和管理水平，玉环推进聚居地党组织建设，探索形成"以外管外"新模式。2007年初，玉环在龙溪乡建成全省首个外来务工人员党建工作站，2008年，根据流动人口流动性强、聚居地分散等特点，逐步在流动党员人数较多的村（社区）或新民小区建立党组织，由综治站（新民小区管委会）党员负责人、工作人员或分管流动人口的党员村（社区）干部担任支部负责人。

依托流动党组织，在流动人口聚居地成立流动人口调解组织，吸收政治思想素质较强、文化程度较高、组织协调能力强、有影响力且在当地居住时间较长的流动人口担任义务调解员。义务调解员工作坚持调解优先原则，实行分级分类调处，就地化解矛盾纠纷，做到"小事不出村、大事不出镇"。2010年，玉环总结提炼聚居地流动党员教育服务管理"六步法"①，更好实现流动人口自我管理、自我服务和自我教育。"六步法"得到省委领导批示肯定。《人民日报》《浙江日报》等多家媒体予以报道。

二、"以房管人"管理模式的深化实践

党的十八大以后，省委、省政府根据党中央提出的创新社会治理工作要求，作出完善和创新流动人口管理服务工作一系列重要决策。2016年之后，以《浙江省流动人口居住登记条例》正式施行为契机，玉环在流动人口住房保障和管理先前经验探索的基础上，通过创新开展旅馆式管理、布控"智慧消防"、打造新玉环人之家等举措深化实践"以房管人"管理模式，进一步提高管理和服务效能，实现基层共建共治共享，为"引人留人"工作营造良

---

① "六步法"，是指接纳、建设、教育、管理、惠民、利用。

好的就业生活环境。

（一）创新探索旅馆式管理

2015年1月，玉环县十四届四次党代会提出，要深化"网格化管理、组团式服务"，扎实开展"基层社会治理信息化推进年"活动。以网格化、信息化为手段，同年7月，沙门镇对出租房屋实行"人来登记、人走注销"的旅馆式管理，把全镇23个村当成23家"旅馆"，村居出租私房为"旅馆房间"，逐户编号，每个村设立一个负责掌握村内出租房基本情况的"旅馆吧台"，并实行星级评定管理。在提炼总结沙门镇管理经验的基础上，2016年6月，县政府印发《玉环市居住出租房屋"旅馆化"管理实施办法》，确定"农村居住出租房屋、社区居住出租房屋、集中规模住宿点"3种管理模式，探索建立以村（社区）为旅馆、出租房为房间，"经营审批、入住登记、离店注销"的出租房旅馆式管理模式，同时制定"一个房东协会、一个智能总台、一套星级标准、一张治安防控网络、一支教导队伍"建设标准，实现全市出租房标准化、智能化、精细化管理。探索推行扫码租赁，对纳入管理的出租房统一安装"二维码"门牌，向房东、租客、网格员提供不同操作权限。房东可扫码自主申报房间信息、房客信息、租赁信息，租客可扫码获取房屋信息、申报入住登记、办理退房注销，网格员可开展消防检查、人员登记、房屋更改等操作，房东、租客无须再往返派出所，实现数据多跑路、群众零跑腿。同时实施房客准入制度，在台州首创"三不四谈五管六字"工作法①，全面做通有前科、有劣迹等高危流动人员的思想工作，努力减少潜在犯罪人员的存量。

2016年11月，居住出租房屋旅馆式服务被省委主要领导批示肯定，并要求总结经验。2018年，这一做法被省委政法委写进新时代"枫桥经验"六大工程建设中。同年，该项目被国家标准化管理委员会确定为国家级服务业标

---

① "三不四谈五管六字"工作法，"三不"是指有前科的人员未经评估不准落户、不让租房、不予招工；"四谈"是指与本人谈、与家属谈、与房东谈、与业主谈；"五管"是指企业管、房东管、村居干部管、片警管、专管员管；"六字"是指"理"（理清底数）、"查"（查控轨迹）、"谈"（谈深谈透）、"赶"（驱逐驱赶）、"问"（传唤询问）、"打"（高压严打）。

准化试点项目。2020年3月,玉环起草的《居住出租房屋旅馆式管理规范》作为首个出租房屋管理的省级地方标准在全省发布,9月通过国家标准试点。

(二) 运用"智慧消防"保障居住安全

消防安全是流动人口居住管理的重点和难点。2017年9月25日凌晨,玉城街道小水埠村一民房起火,造成重大人员伤亡。市委、市政府认真吸取此次事故教训,高度重视出租房屋消防隐患整改问题,通过推进现代化科技与消防工作的深度融合,打造智慧消防预警大数据平台。2018年,玉环智慧消防平台投用。之后,在玉城街道解放塘社区试点,智能消防设备与视频联动功能、可视化指挥功能等12项功能皆正常使用,使该社区火警数量同比下降33%。2019年4月,市政府印发《玉环市"智慧消防"建设工作实施方案》,在全市10人以上居住出租房屋推广和安装5000套智能消防终端产品。整合国家地理信息公共服务平台天地图、"110、119、120接警平台"、消防监督管理系统、房管通系统等40余个系统,打造"云上玉环"智慧消防平台。消防监管人员通过扫码对场所及居住出租房屋开展日常消防检查,检查情况直接录入平台,自动生成检查报表、进行评估打分。同步推送至出租房业主手机端,对照"红、黄、绿"三色结果落实整改举措,整改结果反馈线上审核,对超期未反馈的重点督促,形成"发现—整改—验收"检查闭环。2017年至2019年,通过终端产品监测及平台五级告警推送,预警人数15450人,另外电话推送161938条,短信推送342500条,App推送1124064人,基本实现预警防控功能。智慧消防预警大数据平台的监督管理功能初步实现,2021年该平台上线浙政钉;2022年10月入选省第三批数字政府系统优秀应用案例集。

(三) 打造"新玉环人之家"提供安居服务

为方便新玉环人到玉环就业安居,2023年6月,玉环在流动人口服务中心建设运行"新玉环人之家",这是集租房服务、零工市场、流动党员之家等为一体的综合性线下服务阵地,并依托"玉环新城员服务平台""新玉环人小程序""安全管家"等平台,集合全市出租房、招工等信息,创新推出

"来玉安家一站式"服务。"新玉环人之家"配备 4 名专职工作人员，实行 AB 补角、轮流值班、周末不打烊，确保服务阵地高效运转。以新来玉流动人口为重点对象，主动收集租房、就业等首要需求，通过后台管理端及线下服务窗口进行查询，根据需求匹配房源及就业信息。同时，大厅墙上滚动显示全市租房信息一览表，可以帮助新玉环人自主选择心仪住房，做好安家第一步。

公共租赁住房保障是实现社会公共资源合理分配，兜牢平安稳定底线的重要举措。市委、市政府坚持公平、公正、公开原则，探索实行新玉环人积分制管理，规定积分累计达到一定分值，符合玉环市公共租赁住房管理有关规定条件的流动人口，可申请承租公共租赁住房。市政府依托"新玉环人之家"平台载体，通过加强信息发布、政策宣传和服务引导，帮助新玉环人申请公共租赁住房，并及时向社会公示相关情况。截至 2023 年底，新玉环人之家累计接入租房数据 5000 余条，岗位数据 1000 余条，公益法律咨询帮扶 40 余人，接待来访群众 2000 多人次。没有发生一起因政策落实不到位引起的信访事件，群众获得感和满意度有了较大提升。

玉环"以房管人"模式紧紧抓住流动人口管理的关键点，人、房管理精度得到显著提升。近年来，全市各项社会治安指标全面向好，未发生一起因外来人员矛盾纠纷引发的群体性事件，流动人口管理难题得到有效破解。

和谐安定的社会环境、高效便捷的民生服务和开放包容的城市气质，吸引了更多流动人口到玉环安家置业、奋斗打拼。截至 2023 年，玉环流动人口在册数 32 万余人，比 2014 年增长 24.2%。流动人口为玉环发展提供了充足的劳动力保障，成为促进玉环持续发展的重要生力军。

三、经验启示

玉环 20 年流动人口管理服务的探索和实践，统筹兼顾"源头治理、系统治理、依法治理、综合治理"，为基层治理体系与治理能力现代化提供了实践经验，也为更多地区探索适应当地流动人口管理新方法、新方式提供了重要借鉴。

（一）以房管人，服管并举服务优先。抓住落脚点管控这一流动人口管理的"牛鼻子"，压实房东主体责任，对分散的居住出租房屋进行统一管理。

规范化采集信息,做到"人来登记、人走注销",为流动人口教育、计生、劳动就业等政府管理提供数据支撑和管理路径,逐步形成"以房找人、以人找房、查房知人、查人知房"工作格局,体现出玉环从"居住管理为主"到"服管并举,服务优先"的工作思路转变,逐步实现基本公共服务均等化。

(二)以人为本,坚持共建共治共享。注重因地制宜,让群众在改革中有获得感,是变被动推进为主动参与的关键。如玉环通过居住出租房屋旅馆式管理,为房东提供免费租房广告,义务把好安全关,提升房屋配套设施,从而提高房东租房收入。同时,为房客提供更加优质的房源、更直观的对比、更便捷的服务,并探索引入流动人口积分制,对合法合规的予以加分,方便子女入学、申请公共租赁住房,真正做到寓管理于服务,以服务促管理,使房东租得放心,房客住得安心,也让政府管得省心。

(三)转变认知,增强玉环归属观念。在保障外来人口较好居住权的同时,加强对他们的教育、管理、服务、关爱、激励,辅以相关配套政策,逐步落实人性化服务措施,使其充分享受同等化市民待遇以及公共便利服务,实现"困有所助、难有所帮、需有所应",有助于增强其归属感和责任意识,有利于调动工作积极性,促使他们深度融入、自觉参与当地经济社会建设,影响和带动广大新玉环人共建家园、干事创业。

(四)数字赋能,打通基层治理末梢。传统管理模式往往面临信息不对称、管理难度大等问题,通过微网格、数字化、智慧化管理,全覆盖、无死角排查摸清流动人口大数据,管理部门能够精准掌握并科学研判流动人口聚居地的治安状况,针对重点区域开展平安巡防,消防安全、安全生产检查,矛盾纠纷调处等,及时发现并处置化解安全隐患,大大降低火灾等公共安全事故和违法犯罪案件发生率,让流动人口入住顺心、居住安心,营造安全稳定和谐的居住生活环境。

(撰稿人:江卫斌 统稿人:施含笑 审定人:华汉领)

"周五开门接访日"机制的实践与启示

◆ 中共龙泉市委党史研究室 ◆

2004年5月,省委作出了"平安浙江"建设重要决策部署,开启了浙江在省域层面推进治理现代化的新征程。20年来,龙泉市委坚持以人民为中心的治理观,聚焦百姓"急难愁盼"问题和改革发展堵点难点问题,将领导干部下访和群众上访相结合,不断探索完善信访工作方式方法,畅通群众信访渠道,建立了"周五开门接访日"机制,构建起"县级领导值守接访、乡镇领导定期接访、村社干部一线接访"的大接访工作格局,通过干部下基层开展信访工作和新时代"枫桥经验"双向发力、互为补充,推动信访工作提质提效。

一、"周五开门接访日"机制的建立和实践

龙泉市地处浙江西南部山区、浙闽边际,"九山半水半分田",地域面积广阔,山高路远村多,自然环境差异大,人口分布悬殊,由此造成群众纠纷多但调处难度大、群众诉求多但不易协调等诸多问题,呈现较为复杂的治理局面。为此,推动基层信访建设,是龙泉加强基层治理的迫切课题。

(一)"周五开门接访日"机制的建立

2003年9月,习近平同志到浦江下访接访,并要求在全省实施干部下基层开展信访工作制度。龙泉严格落实这一制度,不断完善创新信访工作机制,持续推出市委书记大接访、领导干部基层大接访、"大接访、大下访、大走

访"、千名干部驻千企、开通"12345"综合性便民服务热线等举措，充分了解社情民意，畅通群众信访渠道，定时研判化解纠纷矛盾，强化重点信访问题办理，取得了良好的实际效果。

随着经济发展方式的转型升级，龙泉社会矛盾呈现新特点新变化。资源配置不平衡、服务管理不精细等诸多现实问题逐渐显露出来，尤其是在征地拆迁、山林纠纷、农村宅基地管理、民生政策等领域的风险和问题有所增多。原有的信访矛盾纠纷多元化解机制虽然在逐年完善健全，但在运行过程中仍存在较多问题，一些群体诉求仍然无法得到及时、有效的解决，导致龙泉仍旧面临信访问题高发、接访下访难度加大的严峻态势。

为了从源头上控制越级信访、重复信访、集体信访，确保矛盾化解在基层，在充分调研的基础上，2021年12月，市委信访工作会议提出要系统完善信访工作机制，建立"周五开门接访日"机制。

"周五开门接访日"机制建立之初，市委规定每周五为县（市）、乡镇（街道）、村（社区）三级"开门接访日"，开门接访采取随机接访与预约接访、线下接访与线上接访相结合的形式。每月末，通过电视、新媒体、公告栏等方式，将次月周五县乡村三级接访领导、预约电话、地点等信息进行公示，引导群众预约登记信访事项。各部门、乡镇（街道）将信访群众反映的实际情况进行分级分类和全面核查，统一收集梳理问题清单，并对全过程做详细记录，建立"一人一档"。

为不断深化完善"周五开门接访日"机制，2022年1月，龙泉成立"周五开门接访日"工作领导小组，在市信访局设立县（市）级固定场所，市领导定点接访，信访量大、信访问题突出的单位为常驻接访，信访工作联席会议成员单位为轮驻接访，并根据预约接访内容选定相关单位随时接访。各乡镇（街道）主要负责人轮流在乡镇（街道）接访场所定点接访，现场处理群众信访事项，村（社区）主要负责人为村级接访人，联系村领导、派出所民警、共享法庭联系法官、业主委员会主任、物业公司负责人等共同接访、共同解决。

为更好地推动领导干部接访规范化、实体化、常态化运作，2022年2月，龙泉进一步规范"周五开门接访日"工作，根据"首接规范、首交精准、首办负责"原则，优化案件汇集、首办责任、流转交办、限时办结、联合接访等信访制度流程，实行全流程闭环处理。对办理权限在村（社区）的事项，乡镇（街道）"下导"办理。对于无法处理的信访事项，乡镇（街道）申请"上导"至县级层面，由市信访联席会议通过"基层智治"或"民呼我为"系统落实办理单位。同时主动约访上级交办、网格排查、日常排摸出的易引发矛盾纠纷的疑难信访事项。

此外，市委还强化领导带案下访制度，深入基层对难点信访事项进行研判会商、直接推动化解。全面压实乡镇、部门级和村、社区级信访处置化解责任，做到对群众信访事项马上办、就近办、一次办。

（二）"周五开门接访日"机制的发展

随着数字化改革的深入和基层治理"141"体系的构建，"周五开门接访日"机制与时俱进、迭代升级，以数字化赋能进一步推动线上协同解决群众矛盾纠纷和问题，最大化提高信访处置效率，不断推动新时代信访工作高质量发展。

为健全基层信访工作网络，提升源头治理、系统治理、综合治理、依法治理成效，2022年3月，龙泉探索设立矛盾纠纷调解"点将台"，建成由130名"社会力量+专业人士+X"组成的市级人民调解员专家库，构建了群众点单、窗口收单、集中派单、群众评价的链条式矛盾纠纷调解模式。实行"一周一审结"，对个性问题及时"掐苗熄火"，对共性问题"举一反三"，做到全流程闭环管理，有效拓展"治未病"效果。

在此基础上，2022年5月，市委打造"一站式"服务、就地解决矛盾纠纷的县级社会治理中心，迭代"基层治理四平台"，全域推进"全科网格"建设，构建起龙泉特色的"一中心+四平台+执法队伍+网格"基层治理"1411"体系。归集"12345"便民服务热线等16个中心（平台）服务功能，设置联合接访、联合指挥等9大功能区。9月，全市部门、乡镇以"常驻+轮驻+随驻"方式入驻市社会治理中心，贯通县、乡镇、村社、网格基层治理四级指挥体系，闭环流转处置各类信访事项、矛盾纠纷问题。实现简单信访案件、一般信访诉求在第一时间、问题初发阶段及时处理化解，疑难事项及时通过平台"转访"转办，由分管市领导和责任单位参与"视频会诊"，实现"数据跑""干部跑"代替"群众跑"。

市信访工作联席会议还出台文件，要求重塑统筹联动、跨界融合、扁平高效的运行架构，实现矛盾纠纷接待、受理无死角，信访处置"只进一个门、最多跑一地"。2023年，全市通过基层智治系统流转处置事件11.29万件，处置办结率达99.69%。当年龙泉信访基层事项化解率和群众满意率分别为99.52%、99.32%，均列丽水市第1位。

（三）主要做法

通过"周五开门接访日"机制的建立与完善，龙泉信访工作从"无序接访"到"定时约访"，从"坐等上访"到"带案下访"，从"回避难题"到"破难解题"，更加贴近农村基层弱势群体的信访需求，工作针对性和时效性大为提高，一批历史信访难题得到破解，群众满意度大幅提升，党群干群关系更加密切。

一是强化平台打造，推进信访处置由"慢"变"快"。"周五开门接访日"机制有力推进和强化了信访处置平台建设，进一步畅通基层与上级部门直至市领导之间的联动联处联调渠道，有效解决了县乡村三级以及各部门之间工作不协调问题，原来需要县级层面解决、超过60日无法办结的重点难点信访事项，现在采取市领导带队主动约访、带案下访等形式，由乡镇将事项上传至"周五开门接访日"应用平台申请"转访"，由信访部门协调安排分管市领导和责任单位负责人开展集中"会诊"，并作出处置安排。"周五开门接访日"机制设立后，许多历史疑难信访问题较快得到圆满解决。2022年，龙泉市排查梳理出信访积案84件，其中长达20年以上的积案5件，并推动信访积案逐一销号、动态清零。

二是坚持抓本治源，推进信访调解由"粗"转"细"。"周五开门接访日"机制有力地推进疑难信访问题的化解，降低群众走访总量，有利于把问题解决在基层，推进了信访调解工作的本地化、精细化、品牌化。2022年以来，全市累计提供6834次调解服务，成功调解6808起。聚焦突发事件处置、山林纠纷、心理防护等重点领域，总结推广"七步诗""一张图""走出去"

"点单式""分级联动""永和说事""拘所帮教""法律援助"等8类具有龙泉特色的"矛调八法",打造城北乡"有事您说话"、锦溪镇"草根调解超市"等一批基层特色调解品牌。

三是聚力重点攻坚,推进疑难信访化"难"为"易"。"周五开门接访日"机制以化解个案纠纷为契机,以点带面、总结经验、举一反三,探索建立高频率信访事项破难解题长效机制。如2022年,市委以推动解决山林纠纷问题为切入口,在"一张图"山林数字化管理的基础上升级平安林区功能,打造"益林共富"应用,智慧破解林业长期存在的林地权属"四至"界址不清、林地流转不畅等问题,从源头减少涉林纠纷矛盾,全市山林纠纷从2019年的584件断崖式下降至2022年的2件,下降99.7%;又如2022年4月,市委主要领导同志约访解决村民宅基地确权信访积案,并将该类共性问题纳入"七张问题清单"重大信访问题清单进行整改,出台2个普惠机制,实现该类共性信访事项"出清"。

四是实行综合施策,推进信访工作从被动到主动。以实施"周五开门接访日"机制为龙头,整合优势,综合施策,不断完善信访工作机制。龙泉坚持系统化、法治化、规范化思维,组织开展"大走访大调研大服务大解题"、"护亚运、清积案"、信访问题"大起底大排查大化解"等系列行动,主动梳理解决一批群众呼声大、涉及面广的社会治理难题,以重点突破推动矛盾纠纷大化解,真正把矛盾化解在基层。县乡村三级"周五开门接访日"均嵌入"共享法庭",按照"不增编、不建房、快落实、广覆盖"原则,植入浙江解纷码、移动微法院等数字化应用场景,"一站式"提供网上立案、在线诉讼等司法服务。同时,龙泉市纪委监委、政法、信访等部门联合成立违法信访依法打击小组,对缠访闹访、以访施压的信访事项,实行复盘溯源、专案经营;依法查处扰乱信访秩序行为,修订完善《信访信用管理制度》,对无理上访、恶意上访人员进行信用评定。

2023年,龙泉"周五开门接访日"相关做法在丽水市全面推广,并入围浙江省信访工作现代化改革最佳实践案例。兰巨乡"周五开门接访日"信访纠纷化解工作法获评浙江省新时代"枫桥式工作法"。

二、主要启示

龙泉通过创新"周五开门接访日"机制,进一步畅通信访渠道,拓展倾听群众呼声的工作载体和平台,确保群众信访诉求有地说、有人听、有人管,有力推进平安建设,有效维护社会和谐稳定。

(一)坚持以人民为中心的治理价值观,听民声、解民忧,进一步密切党群干群关系。人民至上是做好信访工作的根本立场。龙泉通过"周五开门接访日",把群众呼声作为第一信号,秉持"对龙泉人民负责、对龙泉历史负责、对龙泉未来发展负责"的态度,集中梳理解决了群众呼声大、涉及面广的社会治理难题,以重点突破推动矛盾纠纷大化解。聚焦群众"急难愁盼"问题,采取上下联动、左右协调的县乡村三级联动社会管理模式,最大程度实现"矛盾不上交、急事不拖延、服务不断档",千方百计解决群众的揪心事烦心事操心事,实实在在地解决了一批发展所需、改革所急、基层所盼、民心所向的问题,真正把"送上门的群众工作"做细做实做好,真正把党的关怀送到人民群众身边、把信访工作做到群众心坎上。

(二)坚持从政策层面推动问题解决,领导带头、以上率下,更加有力有效解决群众诉求。基层工作千头万绪,基层领导干部处理信访工作大多碎片化,很多信访问题本身并不复杂,就是因为接访办理不及时,导致小问题拖成大问题,甚至变成历史遗留问题。"周五开门接访日"机制把着力点放在源头预防和前端化解,破解了"最先一步""起步一公里"问题,全面提升初信初访一次性化解率,同时对案件汇集、首办责任、流转交办、限时办结、联合接访等信访制度进行流程再造,压实压牢乡镇、部门第一责任,构建了"横向到边、纵向到底"的责任链条,做到第一时间、一鼓作气、一次解决、不留尾巴,有效推动信访问题解决在县域以下,助力构建"县乡一体、条抓块统"协同治理新格局。积极践行"领导多下去,群众就少上来"的干部下基层开展信访工作经验,通过市领导带队主动约访、带案下访等形式,深挖矛盾根源,破解重点难点信访事项"肠梗阻""肠中阻"问题,推动矛盾纠纷大化解、及时消除隐患、稳控局面。同时,通过定时定点定人,畅通基层与上级部门、与市领导之间的联动联处联调渠道,促进信访工作从单向信息传递发展为领导干部与群众之间有来有往双向互动,切实提升群众满意度。

(三)坚持领导干部主动担当有作为,敢创新、明思路,努力夯实平安建设的基层根基。以实施"周五开门接访日"机制为契机,龙泉各级信访领导干部,深入学习贯彻习近平总书记关于加强和改进人民信访工作的重要指示和重要论述,牢记为民解难、为党分忧的政治责任,深入贯彻实施《信访工作条例》,探索创新信访工作理念思路、体制机制、手段方法,努力推动信访问题"预防在源头、化解在初始、息访在县域"。同时,研究共性问题、分析案件症结,总结提炼、举一反三,创新建立同质化信访类案化解机制,抓本治源有效拓展"治未病"效果,助力推进基层社会治理现代化。坚持主动担当作为,提高政治站位,深刻领悟"平安浙江"建设是深入实施"八八战略"的题中之义,努力把风险矛盾纠纷发现在早、防范在先、处置在小,把平安建设的防线织得更加严密,不断夯实平安建设根基,为奋力谱写中国式现代化浙江篇章护航添彩。

(撰稿人:叶柳芳、周遇恩、游若静
统稿人:毛明有、兰珺淇 审定人:胡观胜、翁积文、柳青)

"街乡共治"社会治理模式的探索与实践

◆ 云和县党史和地方志研究室 ◆

21世纪以来，云和县委在持续实施"小县大城"发展战略过程中，积极探索乡村治理新机制，创新农民流入地和流出地共同服务进城农民的"街乡共治"社会治理模式，有效破解人口聚集带来的融入难、管理难、致富难等问题，推动进城农民加快实现市民化。2022年云和城镇化率达到74.02%，远高于全国平均水平。云和探索出了独具特色的山区县城乡融合共富模式，并让广大居民参与到社区治理、社区活动中，实现全民参与、民主自治，形成人人有责、人人尽责、人人享有的社会治理共同体。截至2023年，云和县连续19年被命名为省级"平安县"。

一、"街乡共治"模式的初步探索

随着"小县大城"发展战略的深入实施，农村人口、生产要素迅速向县城集聚，各类矛盾纠纷在社区频发，社会基层治理重心由农村向街道社区转移。为了应对社会治理出现的新情况、新问题，云和县委积极探索基层治理方案，紧紧抓住全国首批乡村治理体系建设试点契机，首创"街乡共治"基层治理模式，在下山转移群众集聚最多、规模最大、情况最复杂的白龙山街道大坪社区先试先行，积极探索破解农民异地搬迁、下山进城后面临的角色转变、社区融入、平安治理等难题，推动矛盾纠纷化解清零，着力维护县域环境平安稳定。

(一)"小县大城"发展战略带来的治理难题

云和是一个"九山半水半分田"的山区小县,县域总面积989.6平方千米。2000年时,辖4个镇、11个乡、170个行政村、1150个村民小组、10个社区,人口109251人,其中,农业人口91384人,非农业人口17867人。虽然在1996年时就摘掉贫困县帽子,但云和经济社会发展同省内其他地区相比还处于相对落后位置。

为让云和跟上全省发展步伐,2001年开始,县委立足云和人口少、城镇发展有余地的实际状况和优势条件,提出了实施"小县大城"的发展战略。其中一个重要举措就是做大县城,吸引农民进城,变农民为市民,将大量的农村劳动力向二、三产业转移,增加农民非农收入。2003年开始,云和改革户籍制度。与此同步,实施《云和县万名农民下山转移工程建设规划(2005—2010年)》和"农民新村"工程,在县城建成4个安置小区,吸纳各乡镇农民进城落户。通过实施"万名农民下山转移""大搬快治解危清零""大搬快聚富民安居"等工程,完成4万余名农民的下山转移工作,实现近60%的农民进城落户,78%的农村劳动力向二、三产业转移。

随着云和"小县大城"发展战略的深入推进,大量农村人口进入县城,各类矛盾纠纷出现地域转移。云和亟待适应"小县大城"发展实际,创新推出新的基层治理模式,这既是山区县域新型城镇化的治理需要,更是打破城乡壁垒、加快建设以人为本的政府主导型社会治理共同体的时代需求。

(二)从大坪农民下山转移安置区入手破难解题

2011年,云和在大坪村设置农民下山转移安置区。该小区位于城乡接合部,总占地面积87.35公顷,用于吸纳地质灾害多发地、库区、高山和水源地保护区的农民来此安家落户。首期规划占地面积为8.13万平方米,总建筑面积11.3万平方米,可容纳户数1116户,总人口数3572人(按每户3.2人计算)。但是由于民族习俗、生活习惯、思想观念等差异,安置区社会管理面临很大压力。在县委领导下,大坪社区率先开始了"街乡共治"基层治理模式的探索实践。

2014年，大坪社区成立，将安置小区住户全部纳入社区管理。面对生活习俗差异、多元文化聚居、社区生活难适应等诸多问题，大坪社区积极探索建立贴近群众、服务于民的"一站式化解"矛盾纠纷调处中心。在此基础上，大坪社区创新推出"加油楼道长"激励机制，发动微网格长察民情、访民意，激发居民参与社区治理的内生动力。建立"微格善议"机制，通过"商铺圆桌会""楼道板凳议事会"等载体，引导居民群策群力、议事协商，逐步建立"小事不出家门、大事不出楼道、难事不出小区"的基层治理格局。

2018年，在大坪社区试点的基础上，云和出台《"哨响就到"在职党员、干部职工进社区报到工作实施方案》，将4000余名在职党员定位到15个社区165个网格628个小巷楼道内，实行积分制管理，形成社区集结哨响、网格党员立马到位的响应机制，每个网格配备治理团队。同年，在全省率先成立集阳光大调解中心、社区矫正中心、社会心理服务指导中心于一体的平安云和"和"中心，推动基层社会治理资源有效整合。

2019年，大坪社区所在的白龙山街道党工委积极探索以"党委领治、街乡共治、村社联治、网格分治、社企协治、党员引治、亲贤善治、邻里互治"为主要内容的"八治合和"基层治理模式，发挥乡贤威望高的特点，组织乡贤参事团参与乡村矛盾纠纷化解。针对乡镇（街道）、村（社区）项目建设、拆迁安置、山林地权、民生实事等领域重点问题，让隐患苗头发现和解决在萌芽状态、矛盾纠纷化解在基层，实现小事不出社区、大事不出街道、矛盾不上交、平安不出事、服务不缺位。

为适应"平安云和"建设的新形势新情况，大坪社区广泛发动居民参与到社区治理、社区活动中，实现全民参与、民主自治，切实形成人人有责、人人尽责、人人享有的社会治理共同体，构建共建共治共享的山区县城乡融合共富模式。

二、"街乡共治"模式的发展历程

云和县委不断完善"街乡共治"模式，努力改善党和政府对进城农民全方位服务和管理，让进城农民无差别融入、无顾虑生活，真正实现了共建共治共享。

（一）构建"街乡共治"模式

2020年，云和深入推进全国乡村治理体系建设试点，在大坪社区创新"街乡共治"基层治理模式，由社区所在的白龙山街道牵头设立全县首个"街乡共治"服务中心，开设"乡事城办"窗口，推动社会救助、劳动保障、权证审批办理等42项社会事务在社区"一站式"办理，实现就近办、就便办，全年共为进城农民办理各类事项2500余件，群众满意率达100%。建立由白龙山街道党工委牵头，联合崇头镇党委、雾溪畲族乡党委、大坪社区党委等参与的"街乡共治"党建联建机制，每季度召开联席会议，协商讨论社区治理、为民服务、助民共富等事项，重点协调解决好进城农民城乡"两头管"、网格治理边界不清、小区公共管理无序等问题，有效解决下山转移群众融入社区难问题。联建机制运行2年多来，共召开协商会议134次，解决了社区杂物乱堆放、邻里争吵多、环境杂乱差等一批难题。

2021年，云和全面推进全国乡村治理体系建设试点工作，推进"乡事城办"改革，建立进城农民居住社区办理社会事务制度，进一步梳理"乡事城办"群众服务清单和街乡责任清单。集成辖区党组织和党员，形成"街道党工委—社区党总支—网格支部—楼栋党小组"四级"街乡共治"组织体系，全面构建组织引领、党员带头、群众参与的多元化共建共治共享工作格局。整合服务力量，创新开展干部村社双任职、党员村社双报到、全域党员双流通，选派4名乡镇干部到社区驻点办事，推动6个乡镇10名村干部到社区兼任党委委员服务进城群众，将整村搬迁的村级党组织整建制划转社区党委管理，推动党员干部参与社区治理，有效破解下山安置社区工作力量不足问题。

（二）探索街乡互联共富增收途径

2022年，为拓展下山转移群众进城后的致富渠道，白龙山街道牵头整合辖区部门、企业、社会组织资源，搭建技能培训、就业帮扶等平台，组建木制玩具包装、盆景栽培、雪梨种植等"共富工坊"，开展技能培训35场，

1500余人次参与,提升进城群众就业能力和致富技能。大坪社区建立的木制玩具"共富工坊",为500多个居民提供玩具配件组装等岗位,帮助他们实现增收,特别是安排一些老人在工坊就业,使老人既能得到集中照顾,还能每月创收近千元。社区与30余家木玩企业开展合作,实行"定向培养+定向招工",精准衔接企业用工和社区劳动力"双向需求",帮助1000多个劳动力到木玩企业就业,带动群众年均增收3万余元,让下山农民在社区实现安居乐业。2022年3月,省委主要领导到大坪社区调研时充分肯定云和探索"街乡共治"相关经验做法。同年,云和"街乡共治"被农业农村部、国家乡村振兴局选入第四批全国乡村治理典型案例。

(三)探索"街乡共治"示范片区组团发展

2023年3月,县委出台《白龙山街道—雾溪畲族乡"街乡共治"示范片区组团发展方案》,推动街乡"组团捆绑"一体化发展。建立街乡共管干部机制,选派乡镇干部入驻"街乡共治"服务中心,将42名乡(镇)村干部选任为下山安置社区党委委员,列席所在街道班子会和干部会议,配合做好服务下山群众各项工作。强化街道、社区对进城乡村干部的考核管理,推动乡村干部共同参与社区治理,为进城农民更快融入城区生活提供更加贴心的全方位服务。

2023年6月,白龙山街道大坪社区入选浙江首批60个共同富裕实践观察点名单,并成为全省首批现代化社区。

三、启示

"街乡共治"模式为基层治理体系现代化与治理能力现代化提供了丰富的素材经验,也为更多山区县域新型城镇化地区探索适应当地基层社会治理新方法、新路径提供了如下的经验和启示:

(一)注重发挥党员先锋模范作用,筑牢党建引领基层社会治理的组织基础。党在基层治理中的政治领导力、思想引领力、群众组织力和社会号召力是新时代基层治理特色优势所在,因此要加强基层党组织战斗堡垒作用,注重发挥党员的先锋模范作用。云和创新农民流入地和流出地共同服务进城农民的"街乡共治"社会治理模式，充分利用了流出地村干部熟悉原来的乡情、村情和居民家庭情况的优势，通过党建联建、街乡共管等方式，推动进城乡村党员干部参与到流入地街道社区治理和服务，更加贴近群众需求，提高服务精准度，解决了关乎进城农民群众切身利益的发展需求和问题。

（二）注重挖掘基层治理的传统因素，营造政府治理与道德调节、居民自治良性互动的治理生态。在基层社会，道德、人缘因素往往能起到协调社会关系的纽带和润滑剂作用，德治、自治成为法治的重要辅助手段。通过"亲贤善治、邻里互治"，发挥邻里之间的道德自律和互相监督作用，让居民充分协商讨论社区治理，激发主人翁意识，提高他们自我管理、自我教育、自我服务的积极性和获得感。同时，重视发挥业主委员会德高望重、人脉广、经验足等优势，让他们在社区治理中充分建言献策，参与矛盾纠纷调处化解，形成"大事共议、实事共办、要事共商"的良性互动新局面。

（三）注重统筹整合治理主体和资源，构建街乡一体共建共治共享的治理格局。云和"街乡共治"模式打破了城乡二元结构的隔离墙，更好统筹整合城乡党组织、企业、社会组织等各方治理资源，凝聚治理合力，探索城乡融合治理的新路子，如搭建城乡融合数字治理平台，推出"乡事城办"、创新进城农民居住社区办理社会事务制度，实施产权"同城同权"、户籍"同城同标"等举措，让进城农民尽快融入市民生活，更好激发流入地社区农民变市民的身份意识和市民认同，增强治理主体的凝聚力和向心力。同时，积极探索街乡互联共富增收途径，以社会高水平治理推动经济高质量发展和居民高品质生活，推动形成共建共治共享的治理格局。

（撰稿人：钱仁苧、吴欣燕　统稿人：何俊、李成东

审定人：张小伟、张盼星）